		出題内容	27年	28年	29年	30年	元年	2020年	2021年	2022年	2023年	2024年
地理的分野	日本	地形図の見方								○		
		日本の国土・地形・気候	○	○	○					○	○	○
		人口・都市	○		○	○	○			○	○	○
		農林水産業	○	○	○	○	○	○		○		○
		工業	○		○	○		○		○	○	
		交通・通信		○	○			○		○		
		資源・エネルギー						○			○	○
		貿易										
	世界	人々のくらし・宗教						○				○
		地形・気候	○			○	○	○		○		
		人口・都市						○		○		
		産業	○		○	○		○		○	○	○
		交通・貿易	○	○						○		
		資源・エネルギー						○		○		
	地理総合											
歴史的分野	日本史—時代別	旧石器時代から弥生時代	○									○
		古墳時代から平安時代	○	○	○	○	○				○	○
		鎌倉・室町時代	○	○	○	○	○			○	○	○
		安土桃山・江戸時代	○	○	○	○	○			○	○	○
		明治時代から現代	○	○	○	○	○			○	○	○
	日本史—テーマ別	政治・法律	○	○	○	○	○			○	○	○
		経済・社会・技術	○		○	○				○		○
		文化・宗教・教育	○	○	○	○	○			○	○	○
		外交										
	世界史	政治・社会・経済史		○			○	○		○	○	○
		文化史										
		世界史総合										
	歴史総合											
公民的分野		憲法・基本的人権	○	○	○	○	○	○	○	○	○	○
		国の政治の仕組み・裁判	○	○	○	○			○		○	○
		民主主義										
		地方自治	○			○				○	○	
		国民生活・社会保障			○	○	○				○	○
		経済一般	○	○	○	○	○	○	○	○	○	○
		財政・消費生活	○	○		○	○	○	○	○		○
		公害・環境問題		○	○	○	○	○				
		国際社会との関わり		○	○	○	○	○		○		○
時事問題				○								
その他							○					

国語

📖 出題傾向とその内容

〈最新年度の出題状況〉

本年度は，放送問題，現代文読解が2題，古文の読解，知識問題，作文の計6大問が出題された。

一の放送問題は，地域イベントのポスター作りについての生徒3人の話し合いを聞き，内容や進行の仕方について答えるものであった。

二は知識問題で，漢字の読み書き，ことわざ，品詞などが出題された。

三は論説文の読解。本文の内容や筆者の考えについて問われた。

四は小説の読解。登場人物の心情やその変化を問う問題が出題された。

五は古文の読解。仮名遣いや内容理解に関する問題が出題された。

六は，自分が言葉の使い方で意識していきたいことについての考えを，体験をふまえて書くという課題作文が出題された。作文の字数は，200字以上250字以内であった。

〈出題傾向〉

聞き取り，現代文読解，古文または漢文読解，作文，知識問題と，盛りだくさんである。

聞き取りは，3人程度の会話を聞き，その内容や話し方について問われる。記述で解答する問題が多く，正確に聞き取る能力が求められている。

現代文読解は，小説は登場人物の心情理解が中心，論説文は内容理解が中心である。部分的な読み取りではなく，文章全体を通しての読解力が必要となる。

古文や漢文は，内容を正確に理解できるよう，訓練をしておきたい。また，歴史的仮名遣いや返り点など，基本的な知識も問われる。本年度は，生徒の会話が示され，空欄に適する内容を入れる問題が出題されている。

知識問題は，漢字の読み書きをはじめ，文法や語句など，幅広く出題されている。

作文は200〜250字。条件に従って，自分の考えや意見を書くものである。

📖 来年度の予想と対策

来年度も必要な対策は変わらないと予想される。

現代文は，多くの問題にあたって読解力を養っておきたい。文学的文章では，本文中の言葉を手がかりに，情景・心情を読み取る力が必要である。また，論理的文章の対策も怠ることはできない。文章を読み比べたり，内容をまとめたりする練習をしておくとよい。

古文と漢文への対策も必須である。古文や漢文の独特な表現や歴史的仮名遣い等の基本も確実に身につけておこう。また，詩・短歌(和歌)・俳句の形式や表現についてもおさえておく。

課題作文は，日ごろの練習なしには上達しない。ある事柄に対し，根拠を示しながら自分の意見を書く練習などを重ねて，十分な対策をしておくことが必要である。

漢字，語句，文法などは，教科書での学習を中心に，確実に身につけておこう。

聞き取り問題対策は，テレビやラジオ，インターネットなどを活用するとよいだろう。

⇨学習のポイント
- ・多くの文章に触れて，基本的な読解ができるようにしよう。
- ・漢字，文法，語句の基本知識も身につけよう。
- ・さまざまなテーマで作文の練習をする。

年度別出題内容の分析表　国語

出題内容			27年	28年	29年	30年	2019年	2020年	2021年	2022年	2023年	2024年
内容の分類	読解	主題・表題				○						
		大意・要旨						○				
		情景・心情	○	○	○	○	○	○	○	○	○	○
		内容吟味	○	○	○	○	○	○	○	○	○	○
		文脈把握	○	○	○	○	○	○	○	○	○	○
		段落・文章構成	○	○	○		○					○
		指示語の問題	○					○			○	○
		接続語の問題										
		脱文・脱語補充							○			
	漢字・語句	漢字の読み書き	○	○	○	○	○	○	○	○	○	○
		筆順・画数・部首										
		語句の意味					○	○			○	
		同義語・対義語							○			
		熟語	○				○			○		
		ことわざ・慣用句・四字熟語	○	○	○	○						○
		仮名遣い	○	○		○	○	○	○	○	○	○
	表現	短文作成										
		作文(自由・課題)	○	○	○	○	○	○	○	○	○	
		その他						○				
	文法	文と文節	○						○			
		品詞・用法		○	○	○			○	○	○	○
		敬語・その他	○	○		○						
		古文の口語訳	○									
		表現技法・形式		○	○				○			
		文学史										
		書写										
問題文の種類	散文	論説文・説明文	○	○	○	○	○	○	○	○	○	○
		記録文・実用文										
		小説・物語・伝記	○			○	○	○	○	○	○	○
		随筆・紀行・日記										
	韻文	詩					○					
		和歌(短歌)			○		○	○		○		
		俳句・川柳										
	古文		○	○			○	○		○	○	○
	漢文・漢詩				○					○	○	
	会話・議論・発表											
	聞き取り		○	○	○	○	○	○	○	○	○	○

秋田県公立高校難易度一覧

目安となる偏差値	
75 ～ 73	
72 ～ 70	秋田(普・理数)
69 ～ 67	
66 ～ 64	秋田南
63 ～ 61	秋田北，横手(普・理数)
60 ～ 58	秋田中央 大館鳳鳴(普・理数)，大曲
57 ～ 55	能代(普・理数)，本荘，湯沢(普・理数)
54 ～ 51	囲秋田市立秋田商業(商業)，秋田西，新屋，大曲(商業) 秋田工業(機械／電気エネルギー／土木／建築／工業化学) 大館国際情報学院，角館
50 ～ 47	囲秋田市立御所野学院，増田(総合)，由利(普・理数・国際) 秋田北鷹，大館国際情報学院(国際情報)，湯沢翔北(普／総合ビジネス)，横手清陵学院 大曲工業(機械・電気・土木建築)，能代松陽(普・国際コミュニケーション)，湯沢翔北(工業技術) 金足農業(生物資源／環境土木／食品流通／造園緑地／生活科学)，西目(総合)，横手城南，横手清陵学院(総合技術)
46 ～ 43	鹿角，平成 大館桂桜(普・生活科学)，大曲農業(農業科学／食品科学／園芸科学／生活科学)，能代科学技術(機械・電気・建設／生活資源・生活福祉) 能代松陽(情報ビジネス)，由利工業(機械／電気／環境システム／建築) 大館桂桜(機械・電気・土木建築)，西仙北，平成(総合ビジネス)
42 ～ 38	男鹿工業(機械／電気電子／設備システム)，増田(農業科学) 秋田北鷹(生物資源／緑地環境)，雄物川，仁賀保，六郷(普・福祉) 五城目，仁賀保(情報メディア) 羽後，男鹿海洋，鹿角(産業工学)，湯沢翔北[雄勝校] 大曲農業[太田分校]，男鹿海洋(海洋・食品科学)
37 ～	矢島

＊（ ）内は学科・コースを示します。特に示していないものは普通科(普通・一般コース)，または全学科(全コース)を表します。また，囲は市立を表します。

＊データが不足している高校，または学科・コースなどにつきましては掲載していない場合があります。

＊公立高校の入学者は，「学力検査の得点」のほかに，「調査書点」や「面接点」などが大きく加味されて選抜されます。上記の内容は想定した目安ですので，ご注意ください。

＊公立高校入学者の選抜方法や制度は変更される場合があります。また，統廃合による閉校や学校名の変更，学科の変更などが行われる場合もあります。教育委員会などの関係機関が発表する最新の情報を確認してください。

秋田県公立高等学校

2024年度
★★★★★★★★★★★★★★★★★★★★

入 試 問 題

2024
年度

●くわしい解説 …… 41 ページ

＜数学＞　　時間　60分　　満点　100点

1 次の(1)〜(15)の中から，**指示された8問**について答えなさい。

(1) $6 - 2 \times 5$ を計算しなさい。

(2) $5(x + 2y) - 2(4x - y)$ を計算しなさい。

(3) 90 を素因数分解しなさい。

(4) $x = 3$，$y = -2$のとき，$\dfrac{1}{3}x^2y^3 \div 2xy$ の値を求めなさい。

(5) $\sqrt{32} - \sqrt{50} + \sqrt{27}$ を計算しなさい。

(6) 方程式 $0.8x + 4 = 1.5x - 0.9$ を解きなさい。

(7) 連立方程式 $\begin{cases} 2x - y = 7 \\ 5x + 3y = 1 \end{cases}$ を解きなさい。

(8) 方程式 $x^2 - 2x = 24$ を解きなさい。

(9) 右の表は，クイズ大会に参加した9人の得点である。表をもとにして，箱ひげ図をかくと，右の図のようになった。a, b の値を求めなさい。

表　　　　　　　　　　（単位：点）

9	13	16	5	17
20	9	15	14	

図

(10) $n^2 - 20n + 91$ の値が素数になる自然数 n を**すべて**求めなさい。

(11) 右の図で，2直線 ℓ, m は平行である。このとき，$\angle x$ の大きさを求めなさい。

(12)　右の図で，4点A，B，C，Dは円Oの周上の点であり，線
　　分BDは円Oの直径である。∠CAD＝28°，∠ACD＝53°のと
　　き，∠xの大きさを求めなさい。

(13)　右の図のように，△ABCと△ECDは合同な正三角形であ
　　り，点B，C，Dは一直線上にある。点Pは辺DE上の点であ
　　り，点Qは線分BPと辺CEの交点である。AB＝7cm，EP＝3cm
　　のとき，線分CQの長さを求めなさい。

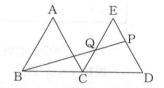

(14)　右の図のように，おうぎ形AOBと直角三角形BOCが同じ平
　　面上にあり，OB＝6cm，BC＝10cm，∠AOB＝90°，∠BOC
　　＝90°である。おうぎ形AOBと直角三角形BOCを合わせた図
　　形を，直線ACを軸として1回転させてできる立体の体積を求
　　めなさい。ただし，円周率をπとする。

(15)　右の図のように，三角錐OABCがある。△ABCは直角二等
　　辺三角形で，AB＝BC＝6cm，∠ABC＝90°である。また，
　　OA＝OB＝OC＝9cmである。点Aから辺OBを通り，点Cま
　　で最も短くなるようにひいた線と辺OBの交点をPとする。こ
　　のとき，三角錐PABCの体積を求めなさい。

2　次の(1)～(4)の問いに答えなさい。

(1)　バスケットボールの試合で，A選手は2点シュートと3点シュートを合わせて10本決めた。
　　この試合で，A選手の得点の合計は23点だった。健司さんと美咲さんは，A選手が2点シュー
　　トと3点シュートをそれぞれ何本決めたか求めるために，健司さんは1つの文字，美咲さんは
　　2つの文字を用いて，方程式をつくった。2人のメモ（次のページ）が正しくなるように，ア，
　　イにあてはまる式を書きなさい。

[健司さんのメモ]

2点シュートを x 本決めたとすると，3点シュートは（　ア　）本決めたことになるから，次の1次方程式ができる。

$$2x + 3(\boxed{\text{ア}}) = 23$$

[美咲さんのメモ]

2点シュートを x 本，3点シュートを y 本決めたとすると，次の連立方程式ができる。

$$\begin{cases} x + y = 10 \\ \boxed{\text{イ}} = 23 \end{cases}$$

(2)　次の①，②の問いに答えなさい。

① 関数 $y = \dfrac{1}{2}x^2$ で，x の変域が $-2 \leqq x \leqq a$ のとき，y の変域は $b \leqq y \leqq 18$ である。このとき，a，b の値を求めなさい。

② 右の図のように，関数 $y = \dfrac{1}{2}x^2$ のグラフ上に，x 座標が -4 である点Aをとる。点Aを通り，傾きが -1 である直線と y 軸の交点をBとするとき，△AOBの面積を求めなさい。ただし，原点Oから $(0, 1)$，$(1, 0)$ までの距離を，それぞれ1㎝とする。

(3)　次の表は，ある学級20人のハンドボール投げの記録を度数分布表にまとめたものである。

表

記録（m）	度数（人）	相対度数	累積相対度数
以上　　　未満 5 ～ 10	1	0.05	0.05
10 ～ 15	4	0.20	0.25
15 ～ 20	7	0.35	0.60
20 ～ 25	㋐		㋑
25 ～ 30	㋒		
30 ～ 35	2	0.10	1.00
合計	20	1.00	

① 　⑦　にあてはまる数が0.70以下のとき，　⑦　にあてはまる数を**すべて**求めなさい。

② 　この学級の記録の最頻値は，　⑦　と　⑦　に入る数にかかわらず，15m以上20m未満の
階級の階級値17.5mであることがわかる。その理由を，「**度数**」の語句を用いて書きなさい。

(4) 　図のような正方形ABCDがある。辺AD上に，∠ABP＝30°となる点Pを，定規とコンパス
を用いて作図しなさい。ただし，作図に用いた線は消さないこと。

3 　守さんと香さんは，新聞記事をきっかけに，トラックが走る距離と燃料の量に関心をもち，そ
の関係を調べることにした。[メモ]は，3台のトラック（A車，B車，C車）それぞれについ
て，走る距離と燃料の量の関係をまとめたものである。ただし，3台のトラックは，それぞれ
1Lあたり一定の距離を走り，燃料タンクの燃料をすべて使いきることができるものとする。

新聞記事

[メ　モ]

A車	・1Lあたり10km走る。 ・燃料タンクの容量は70Lである。
B車	・1Lあたり4km走る。 ・燃料タンクいっぱいに燃料を入れて出発すると， 　400km走ったときの燃料タンクに残っている燃 　料の量は0Lになる。
C車	・燃料タンクの容量は230Lである。 ・燃料タンクいっぱいに燃料を入れて出発すると， 　150km走ったときの燃料タンクに残っている燃 　料の量は170Lになる。

(1) 　守さんは，A車とB車それぞれについて，xLの燃料を使用したときの走った距離を$y$kmと
し，yはxに比例するとみなして次のページの図1のグラフをかいた。点PはA車のグラフ上
の点であり，点Q，RはB車のグラフ上の点である。点P，Qのx座標は等しく，点Rのx座
標は6である。

① 　点Rのy座標を求めなさい。

② 図1で，線分PQの長さが表すこととして正しいものを，次の**ア〜エ**から１つ選んで記号を書きなさい。

> **ア** 同じ距離を走ったときの，A車とB車それぞれが使用した燃料の量の和
> **イ** 同じ距離を走ったときの，A車とB車それぞれが使用した燃料の量の差
> **ウ** 同じ量の燃料を使用したときの，A車とB車それぞれが走った距離の和
> **エ** 同じ量の燃料を使用したときの，A車とB車それぞれが走った距離の差

図1

(2) 香さんは，燃料タンクいっぱいに燃料を入れて出発したA車とB車それぞれが，途中で燃料を追加せずに，x km走ったときの燃料タンクに残っている燃料の量をy Lとして考えた。香さんは，yはxの１次関数であるとみなして図2のグラフをかいた。点Sは，A車のグラフとB車のグラフの交点である。

図2

香さんは，交点Sからわかることを，次のように説明した。[香さんの説明]が正しくなるように，ⓐにはあてはまる式を，ⓑ〜ⓓにはあてはまる数を書きなさい。

[香さんの説明]

　[メモ]から，1km走るごとにA車は $\dfrac{1}{10}$ L，B車は $\dfrac{1}{4}$ L の燃料を使います。A車とB車それぞれについて，y を x の式で表すと，

　　A車の式は　$y = -\dfrac{1}{10}x + 70$　……㋐

　　B車の式は　$y = \boxed{}$　……㋑　となります。

　㋐，㋑を連立方程式として解くと，交点Sの座標は（ $\boxed{ⓑ}$ ，$\boxed{ⓒ}$ ）となります。このことから，A車とB車それぞれが，$\boxed{ⓑ}$ km走ったときの燃料タンクに残っている燃料の量はどちらも $\boxed{ⓒ}$ Lであることがわかります。また，A車は $\boxed{ⓑ}$ km走ったとき，燃料を $\boxed{ⓓ}$ L使ったことがわかります。

(3) 燃料タンクいっぱいに燃料を入れて出発したA車とC車それぞれが，途中で燃料を追加せずに550km走った。このとき，燃料タンクに残っている燃料の量は，どちらの車のほうが何L多いか，求めなさい。求める過程も書きなさい。ただし，次の［考え方］のどちらかを◯で囲み，その考え方に沿って書くこと。

[考え方]

守さんの考え方	A車とC車それぞれについて，x Lの燃料を使用したときの走った距離を y kmとし，y は x に比例するとみなす。
香さんの考え方	A車とC車それぞれについて，x km走ったときの燃料タンクに残っている燃料の量を y Lとし，y は x の1次関数であるとみなす。

4　次の(1)，(2)の問いに答えなさい。

(1) 図1のように，縦，横それぞれ3マスずつのマス目と矢印が印刷されているたくさんの用紙と，1から順に自然数が1つずつ書かれているカードがある。図2（次のページ）のように，用紙の向きを変えずに，1枚目の用紙には $\boxed{1}$ から順に $\boxed{中央のマス}$ から矢印に沿ってカードを並べていく。2枚目の用紙には $\boxed{10}$ から順に，3枚目の用紙には $\boxed{19}$ から順に，同様にカードを並べていく。4枚目以降の用紙にも同様にカードを並べていくものとする

図1

用紙　　　　　　　　　　　カード

　　　　$\boxed{1}$　$\boxed{2}$　$\boxed{3}$　$\boxed{4}$　$\boxed{5}$　$\boxed{6}$　…

図2

1枚目の用紙　　　2枚目の用紙　　　3枚目の用紙　　　…　n枚目の用紙

① 5枚目の用紙で， 中央のマス にあるカードに書かれている数を求めなさい。

② n枚目の用紙で， 中央のマス の左上のマスにあるカードに書かれている数を，nを用いた式で表しなさい。

(2) 1から6までの目が出るさいころを投げる。ただし，さいころのどの目が出ることも同様に確からしいものとする。

① このさいころを1回投げて出た目をaとする。a+3の値が4の倍数になる確率を求めなさい。

② このさいころを2回投げたとき，1回目に出た目をb，2回目に出た目をcとする。$\dfrac{c}{b}$の値が整数になる確率を求めなさい。

5　次のⅠ，Ⅱから，**指示された問題**について答えなさい。

Ⅰ 図1において，四角形ABCDは長方形である。点Eは辺AD上の点であり，点Fは線分BDと線分CEの交点である。次の(1)，(2)の問いに答えなさい。

図1

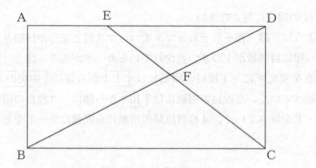

(1) △FBC∽△FDEとなることを証明しなさい。

(2) 次のページの図2は，図1に点Eを通り線分BDに平行な直線をかき加え，辺ABとの交点をGとしたものである。AB=3cm，AE=2cm，ED=4cmとする。

① 線分EGの長さを求めなさい。

② 四角形GBFEの面積を求めなさい。

図2

Ⅱ 図1において，四角形ABCDはAD∥BCの台形である。点Eは辺AD上の点であり，点F は線分BDと線分CEの交点である。次の(1)，(2)の問いに答えなさい。

図1

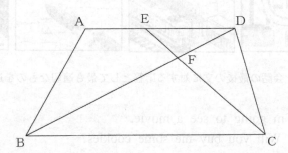

(1) △FBC∽△FDEとなることを証明しなさい。

(2) 図2は，図1の辺BC上に点GをAE＝CGとなるようにとり，線分AGと線分BEをかき加 えたものである。点Hは線分AGと線分BEの交点であり，点Ⅰは線分AGと線分BDの交点 である。

図2

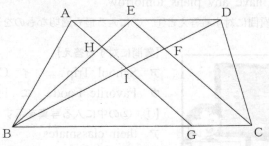

① ∠ABG＝60°，∠BAH＝a° のとき，∠DEFの大きさを，aを用いて表しなさい。

② AE：ED＝2：3，BG：GC＝3：1のとき，四角形EHIFの面積は，四角形ABCDの 面積の何倍か，求めなさい。

＜英語＞　　時間　60分　　満点　100点

1　リスニングテスト

(1)　(会話を聞き，質問に対する答えとして最も適切な絵を選ぶ問題)　　　　1回ずつ放送

① ア　イ　ウ　エ

② ア　イ　ウ　エ

(2)　(会話を聞き，会話の最後の文に対する応答として最も適切なものを選ぶ問題)

1回ずつ放送

①　ア　Yes, I'm going to see a movie.

　　イ　Sure.　Will you buy me some cookies?

　　ウ　OK.　It's near the supermarket.

②　ア　Did you see them last weekend?

　　イ　Where is your smartphone?

　　ウ　Is this the one you are looking for?

③　ア　Oh, I'm sorry to hear that.

　　イ　Wonderful.　I hope you will enjoy it.

　　ウ　I don't have any plans tomorrow.

(3)　(会話を聞き，質問に対する答えと①，②に入る最も適切なものを選ぶ問題)　　2回放送

発表練習の様子

ルーカス(Lucas)　　美香(Mika)

【質問に対する答え】

ア　School Trip　　イ　Club Activity

ウ　Favorite Food　エ　Family Member

【①，②の中に入る写真を示すもの】

ア　their classmates

イ　the zoo characters

ウ　the sumo matches

エ　their favorite shop

(4) （スピーチを聞き，質問に対する答えとして最も適切なものを選ぶ問題）　**2回放送**

① ア　His favorite place　　　イ　His house near a shrine
　　ウ　His grandfather's job　　エ　His dream in the future
② ア　In spring　　イ　In summer　　ウ　In autumn　　エ　In winter
③ ア　They see beautiful yellow leaves.
　　イ　They read books in good weather.
　　ウ　They take pictures of the cherry blossoms.
　　エ　They draw pictures of the shrine.

2　次の(1)，(2)の問いに答えなさい。

(1)　次は，中学生の美穂が，英語の授業で書いた夏休みの思い出に関する英文です。（　）内の
①〜③の語を，それぞれ**適切な形**に直して**英語1語**で書き，英文を完成させなさい。

> I visited my aunt (① live) in Hokkaido during my summer vacation.　I
> felt that it was (② cool) there than in Akita.　My aunt took me to some
> interesting places.　My favorite was the aquarium.　I saw many kinds of
> fish.　They were really beautiful.　I (③ buy) some goods for my family
> at the shop.　I want to go there again.

(2)　次の①〜③について，〈　〉の状況の会話がそれぞれ成り立つように　□　内の語に**必要な2**
語を加え，正しい語順で英文を完成させなさい。

① 〈アメリカのホームステイ先で〉
　Andrew :　This is my favorite video game.　Let's play it together.
　Takeshi :　OK, but I don't know ｜ play ｜ it.
　Andrew :　Don't worry.　I'll show you.　Let's do it.
② 〈休み時間に留学生と〉
　Kenta :　Are you ready for the next P.E. class?
　　Jim :　Actually, I don't feel well.　I may have a cold.
　Kenta :　Really?　If ｜ were ｜, I would go to the nurse's office.　Come
　　　　　with me.
③ 〈ALTと英語の授業で〉
　ALT :　Wow!　Beautiful pictures!　Where did you take them?
　Rika :　In Hiroshima.　Have ｜ ever ｜ there?
　ALT :　No, I haven't.

3　次の(1)，(2)の問いに答えなさい。

(1)　中学生の卓也は，英語の授業で，学校祭での思い出について発表しようとしています。次の
ページの**発表用メモ**の内容に合うように，英文の①〜④に入る適切な**英語**を，それぞれ1語ま
たは2語で書きなさい。ただし，文頭に来る語は，最初の文字を大文字にすること。

○発表用メモ
・演劇部門に参加。メンバーは30人。
・熱心に練習。でも，時にはお互いに誤解も。
・話し合った。→もっと会話することが必要。
→お互いに何を考えているか伝えるようにした。
・本番でベストを尽くした。
・観客の笑顔を見ることができてうれしかった。

卓也が書いた英文

My favorite school event this year was our school festival. I joined the drama team. （ ① ） thirty members in our team.

We practiced very hard together for the best performance, but we sometimes misunderstood each other. So we talked about the problem. "It is （ ② ） us to communicate with each other more," someone said. We all agreed. After that, we began to tell each other （ ③ ） we thought.

On the day of the festival, we did our best on the stage. I was really glad （ ④ ） the smiles of the audience.

(2) 英語の授業で，ALT が弟のダニエル（Daniel）を，写真を見せながら紹介しました。その後，ALT に，ダニエルについての質問をすることになりました。**紹介の内容に関連した質問を5 語以上の英語を用いて，英文1 文で書きなさい。**

Hello, everyone. This is a picture of my younger brother, Daniel.

He lives in Tokyo. He loves watching Japanese anime. He sometimes tells me about his favorite anime characters. Now he does kendo because he was impressed with an anime character that fights against devils with a special *sword.

He will come to Akita next month. I'm looking forward to seeing him here.

Do you have any questions about him?

【注】*sword：剣，刀

4　生徒が「制服」について，ディベートをしています。次の英文を読んで，(1)，(2)の問いに答えなさい。

Let's start a debate. Today's topic is "Every student should wear a school uniform." First, we'll hear from the students who agree.

司会

【賛成側】　　　　　　　　　　〈話す順番〉　　　　　　　【反対側】

I think every student should wear a school uniform because it helps us focus on studying. For example, we can spend more time to do our homework instead of choosing clothes.

1番目　　2番目

I don't think every student should wear a school uniform because we cannot express ourselves in a school uniform. For example, if we all wear the same clothes, we cannot show the things we like.

You may be right, but wearing the same uniform can help us work together and feel part of （　a　）. For example, when local people see our uniforms, they recognize our school. That helps us feel more connected to local people.

3番目　　4番目

You said that wearing school uniforms helps us work together. But we can help each other even if （　b　）. I think being different is important because it brings new ideas and ways of thinking. So, we can learn many different views from them.

Thank you very much.　Before announcing the decision, I will tell you the next topic.　It is "School lunches are better than boxed lunches."

司会

(1) 次の①～④について，問いの答えとして最も適切なものを，次のア～エから１つずつ選んで記号を書きなさい。

① 1番目の生徒が述べている制服の**利点**を選びなさい。

　ア　Students can focus on homework.

　イ　Students can save money for other things.

　ウ　Students get dressed in uniforms more quickly.

　エ　Students look better in uniforms than in other clothes.

② 2番目の生徒が述べている制服の**欠点**を選びなさい。

　ア　Uniforms can sometimes be expensive.

　イ　Uniforms may sometimes be uncomfortable.

　ウ　It's difficult to decide the things they like.

　エ　It's difficult to express themselves.

③ 3番目の生徒の（a）に入るものを選びなさい。

　ア　a difference　　イ　a plan　　ウ　a task　　エ　a team

④ 4番目の生徒の（b）に入る文を選びなさい。

　ア　we wear different clothes

　イ　we wear the same clothes

　ウ　we learn about many things

　エ　we learn about ways of thinking

(2) 下線部 "School lunches are better than boxed lunches." について，賛成または反対の立場で，あなたの「意見」を「理由」と「例」を挙げて，25語以上の英語で述べなさい。ただし，記号や符号（：；－，．？！など）は語数に含めない。

5 次の(1)と(2)の英文は，市が募集する廃校活用のアイディアについて述べたものです。

(1) 次は，ALT のグリーン先生（Ms. Green）と中学生の葵（Aoi），颯太（Sota）が英語の授業で述べた内容です。これを読んで，①～④の問いの答えとして最も適切なものを，ア～エからそれぞれ1つずつ選んで記号を書きなさい。

First, at the beginning of the class, Ms. Green talked about one example in her country. An elementary school building was changed and it became very attractive. Each classroom was used in a different way, such as a restaurant, a gift shop, and so on. People enjoyed their favorite things in this building. Before she came to Japan, she went there many times with her family. She liked watching movies in a classroom. Her brothers enjoyed playing basketball with their father in the gym.

When Aoi talked with Sota about a closed school in their city, she said, "People can enjoy producing vegetables. The number of farmers is decreasing and people cannot enjoy their local vegetables. To solve these problems, I want more people to know how interesting producing vegetables is. They will also enjoy cooking and eating delicious vegetables. So, I believe that my idea is good."

Sota thought that the closed school could be used for making movies, TV programs and so on. He said, "Our city is rich in nature and has no tall buildings around the closed school. The scenes from movies will look beautiful. I hope that the movies will make our city more popular. Our city can be a good tourist spot in the future."

Finally, at the end of the class, Ms. Green said, "I am surprised to hear your great ideas of using the school building. It is really important to talk with and listen to each other. By doing so, I believe that people can get together and have happy lives for a long time."

① Which was true about the closed school building in Ms. Green's country?

　ア　The building was changed into a new school.

　イ　The building was broken after it was closed.

　ウ　Her family members thought about a new way to use a classroom.

　エ　Her family members enjoyed their favorite things in the building.

② What was Aoi's main point?

　ア　To check the number of the farmers

　イ　To make people interested in farmers' jobs

　ウ　To realize her dream to become a farmer

　エ　To increase the population of her city

③ What did Sota want his city to be?

　ア　To be more expensive　　イ　To be more convenient

　ウ　To be more famous　　　エ　To be more traditional

④　According to Ms. Green, what did people need for their happy lives?

　　ア　Communication　　イ　Technology　　ウ　Surprise　　エ　Trip

(2)　次は，中学生の大和（Yamato）が英語の弁論大会で，廃校を実際に活用した事例について述べた内容です。これを読んで，①〜⑤の問いに答えなさい。

　　I heard from my parents about the Cherry Blossom Festival in our city. They said the festival stopped before I was born for two reasons. Young people lost interest, and our city didn't have enough money. I felt sad when I heard about it. I wanted to make our town active again.

　　One day, when we talked about a way of using closed schools in our English class, I remembered my elementary school. It is closed now, and has many cherry trees around it. In my presentation, I said, "I think that we can use the closed school for (A) the Cherry Blossom Festival. The festival helps young and old people meet and understand each other better, and it makes their relationships stronger."

　　Our English teacher was interested in my speech. She introduced my idea to the other teachers. Some of them were (B) skeptical because the idea was not clear enough. But as we talked, they thought my plan was worth trying. She sent an e-mail to City Hall. A few weeks later, Mr. Kudo, a person who works at City Hall, visited our school and said that he liked my idea. He agreed to use the school building for the festival. He used the internet to share my idea. Then, he got many positive comments. People seemed excited.

　　On the festival day, the closed school was full of energy because people of all ages came together. At the beginning, I said on the stage, "Thank you for coming today. We can have this festival with the help of many people. Let's enjoy this wonderful festival."

　　The festival was successful. Elderly people made local dishes in the cooking classroom. Local musicians did wonderful performances in the gym. People were satisfied with both the dishes and the performances. They were talking and laughing under the cherry blossoms. After the festival, many people said that the event reminded them of their school days. Everyone was already looking forward to the festival next year.

　　We learned how one voice can make all the difference. People who have the same interest will help us. So, we can get over difficult challenges that we cannot do alone. I will say, "(　　) is really important."

①　本文の内容に合うように，下の（a）と（b）にそれぞれ当てはまる語の組み合わせを，次のページのア〜エから１つ選んで記号を書きなさい。

　　The festival stopped in Yamato's city because young people were（　a　）interested in it and his city had（　b　）money than it needed.

　　ア　a：more　b：more　　イ　a：more　b：less

　　ウ　a：less　b：more　　エ　a：less　b：less

②　大和（Yamato）は，下線部(A) the Cherry Blossom Festival はどんなことに役立つと話しているか，日本語で書きなさい。

③　下線部(B)skeptical の意味として最も適切なものを，本文の内容から判断して，次のア～エから１つ選んで記号を書きなさい。

　　ア　疑いをもっている　　イ　計画性をもっている

　　ウ　偏見をもっている　　エ　実行力をもっている

④　本文の内容と合っているものを，次のア～オから２つ選んで記号を書きなさい。

　　ア　Yamato joined the local festival in his city when he was two years old.

　　イ　Yamato's English teacher went to see Mr. Kudo to talk about her plan.

　　ウ　Mr. Kudo used the internet to help Yamato collect enough money.

　　エ　People enjoyed the musical performances and the local dishes at the festival.

　　オ　Some people remembered their childhood thanks to the festival.

⑤　本文の内容から判断して，本文中の（　　）に当てはまる最も適切な語句を，次のア～エから１つ選んで記号を書きなさい。

　　ア　Following your friends　　イ　Talking with people in need

　　ウ　Telling your own opinions　　エ　Apologizing for the troubles

＜理科＞　　時間　50分　　満点　100点

1　幸さんと歩さんは，身近な動物について，からだの特徴をもとにどのようなグループに分けることができるか話し合い，図1のようにまとめた。下の(1)～(5)の問いに答えなさい。

図1

A					B	
ア メダカ イワシ	**イ** カエル イモリ	**ウ** トカゲ ワニ	**エ** スズメ ハト	**オ** ウサギ ネコ	**カ** イカ アサリ	**キ** カブトムシ カニ

(1)　ある特徴をもとに，AとBに分けたとき，Aに共通する特徴は何か，書きなさい。

(2)　カとキのちがいをまとめた次の文が正しくなるようにP，Rには「外とう膜」か「外骨格」のいずれかを，Q，Sには「ある」か「ない」のいずれかを，それぞれ書きなさい。

> カは（　P　）が内臓の部分を包んでおり，からだとあしには節が（　Q　）。キは，からだを支えたり保護したりする（　R　）でおおわれており，からだとあしには節が（　S　）。

(3)　イと比較して，ウが陸上の乾燥した環境に適しているといえるのはどのような特徴があるからか，「からだの表面」という語句を用いて書きなさい。

(4)　図2は，幸さんが以前に水族館で見た動物Xについて，特徴を記録したメモである。動物Xが入るグループとして適切なものはどれか，図1のア～オから1つ選んで記号を書きなさい。

図2
＜動物Xの特徴＞
・主に水中で生活する
・ひれを使って泳ぐ
・子をうむ
・全身に毛がある

(5)　幸さんと歩さんは，Aのグループについて，次のように話し合った。

> 幸さん：図3は，イのからだの変化を表しています。イのグループの多くは，成長とともに生活する場所が　Y　と変化します。
>
> 図3
> 幼生
>
> 成体
>
> 歩さん：イの幼生のからだの特徴はアのグループと似ています。イのグループがアのグループから進化したことと関係がありそうです。
>
> 幸さん：エは他の動物と異なり，空を飛ぶことができますね。
>
> 歩さん：エのグループはウのグループから進化したと考えられていて，両方のグループの特徴をもつ，始祖鳥の化石が見つかっています。

①　幸さんの発言が正しくなるように，Yにあてはまる内容を書きなさい。

②　図4（次のページ）は，下線部について歩さんが調べた資料の一部である。サ～セのうち，図1のウに見られる特徴はどれか，すべて選んで記号を書きなさい。

図4

<始祖鳥の特徴>

・前あしがつばさの形状になっ
　ている　　　　　　　　　…サ
・前あしに爪のついた指がある…シ
・口に歯がある　　　　　　　…ス
・羽毛がはえている　　　　　…セ

復元図

2　理科の実験で使用した粉末をかたづけているとき，間違えて塩化ナトリウムに少量のデンプンを混ぜてしまった陸さんは，混合物から塩化ナトリウムとデンプンを分けてとり出す方法について考えるため，次の実験を行った。表は，塩化ナトリウムの溶解度を表したものである。後の(1)～(6)の問いに答えなさい。

【仮説】塩化ナトリウムは水にとけるが，デンプンは水にとけないので，混合物を水に入れてかき混ぜ，ろ過することで分けてとり出すことができるのではないか。

【実験Ⅰ】塩化ナトリウム35.0gとデンプン5.0gの混合物をビーカーに入れた。このビーカーに，20℃の水100gを入れてよくかき混ぜた。この液体をろ過したところ，ろ紙上に a白い固体が残った。

【実験Ⅱ】実験Ⅰで生じたろ液を0℃まで冷やし，水溶液中から塩化ナトリウムを結晶にしてとり出そうとしたところ，b結晶は生じなかった。

【実験Ⅲ】実験Ⅱで結晶が生じなかったことから，実験Ⅰで生じたろ液を蒸発皿に入れて加熱したところ，水が蒸発し，白い固体が残った。また，実験Ⅰで生じたろ液をペトリ皿に入れてふたをせずにしばらく放置したところ，c水溶液中に結晶が出てきた。

水の温度[℃]　物質	0	20	40
塩化ナトリウム	35.6	35.8	36.3

表は，物質を100gの水にとかして飽和水溶液にしたときの，とけた物質の質量[g]である。

---

(1)　次のうち，混合物はどれか，**2つ**選んで記号を書きなさい。

　ア　空気　　イ　炭酸水素ナトリウム　　ウ　エタノール　　エ　炭酸水

(2)　水にとかした塩化ナトリウムから生じる**すべての**イオンを，化学式で書きなさい。

(3)　図1は，ろ過のようすを真横から見て模式的に表したものである。ろ過する液をろうとに入れる操作が正しくなるように，図2のような**ガラス棒**を図1の中にかき加えなさい。

図1

ろ紙が重なって
いないところ

ろ過する液

ろ紙が重なっ
ているところ

ろうと

図2　　　　　　ガラス棒

(4) 下線部 a がデンプンであることを確認する方法について，陸さんがまとめた次の考えが正しくなるように，X にはあてはまる元素名を，Y にはあてはまる物質名を，それぞれ書きなさい。

> 強く熱すると確認できると思います。有機物であるデンプンは，炭素，（ X ），酸素からできているため，炎を出して燃えたときに，二酸化炭素と（ Y ）ができます。無機物である塩化ナトリウムでは，このような反応は見られません。

(5) 下線部 b のような結果になったのは，水溶液がどのような状態だったからか，「飽和」という語句を用いて書きなさい。

(6) 下線部 c のときの塩化ナトリウム水溶液の質量パーセント濃度は何％か，四捨五入して小数第1位まで求めなさい。ただし，下線部 c のときの水溶液の温度は20℃だったものとする。

3 桜さんは，次のような新聞の記事を読んで冷夏に興味をもち，資料で調べた。下の(1)，(2)の問いに答えなさい。

> 宮沢賢治は「雨ニモマケズ」で冷夏に苦悩する農民を描いた。凶作風とも呼ばれ江戸時代から深刻な冷害をもたらしてきたやませは，北海道や東北で夏に吹く，冷たくて湿った東寄りの風を指すことが多い。この風は，太平洋側に霧や雲をもたらし，日照時間を短くする。

(1) 図1は，冷夏となった夏のある日の天気図である。A－B は停滞前線の位置を，P～R は日本の天気に影響を与える3つの特徴的な高気圧を表している。

図1

① 次のうち，A－B を停滞前線の記号を用いて正しく表しているものはどれか，1つ選んで記号を書きなさい。

② 前線について説明した次の文が正しくなるように，S にはあてはまる内容を，T にはあてはまる語句を，それぞれ書きなさい。

> 気温や湿度など性質の異なる気団は，接してもすぐには　S　ため境界面ができる。これを前線面といい，境界面が（ T ）と接したところを前線という。

③ 図2は，図1のある地点における気象観測の結果を天気図の記号で表したものである。このときの**天気，風向，風力**をそれぞれ書きなさい。ただし，風向は16方位で表すものとする。

図2

④　下線部について，図1をもとに桜さんがまとめた次の考えが正しくなるように，XにはP～Rのいずれかの記号を，Yにはあてはまる語句を，それぞれ書きなさい。

> 気圧配置から，下線部は（　X　）から吹く風と考えられます。（　X　）のほぼ全域を構成する気団が，日本の北の（　Y　）でできるので，冷たくて湿っていると考えました。

(2)　日本において，初夏のころの長期間にわたり雨が降り続く時期を何というか，名称を書きなさい。また，この時期に日本列島付近にできる停滞前線は，消滅する前に北上することが多い。その理由を，影響を与える気団の名称を示して書きなさい。

4　哲さんは，角度をもってはたらく2つの力で斜面上の物体を引くときの，物体にはたらく力と物体の動きについて調べるため，次の実験を行った。下の(1)〜(3)の問いに答えなさい。ただし，質量100gの物体にはたらく重力の大きさを1Nとする。また，台車やおもりと斜面との間の摩擦，糸と滑車の間の摩擦，糸の質量と伸び縮みは考えないものとする。

【実験Ⅰ】　1本の糸でおもりと質量500gの台車を結び，図1のように設置した。その後，台車を静止させた状態から手をはなし，台車の動きを確認した。おもりの質量を変えて実験を行い，結果を表1にまとめた。

【実験Ⅱ】　同じ長さの糸2本，質量500gの台車，おもりP2個，滑車2個を，図2のように斜面上に設置した。図3は，図2の矢印の方向から斜面を見たときのようすである。滑車を固定したまま，台車を斜面に沿って前後に動かすことで図3の角度Rを変化させ，その後，台車を静止させた状態から手をはなし，台車の動きを調べ，結果を表2にまとめた。ただし，斜面の傾きは実験Ⅰと同じものとする。

表1

おもりの質量	台車の動き
100g	斜面を下った
300g	静止したままだった
500g	斜面を上った

表2

角度R	台車の動き
90°	斜面を上った
120°	静止したままだった
150°	斜面を下った

(1)　哲さんは，実験Ⅰにおいて台車が静止したままのときにはたらく力について考えた。

①　台車にはたらく重力の大きさは何Nか，書きなさい。

② 台車にはたらく斜面方向の下向きの力は，どのように表されるか，
図4に矢印でかきなさい。ただし，方眼の1目盛りを1Nとする。

図4
作用点

③ 次のうち，斜面の傾きを大きくすると小さくなる力はどれか，1つ選
んで記号を書きなさい。

　ア　台車にはたらく重力　　　　イ　糸が台車を引く力
　ウ　台車にはたらく垂直抗力　　エ　台車が糸を引く力

(2) 実験Ⅱで使用したおもりP 1個の質量は何gか，求めなさい。

(3) 実験の結果をもとに，2本の糸が台車を引く力の合力を「S力」，台車にはたらく斜面方向の
下向きの力を「T力」として，哲さんがまとめた次の説明が正しくなるように，X，Yには
「S力」か「T力」のいずれかを，Zにはあてはまる語句を，それぞれ書きなさい。

> 　斜面上の台車の動きは，S力とT力の大きさの関係で決まり（　X　）が（　Y　）よ
> り大きいとき，台車は斜面を上る。このことから，2本の糸の間の角度Rが（　Z　）な
> るにつれて，S力の大きさは大きくなるといえる。

5 次は，学校行事で行った登山についての彩さんの振り返りの一部である。下の(1)，(2)の問いに
答えなさい。

> 　山頂に向かう途中で，あまり見かけない a岩石を見つけました。何という岩石か気になっ
> たので，山の管理者の方に許可をもらい，調べるために持ち帰ってきました。山頂に着いた
> ときには疲れて，b息があがっていました。

(1) 彩さんは，下線部aについて理科の先生に質問し，次のような説明を受けた。

> 　c石灰岩かチャートではないかと思いますが，見た目では区別がつかないもの
> があります。見分ける方法があるので，後で確認してみましょう。

① 地層に下線部cの層が見られた場合，この層が堆積した当時はどのような場所だったと考
えられるか，最も適切なものを次から1つ選んで記号を書きなさい。

　ア　海　イ　湖沼　ウ　河川　エ　山

② 彩さんは，下線部aの岩石を次の方法で見分けることにした。見分ける方法が正しくなる
ように，Pにあてはまる内容を書きなさい。

> 【見分ける方法】岩石に　　P　　とき，二酸化炭素が発生すれば石灰岩，変化しな
> ければチャートとわかる。

(2) 彩さんは，激しい運動をすると下線部bのようになる理由について考えるため，図のような
ヒトの肺の動きを調べるためのモデルを製作して実験を行ったり，資料で調べたりした。

> 【実験】図のような装置を製作し，ゴム膜を手で下に引っ
> 張ったり，引っ張ったゴム膜から手を離したりして，ゴム
> 風船がどのように変化するか調べた。その結果，dゴム膜
> を手で下に引っ張るとゴム風船はふくらみ，その後，ゴ
> ム膜から手を離すとゴム風船は縮んだ。

図
ストロー
ゴム風船
ペットボトル
ゴム膜

① 図のゴム膜は肺の動きに関わる何というつくりのはたらきをしているか，次のア～エから1つ選んで記号を書きなさい。また，下線部dの操作は，息を「吸うとき」と「はくとき」のどちらの動きを再現したものか，書きなさい。

　　ア　ろっ骨　　イ　横隔膜　　ウ　気管　　エ　肺胞

② ゴム風船がふくらんだり縮んだりしたのは，ペットボトル内の空間の何が変化したからか，書きなさい。

③ 実験の結果と資料で調べたことをもとに彩さんがまとめた次の考えが正しくなるようにX，Yにあてはまる語句をそれぞれ書きなさい。

> からだを構成している細胞では，肺でとりこまれた酸素を使い，（　X　）から活動するための（　Y　）をとり出しています。激しい運動をすると多くの（　Y　）が必要となり，肺の動きがさかんになるためと考えました。

6 涼さんは，テーブルタップを購入した際，図1のようなタコあし配線は危険な場合があるとの注意書きを見て，なぜ危険なのか疑問に思い，観察をしたり実験を行ったりした。次の(1)，(2)の問いに答えなさい。

図1

テーブルタップ

(1) 涼さんは，テーブルタップのコードの材料には何が使われているのか調べるため，不要になったコードを切って観察したところ，図2のように，金属のような物質Xが見えた。

図2
物質X

① 次のうち，すべての金属に共通する性質としてあてはまるものはどれか。**すべて**選んで記号を書きなさい。

　　ア　みがくと光る　　イ　熱をよく通す　　ウ　磁石につく　　エ　引っ張ると細くのびる

② 涼さんは，物質Xを色の特徴から銅と予想し，密度を調べて確認することにした。この物質Xをある程度とり出して質量と体積を測定したところ，質量が22.4g，体積が2.5cm³だった。この物質Xの密度は何 g/cm³ か求めなさい。

(2) テーブルタップを分解したところ，複数の電気器具を並列につなぐ構造になっていたことから，涼さんは次の実験を行った。

【実験】抵抗の大きさが異なる豆電球2個，導線，スイッチ2個。1.5Vの乾電池を用いて，複数の電気器具をテーブルタップにつないだ状態に見立てた図3のような回路をつくった。その後，スイッチを切りかえたときの豆電球A，豆電球B，回路全体それぞれに流れる電流と加わる電圧の大きさを測定した。電流の大きさを測定した結果は表1に，電圧の大きさを測定した結果は表2に，それぞれまとめた。

図3
豆電球A　スイッチC
豆電球B　スイッチD
乾電池
－極　＋極　導線

表1

| スイッチ | | 豆電球A | 豆電球B | 回路全体 |
C	D			
入	切	0.3A	0 A	0.3A
切	入	0 A	0.5A	0.5A
入	入	0.3A	0.5A	0.8A

表2

| スイッチ | | 豆電球A | 豆電球B | 回路全体 |
C	D			
入	切	1.5V	0 V	1.5V
切	入	0 V	1.5V	1.5V
入	入	1.5V	1.5V	1.5V

① 図3の豆電球Aに加わる電圧の大きさを測定するために電圧計をつないだ。このときの全体の回路図をかきなさい。ただし，スイッチは切れているものとする。

② スイッチCとDの両方を入れて豆電球AとBに1分間電流を流したときの電力量は，スイッチDだけを入れて豆電球Bに1分間電流を流したときの電力量の何倍か，求めなさい。

③ タコあし配線が危険な理由について，実験の結果をもとに涼さんがまとめた次の考えが正しくなるように，Yにあてはまる内容を書きなさい。

> テーブルタップにつないだ複数の電気器具を同時に使用する場合，電気器具が増えるほどテーブルタップに　　Y　　ようになり，　　Y　　ことで発熱して発火するおそれがあるからです。

＜社会＞　　時間 50分　満点 100点

1　次は，「世界のすがたと人々の暮らし」について，地図と図，写真，表をもとに，生徒がそれぞれのテーマで調べた内容の一部である。これらを見て，(1)～(5)の問いに答えなさい。

地図

図1　地図の範囲の模式図

	東経90°	180°	西経90°	
北緯70°	ア	イ	ウ	エ
0°	オ	カ	キ	ク
南緯70°				

図2　Y州に見られる国境線の一部

写真　A国に見られる住居

図3　A国のある都市の気温と降水量

年平均気温 28.7℃
年降水量 1906.5mm

表　B国と日本の比較（2019年）

項目	国	B 国	日 本
① 陸地面積 （万ha）		91 474	3 645
② 農地面積 （万ha）		40 581	500
③ 穀物生産量 （万t）		42 154	1 183

（図3，表は「データブック オブ・ザ・ワールド2023年版」などから作成）

生徒が調べた内容の一部

テーマ1　地球のすがた
　私たちが暮らしている地球には，六大陸と三大洋があります。地図のX大陸は，図1では あ の範囲にあり，インド洋と太平洋に面しています。

テーマ2　さまざまな国境線
　図2でY州に直線的な国境が多く見られるのは，植民地支配した国々が緯線や経線などをもとにして決めたからです。その結果， い 国境線となり，紛争となった国があります。

テーマ3　自然環境に適応した伝統的な住居
　世界には，自然環境に適応した伝統的な住居があります。地図のA国では，写真のように床を う し， え ように工夫しているところもあります。

テーマ4　農業の地域的特色
　世界には，さまざまな農業の特色が見られます。表から，B国は，日本よりも陸地面積に占める お ことや，農地面積1ha当たりの か ことが分かります。

(1)　地図のX大陸の名称を書きなさい。

(2)　テーマ1の あ にあてはまる範囲を，図1のア～クから一つ選んで記号を書きなさい。

(3)　テーマ2の い に入る適切な内容を，次の語を用いて書きなさい。〔 民族 〕

(4)　テーマ3の う にあてはまる語と え に入る適切な内容の正しい組み合わせを，写真と図3から読みとり，ア～エから一つ選んで記号を書きなさい。

　ア　う　低く　え　住居の熱が地面に伝わらない

　　イ　う　低く　え　湿気をやわらげる

　　ウ　う　高く　え　住居の熱が地面に伝わらない

　　エ　う　高く　え　湿気をやわらげる

(5)　テーマ4の　お　と　か　に入る適切な内容を，それぞれ書きなさい。ただし，　お　は表
　　の①と②，　か　は表の②と③から読みとり書きなさい。

2　次は，日本の地域的特色について，人口，自然環境，産業の面から，生徒が調べるために，準
　　備した地図とメモ，図，表である。これらを見て，(1)～(5)の問いに答えなさい。

地図

▲ 主な火山

メモ1

　火山は，噴火により大きな被害を出す一方で，地下にある蒸気を利用した　X　発電や，美しい景観，温泉などの恵みをもたらしている。

メモ2

　図2の◘の場所には，かつてここで発生した，共通の自然災害に関することを記した石碑が建てられている。

図2　地図のDの範囲を拡大した一部

（国土地理院「地理院地図」から作成）

図1　3都市の*降水量比較

*1991年から2020年までの平均値
（気象庁資料から作成）

表　5県の比較(2020年)

項目 県	山地の 割合(%)	人口密度 (人/km²)	耕地面積(百ha)			ぶどうの収 穫量(百t)	豚の飼育 数(百頭)
			田	*畑	樹園地		
ア	81.1	195.4	93	22	202	13	13
イ	73.2	138.4	349	252	40	15	7 969
ウ	68.8	265.6	500	94	35	139	427
エ	85.5	181.5	77	48	100	350	165
オ	58.0	82.5	1 287	118	22	21	2 785

*樹園地・牧草地以外の畑
（「データでみる県勢2022年版」などから作成）

(1)　九州地方にある県のうち，人口が最も多い県の県庁所在地名を書きなさい。

(2)　図1のあ～うは，地図のA～Cのいずれかの都市の降水量を示している。あが示す都市を，
　　A～Cから一つ選んで記号を書きなさい。

(3)　メモ1の　X　にあてはまる発電方法の名称を書きなさい。

(4)　次は，メモ2と図2をもとに生徒がまとめたものである。

　　　図2の地域は，リアス海岸となっており，　Y　という地形的特色がある。そのため
　　　Z　が発生した際に被害が大きくなりやすく，石碑の中には，　Z　の到達点に建て
　　られたものや避難行動について記されたものがある。

　①　　Y　に入る適切な内容を，次の語を用いて書きなさい。〔 海岸線 〕

② 　Ｚ 　にあてはまる語を書きなさい。ただし，　Ｚ 　には同じ語が入る。

(5) 表の**ア～オ**は，地図の ▇▇▇ で示した４県と秋田県のいずれかである。**イ**と**エ**にあてはまる県名をそれぞれ書きなさい。

3 次のカードは，原始から現代までの歴史の流れについて，生徒が時代区分ごとに，それぞれの時代を象徴する動きに注目してまとめたものの一部である。これらと年表，地図，図を見て，(1)～(13)の問いに答えなさい。

カード

Ⅰ　原始・古代

◇**狩りや採集の生活から農耕の生活へ**
　　大陸から@稲作が伝わり，人々は水田の近くにむらをつくった。

写真１
稲を収穫するための道具

↓

◇**天皇を中心とした国づくり**
　　⑥中国や朝鮮半島の国々に学びながら，国のしくみを整えた。

↓

◇**平城京から平安京へ**
　　混乱した政治を立て直すため，桓武天皇は都を移すとともに，政治改革を推し進めた。

　注目したポイント１　「朝廷の支配の拡大」
　　桓武天皇の時代，朝廷は，坂上田村麻呂を中心とする大軍を送り，　あ　。

Ⅱ　中世

◇**武士の登場と支配の広まり**
　　武士団が台頭し，武家政権が成立した。

　注目したポイント２　「北条政子の言葉」
　　後鳥羽上皇が挙兵すると，「頼朝公の御恩は山よりも高く海よりも深い」と御家人に訴えかけた。

◇**民衆の成長**
　　都市や⑥農村における自治的な組織が成立した。

　資料　正長の土一揆について記した記録
　　農民たちが暴動を起こした。徳政だと言い立てて，酒屋・土倉などをおそい，質入れした物品などをうばいとった。（「大乗院日記目録」から部分要約）

◇**社会の変動**
　　@応仁の乱の後，支配の仕組みが変化した。

Ⅲ　近世

◇**ヨーロッパ人の来航と全国統一**
　　⑥種子島に流れ着いたポルトガル人によって，わが国に鉄砲が伝わり，戦い方に変化が生じた。

　注目したポイント３　「天正遣欧使節」
　　キリシタン大名は，南蛮貿易の中心地となっていた　い　から４人の少年をヨーロッパに派遣した。

◇**幕藩体制の成立と文化の発展**
　　社会が安定し，①上方を中心に町人文化が栄え，図１のような作品が生み出された。

図１

◇**産業の発達**
　　⑨全国の米の収穫高が増加するとともに，各地で特産物の生産が盛んになるなど，農業の新しい動きが見られた。

風神雷神図屏風(部分)

Ⅳ　近代・現代

◇**近代国家の形成**
　　欧米との⑪対等な外交関係の樹立を目指した。

　注目したポイント４　「岩倉使節団」
　　不平等条約改正交渉にあたる一方，先進国の情勢を詳しく調査し，わが国の近代化に貢献した。

写真２　岩倉使節団

◇**経済・政治の混乱と第二次世界大戦**
　　世界恐慌は，わが国の経済に深刻な影響を及ぼした。その混乱の中，軍部が台頭し，　う　。

◇**わが国の民主化と再建**
　　①終戦後のＧＨＱによる占領を経て，わが国は独立を回復し，その後，国際社会に復帰した。

(1) 下線部ⓐに関して，この時代に使用されていたと考えられる写真1の道具の名称を書きなさい。

(2) 下線部ⓑに関して，次の　X　に入る適切な内容を，次の語を用いて書きなさい。

〔 家柄　　才能 〕

> 推古天皇の時代に定められた冠位十二階の制度は，　X　を役人として取り立てることを目的としたものである。

(3) 　あ　に入る適切な内容を，一つ選んで記号を書きなさい。
  ア　源義経をかくまう奥州藤原氏を滅ぼした　　イ　東北地方に拠点を置く蝦夷を攻撃した
  ウ　関東地方で起きた平将門の乱を平定した　　エ　百済に協力して高句麗や新羅と戦った

(4) 注目したポイント2のできごとが起こった時期を，年表の⑦〜④から一つ選んで記号を書きなさい。

(5) 下線部ⓒに関して，農民たちが資料に見られる行動をとった目的を，**資料の下線部に着目して**書きなさい。

(6) 下線部ⓓに関して，次の　Y　，　Z　にあてはまる語の組み合わせとして正しいものを，一つ選んで記号を書きなさい。

> 室町幕府の影響力が　Y　，社会全体に　Z　の風潮が広がる中，地方では，戦国大名が実力を伸ばした。

年表	
世紀	主なできごと
12	
13	平清盛が太政大臣となる ↕ ⑦ 六波羅探題が設置される ↕ ④ 文永の役が起こる
14	建武の新政が始まる ↕ ④ 南北朝が統一される

  ア　Y　強まり　　Z　下剋上　　イ　Y　強まり　　Z　尊王攘夷
  ウ　Y　弱まり　　Z　下剋上　　エ　Y　弱まり　　Z　尊王攘夷

(7) 下線部ⓔのころに起こったできごとを，一つ選んで記号を書きなさい。
  ア　レーニンがロシア革命を指導した　　イ　ルソーが社会契約説を唱えた
  ウ　ナポレオンが皇帝の地位についた　　エ　ルターが宗教改革をはじめた

(8) 　い　の位置を，地図のア〜エから一つ選んで記号を書きなさい。

(9) 下線部ⓕのころに活躍した人物を，一つ選んで記号を書きなさい。

地図

  ア　兼好法師　　イ　井原西鶴
  ウ　観阿弥　　　エ　横山大観

(10) 下線部ⓖの理由を，図2と図3を参考に，次の語を用いて書きなさい。〔 新田 〕

図2　近世における全国の耕地面積の推移

16世紀末	
18世紀前半	

0　　　　　150　　　　300
(万*町歩)
＊1町歩は約1ha（「土地制度史Ⅱ」から作成）

図3　近世における農具の変化

こきばしによる脱穀　→　千歯こきによる脱穀

⑾　下線部ⓗに関して，次は写真２の一員として派遣されたある人物についてまとめたものである。この人物名を書きなさい。

> ・内閣総理大臣となった　　・政党を結成した

⑿　　う　　に入る適切な内容を，一つ選んで記号を書きなさい。

　ア　征韓論が起こった

　イ　義和団の反乱に出兵した

　ウ　シベリア出兵を行った

　エ　五・一五事件が起こった

⒀　下線部ⓘの時期のできごとを，アに続けて年代の古い順に並べ替え，記号を書きなさい。

　ア　極東国際軍事裁判の開始

　イ　日ソ共同宣言の調印

　ウ　サンフランシスコ平和条約の締結

　エ　日本国憲法の公布

4　次は，それぞれのテーマについて，生徒が調べたことをまとめたものの一部である。これらを見て，⑴〜⑽の問いに答えなさい。

⑴　下線部ⓐに関して，資料１の　　P　　にあてはまる語を書きなさい。

⑵　下線部ⓑに関して，図１の裁判の説明として正しいものを，一つ選んで記号を書きなさい。

　ア　裁判員が裁判に参加する

　イ　犯罪行為の有罪・無罪を決める

　ウ　私人どうしの争いを裁く

　エ　裁判官を辞めさせるか判断する

⑶　次は，下線部ⓒに関して，図２をもとに生徒が考えたものである。　　Q　　に入る適切な内容を，次の語を用いて書きなさい。〔 割合 〕

> 　介護保険制度が導入された背景の一つとして，総人口に占める　　Q　　ことにともない，介護を必要とする人が増えていることが考えられる。

テーマ　市場経済のしくみと金融について

◇消費者が安心して財やサービスを購入できるよう，さまざまなⓓ法や制度が設けられている。

◇市場価格が上下することで，ⓔ消費者が欲しい商品は多く，不要な商品は少なく生産される。

◇一般の銀行とは別に，ⓕ日本銀行は特別な働きをする。

資料2　消費者問題の事例

　レストランで注文した飲み物に混入していた異物により，のどにけがをして病院で診察を受けた。

図3　需要・供給と価格の関係

※AとBは，それぞれ需要曲線と供給曲線のいずれかである。

※Xが示す価格は，市場価格のうち，需要量と供給量が一致するときのものである。

(4)　下線部ⓓに関して，資料2の事例の解決に関わるものを，一つ選んで記号を書きなさい。

　ア　環境基本法　　　イ　製造物責任法
　ウ　消費者契約法　　エ　クーリング・オフ

(5)　下線部ⓔに関わる図3についての問題である。

　①　Xが示す価格を何というか，書きなさい。

　②　売れ残る量を示すものを，㋐～㋑から一つ選んで記号を書きなさい。

(6)　下線部ⓕの役割を，一つ選んで記号を書きなさい。

　ア　株式の発行　　イ　国債の発行　　ウ　紙幣の発行　　エ　社債の発行

テーマ　私たちの生活と財政について

◇政府の収入は，原則的に，国民が義務として納める⓰税金によって支えられている。

メモ
・税金を納める人とその税金を負担する人が同じ税
・国に納める税

◇ⓗ消費税は，商品の販売やサービスの提供に対して課税される。

図4　所得に占める消費税の割合(2022年)
(%)

6.23	4.73	4.24	3.85	2.95
Ⅰ	Ⅱ	Ⅲ	Ⅳ	Ⅴ

Ⅰ　400万円未満
Ⅱ　400～600万円未満
Ⅲ　600～800万円未満
Ⅳ　800～1000万円未満
Ⅴ　1000万円以上

(「日本生活共同組合連合会　家計・くらしの調査年次報告書 2022」から作成)

(7)　下線部⓰に関して，メモの内容にあたる税を，一つ選んで記号を書きなさい。

　ア　酒税　　イ　所得税　　ウ　自動車税　　エ　固定資産税

(8)　次は，下線部ⓗに関して，図4から読みとれることをもとに，生徒がまとめたものである。　R　に入る適切な内容を，次の語を用いて書きなさい。〔　所得　　税率　〕

　　所得が低い人ほど，所得に占める消費税の割合が高くなる傾向がみられるのは，消費税に　R　という特徴があるためである。

(9)　(次のページの)下線部ⓘの一つであるWHOの活動を，一つ選んで記号を書きなさい。

　ア　貿易の自由化　　イ　世界遺産の登録
　ウ　感染症の予防　　エ　停戦や選挙の監視

テーマ　　持続可能な地球社会の実現に向けて

◇国際連合では，①さまざまな機関が人々の暮らしを向上させるために活動している。
◇国際連合で採択された持続可能な開発目標（ＳＤＧｓ）の達成を目指し，国際社会や日本においても，①さまざまな取り組みが行われている。

表　４か国の比較(2018年)

項目 国	一人当たりの ＧＤＰ(ドル)	*識字率(％)
インドネシア	3 893	95.7
ケニア	1 710	81.5
ネパール	991	67.9
アフガニスタン	552	43.0

*15歳以上人口に対する，日常生活の簡単な内容についての
読み書きができる人口の割合

(「世界国勢図会2021/22年版」などから作成)

資料３　秋田県の施策の一部

○家庭や事業所における
　３Ｒを推進している。
　認定されたリサイクル
　製品には，右のマーク
　が付いている。
○プラスチックごみの削
　減や，海岸漂着物の回
　収を推進している。

(秋田県生活環境部資料などから作成)

(10)　下線部①に関する問題である。

①　次は，表をもとに生徒がまとめたものである。　S　に入る適切な内容を書きなさい。

　　　教育に着目すると，一人当たりのＧＤＰが低い国ほど，　S　傾向がある。すべての
　　人が学ぶ機会を得ることができるように，世界の国々が協力し合う必要があると思う。

②　資料３の施策で秋田県が目指している社会を，一つ選んで記号を書きなさい。
　　ア　男女共同参画社会　　イ　グローバル社会　　ウ　多文化社会　　エ　循環型社会

である。本文とこの文章を比較している生徒A、Bの会話を読んで、後の問いに答えなさい。

【「無名草子」の現代語訳の一部】

何事も、人の交わりは、ただ向かい合っている間の感情だけですが、この手紙というものは、まったく昔のまま、その当時の感情が少しも変わることがないのも、たいそうすばらしいこととなのです。

A	どちらの文章からも、手紙への思い入れが伝わってくるね。
B	そうだね。本文では、はじめに手紙のことを〔 I 〕と評価し、その後で、手紙のすばらしさを具体的に述べているね。
A	二つの文章を読んでみると、手紙の相手と自分を隔てているものが、本文では〔 II 〕で、「無名草子」では〔 III 〕だという違いも見えてくるよ。
B	隔てているものがあっても、まるで実際に対面しているかのように、相手と〔 IV 〕ことができるという手紙のすばらしさは、どちらの文章からも読み取れるね。手紙はいいものだね。
A	なるほど。手紙はいいものだね。私も書いてみようかな。

(1) 〔 I 〕に当てはまる内容を、本文中から**五字**で抜き書きしなさい。

(2) 〔 II 〕〔 III 〕に当てはまる語句の組み合わせとして最も適切なものを、次の**ア〜エ**から一つ選んで記号を書きなさい。

ア　II　時間　　III　距離
イ　II　距離　　III　時間
ウ　II　距離　　III　感情
エ　II　感情　　III　時間

(3) 〔 IV 〕に適する内容を、**八字以内**で書きなさい。

六　次の①〜③は「言葉の使い方に対する意識調査」の項目の一部である。あなたが言葉の使い方で意識していきたいことを①〜③から一つ選び、そのことに対するあなたの考えを、これまでの自身の体験を踏まえて、後の《条件》にしたがって書きなさい。

① 敬語を適切に使う
② 流行語や新しい言葉を使い過ぎない
③ 方言を大切にする

文化庁　令和四年度「国語に関する世論調査」から作成

《条件》
・題名は不要
・字数は二百字以上、二百五十字以内
・選んだ項目を書く際は、例のように書いてもよい

例

①
は

五　次の文章は、手紙のやりとりについて書かれたものである。これを読んで、1〜3の問いに答えなさい。

めづらしといふべき事にはあらねど、文こそ①<u>なほ</u>めでたき物なれ。はるかなるせかいにある人の、いみじくおぼつかなく（どうしているであろう）、いかならんとおもふに、文をみれば只今（ただ）さしむかひたるやうにおぼゆる、いみじき事なりかし。我思ふ事を書（かき）やりつれば、あしこ（先方）までも行（いき）つかざるらめど、こころゆく（心が満たされる）心ちこそすれ。文といふ事なからましかば（なかったら）、いかにいぶせく（心が晴れ晴れしない）くれふたがる（不安な気持ち）心ちせまし。②<u>よろづ</u>の事思ひ思ひて其（その）人のもとへ、とてこまごまとかきておきつれば、おぼつかなさ（不安な気持ち）をもなぐさむここちするに、まして返事見つれば、命をのぶべかめる（延ばす気がする）。げにことわりにや。

（枕草子春曙抄による）

1　①<u>なほ</u>　②<u>よろづ</u>を現代仮名遣いに直し、すべて平仮名で書きなさい。

2　手紙を「出す」側と「もらう」側の気持ちについて、次のようにまとめた。[a][b][c]に適する内容を、それぞれ八字以内で書きなさい。

「出す」	・いろいろ考えてこまごまと書いておくことで、[b]がいやされる。
「もらう」	・相手にまだ届いていなくても、[a]ような気持ちになる。 ・返事を読むことで、[c]ような気がする。

3　次は「無名草子」の中で、手紙について書かれた部分の現代語訳

A　場面が進むにつれて、普段は無愛想な雲月の新たな一面が見えてくるのがおもしろいね。

B　そうだね。この日、慎吾が雲月のことを「[a]」と見直したのは、雲月が依頼を承諾してくれただけでなく、慎吾の思いを受け止めてくれたことへの感謝の気持ちもあったのかもしれないね。

C　大事なことを教えるときに気恥ずかしそうにするなど、実は[b]な一面があるところも、雲月の魅力だね。そういえば、慎吾自身も、雲月とのやりとりを通して変化しているよね。

A　最後の「いつもより大股で歩いていた」という慎吾の行動は、「え、だって……」のように「……」を多用した会話に見られる[c]様子とは、ずいぶん違っているよね。「一本道」や「一番星」という象徴的な言葉と合わせて考えると、これからの慎吾は、雲月の教えを支えにして、[d]ことができるのではないかな。

(1)　[a][b]に当てはまる内容を、[a]には八字で、[b]には三字で、本文中からそれぞれ抜き書きしなさい。

(2)　[c][d]に適する内容を、[c]には七字以内で、[d]には三十字以内で、それぞれ書きなさい。

帰り際——。

玄関を出たところで、雲月に呼び止められた。

「おい」

ぼくは後ろを振り返った。

「お前が出世して、金を払えるようになってもらうためによ、ひとつ、いいことを教えてやる」

「は、はい……」

そこで雲月は、少しばかり気恥ずかしそうに下を向き、＊蓬髪をばりばりと掻いた。

「俺は、一度しか言わねえからな」

「はい」

「神は細部に宿る。だから、爪の先ほどでも妥協はするな——」

「……！」

「それだけだ」

「はい……」

「分かったら、帰れ」

照れ屋な仏師は、野良犬でも追い払うみたいに、シシッシッと右手を振った。

その足元で、黒猫が「みゃあ」と鳴く。

ぼくは、ぺこりと頭を下げると、きびすを返して冬枯れの森のなかの一本道を歩き出した。

土の匂いのする冷たい風を浴びながら、すみれ色をした空を見上げると、一番星がぴかぴかと瞬いていた。

ぼくは、なんとなく、いつもより大股で歩いていた。

（森沢明夫「夏美のホタル」による）

【注】 ＊仏師……仏像を造る職人

＊モチーフ……芸術作品で、創作の動機となる主要な題材

＊夜叉……雲月が飼っている黒猫の名前

＊普請……家屋を建てたり修理したりすること

＊蓬髪……長く伸びてくしゃくしゃに乱れた髪

1 雲月が、にやりと笑う について、次のようにまとめた。［　］に当てはまる内容として最も適切なものを、次のア〜エから一つ選んで記号を書きなさい。

雲月は、あえて挑発するような態度を取ることで、慎吾を［　］。

ア　否定しようとしている　　イ　認めようとしている

ウ　和ませようとしている　　エ　試そうとしている

2 ぽかんとした顔で雲月を見てしまった のはどうしてか。最も適切なものを、次のア〜エから一つ選んで記号を書きなさい。

ア　どこまでも才能にこだわる雲月に、心底あきれてしまったから。

イ　仏像の代金を割り引くことに成功し、気持ちが落ち着いたから。

ウ　思いがけない言葉が雲月から返ってきて、意表を突かれたから。

エ　直面した新たな問題の解決策が見つからず、意気消沈したから。

3 地蔵さんをこの手で生き返らせてやる とはどういうことか。「木像」という語句を用いて、解答欄にしたがって二十五字以内で書きなさい。

4 次は、本文について話し合っている生徒A、B、Cの会話である。これを読んで、後の問いに答えなさい。

ふいに黒猫が目を開けて、ぼくのことを正面から見据えた。雲月と
*夜叉、ふたりに人生を聞かれている気がした。

薪ストーブのなかで、コト……、と、あの風鈴が鳴った。

ぼくの頭のなかに、凜、とあの風鈴が鳴った。

「あります。覚悟は、します」

ぐっと肚に力を込めて、そう言った。

「本当だな」

「はい」

「なら、金の問題はクリアだ」

「え……」

ぼくは、ぽかんとした顔で雲月を見てしまった。

「なんだ、その顔は」

「あ、いや。ありがとうございます」

「馬鹿タレ。礼を言うのはまだ早え」

「え、だって……」

「まだ、大問題があんだよ」

「大問題、ですか……？」

「いいか、俺が彫るのは木像だ。地蔵さんをモチーフにするなら最高
級の檜の心材を使ってやるが、それでも雨ざらしにしておけば、やが
ては腐っちまう。分かるな」

「はい」

「地蔵菩薩を雨風から守る祠が必要だ」

「祠……」

「そうだ、神仏を祀る小屋みてえなもんだ」

「はあ……」

「お前が造れ」

「え？」

「お前が祠を造れと言ってるんだ」

雲月は繰り返した。

「ぼくが、祠を……ですか？」

「たけ屋の離れ、お前が*普請したんだろ」

「え、ええ……。まあ」

「だったら、それくらいは造れるはずだ。お前がそれをやらねえな
ら、それくらいは造れるはずだ。お前がそれをやらせてやる」

雲月は冷めかけたブラックコーヒーを啜った。

「や、やります」

「そうか。それなら──」雲月はカップを床に置き、その手で十万円
の入った銀行の封筒をぼくの方に押し返した。「この金は、祠の製作
費にまわせ。俺は頭金ゼロの出世払いで請け負ってやる。お前、祠を
造るからには、完璧なものを造れよ。俺も地蔵さんをこの手で生き返
らせてやる」

雲月はまた、にやりと笑った。

でも、今度の笑い方は、悪くなかった。ぼくを試すわけでもなく、
馬鹿にするでもなく、少しの嫌みすらもない、なんだか気のいい兄貴
みたいな笑い方だったのだ。

その笑みに自然と反応したぼくの口は、ただひたすら気持ちよく
「ありがとうございます」と言っていた。そして、あれ、と思ったら、
目の前の雲月がゆらゆら揺れはじめた。ぼくの両目に、大粒のしずく
が溜まっていたのだった。

本当に口惜しいけれど、きっと今日だけだと思うけれど、この無愛
想な男は、粋で格好いい仏師だった。

1 誤解だと私は思います　と筆者が考える理由を、次のようにまとめた。〔a〕〔b〕に当てはまる内容を、次のように考えるから。

　社会の〔a〕になることで、個性を生かして人の〔b〕

は五字で、本文中からそれぞれ抜き書きしなさい。〔a〕には二字で、〔b〕

と考えるから。

2 この世界　とはどのような世界か。解答欄にしたがって本文から十字で抜き書きしなさい。

3 人間は違います　について、細菌などの人間以外の生物と人間との違いを、次のように整理した。これを読んで、後の問いに答えなさい。

	人間以外の生物	人間
	・自分の〔Ⅰ〕によって、自分の子孫だけを増やした。 ・他の個体が増えることに、自分は関わらない。	・他の人の力も借りて、自分の子孫を増やした。 ・他の人が生き残って増えることに、自分も貢献している。
	増える単位が自分の血統だけ ⇦	増える単位が〔Ⅱ〕にまで拡大 ⇦

(1) 〔Ⅰ〕に当てはまる内容を、本文中から四字で抜き書きしなさい。

(2) 〔Ⅱ〕に適する内容を、十五字以内で書きなさい。

4 本文中における段落の関係を説明したものとして最も適切なものを、次のア～エから一つ選んで記号を書きなさい。

ア 第1段落で身近な体験を述べ、第2段落で話題を広げている。

イ 第3段落は、第2段落の具体例を示している。

ウ 第4段落で疑問を挙げ、第5段落で筆者の答えを示している。

エ 第6段落の説に誤りがあることを、第7段落で指摘している。

5 やさしい　生物　について、次の問いに答えなさい。

(1) やさしい　に「　」が付いている理由として最も適切なものを、次のア～エから一つ選んで記号を書きなさい。

ア 引用を示す　　イ 不確かであることを強調する

ウ 会話を示す　　エ 特別な意味づけを強調する

(2) やさしい　生物といえる人間ならではの特徴を、解答欄にしたがって五十字以内で書きなさい。

四 次の文章を読んで、1～4の問いに答えなさい。

　写真家志望の大学生の慎吾（ぼく）は、ある村で恵三という老人と出会う。優しく穏やかで、人々から「地蔵さん」と慕われる恵三だが、病で亡くなり、周囲は悲しみに暮れる。慎吾は、*仏師の雲月に、恵三を*モチーフとした仏像（地蔵菩薩）の制作を依頼するが、代金を払えるような写真家になれるのかと問い詰められる。

　雲月は腕を組んだ。

「才能ってのはな、覚悟のことだ」

「覚悟……？」

「どんなに器用な人間でもな、成し遂げる前にあきらめちまったら、そいつには才能がなかったってことになる。でもな、最初に本気で肚（はら）をくくって、命を懸ける覚悟を決めて、成し遂げるまで死に物狂いでやり抜いた奴だけが、後々になって天才って呼ばれてるんだぜ」

　雲月が、にやりと笑う。

「お前、そういう覚悟はあんのか」

うな状況です。この場合、生きていくために必要な仕事はすべて3人だけで分担しないといけません。狩りをするのは、生物的に力の強い大人の男性である父親になるでしょう。植物や果物を採集したり、調理したりするのは、狩りに不向きな女性や子どもの仕事になるでしょう。たとえ、狩りなんて荒っぽいことが嫌いな男性や、採集よりも狩りの方が好きな女性だったとしても、餓えないためには身体的に向いている方をやらざるをえません。狩りに失敗したり、食べ物を見つけることに失敗したりすれば、すぐに命の危機が訪れます。

③　また、この世界では、勉強が得意とか、絵をかくのが得意とか、コミュニケーション能力が高いとか低いなどの個性が役に立つことはありません。なにより必要なのは、獲物をしとめたり、食料を確保する能力です。力や体力が何よりも重要です。強く丈夫で健康な人間だけが生き残る世界です。それ以外の個性には出番はありません。

④　一方で私たちの社会は違います。力や体力が必要な職業もあれば、勉強や絵を描くことやコミュニケーション能力が必要な職業もあります。どれか1つの能力が優れていれば、十分に活躍の場が見つかります。少なくとも狩猟採集社会よりは、今の社会の方が自分に合った役割（歯車）が見つかる可能性が高いように思います。

　こうした他人との協力からなる社会を形成するようになると、人間という生物が増える単位も変わってきます。人間以前の生き物は自分の力で自分だけの能力を増やしていました。細菌も線虫もカエルも虫もサルも、増えることができるかどうかは自分の能力や運によって決まっていました。優れた能力を持っていれば生殖に成功し、子孫を作ることができますし、そうでなければ血統は途絶えてしまいます。

⑤　ところが協力関係の網の目の中にいる人間は違います。自分が生き残って増えるためには他の人の能力も重要です。また自分の能力もほかの人が生き残って増えることに貢献しています。自分の命が大事なのと同じように、他の人の命も大事になっていきます。増える単位が自分の体を超えて広がっているといってもいいかもしれません。

⑥　このような大規模な協力関係は人間ならではの特徴です。人間以外の生物が非血縁個体と協力することは、特殊なケースを除いてほとんどありません。なぜ人間のみでこのような特殊な能力が生まれたのかについてはいろいろな説があります。人間の持つ高度な言語能力や認知能力や寿命の長さが大事だったと言われています。また、それらの能力が生まれた背景には、狩猟採集生活の中で協力する必要性があったことや、子どもが成長するまでに時間がかかることから子育てに他の個体の協力が必要だったことなどが指摘されています。

⑦　このような性質のどれが直接的な原因だったのかはわかりませんが、いずれにせよ、このような他の個体との協力を可能とする人間の性質は、元をたどれば少産少死の戦略によってもたらされたものです。命を大事にして長く生きることになり、他個体と付き合うことが可能になったために協力することが有利になりました。

⑧　しかも、人間には他者を認識する知能や、他者の気持ちを察することのできる共感能力も備わっています。結果として協力関係がどんどん発展していきました。私たち人間は地球上の他のどんな生物よりも協力的な、いわば「やさしい」生物です。

（市橋伯一「増えるものたちの進化生物学」による）

【注】　＊アイデンティティ……自分らしさ、独自性

繰り返します。（※アからエを繰り返して読む）

（間10秒）

3　みくさんは、A案のポスターに二次元コードが付いていることのよさをどのように考えていますか。解答欄にしたがって書きなさい。

（間25秒）

次の問題に移ります。

4　たかしさんの進行の仕方について、最もふさわしいものを、次に読み上げる選択肢ア、イ、ウ、エの中から一つ選んで、解答欄に記号をカタカナで書きなさい。選択肢は二回読みます。

ア　発言の内容を整理しながら、二人の意見を引き出している。

イ　発言の意図が不明な点を指摘し、繰り返し質問している。

ウ　話し合いの内容を批判的に聞き、意見を対立させている。

エ　話し合いの方向性を定めず、自由に意見を出させている。

繰り返します。（※アからエを繰り返して読む）

（間10秒）

これで国語の「聞くこと」に関する検査を終わります。次の問題に移ってください。

二　次の文章を読んで、1～4の問いに答えなさい。

食べられるのに捨てられる食品を食品ロスと言う。大量の食品ロスをごみとして①モやすと、二酸化炭素の排出や焼却後の灰の②埋め立て等による③シンコクな環境汚染が心配される。この大きな問題を解決するために、できることから始めることが重要になる。食品を買い過ぎないなど、食品ロスの④削減につながる行動を心がけたい。

1
①モやす　②埋め　を漢字に直して書きなさい。
③シンコク　④削減　の読み仮名を書きなさい。

2　大きな問題～始める　という意味に最も近いことわざを、次のア～エから一つ選んで記号を書きなさい。

ア　人のふり見て我がふり直せ

イ　千里の道も一歩から

ウ　終わり良ければすべて良し

エ　石橋をたたいて渡る

3　重要に　の活用形を書きなさい。

4　ない　と同じ品詞を、次のア～エから一つ選んで記号を書きなさい。

ア　あの場所は静かでない。　イ　その方法は正しくない。

ウ　雨が降っても困らない。　エ　明日の予定は特にない。

三　次の文章を読んで、1～5の問いに答えなさい。

1　「社会の中に組み込まれる」ということは「社会の歯車になる」ということです。この言葉にはあまりいい印象はないかもしれません。自分の個性とか＊アイデンティティがおびやかされていると感じるかもしれません。しかしそれは誤解だと私は思います。むしろ社会の歯車になることでほとんどの人は個性を発揮して、みんなの役に立てるのだと思います。

2　たとえば、社会が全く存在しない状況を考えてみましょう。父親、母親、小さい子どもの3人家族だけで無人島で暮らしているよ

ます。

みく　はい。私も、イラストがよいという理由でB案を推薦します。ポスターの中央に描かれている女の子の表情が、とてもにこやかで目を引きますし、ポスターを見た人が「楽しそうだから行ってみよう」と思うのではないかと考えました。

たかし　二人ともイラストに着目して、推薦理由を述べてくれました。では、お互いに意見はありませんか。

かずき　はい。B案のイラストでは、地域の自慢であるひまわり畑の広さが伝わらないのではないでしょうか。

みく　確かにA案のイラストは、ひまわり畑の広さがよく伝わりますね。しかし、B案は、キャッチコピーの「百万本」という数字によって、ひまわりが一面に咲いている風景を想像させるのではないでしょうか。また、「笑顔」という言葉もイラストと合っていてとても効果的だと思いました。

かずき　みくさんの考えを聞いて、A案には、キャッチコピーがないことに気付きました。キャッチコピーでも多くの人を引き付けられるのは、とても効果的だと思いました。

たかし　キャッチコピーなどの文字で伝える情報も、ポスターにとっては重要ですね。しかし、A案とB案では、「ひまわり祭り」について文字で伝えている情報の内容や量が異なります。これについては、どう考えますか。

かずき　A案は、開催日と会場しか書かれていませんが、右下の二次元コードを読み込むと、「ひまわり祭り」の公式

ウェブサイトを見ることができます。

みく　なるほど。ポスターに書ける情報量は限られているので、イベントの詳しい情報を確認できるのは、とてもよいことだと思います。

たかし　そうですね。ここまでの話し合いでA案、B案それぞれの工夫されている点が見えてきましたね。

（間2秒）

一　話し合いの様子はここまでです。

（間2秒）

それでは問題に移ります。問題は選択肢も含めてすべて放送で出題します。答えは解答用紙に記入します。

（間3秒）

1　かずきさんは、イベントのポスターの役割をどのように考えていますか。解答欄にしたがって書きなさい。

（間25秒）

次の問題に移ります。

2　B案のポスターの①に入るキャッチコピーとして、最もふさわしいものを、次に読み上げる選択肢ア、イ、ウ、エの中から一つ選んで、解答欄に記号をカタカナで書きなさい。選択肢は二回読みます。

ア　この夏　百万本のひまわりに会いに行こう

イ　ひまわり畑であなたも笑顔になりませんか

ウ　もよおしいっぱい　楽しいひまわり祭り

エ　百万本のひまわりがあなたを笑顔にします

〈国語〉

時間　六〇分　満点　一〇〇点

一　「聞くこと」に関する検査

A案　ポスター

B案　ポスター

[注]（　）内は音声として入れない。

ただいまから、国語の「聞くこと」に関する検査を始めます。「聞くこと」に関する検査は、出題も含めてすべて放送で行いますので、指示があるまで問題用紙を開いてはいけません。解答用紙とメモ用紙を準備してください。

（間3秒）

メモ用紙は必要に応じて使ってください。問題は全部で四つです。

（間3秒）

たかしさんの住む地域では、毎年「ひまわり祭り」が行われます。今回、たかしさんが通う中学校では、生徒会が全校生徒に呼び掛けてポスターを募集し、二つの案にしぼりました。生徒会では、ポスターを作成し、祭りに協力することになりました。

これから放送する内容は、生徒会役員のたかしさん、かずきさん、みくさんの三人が、ポスターについて話し合っている様子です。進行役はたかしさんが務めています。

話し合いの様子と問題は、一度だけ放送します。

問題用紙の一ページを開いて、A案とB案のポスターを見てください。

（間7秒）

B案のポスターの中の①には、キャッチコピーが入ります。

（間3秒）

話し合いは、たかしさんの発言から始まります。それでは、始めます。

（間3秒）

たかし　A案とB案の二種類のポスターがありますが、かずきさんはA案、みくさんはB案を推薦しています。では、はじめに、推薦する理由について、かずきさんから聞かせてください。

かずき　はい。私は、A案のイラストがよいと思いました。一面に広がるひまわりがとても印象的で、ポスターを見た人が、実際にひまわり畑を見てみたいと思うのではないでしょうか。最近は、見映えがよい風景などを写真に撮ることが人気なので、視覚に訴えることが効果的です。イベントのポスターの役割は、見た人に行ってみたいと思わせることだと考えます。

たかし　かずきさんは、イラストに着目したのですね。では次に、B案を推薦した理由について、みくさん、お願いし

MEMO

大切なことはメモしておこうネ！

2024年度

解　答　と　解　説

《2024年度の配点は解答用紙集に掲載してあります。》

＜数学解答＞

1 (1)　-4　　(2)　$-3x+12y$　　(3)　$2\times3^2\times5$　　(4)　2　　(5)　$-\sqrt{2}+3\sqrt{3}$

(6)　$x=7$　　(7)　$x=2,\ y=-3$　　(8)　$x=-4,\ 6$　　(9)　$a=9,\ b=16.5$

(10)　$n=6,\ 14$　　(11)　$43°$　　(12)　$115°$

(13)　$\dfrac{14}{5}$cm　　(14)　240πcm³　　(15)　$4\sqrt{7}$cm³

2 (1)　ア　$10-x$　　イ　$2x+3y$　　(2)　①　$a=6,\ b=0$

②　8cm²　　(3)　①　$0,\ 1,\ 2$　　②　解説参照

(4)　右図

3 (1)　①　24　　②　エ　　(2)　ⓐ　$-\dfrac{1}{4}x+100$　　ⓑ　200

ⓒ　50　　ⓓ　20　　(3)　解説参照

4 (1)　①　37　　②　$9n-4$　　(2)　①　$\dfrac{1}{3}$　　②　$\dfrac{7}{18}$

5 Ⅰ　(1)　解説参照　　(2)　①　$\sqrt{5}$cm　　②　$\dfrac{28}{5}$cm²　　Ⅱ　(1)　解説参照

(2)　①　$(120-a)°$　　②　$\dfrac{21}{286}$倍

＜数学解説＞

1（数・式の計算，数の性質，式の値，平方根，一次方程式，連立方程式，二次方程式，資料の散らばり・代表値，角度，円の性質，線分の長さ，体積）

(1)　四則をふくむ式の計算の順序は，乗法・除法→加法・減法となる。$6-2\times5=6-10=(+6)+(-10)=-(10-6)=-4$

(2)　分配法則を使って，$5(x+2y)=5\times x+5\times2y=5x+10y$，$2(4x-y)=2\times4x+2\times(-y)=8x-2y$　だから，$5(x+2y)-2(4x-y)=(5x+10y)-(8x-2y)=5x+10y-8x+2y=5x-8x+10y+2y=(5-8)x+(10+2)y=-3x+12y$

(3)　自然数を素因数の積に分解することを素因数分解という。素因数分解は，右図のように，素数で順にわっていき，商が素数になったらやめる。よって，90を素因数分解すると$2\times3^2\times5$である。

$$\begin{array}{r}2\,)\underline{90}\\3\,)\underline{45}\\3\,)\underline{15}\\5\end{array}$$

(4)　$x=3$，$y=-2$のとき，$\dfrac{1}{3}x^2y^3\div2xy=\dfrac{x^2y^3}{3}\times\dfrac{1}{2xy}=\dfrac{x^2y^3}{3\times2xy}=\dfrac{1}{6}xy^2=\dfrac{1}{6}\times3\times(-2)^2=\dfrac{1}{6}\times3\times4=2$である。

(5)　$\sqrt{32}=\sqrt{2^5}=\sqrt{2^2\times2^2\times2}=4\sqrt{2}$，$\sqrt{50}=\sqrt{2\times5^2}=5\sqrt{2}$，$\sqrt{27}=\sqrt{3^3}=\sqrt{3^2\times3}=3\sqrt{3}$だから，$\sqrt{32}-\sqrt{50}+\sqrt{27}=4\sqrt{2}-5\sqrt{2}+3\sqrt{3}=(4-5)\sqrt{2}+3\sqrt{3}=-\sqrt{2}+3\sqrt{3}$

(6)　方程式$0.8x+4=1.5x-0.9$　両辺に10をかけて，$(0.8x+4)\times10=(1.5x-0.9)\times10$　$8x+40=15x-9$　左辺の$+40$を右辺に，右辺の$15x$を左辺に移項して，$8x-15x=-9-40$　$-7x=-49$　両辺をxの係数の-7で割って，$-7x\div(-7)=-49\div(-7)$　$x=7$

(7) $\begin{cases} 2x-y=7\cdots① \\ 5x+3y=1\cdots② \end{cases}$ とする。①×3+②より，$(2x-y)×3+(5x+3y)=7×3+1$　$6x-3y+$

$5x+3y=21+1$　$11x=22$　$x=2$　これを②に代入して，$5×2+3y=1$　$10+3y=1$　$3y=-9$

$y=-3$　よって，連立方程式の解は，$x=2$，$y=-3$

(8) $x^2-2x=24$より，$x^2-2x-24=0$　たして-2，かけて-24になる2つの数は，$(+4)+(-6)$
$=-2$，$(+4)×(-6)=-24$より，$+4$と-6だから$x^2-2x-24=\{x+(+4)\}\{x+(-6)\}=(x+4)$
$(x-6)=0$　$x=-4$，$x=6$

(9) 箱ひげ図とは，右図のように，
最小値，第1四分位数，第2四分位
数(中央値)，第3四分位数，最大値
を箱と線(ひげ)を用いて1つの図に

表したものである。そして，四分位数とは，全てのデータを小さい順に並べて4つに等しく分け
たときの3つの区切りの値を表し，小さい方から第1四分位数，第2四分位数，第3四分位数とい
う。これより，問題の箱ひげ図のaの値は第1四分位数であり，bの値は第3四分位数である。9人
の得点を低い順に並べると5，9，9，13，14，15，16，17，20(点)だから，第1四分位数aは得
点の低い方から2番目と3番目の平均値$\dfrac{9+9}{2}=9$(点)であり，第3四分位数bは得点の高い方から2
番目と3番目の平均値$\dfrac{16+17}{2}=16.5$(点)である。

(10) 素数は1とその数のほかに約数がない自然数だから，$n^2-20n+91$の値が素数になり，その
素数をaとしたとき，$n^2-20n+91$は$1×a$と書けなければならない。$n^2-20n+91$を因数分解す
ると，$(n-7)(n-13)$であり，このとき，$n-7>n-13$だから，$(n-7)(n-13)=1×a$となるた
めには，$\begin{cases} n-13=1\cdots① \\ n-7=a\cdots② \end{cases}$ でなければならない。①より，$n=14$　これを②に代入して，$a=14-$

$7=7$　確かに，7は素数であり，これは問題の条件に適する。また，$(n-7)(n-13)=(7-n)$
$(13-n)$であり，このとき，$7-n<13-n$だから，$(7-n)(13-n)=1×a$となるためには，

$\begin{cases} 7-n=1\cdots③ \\ 13-n=a\cdots④ \end{cases}$ でなければならない。③より，$n=6$　これを④に代入して，$a=13-6=7$

これも問題の条件に適する。以上より，$n^2-20n+91$は自然数nが6と14のとき，素数7になる。

(11) $\ell /\!/ m$より，平行線の錯角は等しいから，∠BCD=
∠ABC=68°　△CDEの内角と外角の関係から，∠x=
∠BCD−∠CDE=68°−25°=43°

(12) 線分ABを引き，線分ACとBDの交点をEとする。直
径に対する円周角は90°だから，∠BAD=90°　$\overset{\frown}{AD}$に対
する円周角の大きさは等しいから，∠ABD=∠ACD=
53°　△ABEの内角と外角の関係から，∠x=∠ABD+
∠BAC=∠ABD+(∠BAD−∠CAD)=53°+(90°−28°)=115°

(13) AC//EDより，平行線と線分の比についての定理を用いて，CR：DP=BC：BD=BC：(BC
+CD)=7：(7+7)=1：2　CR=DP×$\dfrac{1}{2}$=(DE−EP)×$\dfrac{1}{2}$=(7−3)×$\dfrac{1}{2}$=2(cm)　同様にして，

CQ：EQ=CR：EP=2：3　以上より，CQ=CE×$\dfrac{2}{2+3}$=7×$\dfrac{2}{5}$=$\dfrac{14}{5}$(cm)

(14) △BOCに三平方の定理を用いて，OC=$\sqrt{BC^2-OB^2}$=$\sqrt{10^2-6^2}$=$\sqrt{64}$=8(cm)　これより，
できる立体の体積は，半径6cmの半球の体積と，底面の半径が6cmで高さが8cmの円錐の体積を

合わせたものだから，$\left(\dfrac{4}{3}\pi\times6^3\right)\times\dfrac{1}{2}+\dfrac{1}{3}\pi\times6^2\times8=240\pi\ (\mathrm{cm}^3)$

(15)　△ABCは**直角二等辺三角形**で，3辺の比は1：1：$\sqrt{2}$ だから，AC＝AB×$\sqrt{2}$＝$6\sqrt{2}$ (cm)　右図に，三角錐OABCの展開図の一部を示す。三角錐OABCの点Aから辺OBを通り，点Cまでひいた線が最も短くなるのは，右図の破線のように，展開図上で点Pが線分AC上にあるとき。展開図の△OACはOA＝OCの二等辺三角形で，∠AOP＝∠COPである。これより，**二等辺三角形の頂角の二等分線は，底辺を垂直に二等分するから**，OP⊥ACである。そして，三角錐OABCにおいて，OP⊥AP，OP⊥CPとなるから，OP⊥△APCであり，三角錐PABCの底面を△APCとしたとき，高さは線分BPとなる。上図の展開図で，BP＝$x$cmとすると，OP＝$(9-x)$cmである。△ABPに三平方の定理を用いて，AP²＝AB²－BP²＝6^2-x^2…①　△AOPに三平方の定理を用いて，AP²＝AO²－OP²＝$9^2-(9-x)^2$…②　①，②より，$6^2-x^2=9^2-(9-x)^2$　これを解いて，$x=2$　よって，BP＝2cm　これより，AP＝$\sqrt{6^2-2^2}$＝$4\sqrt{2}$ (cm)　三角錐PABCに関して，△APCはPA＝PCの二等辺三角形である。点Pから辺ACへ垂線PHを引くと，**二等辺三角形の頂角からの垂線は底辺を2等分するから**，AH＝$\dfrac{AC}{2}=\dfrac{6\sqrt{2}}{2}$＝$3\sqrt{2}$ (cm)　△APHに三平方の定理を用いて，PH＝$\sqrt{AP^2-AH^2}=\sqrt{(4\sqrt{2})^2-(3\sqrt{2})^2}=\sqrt{14}$ (cm)　以上より，三角錐PABCの体積は，$\dfrac{1}{3}\times\triangle APC\times BP=\dfrac{1}{3}\times\left(\dfrac{1}{2}\times AC\times PH\right)\times BP=\dfrac{1}{3}\times\left(\dfrac{1}{2}\times6\sqrt{2}\times\sqrt{14}\right)\times2=4\sqrt{7}\ (\mathrm{cm}^3)$

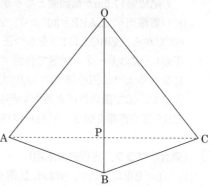

2　(方程式の応用，図形と関数・グラフ，資料の散らばり・代表値，作図)

(1)　ア　A選手は2点シュートと3点シュートを合わせて10本決めたから，2点シュートをx本決めたとすると，3点シュートは$(10-x)$本決めたことになる。　イ　2点シュートをx本，3点シュートをy本決めたとすると，得点の合計の関係から，$2x+3y=23$が成り立つ。

(2)　①　関数$y=\dfrac{1}{2}x^2$は，原点を通り，y軸について対称な上に開いたグラフであることから，xの**変域の両端の値のうち絶対値の大きい方**で，yの値は最大の18になる。そして，$x=-2$のとき$y=\dfrac{1}{2}\times(-2)^2=2$であることから，$x=a$のとき$y$の値は最大の18になり，$18=\dfrac{1}{2}a^2$　$a^2=36$が成り立つ。これを解いて，$a=\pm6$　$-2\leqq a$であるから，$a=6$であり，xの変域は$-2\leqq x\leqq6$に決まる。これより，xの変域に0を含むから，関数$y=\dfrac{1}{2}x^2$は$x=0$で最小値$y=0$となり，$b=0$であり，yの変域は$0\leqq y\leqq18$に決まる。

②　点Aは$y=\dfrac{1}{2}x^2$上にあるから，そのy座標は$y=\dfrac{1}{2}\times(-4)^2=8$　よって，A$(-4,\ 8)$　直線ABは傾きが-1である直線だから，直線ABの式を$y=-x+b$とおくと，点Aを通るから，$8=-(-4)+b$　$b=4$　よって，直線ABの式は$y=-x+4$であり，点Bの座標はB$(0,\ 4)$である。以上より，△AOB＝$\dfrac{1}{2}\times BO\times$(点Aと$y$軸との距離)＝$\dfrac{1}{2}\times4\times4=8\,(\mathrm{cm}^2)$

(3)　①　15m以上20m未満の階級の**累積度数**は$1+4+7=12$(人)…(i)　また，20m以上25m未満の階級の**累積相対度数**は0.70以下だから，20m以上25m未満の階級の累積度数は$20\times0.70=14$(人)以下…(ii)　である。(i)，(ii)より，⑦にあてはまる数は0，1，2のいずれかである。

②　【理由】（例）⑦と⑨の合計は，$20-(1+4+7+2)=6$より，6人である。このことから，⑦

と⑦に入る数にかかわらず，**度数の最も多い階級は7人の15m以上20m未満**であり，その階級の階級値17.5mが**最頻値**となるから。

(4)　（着眼点）　∠ABP＝30°より，∠PBC＝90°－∠ABP＝90°－30°＝60°だから，辺BC上に1辺をもつ正三角形の作図を利用する。　（作図手順）　次の①〜②の手順で作図する。　①　点Bを中心として辺BCに交わるように円を描く。　②　①でつくった辺BCとの交点を中心として，①で描いた円と等しい半径の円を描き，①の円との交点と，点Bを通る直線を引き，辺ADとの交点をPとする。

3 （関数とグラフ，方程式の応用）

(1)　①　B車について，**yはxに比例する**とみなせるから，xとyの関係は$y＝ax$と表せる。B車は1Lあたり4km走るから，$x＝1$，$y＝4$を代入して，$4＝a×1$　$a＝4$　よって，$y＝4x$　これに，$x＝6$を代入すると，点Rのy座標は，$y＝4×6＝24$である。

②　点P，Qのx座標をtとすると，点P，Qのy座標は，A車とB車のそれぞれがtLの燃料を使用したときの走った距離を表す。これより，線分PQの長さは，線分PQの長さ＝点Pのy座標－点Qのy座標＝(A車がtLの燃料を使用したときの走った距離)－(B車がtLの燃料を使用したときの走った距離)より，同じ量の燃料を使用したときの，A車とB車それぞれが走った距離の差を表す。

(2)　ⓐ　B車のグラフは，傾きが$-\dfrac{1}{4}$で，点(400, 0)を通る直線だから，B車の式を$y＝-\dfrac{1}{4}x+b$とおいて，点(400, 0)の座標を代入すると，$0＝-\dfrac{1}{4}×400+b$　$b＝100$　よって，B車の式は$y＝-\dfrac{1}{4}x+100$である。　ⓑ，ⓒ，ⓓ　⑦，④を連立方程式として解く。⑦を④に代入して，$-\dfrac{1}{10}x+70＝-\dfrac{1}{4}x+100$　両辺に20をかけて，$\left(-\dfrac{1}{10}x+70\right)×20＝\left(-\dfrac{1}{4}x+100\right)×20$　$-2x+1400＝-5x+2000$　$3x＝600$　$x＝200$　これを⑦に代入して，$y＝-\dfrac{1}{10}×200+70＝50$　よって，交点Sの座標は(200, 50)…ⓑ，ⓒ　となる。このことから，A車とB車それぞれが，200km走ったときの燃料タンクに残っている燃料の量はどちらも50Lであることがわかる。また，A車は200km走ったとき，燃料を$70-50＝20$(L)…ⓓ　使ったことがわかる。

(3)　（守さんの考え方）【過程】（例）A車の式は，$y＝10x$…①　となる。C車は，150km走るとき$230-170＝60$(L)の燃料を使うから，1Lあたり$150÷60＝\dfrac{5}{2}$(km)走る。C車の式は，$y＝\dfrac{5}{2}x$…②　となる。①，②に，$y＝550$をそれぞれ代入すると，①は，$x＝55$　②は，$x＝220$　燃料タンクに残っている燃料の量を求めると，A車は，$70-55＝15$(L)　C車は，$230-220＝10$(L)　この差は，$15-10＝5$(L)　(A)車のほうが(5)L多い　（香さんの考え方）【過程】（例）［香さんの説明］から，A車の式は，$y＝-\dfrac{1}{10}x+70$…①　C車は，150km走るとき$230-170＝60$(L)の燃料を使うから，1kmあたり$60÷150＝\dfrac{2}{5}$(L)の燃料を使う。C車の燃料タンクの容量は230Lだから，C車の式は，$y＝-\dfrac{2}{5}x+230$…②　となる。①，②に，$x＝550$をそれぞれ代入すると，①は，$y＝15$　②は，$y＝10$　この差は，$15-10＝5$(L)　(A)車のほうが5L多い。

4 （規則性，文字を使った式，確率）

(1)　①　中央のマスにあるカードに書かれている数は，1枚目の用紙が1，2枚目の用紙が10，3枚目の用紙が19と，9ずつ増えているから，5枚目の用紙で，中央のマスにあるカードに書か

れている数は，1枚目の用紙で，中央のマスにあるカードに書かれている数の1より，9の5−1
=4(倍)増えて，1+9×4=1+36=37である。

② 前問①と同様に考えると，n枚目の用紙で，中央のマスの左上のマスにあるカードに書かれ
ている数は，1枚目の用紙で，中央のマスの左上のマスにあるカードに書かれている数の5よ
り，9の$(n-1)$倍増えて，5+9×$(n-1)$=9n−4である。

(2) ① 1つのさいころを1回投げたとき，全ての目の出方は6通り。このうち，出た目をaとする
とき，$a+3$の値が4の**倍数**になるのは，$a=1$，5の2通り。よって，求める確率は$\frac{2}{6}=\frac{1}{3}$

② 1つのさいころを2回投げたとき，全ての目の出方は6×6=36(通り)。このうち，1回目に出
た目をb，2回目に出た目をcとするとき，$\frac{c}{b}$の値が整数になる，即ち，cがbの倍数になるのは，
$(b, c)=(1, 1)$，$(1, 2)$，$(1, 3)$，$(1, 4)$，$(1, 5)$，$(1, 6)$，$(2, 2)$，$(2, 4)$，$(2, 6)$，$(3,$
$3)$，$(3, 6)$，$(4, 4)$，$(5, 5)$，$(6, 6)$の14通り。よって，求める確率は$\frac{14}{36}=\frac{7}{18}$

5 (相似の証明，線分の長さ，角度，面積比，面積)

I (1) 【証明】 (例)△FBCと△FDEにおいて AD//BCより，平行線の錯角は等しいから，∠FBC
=∠FDE…① ∠FCB=∠FED…② ①，②より，2組の角がそれぞれ等しいから，△FBC
∽△FDE

(2) ① △ABDに三平方の定理を用いると，BD=$\sqrt{AB^2+AD^2}=\sqrt{AB^2+(AE+ED)^2}=$
$\sqrt{3^2+(2+4)^2}=3\sqrt{5}$ (cm) EG//BDより，平行線と線分の比についての定理を用いると，EG
：BD=AE：AD=AE：(AE+ED)=2：(2+4)=1：3 よって，EG=BD×$\frac{1}{3}$=$3\sqrt{5}$×$\frac{1}{3}$=
$\sqrt{5}$ (cm)

② EG//BD，ED//BCより，平行線と線分の比についての定理を用いると，AG：GB=AE：
ED=2：4=1：2，BF：FD=BC：ED=AD：ED=(AE+ED)：ED=(2+4)：4=3：2
△EGBと△EABで，**高さが等しい三角形の面積比は，底辺の長さの比に等しいから**，△EGB
：△EAB=GB：AB=GB：(AG+GB)=2：(1+2)=2：3 よって，△EGB=△EAB×$\frac{2}{3}$=
$\left(\frac{1}{2}×AB×AE\right)×\frac{2}{3}=\left(\frac{1}{2}×3×2\right)×\frac{2}{3}=2$ (cm²) 同様に考えて，△EBF：△EBD=BF：BD
=BF：(BF+FD)=3：(3+2)=3：5 よって，△EBF=△EBD×$\frac{3}{5}$=$\left(\frac{1}{2}×ED×AB\right)×\frac{3}{5}$=
$\left(\frac{1}{2}×4×3\right)×\frac{3}{5}=\frac{18}{5}$(cm²) 以上より，(四角形GBFEの面積)=△EGB+△EBF=2+$\frac{18}{5}$=
$\frac{28}{5}$(cm²)

II (1) 【証明】 (例)△FBCと△FDEにおいてAD//BCより，平行線の錯角は等しいから，∠FBC
=∠FDE…① ∠FCB=∠FED…② ①，②より，2組の角がそれぞれ等しいから，△FBC
∽△FDE

(2) ① AD//BC，AE=CGより，1組の向かいあう辺が等しくて平行だから，四角形AGCEは
平行四辺形で，AG//ECである。△ABGの内角の和は180°だから，∠AGB=180°−∠ABG−
∠BAG=180°−60°−a°=120°−a° **平行線の錯角と同位角は等しいから**，∠DEF=∠ECG
=∠AGB=120°−a°

② AE：ED=2：3，BG：GC=3：1=6：2で，AE=GCより，AE：ED：BG：GC=2：3：
6：2である。四角形ABCDの面積をSとする。AD//BCより，△ABDと△BCDの高さは等しい
から，面積比は底辺の長さの比に等しく，△ABD：△BCD=AD：BC=(AE+ED)：(BG+
GC)=(2+3)：(6+2)=5：8 よって，△ABD=四角形ABCD×$\frac{△ABD}{四角形ABCD}$=四角形ABCD

$\times \dfrac{\triangle \text{ABD}}{\triangle \text{ABD}+\triangle \text{BCD}}=\text{S}\times \dfrac{5}{5+8}=\dfrac{5}{13}\text{S}$　同様にして，$\triangle \text{EBD}=\triangle \text{ABD}\times \dfrac{\text{ED}}{\text{AD}}=\dfrac{5}{13}\text{S}\times \dfrac{3}{2+3}=\dfrac{3}{13}\text{S}$　AD//BCより，平行線と線分の比についての定理を用いて，BF：FD＝BC：ED＝(6+2)：3＝8：3…⑦　BI：ID＝BG：AD＝6：(2+3)＝6：5…④　⑦，④より，BI：IF：FD＝BI：(BF−BI)：FD＝6：(8−6)：3＝6：2：3　△BEFと△EBDで，高さが等しい三角形の面積比は，底辺の長さの比に等しいから，△BEF：△EBD＝BF：BD＝(6+2)：(6+2+3)＝8：11　△BEF＝△EBD×$\dfrac{8}{11}=\dfrac{3}{13}\text{S}\times \dfrac{8}{11}=\dfrac{24}{143}\text{S}$　AG//ECより△BHI∽△BEFで，相似比はBI：BF＝6：(6+2)＝3：4だから，面積比は$3^2:4^2=9:16$　よって，△BHI＝△BEF×$\dfrac{9}{16}=\dfrac{24}{143}\text{S}\times \dfrac{9}{16}=\dfrac{27}{286}\text{S}$　以上より，四角形EHIFの面積は，△BEF−△BHI＝$\dfrac{24}{143}\text{S}-\dfrac{27}{286}\text{S}=\dfrac{21}{286}\text{S}$であり，四角形ABCDの面積の$\dfrac{21}{286}$倍である。

＜英語解答＞

1 (1) ① エ　② イ　(2) ① イ　② ウ　③ イ　(3) 質問　ア　① イ　② ウ　(4) ① ア　② ウ　③ ウ

2 (1) ① living　② cooler　③ bought　(2) ① (例)OK, but I don't know(how)(to)(play)it.　② (例)If (I) (were) (you), I would go to the nurse's office.　③ (例)Have(you)(ever)(been)there?

3 (1) ① (例)There were　② (例)necessary for　③ (例)what　④ (例)to see　(2) (例)Will he come by train? [(例)What Japanese anime does he like?]

4 (1) ① ア　② エ　③ エ　④ ア　(2) (例)【賛成】I think school lunches are great because everyone can have a hot meal and soup. For example, especially in cold weather, students can relax by eating a hot meal.
(例)【反対】I don't think school lunches are good because we cannot decide how much food we eat. For example, some students have things that they cannot eat. But, if we bring boxed lunches, we can eat all the food.

5 (1) ① エ　② イ　③ ウ　④ ア　(2) ① エ　② (例)若者と高齢者が出会い，互いをよりよく理解し，彼らの関係をより強固なものにすること。　③ ア　④ エ，オ　⑤ ウ

＜英語解説＞

1 (リスニング)

放送台本の和訳は，52ページに掲載。

2 (読解問題：語句の問題，語句補充・選択，語形変化，分詞の形容詞用法，比較，現在・過去・未来と進行形，不定詞，仮定法，現在完了)

(1) (問題文訳) 私は夏休みに，北海道に①(住んでいる)おばさんを訪ねました。秋田よりもそ

ちらの方が②(さらに涼しい)と感じました。おばさんは私をいくつかの面白い場所へ連れて行ってくれました。私のお気に入りは水族館でした。たくさんの種類の魚を見ました。それらは本当に美しかったです。私はショップで家族のためにいくつかの商品を③(買いました)。私はまたそこに行きたいです。　①　living　空欄の文の意味は「北海道に住んでいるおばさん」だと考えられるので，形容詞用法を使って live を現在分詞(ing)とし，living~が aunt を説明する形が適当。　②　cooler　カッコの後ろには than があるので，比較の表現と考えられる。したがって，＜形容詞の比較級＋than…＞の形として cool は比較級 cooler が適当。　③　bought　カッコの前の文では「お気に入りの水族館へ行って，たくさんの美しい魚をみて，ショップで買い物を…」という過去の出来事を説明しているので，buy(買う)は過去形の bought にするのが適当。

(2)　①　＜アメリカのホームスティ先で＞　アンドリュー：これはぼくのお気に入りのテレビゲームなんだ。一緒にやろうよ。／タケシ：いいけど，それの やり方 がわからない。／アンドリュー：心配しないで。教えるから。さあゲームをやろう。　四角の欄の語の後のアンドリューの発話に「教えるよ (I'll show you)」とあるので，カッコの文では「やりかたがわからない」と言っていると考えられる。したがって，I don't know how to play it. が適当。how to play~は「~のやりかた，どうやって~をやるか」という意味になる。　②　＜休み時間に留学生と＞　ケンタ：次の体育の授業の準備はできている？／ジム：実は，調子がよくないんだ。風邪を引いたかもしれない。／ケンタ：本当？　もし ぼくがきみなら，保健室に行くと思う。一緒に行こうか。　四角の欄は were であり，前には if があって後には I would とあることから，仮定法の形＜if＋主語＋動詞の過去形~，主語＋would＋動詞の原形…＞だと考えたい。ここでは if I were you 「仮にぼくがきみだったら~」としている。　③　＜ALTと英語の授業で＞　ALT：わあ！すてきな写真ですね！　それらをどこで撮りましたか？／リカ：広島です。そこへ 以前行ったこと がありますか？／ALT：いいえ，行ったことはありません。　問題文の四角の欄に ever がありその前に Have がある疑問文なので，現在完了形の疑問文だと考える。問題文では「今までにそこへ~したことがある？」になり，「あなたは行ったことがあるか？」とすると Have you ever been there? が適当。「~へ行ったことがある」という経験を表す完了形は have/has been~という表現を使う。

3　(読解問題：広告・メール・メモ・手紙・要約文などを用いた問題，語句補充・選択，文の挿入，自由・条件英作文，不定詞，名詞・冠詞・代名詞，現在・過去・未来と進行形，動名詞)

(1)　(問題文訳)　今年の私のお気に入りの学校でのイベントは，学園祭でした。私は演劇のチームに入りました。私たちのチームには，30人のメンバーが①(いました)。／最高の演技のために，私たちは一緒にとても一生懸命練習しましたが，時々お互いを誤解しました。だから，私たちは問題について話し合いました。「私たちにとって，もっとお互いに会話をすることが②(必要)だ」と，誰かが言いました。私たちは皆同意しました。その後，私たちは自分たちが③(何を)考えているかをお互いに伝え始めました。／学園祭の当日，私たちはステージで最善を尽くしました。聞いている人たちの笑顔を④(見て)，私は本当にうれしかったです。　①　(例)There were　発表用メモの第1項によると，カッコのある文の意味は「チームには30人がいる」となるので，これを文にするために解答例では主語＋動詞を there are~「~がある，~がいる」としている。　②　(例)necessary for　発表用メモの第3項によると，カッコのある文の意味は「お互いにもっと会話することが必要」であり，解答例では necessary for~「~にとって必要だ」としている。　③　(例)what　発表用メモの第3項によるとカッコのある文の意味は「お互い

に私たちは何を考えているか…」となり，解答例は「何を」の部分を what で表現している。

④ （例）to see 発表用メモの最後の項によると，カッコのある文の意味は「観客の笑顔を見てうれしかった」なので，解答例では glad to see「見てうれしい」としている。glad to～は「～してうれしい」。to see は不定詞の形で「見られたので」という原因を表す意味がある。

(2) （問題文訳） みなさん，こんにちは。これは私の弟，ダニエルの写真です。／彼は東京に住んでいます。彼は日本のアニメを見ることが大好きです。彼は時々，彼のお気に入りのアニメキャラクターについて私に話します。現在，彼は剣道をやっています，なぜなら特殊な剣で悪魔と戦うアニメキャラクターに感銘を受けたからです。／来月彼は秋田に来ます。ここで彼に会えるのを，私は楽しみにしています。／みなさんは彼について何か質問はありますか？ （例）Will he come by train?（彼は電車で来るのですか？）／What Japanese anime does he like?（彼はどの日本のアニメが好きですか？） 質問の文なので解答の英文は疑問文とする。最初の解答例は未来のことを聞いているので Will he～? としている。2番目の解答例は，どのアニメが好きかと質問し，What～? の形になっている。

4 （会話文：内容真偽，語句補充・選択，自由・条件英作文，関係代名詞，分詞の形容詞用法，助動詞，不定詞，動名詞，比較）

［司会］さあディベートを始めましょう。今日のトピックは「すべての生徒は学校の制服を着るべき」です。最初に，同意する生徒たちの意見を聞きましょう。／［1番目］私は，すべての生徒が学校の制服を着るべきだと思います，なぜなら，それは私たちが勉強に集中することを助けてくれるからです。たとえば，服を選ぶ代わりに，宿題をするためにより多くの時間をかけることができます。／［2番目］私は，すべての生徒が，学校の制服を着るべきだとは思いません，なぜなら，制服を着ていると自分自身を表現することができなくなるからです。たとえば，みんなが同じ服を着ていると，私たちが好きなものを示すことができません。／［3番目］あなたは正しいかもしれませんが，同じ制服を着ることで，私たちは一緒に活動して，そして a（チーム）の一員だと感じることの手助けになります。たとえば，地元の人々が私たちの制服を見るとき，彼らは私たちの学校を認識します。それは私たちが地元の人々とよりつながっていることを感じるのに役立ちます。／［4番目］あなたは，制服を着ることで私たちが一緒に活動する手助けになると言いました。しかし，b（私たちは違う服を着て）いても，お互いを助けることができます。私は違っていることが重要だと思います，なぜなら，それが新しいアイデアや考え方をもたらすからです。だから，私たちはそれらから多くのさまざまな視点を学ぶことができます。／［司会］ありがとうございました。結論を発表する前に，次のトピックをお伝えします。それは「学校の給食はお弁当よりも良い」です。

(1) ① ア 生徒たちは宿題に集中することができます。（○） イ 生徒たちは他のことのためにお金を節約できます。 ウ 生徒たちは，より早く制服を着ることができます。 エ 生徒たちは，他の服よりも制服の方が見た目がより良くなります。 第1番目の発言には，「制服を着ると，勉強に集中することの助けになる。服を選ぶ代わりに，宿題に時間を費やすことができる」とあり，これが制服の利点と考えられるので選択肢アが適当。 ② ア 制服は時々高価になることがあります。 イ 制服は時々心地がよくないかもしれない。 ウ 彼らが好きなものを決めることは難しいです。 エ 彼ら自身を表現することは難しいです。（○） 第2番目の発言には，「制服を着ていると自分自身を表現できない」とあり，これが制服の欠点だと考えられるので選択肢エが適当。選択肢ウとエにある difficult to decide/express～の to～は to 不定詞の名詞用法で，「決めることが難しい／表現することが難しい」という意味になる。

③ ア 違い イ 計画 ウ 仕事 エ チーム（○） 空欄aは「同じ制服を着て一緒に活

動することで…の一部と感じる」という意味になり，文脈から選択肢エが適当。　④　ア　私たちは異なる服を着る。（〇）　イ　私たちは同じ服を着る。　ウ　私たちは多くのことを学ぶ。エ　私たちは考え方について学ぶ。　空欄bの文は，「たとえ…であっても，私たちはお互いに助け合うことができる」である。これは，3番目の発言「同じ制服を着ることで，私たちは一緒に活動できる」への反論と考えられるので，文脈から選択肢アが適当。選択肢エの thinking は動名詞形で「考えること」という意味がある。

(2)　(例)【賛成】I think school lunches are great because everyone can have a hot meal and soup. For example, especially in cold weather, students can relax by eating a hot meal.[29語]（私は，学校の給食は素晴らしいと思います，なぜなら，誰もが温かい食事とスープをいただけるからです。たとえば，特に寒い天気の時には，温かい食事を食べることで，生徒たちはリラックスできます）　文中のby eating a hot meal の eating（食べること）は動名詞形で「温かい食事を食べることによって」という意味になる。問題文にあるように，解答の文章は賛成／反対である理由を because~で書き，また for example で具体的に説明する形式にしたい。　(例)【反対】I don't think school lunches are good because we cannot decide how much food we eat. For example, some students have things that they cannot eat. But, if we bring boxed lunches, we can eat all the food.[38語]（私は学校の給食は良くないと思います，なぜなら，私たちは自分で食べる量を決めることができないからです。たとえば，食べられないものがある生徒もいます。しかし，もしお弁当を持っていけば，私たちは全ての食べ物を食べられます。）解答の文章の形式は，さきに述べた【賛成】の解答例と同じ形式となっている。解答例の For example, some~にある things that they cannot eat の that は関係代名詞で，they~が things を説明して「彼らが食べられないもの」という意味になる。

5　(長文読解：英問英答，内容真偽，語句補充・選択，日本語で答える問題，語句の解釈・指示語，分詞の形容詞用法，不定詞，受け身，文の構造，形容詞・副詞)

(1)　(全文訳)　まず，授業の始めにグリーン先生は，自分の国の一つの例について話しました。小学校の建物が変わり，とても魅力的になりました。各教室は，レストランやギフトショップなど，さまざまな使い方をされました。人々はこの建物で，彼らの好きなことを楽しんだのです。日本に来る前，彼女は家族と一緒に何度もそこへ行きました。彼女は教室で映画を見ることが好きでした。彼女の兄弟は，体育館で父とバスケットボールをして楽しみました。

　葵は颯太と彼らの町の廃校について話をした時，彼女は「人々は野菜づくりを楽しめます。農家の数が減少していて，人々は地元の野菜を楽しめません。これらの問題を解決するために，私はもっと多くの人々に野菜づくりがいかに面白いかを知ってもらいたい。彼らもおいしい野菜を料理して食べることを楽しむでしょう。だから，私のアイデアが良いと信じています」と言いました。

　颯太は，廃校を映画やテレビ番組などを作ることに利用できると考えました。彼は「私たちの町は自然に恵まれており，廃校の周りには高い建物がありません。映画のシーンは美しく映るでしょう。映画が私たちの町を，より人気のあるものにしてくれることを願っています。将来私たちの町は，すばらしい観光スポットになります」と言いました。

　最後に，授業の終わりにグリーン先生は，「学校の建物を利用するすばらしいアイデアを聞いて，私は驚いています。お互いに話し合い，聞き合うことは本当に大切です。そうすることで，

人々が一緒になり，長い間幸せな生活を送ることができると信じています」と言いました。

① （問題訳）グリーン先生の国の廃校の建物について，どれが正しいですか？　ア　建物は新しい学校に変わりました。　イ　廃校になった後に建物は壊されました。　ウ　彼女の家族は，教室の新たな使い方について考えました。　エ　彼女の家族は，その建物で彼らの好きなことを楽しみました。(○)　問題本文最初の段落には，「小学校の建物が魅力的になり，人々はこの建物で好きなことを楽しんだ。グリーン先生は日本に来る前，その建物で映画をみて，彼女の兄弟は体育館で父とバスケットボールを楽しんだ」とあるので，選択肢エが適当。選択肢アの The building was changed~の was changed は受け身の形で「変えられた」となり，選択肢イの was broken も同様に「壊された」という意味になる。問題文の closed school の closed は close(閉まる)の過去分詞形で形容詞の働きをして school を説明し，「閉まった学校＝廃校」という意味になる。

② （問題訳）葵が主に指摘している点は何ですか？　ア　農家の数を確認すること　イ　人々へ農業の仕事に興味を持たせること(○)　ウ　農家になるという彼女の夢を実現すること　エ　彼女の町の人口を増やすこと　問題本文第2段落には葵が颯太に言ったことが書いてあり，そこには「農家の減少という問題を解決するために，もっと多くの人々に野菜づくりの面白さを知ってもらいたい」とあるので，選択肢イが適当。選択肢イの make people interested in farmer's job は make A B <動詞＋目的語＋補語>の形で「AをBにする」。ここでは「人々に農業の仕事に興味を持たせる」という意味になる。

③ （問題訳）颯太は自分の町がどうなってほしいですか？　ア　より高価になること　イ　より便利になること　ウ　より有名になること(○)　エ　より伝統的になること　問題本文第3段落第2文 He said, "Our~には「(颯太は)映画が私たちの町をより人気のあるものにしてくれることを願っている」とあるので，選択肢ウが適当。各選択肢の To be~は to 不定詞の名詞用法で，「～になること」という意味になる。

④ （問題訳）グリーン先生によれば，人々が幸せな生活を送るために何が必要でしたか？　ア　会話(○)　イ　技術　ウ　驚き　エ　旅行　最後の段落でグリーン先生は「お互いに話し合って聞き合うことは大切。そうすることで，長い間幸せな生活を送ることができると信じている」と言っているので，選択肢の中ではアが適当。

(2) （全文訳）私は両親から，私たちの町の桜祭りについて聞きました。両親は，そのお祭りは私が生まれる前に，2つの理由で中止されたと言いました。若者たちが興味を失ったことと，私たちの町に十分なお金がなかったことです。私はそれを聞いて悲しく感じました。私は私たちの町を再び活気づけたいと思いました。

　ある日，私たちの英語の授業で廃校の利用方法について話している時，私の小学校を思い出しました。今は廃止されていて，その周りにはたくさんの桜の木があります。私のプレゼンテーションでは，「(A)桜祭りのために，私たちは廃校を利用できると思います。そのお祭りは若者と高齢者が出会い，お互いをより良く理解することの手助けになり，それは彼らの関係をより強固なものにするのに役立ちます。

　私たちの英語の先生は，私のスピーチに興味を持ちました。先生は他の先生たちに私のアイデアを紹介しました。一部の先生は，アイデアが十分に明確ではないので，(B)疑いを持ちました。しかし，話をするうちに，先生たちは私の計画は試す価値があると考えました。先生は市役所にメールを送りました。数週間後，市役所で働く人，クドウさんが私たちの学校を訪れ，私のアイデアを気に入ったと言いました。彼はお祭りのために学校の建物を利用することに同意しました。彼は私のアイデアを共有するために，インターネットを使いました。そして，彼は多くの前

向きなコメントを得ました。人々は興奮しているようでした。

お祭りの日に，あらゆる年齢の人々が一緒になったので，廃校はエネルギーでいっぱいになりました。始めに，私はステージで「今日は来てくれてありがとう。多くの人々の助けで，私たちはこのお祭りを行うことができました。この素晴らしいお祭りを楽しみましょう」と言いました。

お祭りは成功しました。高齢の人々が料理教室で地元の料理を作りました。地元のミュージシャンたちは，体育館で素晴らしい演奏をしました。人々は料理と演奏の両方に満足しました。彼らは桜の木の下で話し，笑っていました。お祭りの後，多くの人々はそのイベントが彼らに学校の日々を思い出させたと言いました。すでに，みんなが来年のお祭りを楽しみにしていました。

私たちは，一人の声が，すべてを変えることができるということを学びました。同じ興味を持つ人々が，私たちを助けてくれるでしょう。だから，一人では対応できない困難な課題を，私たちは乗り越えることができます。私は「(自分の意見を伝えること)は本当に大切だ」と言います。　① 　(問題文と解答訳)お祭りに対して若者たちの興味が_a(少なく)なり，町にはお祭りが必要とするよりも_b(少ない)お金しかなかったので，大和の町のお祭りは中止されました。　問題本文最初の段落第3文 Young people lost〜にお祭りが中止された理由が書いてあり，これによると「若者たちが興味を失ったこと，町はお金が足りなかったこと」だとわかる。若者の興味が少なくなり，お金が少なかったと考えると，選択肢エの空欄aには less，空欄bにも less が適当。less は little の比較級で，「より少ない」という意味がある。　② 　(例)若者と高齢者が出会い，互いをよりよく理解し，彼らの関係をより強固なものにすること。下線Aのあとの文 The festival helps〜には，「お祭りは若者と高齢者が出会い，お互いをより良く理解し，関係をより強固なものにするのに役立つ」とあるので，解答例はこの文を参考に書かれている。　③ 　選択肢ア(疑いをもっている)が適当。下線Bの前後の文を検討すると「先生たちの中には大和のアイデアが不十分ではないかと skeptical だったが，のちに計画を試す価値があることを理解した」という内容だと考えられる。この文脈を考えると，選択肢ではアが適当。　④ 　ア 大和は2歳の時に，彼の町の地元の祭りに参加しました。　イ 大和の英語の先生は，彼女の計画についてクドウさんに話をするために会いに行きました。　ウ クドウさんは大和が十分なお金を集めることを手伝うために，インターネットを使いました。　エ 人々はお祭りで音楽の演奏や地元の料理を楽しみました。(○)　オ お祭りのおかげで，一部の人々は自分たちの子供時代を思い出しました。(○)　問題本文第5段落には，「高齢者が地元の料理を作り，地元のミュージシャンは体育館で演奏をした。人々は料理と演奏の両方に満足した」とあるので，選択肢エが適当。また，第5段落第6文 After the festival〜には，「お祭りの後，多くの人々は，そのイベントが学校の日々を思い出させたと言った」とあるので，選択肢オが適当。選択肢ウの the internet to help〜の to help は to 不定詞の副詞用法で「〜を助けるために」という意味が，選択肢オの remember は「覚える」に加えて「思い出す」という意味がある。　⑤ 　ア 友だちに従うこと　イ 必要としている人々と話すこと　ウ 自分自身の意見を伝えること(○)　エ 迷惑について謝罪すること　問題本文の最後の段落の最初の文 We learned how〜から第3文 So, we can〜までには，「一人の声がすべてを変えられることを学んだ。同じ興味を持つ人々が私たちを助けて，一人ではできない困難な課題を乗り越えられる」とあり，この後に空欄のある文が続く。したがって，文脈からウが適当。各選択肢の始めの語は ing 形の動名詞で「〜すること」という意味がある。

2024年度英語　リスニングテスト

〔放送台本〕

　ただ今から，リスニングテストを始めます。

　問題は(1)から(4)まであります。聞きながらメモをとってもかまいません。(1)を始めます。問題は2つです。二人の会話とそれについての質問を聞いて，答えとして最も適切な絵を，それぞれ，ア，イ，ウ，エから1つずつ選んで記号を書きなさい。会話と質問は通して1回だけ放送されます。では始めます。

① (A女)： It's delicious, right?

　　(B男)： Well, I want some more salt.

　　(A女)： Sure.

　　Question: What will the girl probably do next?

② (A男)： How about going to the lake by bike tomorrow?

　　(B女)： Well, I want to enjoy the beautiful scenery from a train.

　　(A男)： Good idea. Then, let's meet at the station tomorrow morning.

　　Question: Where are they going to meet tomorrow morning?

〔英文の訳〕

① (A女)：おいしいでしょう？

　　(B男)：えーと，もう少し塩が欲しいな。

　　(A女)：わかった。

　　質問：次に，女の子はおそらく何をするでしょうか？

　　答え：エ

② (A男)：明日は自転車で湖に行くのはどう？

　　(B女)：そうね，私は美しい景色を電車から楽しみたいな。

　　(A男)：いい考えだね。じゃあ，明日の朝に駅で会おう。

　　質問：彼らは明日の朝どこで会う予定ですか？

　　答え：イ

〔放送台本〕

　(2)に移ります。問題は3つです。二人の会話を聞いて，それぞれの会話の最後の文に対する応答として最も適切なものを，それぞれア，イ，ウから1つずつ選んで，記号を書きなさい。会話は通して，1回だけ放送されます。では始めます。

① (A女)： Mike, are you doing anything right now?

　　(B男)： No, Mom. What's up?

　　(A女)： Will you go to the supermarket with me?

② (A女)： Excuse me. I lost my smartphone somewhere in this shopping mall.

　　(B男)： I see. What color is it?

　　(A女)： It is white, and has a picture of red flowers behind it.

③ (A女)： My favorite singer will perform in our city next month.

　　(B男)： Oh, really? Are you going to go to the concert?

　　(A女)： Of course. I'm so excited.

〔英文の訳〕

① （A女）：マイク，今何かやっている？
　（B男）：いや，ママ。どうしたの？
　（A女）：私と一緒にスーパーマーケットに行ってくれる？
　ア：はい，映画を見に行きます。
　イ：もちろん。私にクッキーを買ってくれますか？（○）
　ウ：わかりました。それはスーパーマーケットの近くです。

② （A女）：すみません。このショッピングモールのどこかでスマートフォンをなくしました。
　（B男）：わかりました。それは何色ですか？
　（A女）：白で，裏に赤い花の絵があります。
　ア：先週末，彼らを見ましたか？　　イ：あなたのスマートフォンはどこですか？
　ウ：これが，あなたが探しているものですか？（○）

③ （A女）：私の好きな歌手が，来月私たちの町で公演をするの。
　（B男）：へえ，本当に？　そのコンサートに行くの？
　（A女）：もちろん。とてもワクワクしているよ。
　ア：ああ，それを聞いて残念ですね。　　イ：素晴らしい。それを楽しむといいですね。（○）
　ウ：私は明日何も予定がありません。

〔放送台本〕

　(3)に移ります。問題は2つです。美香(Mika)とルーカス(Lucas)が，授業での発表に向けて練習をしています。二人の会話を聞いて，その後の質問に対する答えとして最も適切なものを，ア，イ，ウ，エから1つ選んで記号を書きなさい。また，①，②に入る写真を示す最も適切なものを，ア，イ，ウ，エから1つずつ選んで記号を書きなさい。会話と質問は通して2回ずつ放送されます。はじめに10秒間，問題用紙の絵と選択肢に目を通しなさい。では始めます。

(Mika): Which picture are you going to show for our school trip presentation, Lucas?

(Lucas): Look. I decided to show this picture. Do you see these characters, Mika?

(Mika): Oh, I remember the characters! Well.... I saw them in front of the zoo!

(Lucas) Right. The characters were so cute that I took a picture of them. When I show this picture, our classmates can remember the wonderful time at the zoo on our second day.

(Mika): Good idea. Look at my picture. I'll show this picture of the sumo matches.

(Lucas): Yeah, I was really excited to see the sumo matches on our school trip.

(Mika): Me too. I've watched them on TV before, but the matches we saw at the sumo stadium were more exciting.

(Lucas): I think so, too. Then, let's practice our presentation.

Question: Which is the topic of their presentation?

〔英文の訳〕

美香：　私たちの遠足のプレゼンテーションに，どの写真を見せるつもりなの，ルーカス？
ルーカス：見て。この写真を見せることに決めた。これらのキャラクターが見える，美香？

美香：　　　ああ，キャラクターを思い出した！そうね...　私はそれらを動物園の前で見た！
ルーカス：　その通り。キャラクターはとてもかわいかったので，ぼくはそれらの写真を撮った。ぼくがこの写真を見せると，クラスメートは2日目の動物園でのすてきな時間を思い出すことができる。
美香：　　　いい考えね。私の写真を見て。私は相撲の試合のこの写真を見せる。
ルーカス：　そうだね，遠足で相撲の試合を見ることは，本当にワクワクした。
美香：　　　私も。以前にそれらをテレビで見たことがあるけれども，相撲の競技場で私たちが見た試合の方が，よりワクワクした。
ルーカス：　ぼくもそう思うよ。では，プレゼンテーションの練習をしよう。
質問：　　　彼らのプレゼンテーションのトピックはどれですか？
【質問に対する答え】　ア（遠足）
【①，②に入る写真を示すもの】　答え：①　イ（動物園のキャラクター）　　②　ウ（相撲の試合）

〔放送台本〕

　(4)に移ります。佑太(Yuta)が英語の授業で，写真を提示しながらスピーチをしています。スピーチの後で，3つの質問をします。質問に対する答えとして最も適切なものを，それぞれア，イ，ウ，エから1つずつ選んで記号を書きなさい。佑太のスピーチと質問は，通して2回ずつ放送されます。はじめに15秒間，問題用紙の選択肢に目を通しなさい。では始めます。

　　Everyone, please look at this picture. This is my favorite shrine. You can see a man here in this picture. He is my grandfather, Hiroshi. This shrine is near my house. He likes walking around there in autumn because he can enjoy the beautiful yellow leaves. In my case, I like to walk around there in spring because the temperature is comfortable. The shrine is also famous for its beautiful cherry blossoms. Many people like to take some pictures of them there. Why don't you go there?

　Questions:　①　What is Yuta talking about?
　　　　　　　②　Which season does Yuta's grandfather like to walk around the shrine?
　　　　　　　③　What do many people do around the shrine in spring?

これでリスニングテストを終わります。

〔英文の訳〕

　みなさん，この写真を見てください。これは私のお気に入りの神社です。この写真には男性が見えます。彼は私の祖父，ヒロシです。この神社は私の家の近くにあります。彼は秋にそこの周りを歩くことが好きです，なぜなら，彼は美しい黄色の葉を楽しむことができるからです。私の場合，春にそこの周りを歩くことが好きです，なぜなら，気温が心地いいからです。この神社はその美しい桜の花でも有名です。多くの人々がそこでそれらの写真を撮ることが好きです。ぜひそこへ行ってみてはいかがでしょうか？

　質問：
　①　佑太は何について話していますか？
　　ア　彼のお気に入りの場所（○）　　イ　神社の近くの彼の家
　　ウ　彼の祖父の仕事　　　　　　　　エ　将来の彼の夢
　②　佑太の祖父は，どの季節に神社の周りを歩くことが好きですか？

　ア　春に　　イ　夏に　　ウ　秋に(○)　　エ　冬に
③　春に多くの人々は神社の周りで何をしますか？
　ア　彼らは美しい黄色の葉を見ます。　　イ　彼らは良い天気の中で本を読みます。
　ウ　彼らは桜の花の写真を撮ります。(○)　　エ　彼らは神社の絵を描きます。

＜理科解答＞

1 (1)　(例)背骨がある。　　(2)　P　外とう膜
　　Q　ない　　R　外骨格　　S　ある
　　(3)　(例)からだの表面が，かたいうろこでおおわ
　　れているという特徴。　　(4)　オ
　　(5)　①　(例)水中から陸上へ　　②　シ，ス

2 (1)　ア，エ　　(2)　Na^+，Cl^-　　(3)　右図1
　　(4)　X　水素　　Y　(例)水　　(5)　(例)水溶液が
　　飽和していなかったから。　　(6)　26.4%

3 (1)　①　ウ　　②　S　(例)混じり合わない
　　T　(例)地表面　　③　(天気)くもり　　(風向)　東南東
　　(風力)1　　④　X　Q　　Y　(例)海上
　　(2)　(名称)　(例)つゆ　　(理由)　(例)小笠原気団が勢力
　　を強めるから。

4 (1)　①　5N　　②　右図2　　③　ウ　　(2)　500g
　　(3)　X　S力　　Y　T力　　Z　(例)小さく

5 (1)　①　ア　　②　(例)うすい塩酸をかけた
　　(2)　①　(記号)イ　　(動き)吸うとき　　②　(例)広さ
　　③　X　(例)養分　　Y　エネルギー

6 (1)　①　ア，イ，エ　　②　(例)8.96g/cm^3　　(2)　①　右図3
　　②　1.6倍　　③　(例)大きな電流が流れる

図1

ろ紙が重なって
いないところ
ろ過する液
ろ紙が重なって
いるところ
ろうと

図2

作用点

図3

＜理科解説＞

1（生物の種類の多様性と進化：水中生活から陸上生活へ・鳥類の出現，動物の特徴と分類：セキ
　ツイ動物・無セキツイ動物）
(1)　Aのグループは**セキツイ動物**であり，Bのグループは**無セキツイ動物**である。Aに共通する特
　徴は，**背骨があること**である。
(2)　カは**軟体動物**のなかまで，**外とう膜**が内臓の部分を包んでおり，からだとあしには節がな
　い。キは**節足動物**のなかまで，からだを支え保護したりする**外骨格**でおおわれており，**からだと**
　あしには節がある。
(3)　**カエルやイモリ**などの**両生類**に比較して，**トカゲやワニ**などの**ハチュウ類**が陸上の乾燥した
　環境に適しているといえるのは，「**からだの表面が，かたいうろこでおおわれている**」からであ
　る。
(4)　＜動物Xの特徴＞は，「・主に水中で生活をする，・ひれを使って泳ぐ，・子をうむ，・全身に

毛がある」である。動物Xが入るグループは，「子をうむ」すなわち，**胎生**であることからオの**哺乳類**である。

(5) ① **両生類**の多くは，幼生のころは**えらと皮膚**で呼吸し，成体は**肺と皮膚**で呼吸するため，成長とともに生活する場所が**水中から陸上**へと変化する。 　② **始祖鳥**の特徴は，「・前あしがつばさの形状になっている，・前あしに爪のついた指がある，・口に歯がある，・羽毛がはえている」である。ウの**ハチュウ類**に見られる特徴は，「**前あしに爪のついた指がある，口に歯がある**」である。

2 (水溶液：ろ過の操作・溶解度・飽和・結晶のとり出し・濃度の計算，身のまわりの物質とその性質：有機物と無機物の混合物の分離・有機物の燃焼，水溶液とイオン：イオンの化学式)

(1) 混合物は複数の物質が混じり合ったものがものであるため，**空気，炭酸水**が混合物である。空気は，窒素約80%，酸素約20%，二酸化炭素約0.04%，その他の混合物である。炭酸水は水と二酸化炭素の混合物である。

(2) 塩化ナトリウムは水にとけると電離して，$NaCl \rightarrow Na^+ + Cl^-$，により，生じるイオンの化学式は，**ナトリウムイオンNa^+と塩化物イオンCl^-**である。

(3) ろ過の操作は，液をガラス棒に伝わらせてろうとに入れるため，**ビーカーのそそぎ口をガラスに棒つけ**，ガラス棒の先はろ紙を破らないように，**ろ紙が重なっているところにあてる**。

(4) 水にとけなかった物質がデンプンであることを確認するには，有機物であるデンプンは炭素，水素，酸素からできているため，**炎を出して燃えたときに，二酸化炭素と水ができる**。無機物である塩化ナトリウムではこのような反応は見られない。

(5) 実験Iでは，20℃100gの水に**塩化ナトリウム35.0g**をとかした。表によれば，溶解度は35.8なので，すべてとけた。この水溶液を0℃まで冷やしても，**溶解度は35.6℃**である。よって，結晶が生じなかった理由は，**水溶液が飽和していなかったから**である。

(6) 実験Iで生じたろ液をペトリ皿に入れて放置したところ，**水は自然蒸発し，飽和状態になり，水溶液中に結晶が出てきた**。ペトリ皿に残った水溶液の温度が20℃であったため，表から，このときの濃度は，20℃の水100gに塩化ナトリウムを35.8gとかしたときの飽和水溶液の濃度に等しい。よって，35.8〔g〕÷(100〔g〕+35.8〔g〕)×100≒26.4〔%〕，より約26.4%である。

3 (日本の気象：やませ・つゆ，天気の変化：前線・停滞前線，気象要素の観測：天気図の記号・気圧と風・天気図の読み，自然災害)

(1) ① 停滞前線の記号は横に直線をかいて線の上側にやま3つ，線の下側に谷3つと覚え，天気図の記号は**ウ** ～～～～ である。 　② 前線のでき方は，気温や湿度など性質の異なる気団は，接してもすぐには混じり合わないため，**境界面ができる**。これを前線面といい，境界面が地表面と接したところを前線という。 　③ 天気は**くもり**，風向は風がふいてくる方向で矢羽根の向きで表すため**東南東**，風力は矢羽根の本数で**1**，である。 　④ やませは，北海道や東北で夏に吹く，冷たくて湿った東寄りの風で，気圧配置から，図1の**高気圧Q**から吹く風と考えられる。Qのほぼ全域を構成する気団が，日本の北の海上でできるので，高気圧から低気圧へと吹きだす風は，冷たくて湿っている。

(2) 日本において，初夏のころの長期間にわたり雨が降り続く時期をつゆという。この時期に日本列島付近にできる停滞前線は，消滅する前に北上することが多いが，その理由は，**小笠原気団が勢力を強めるから**である。

4 (力のつり合いと合成・分解：斜面上で角度をもってはたらく2つの力で台車を引く実験，力のはたらき：重力・垂直抗力・2力のつり合い)

(1) ① 質量500gの台車にはたらく重力の大きさは5Nである。 ② 表1で台車の動きが静止したままだったのは，おもりの質量が300gのときである。そのとき，台車にはたらく斜面方向の下向きの力は，質量300gのおもりにかかる重力3Nとつり合う力であるため3Nである。よって，台車にはたらく斜面方向の下向きの力として，作用点から斜面方向の下向きに3目盛りの長さの矢印をかく。 ③ 台車にはたらく重力は，斜面方向の下向きの分力と斜面に垂直な分力に分解できる。垂直抗力は，台車にはたらく重力の斜面に垂直な分力とつり合いの関係にある。そのため，斜面の傾きを大きくすると，台車にはたらく重力の斜面に垂直な分力が小さくなるため，つり合いの関係にある垂直抗力は小さくなる。

(2) 表1から図1の斜面を用いた場合，質量500gの台車にはたらく斜面方向の下向きの力は3Nである。実験Ⅱは同じ斜面上の実験である。表2から台車を引く2本の糸のなす角が120°のとき静止しているので，(2本の糸にかかる力の合力の大きさは) = (図1の台車にはたらく斜面方向の下向きの力) = 3N，である。斜面上の台車にはたらく斜面方向の下向きの力は3Nであり，それを静止させるためには逆向きの3Nの力で引き上げる必要がある。2本の糸のなす角を120°にして引いた場合，力の平行四辺形をかいて分力の大きさを求めると，隣り合った2つの辺の長さは対角線の長さに等しく3Nである。よって，2つのどちらのおもりも3Nの力で引いているため，また，これらのおもりは台車と同じ斜面上にあるため，おもりの質量は500gである。

(3) 2本の糸が台車を引く力の合力を「S力」，台車にはたらく斜面方向の下向きの力を「T力」とすると，斜面上の台車の動きは，「S力」と「T力」の大きさの関係できまり，「S力」が「T力」より大きいとき，台車は斜面を上る。このことから，表2より2本の糸の間の角度Rが小さくなるにつれて，S力の大きさは大きくなるといえる。

5 (地層の重なりと過去のようす：堆積岩，身近な地形や地層・岩石の観察：堆積岩の見分け方，気体の発生とその性質，動物の体のつくりとはたらき：ヒトの肺の動きを調べるモデル実験・細胞の呼吸)

(1) ① 石灰岩やチャートは，サンゴや海水中をただよっている小さな生物の骨格や殻が集まったものであるため，c層が堆積した当時は，海であった。 ② 石灰岩とチャートを見分ける方法は，岩石にうすい塩酸をかけたとき二酸化炭素が発生すれば石灰岩であり，変化しなければチャートとわかる。

(2) ① ヒトの肺の動きを調べるモデルであるため，ゴム膜は横隔膜のはたらきをする。ゴム膜を下に引っ張ると，ゴム風船がふくらむので，外から空気が入ることがわかる。よって，ゴム膜を下に引っ張るのは，息を吸うときの動きである。 ② ゴム風船がふくらんだり縮んだりしたのは，ペットボトル内の空間の広さの変化にともなって気圧が変化したからである。 ③ からだを構成している細胞では，肺でとりこまれた酸素を使い，養分から活動するためのエネルギーをとり出している。激しい運動をすると多くのエネルギーが必要となり，肺の動きがさかんになるためである。

6 (身のまわりの物質とその性質：金属に共通する性質・密度，電流：電圧計の接続と回路図・並列回路に流れる電流・電力量)

(1) ① すべての金属に共通する性質は，みがくと光る，熱をよく通す，引っ張ると細くのびる，である。磁石につくのは，鉄のみである。 ② 銅と思われる物質Xの密度は，22.4〔g〕÷

2.5〔cm^3〕＝8.96〔g/cm^3〕，である。

(2)　①　図3の豆電球，スイッチ，乾電池の位置に電気用図記号をかいた回路図をかく。乾電池の電気用図記号の長い方が＋極である。電圧計は並列つなぎであるため，電気用図記号を豆電球Aの電気用図記号の両端と線でつなぐ。　②　豆電球AとBは並列回路になっているため，スイッチCとDの両方を入れた場合は，豆電球AとBのそれぞれにかかる電圧は回路全体の電圧に等しく，回路全体の電流は豆電球Aの電流と豆電球Bの電流の和である。表1と表2より，スイッチCとDの両方を入れて豆電球AとBに1分間電流を流したときの電力量〔J〕：スイッチDだけを入れて豆電球Bのみに1分間電流を流したときの電力量〔J〕＝0.8〔A〕×1.5〔V〕×60〔s〕：0.5〔A〕×1.5〔V〕×60〔s〕＝8：5＝1.6：1，である。よって，スイッチCとDの両方を入れたときの電力量は，スイッチDだけを入れたときの1.6倍である。　③　テーブルタップにつないだ複数の電気器具を同時に使用する場合，並列回路であり各電気器具を流れる電流の和になるため，電気器具が増えるほどテーブルタップに大きな電流が流れるようになり，大きな電流が流れることで発熱して発火するおそれがあり，危険である。

＜社会解答＞

1 (1)　(例)オーストラリア(大陸)　(2)　カ　(3)　(例)民族の分布を無視した
(4)　エ　(5)　お　(例)農地面積の割合が高い　か　(例)穀物生産量が少ない
2 (1)　福岡(市)　(2)　C　(3)　(例)地熱(発電)　(4)　①　(例)海岸線が複雑に入り
組んでいる　②　津波　(5)　イ　宮崎(県)　エ　山梨(県)
3 (1)　(例)石包丁　(2)　(例)家柄にとらわれず才能のある人材　(3)　イ　(4)　⑦
(5)　(例)借金の帳消しを要求するため。　(6)　ウ　(7)　エ　(8)　ア　(9)　イ
(10)　(例)新田が開発されて耕地面積が増えたり，農具が改良されたりしたから。
(11)　(例)伊藤博文　(12)　エ　(13)　(ア→)エ→ウ→イ
4 (1)　個人　(2)　ウ　(3)　(例)65歳以上人口の割合が増加している　(4)　イ
(5)　①　(例)均衡価格　②　⑦　(6)　ウ　(7)　イ　(8)　(例)所得が異なる人でも同じ税率で課税される　(9)　ウ　(10)　①　(例)識字率が低い　②　エ

＜社会解説＞

1　(地理的分野—世界地理－地形・気候・人々のくらし・産業)
(1)　**六大陸**とは，ユーラシア大陸・アフリカ大陸・北アメリカ大陸・南アメリカ大陸・オーストラリア大陸・南極大陸の六つの大陸を指す。六大陸のうち，南半球に大陸全体が入っているのは，南極大陸とオーストラリア大陸である。Xは，**オーストラリア大陸**である。オーストラリア大陸は，**乾燥帯が5割**を超える。
(2)　オーストラリア大陸は**南半球**にあり，東経90度よりも東にある。正答は，図1のカである。
(3)　アフリカの多くの国は，ヨーロッパ諸国によって**植民地化**された歴史を持つ。その際の境界線を，第二次大戦後に独立した後も，「民族の分布を無視した」国境線として使っているから，国境線の一部が緯線や経線を利用した直線で引かれているところがあるのである。上記の「民族の分布を無視した」部分を参考に解答するとよい。
(4)　A国はインドネシアであり，一年を通じて気温が30度近くある熱帯であり，雨が多く湿度も

高い。そのため，風通しを良くして湿気をやわらげることが必要となり，写真のような高床式の住居がつくられる。なお，シベリアのような極寒の地でも，高床式住居がつくられるが，これはシベリアの永久凍土が，建物内の熱によって溶け，建物が傾くことのないように工夫されたものである。正しい組み合わせは，エである。

(5)　お　B国はアメリカ合衆国である。表を見ると，アメリカは全国土に占める農地面積の割合が高いことがわかる。　か　表を見ると，アメリカは，日本に比べると，農地面積の割に穀物生産量が少ないことがわかる。

2 (地理的分野―日本地理―人口・都市・気候・エネルギー・地形・農林水産業)

(1)　九州地方で最も人口の多い県は福岡県であり，その**県庁所在地**は福岡市である。福岡県の中で最も人口の多い都市は，福岡市であり，164万人である。福岡市と北九州市はともに**政令指定都市**である。

(2)　まず，A～Cの都市を確定する。Aは鳥取県鳥取市，Bは広島県尾道市，Cは高知県高知市である。図1と三つの都市の気候を比べてみる。鳥取県鳥取市は，日本海に面し，冬に大陸から北西の**季節風**が吹きつけ，日本海を渡るときに大量の水蒸気を含むため，降水量が多くなり，積雪が深くなる。Bの広島県尾道市は，**瀬戸内式気候**であり，年間降水量も，1月の降水量も少ない。Cの高知県高知市は，**年間降水量**は多いが，1月の降水量が少ないことが読み取れる。図1のあは，高知県高知市であり，地図のCである。

(3)　**火山活動**による地熱や，地下にある高温の熱水などを用いて行う発電のことを，**地熱発電**という。**再生可能エネルギー**の一つとして期待されている。国内最大の地熱発電所は，大分県玖珠郡九重町にある八丁原発電所である。

(4)　①　**リアス海岸**の特徴は，海岸線が複雑に入り組んでおり，多数の島がみられることである。リアス海岸では，波の衝撃を避けることができるため，三重県の志摩半島では，真珠やかきなどの**養殖**が行われている。　②　図2の印の地点は，海岸沿いのところが多く，そこで起こった自然災害である津波を指している。

(5)　■■で示した4県とは，山梨県・和歌山県・岡山県・宮崎県である。この4県に秋田を加えた5県を対象とし，表の中のあてはまる県を解答する問題である。イは，豚の飼育頭数が極めて多い。鹿児島県に次いで全国第二位の宮崎県である。エは，ぶどうの収穫量が極めて多い。全国生産量の2割近くを生産している山梨県である。

3 (歴史的分野―日本史時代別―旧石器時代から弥生時代・古墳時代から平安時代・鎌倉時代から室町時代・安土桃山時代から江戸時代・明治時代から現代，―日本史テーマ別―政治史・外交史・社会史・技術史・宗教史・文化史，―世界史―政治史)

(1)　弥生時代には，稲の収穫の際には，**穂首刈り**という，稲の穂先だけをつみ取る作業が行われ，そのために使われたのが，写真1の石包丁と考えられている。

(2)　603年に制定された**冠位十二階**では，氏姓制度の下での家柄の上下に関わらず，才能のある者を役人に登用し，官僚制度を整備することが目的とされた。

(3)　ア　源頼朝が奥州藤原氏を滅ぼしたのは，1189年のことである。　ウ　関東で起こった**平将門の乱**が平定されたのは，930年代のことである。同時期に，瀬戸内では**藤原純友**が反乱を起こしており，この二つの乱を合わせて**承平天慶の乱**という。　エ　朝鮮半島に存在した三つの国のうち，親日的だったのは，**百済**である。日本が百済に協力して，**新羅・高句麗**と戦ったのは4世紀後半のことである。ア・ウ・エのどれも時期や場所が異なり，イが正しい。　イ　**桓武天皇**

は，**坂上田村麻呂**を**征夷大将軍**に任命し，797年に東北地方に大軍を送って，**蝦夷**の拠点に対して侵攻を行った。

(4) 伊豆の豪族の家に生まれた**北条政子**は源頼朝の正妻となり，頼朝死後は父の時政・弟の**北条義時**とともに北条氏を支えた。**後鳥羽上皇**が倒幕の兵を挙げ，幕府方に敗れたのが**承久の乱**である。その直後の1221年に，鎌倉幕府は京都に**六波羅探題**を設置し，朝廷の監視・京都の警護・西日本の御家人の統制にあたらせた。**平清盛**が**太政大臣**となったのは，1167年であり，北条政子が関東の**御家人**を前に訴えたのは，⑦の時期である。正答は，⑦である。

(5) 鎌倉幕府が，困窮した御家人たちを救うために発した法令が，**永仁の徳政令**である。この法令で，幕府は**元寇**や分割相続で窮乏した御家人たちが売却したり質入れしてしまった土地を，買主から無償で取り戻せるようにし，御家人たちの借金を帳消しにした。徳政令は，室町時代までたびたび出されたため，1297年の法令を特に永仁の徳政令という。室町時代には，**庶民**が徳政令の発布・借金の帳消しを要求して，**徳政一揆**を起こすこともあった。

(6) 室町幕府は，三代将軍**足利義満**が花の御所を築いた土地の名をとって**室町幕府**といわれるが，九代将軍**足利義政**の頃から影響力を弱めた。その中で，下の身分の者が上の身分の者を実力で倒すことを**下剋上**という。この下剋上の風潮が広がったのが，**応仁の乱**以後である。こうして，下の身分から成り上がった者や，**守護大名**出身の者からなる**戦国大名**が相争う，ほぼ1世紀にわたる戦国時代が到来した。正しい組み合わせは，ウである。

(7) 鉄砲が種子島に伝来したのは，1543年である。　ア　レーニンはソビエト政府樹立を主導し，1922年には**ソビエト社会主義共和国連邦**を成立させた。　イ　フランスで活動した思想家ジャン=ジャック=ルソーによって執筆され，1762年にフランスで公刊されたのは，『**社会契約論**』であり，政治哲学の著作である。　ウ　**フランス革命**後の混乱を収拾して，**ナポレオン**が皇帝となったのは1804年であり，こうして帝政が成立した。この第一帝政のもとでは，革命精神の輸出と称してヨーロッパ征服に乗り出した。　エ　**ローマ・カトリック教会**による免罪符の発行に反対した**マルティン=ルター**らの人々が，カトリック教会の腐敗を批判し，正そうとして始めたのが**宗教改革**である。宗教改革の先駆けとなったルターが，ローマ・カトリック教会を批判する文書を貼りだしたのは，1517年である。鉄砲が伝来したのと同時期のできごとは，エである。

(8) **天正遣欧使節**は，九州の**キリシタン大名**である大友宗麟・大村純忠・有馬晴信が，ローマ教皇のもとに少年4人を派遣したものであり，4人の少年たちは1582年に長崎を出発した。地図上のアである。

(9) 図1の絵は，右上に風袋を掲げた風神，左上に太鼓を並べた雷神の姿形が見える。屏作者は**俵屋宗達**で17世紀前半の作品『**風神雷神図屏風**』である。　ア　**兼好法師**(吉田兼好)は『**徒然草**』を著した鎌倉時代末から南北朝時代の人物である。　ウ　**観阿弥**は息子の世阿弥と共に，室町時代前期に能を大成した人物である。　エ　**横山大観**は明治時代の画家で，『**生々流転**』等の作品が有名である。どれも別の時代の作品である。イが正しい。江戸時代の元禄期に，特に**上方**を中心として展開した**町人文化**を**元禄文化**という。この時代に出た**井原西鶴**は，『**好色一代男**』『**日本永代蔵**』『**世間胸算用**』などの**浮世草子**の名作を残した。

(10) 年貢の増収を求めて，手賀沼・印旛沼などの干拓に代表されるような**新田開発**が活発に行われ，耕地面積が増えた。また，**千歯こき**の発明など農具や肥料が改良されたりしたから，米の収穫高が増加したのである。

(11) 長州藩出身の**伊藤博文**は，**大久保利通**亡き後の明治新政府をけん引し，肥前藩出身の**大隈重信**が**明治十四年の政変**で下野した後は，政府のリーダーとなった。自らヨーロッパに憲法調査に出向き，帰国後1885年の**内閣制度**の創立とともに初代**内閣総理大臣**となった。また，1900年

には立憲政友会を創設した。

(12)　世界恐慌後の混乱の中で**軍部**が台頭したのは，1930年代である。　**ア**　**征韓論**が起こった
のは，1873年である。　**イ**　**義和団の乱**(義和団事件)が起こったのは，1900年のことである。
日本をはじめとする列強各国は，その鎮圧のために出兵し，1901に**北京議定書**が締結された。
これが**北清事変**である。　**ウ**　1917年に**ロシア革命**によって成立した世界初の**社会主義政権**に
対し，翌1918年に日本は列国とともに**シベリア出兵**を行い，革命に干渉しようとした。このシ
ベリア出兵をきっかけに**米騒動**が起こり，**寺内内閣**はその鎮圧に**軍隊**を出動させた責任をとって
総辞職した。ア・イ・ウのどれも別の時代のことであり，正しいのはエである。　**エ**　1932年
5月15日に，海軍の青年将校らが**政友会**の**犬養毅首相**を殺害したのが，**五・一五事件**である。こ
れにより，大正末から続いてきた**政党内閣**に終止符が打たれ，以後は**軍部**が台頭した。

(13)　**ア**　**極東軍事裁判**は1946年から1948年まで行われ，日本人の**戦犯**が処刑・処罰された。
　イ　1956年に，日本国とソビエト連邦がモスクワで署名し，発効したのが**日ソ共同宣言**である。
これにより両国の**国交**が正常化した。　**ウ**　日本は，1951年にアメリカなど48か国の西側諸国と
サンフランシスコ平和条約を結び，独立を回復した。　**エ**　**日本国憲法**は1946年11月に**公布**され，
1947年5月に**施行**された。したがって，年代の古い順に並べると，(ア→)エ→ウ→イとなる。

4　(公民的分野—基本的人権・裁判・社会保障・消費生活・財政・国際社会との関わり・環境問題)

(1)　**日本国憲法**第13条に「すべて国民は，**個人**として尊重される。生命，自由及び幸福追求に対
する国民の権利については，**公共の福祉**に反しない限り，立法その他の国政の上で，最大の尊重
を必要とする」と明記されている。正答は「個人」である。

(2)　この裁判は**検察官**がいないので，「**民事裁判**」である。　**ア**　民事裁判には，**裁判員**は参加し
ない。裁判員が参加するのは，重大な「**刑事裁判**」の第一審のみである。　**イ**　民事裁判では，
犯罪行為の有罪・無罪を決めることはしない。　**エ**　裁判官が罪を犯したときには，国会によっ
て設置される**弾劾裁判所**で裁判官を罷免するか否かの裁判を行う。これを**弾劾裁判**という。ア・
イ・エは，この裁判の説明としては，誤りである。ウが正しい。　**ウ**　私人どうしの争いについ
て行われる裁判が，民事裁判である。民事裁判には，**原告**と**被告**が存在し，検察官はいない。

(3)　**介護保険**制度は，介護が必要な**高齢者**を社会全体で支える仕組みであり，**65歳以上人口**の割
合が増加する中で，2000年より**40歳から64歳までの健康保険加入者**の**介護保険料**等や税金によ
り支えるようになった。65歳以上人口の割合に注目し，簡潔に記せばよい。

(4)　消費者が**製品の欠陥**により損害(生命・身体・財産への損害)を被った場合，消費者の故意・
過失の有無を問わず，製造者が損害賠償の責任を負うとする考え方を示した法律が，1995年に
施行された**製造物責任法**である。PL(Product Liability)法ともいう。

(5)　①　**自由市場**では，価格が高いほど**需要**が減少し，**供給**が増加する。図3のAの曲線が**需要曲
線**である。価格が安いほど供給が減少し，需要が増加する。Bの曲線が**供給曲線**である。このグ
ラフでは，Xで表されている需要量と供給量が一致するところを均衡点といい，そのときの価格
を**均衡価格**という。　②　価格が高いため，供給量は多く，需要量は少ない時に売れ残りが生じ
る。図3では，㋐が売れ残り量となる。

(6)　**日本銀行**には，紙幣を発行する「**発券銀行**」の役割がある。そのため，すべての紙幣には
「**日本銀行券**」の表示がある。日本銀行には「**発券銀行**」と合わせて，「**銀行の銀行**」「**政府の銀
行**」の三つの側面がある。「**銀行の銀行**」としての役割は，一般の銀行に対して資金を貸し出す
ことや，また，預金を受け入れることである。日本銀行から一般の銀行に貸し出す際の金利のこ
とを，**公定歩合**という。「**政府の銀行**」としての役割は，政府の資金である国庫金に関する事務

である，税金や社会保険料の受入れ，年金や公共事業費の支払い等がある。

(7)　納税義務者と税負担者とが同一人であることを想定している租税を**直接税**，納税者と税負担者とが別人であることを想定している租税を**間接税**という。**所得税**は直接税で国税である。**消費税**などは間接税である。

(8)　すべての国民が，**所得**に関係なく，同じ金額の商品を購入した場合，同じ**税率**の消費税を負担するので，所得の低い人ほど負担が重くなる**逆進性**がある。なお，**所得税は累進課税**である。

(9)　ア　貿易の自由化はWTO(世界貿易機関)の活動内容である。世界遺産の登録はユネスコ(国際連合教育科学文化機関)の活動内容である。停戦や選挙の監視にあたるのは，国連のPKO(平和維持活動)である。ア・イ・エは他の機関の説明である。ウが正しい。**WHO**(世界保健機関)は**国際連合**の専門機関であり，全ての人々が可能な最高の健康水準に到達することを目的として1948年に設立された。保健衛生の分野における問題に対し，広範な政策的支援や技術協力の実施等の必要な援助を行っている。

(10)　①　表を読み取り，一人当たりの**GDP**(国内総生産)が低い国ほど**識字率**が低い傾向があることを明確に指摘して簡略に解答すればよい。特にアフリカの国々に識字率の低い国が多いことに注意しよう。　②　**リサイクル・リユース・リデュース**の三つを合わせて3Rという。有限である資源のリサイクルを効率的に行い，**持続可能**な形で循環させながら利用していく社会のことを**循環型社会**という。秋田県の目指しているのは，このような社会である。

＜国語解答＞

一 1　(例)(ポスターを見た人に)行ってみたいと思わせる(こと)　　2　エ
　　3　(例)イベントの詳しい情報を確認できる(こと)　　4　ア

二 1　①　燃(やす)　②　う(め)　③　深刻　④　さくげん　　2　イ　　3　連用形
　　4　ウ

三 1　a　歯車　　b　役に立てる　　2　(例)(無人島で暮らす家族の状況と同様に)社会が全く存在しない(世界)　　3　(1)　能力や運　　(2)　(例)自分の血統だけでなく他の人
　　4　イ　　5　(1)　エ　　(2)　(例)(他の生物とは異なり，人間は)他者を認識する知能や気持ちを察する共感能力を備え，非血縁個体との大規模な協力関係を築くことができる(という特徴)

四 1　エ　　2　ウ　　3　(例)(仏師としての)技術を発揮し，恵三らしさが表現された木像を彫る(こと)　　4　(1)　a　粋で格好いい仏師　　b　照れ屋　　(2)　c　(例)自信がない
　　d　(例)成し遂げると覚悟を決めた目標に，妥協することなく取り組む

五 1　①　なお　②　よろず　　2　a　(例)心が満たされる　　b　(例)不安な気持ち
　　c　(例)寿命が延びる　　3　(1)　めでたき物　　(2)　イ　　(3)　(例)心を通わせる

六 (例)　私は，①の敬語の使い方を意識していきたい。中学校に入学したばかりの頃，部活動の先輩が以前から知っている人であったため，私はつい友達に対するように気安く話しかけてしまった。しかし，その先輩から部活動の場ではきちんと敬語を使うべきだと厳しく叱責され，他の先輩たちにも悪い印象を与えてしまった。敬語は，相手と自分をどのように位置づけているかを示す言葉である。今後は，周囲に不快感を与えず，無用のトラブルを避けるためにも，相手との関係や周囲の状況を考慮して，正しい敬語を適切に使うよう心がけたい。

＜国語解説＞

一 （聞き取り―内容吟味）

1　かずきさんは，「イベントのポスターの役割は，見た人に**行ってみたいと思わせる**ことだと考えます」と言っている。

2　みくさんの2度目の発言から，B案のキャッチコピーには「**百万本**」「**笑顔**」という語句が入っていることがわかるので，エの「百万本のひまわりがあなたを笑顔にします」が正解。

3　かずきさんの3度目の発言から，A案の二次元コードを読み込むと「ひまわり祭り」の公式ウェブサイトの情報が得られることがわかる。これを受けて，みくさんは「**イベントの詳しい情報を確認できるのは，とてもよいことだと思います**」と言っている。

4　「……ですね。」という表現から，たかしさんが前の**発言の内容を整理**し，確認していることがわかる。その上で**二人の意見を引き出している**ので，アが正解。質問は繰り返していないので，イは誤り。ウは「批判的」「意見を対立させている」が合わない。エは，「推薦の理由」「文字で伝えている情報の内容や量」など，方向性を示しているので，不適当である。

二 （知識―漢字の読み書き，ことわざ・慣用句・四字熟語，品詞・用法）

1　①　「**燃**」を書くときは，「火」と「(灬)」の位置に注意すること。　②　「**埋**」の音読みは「マイ」で，「埋没」「埋葬」などの熟語を作る。　③　「**深刻**」の「刻」は，「亥」の形と筆順に注意。　④　「**削減**」の「削」はけずる，「減」はへらすということ。

2　それぞれのことわざの意味は，ア「人のふり見て我がふり直せ」＝他人の行為の善悪を見て自分の行為を反省して改めよ，イ「**千里の道も一歩から**」＝どんな大事業も初めは小さなことから始める，ウ「終わり良ければすべて良し」＝途中でいろいろあっても結果が良ければそれでよい，エ「石橋をたたいて渡る」＝用心のうえにも用心する，なのでイが最も近い。

3　「重要に」は，形容動詞「重要だ」の**連用形**である。

4　「買い過ぎ<u>ない</u>」の「ない」は**助動詞**。アの「静かで<u>ない</u>」とイの「正しく<u>ない</u>」は補助形容詞，ウの「困ら<u>ない</u>」は助動詞，エの「特に<u>ない</u>」は形容詞である。

三 （論説文―内容吟味，文脈把握，段落・文章構成，指示語の問題）

1　傍線部の後に「むしろ社会の**歯車**になることでほとんどの人は個性を発揮して，みんなの**役に立てる**のだと思います」とあるので，aは「歯車」，bは「役に立てる」を抜き書きする。

2　第2段落では，「社会が全く存在しない状況」の例として，無人島で暮らす3人家族の役割分担について述べている。

3　(1)　第4段落に「細菌も線虫もカエルも虫もサルも，増えることができるかどうかは自分の**能力や運**によって決まっていました」とあるので，ここから抜き書きする。　(2)　「人間以外の生物」の「自分の血統」と対比されるものなので，第5段落の「他の人」，第6段落の「非血縁個体」という語句を手がかりに「自分の血統だけでなく他の人」(13字)などと書く。

4　アは，第1段落の内容は「身近な体験」ではなく筆者の主張であり，第2段落はその具体例なので誤り。イは「一方で」で始まる第3段落は，第2段落の「社会が全く存在しない状況」の具体例と「私たちの社会」を**対比**して**筆者の主張**を述べているので，適切である。ウは，第4段落と第5段落の関係は「疑問」と「答え」ではないので誤り。エは，第6段落で述べた人間の特徴について第7段落は「原因がわからない」と述べているのであって，誤りを指摘しているのではないので不適切な説明である。したがって，適切な選択肢はイである。

5　(1)　ここでは，**協力的という人間の性質を強調する**ために「やさしい」というなじみの深い

言葉を用いて「　」を付けているので，エが正解。アの「引用」，ウの「会話」は，この場合にあてはまらない。筆者は人間が「やさしい」ことを不確かだとは考えていないので，イは不適当である。　(2)　第8段落に「人間には**他者を認識する知能や他者の気持ちを察することのできる共感能力も備わっています。結果として協力関係がどんどん発展していきました**」とある。第5段落，第6段落からわかるように，この**協力関係は非血縁個体を含む大規模な協力関係**である。この内容を，前後の語句につながるように50字以内で書く。

四　(小説─情景・心情，内容吟味，文脈把握)
1　「挑発」は，相手を刺激して行動するようにしむけること。雲月は，慎吾に対して「本気で肚をくくって，命を懸ける覚悟」があるかと問いかけて，慎吾の思いがどの程度のものであるかを**試そうとしている**ので，エが正解となる。
2　「ぽかんと」は，**口を開けてぼんやりしている表情**のこと。この場面では，慎吾が「覚悟は，します」と言ったとたんに「**金の問題はクリアだ**」と言われて驚いている様子を描写しているので，ウが正解。雲月は才能にこだわっていないので，アは誤り。イの「気持ちが落ち着いた」とエの「意気消沈した」は，「ぽかんと」という表情に合わない。
3　「この手」は，雲月の仏師としての**技術**を表す。また，雲月は**生前の恵三の姿が表現された木**像を彫り上げることを「生き返らせ」るという表現を使って宣言している。このことを，前後の語句につながるように25字以内で書く。
4　(1)　aは，本文1行空きの直前の「本当に口惜しいけれど，……この無愛想な男は，**粋で格好いい仏師**だった」から抜き書きする。bは，雲月が「いいこと」を教えた後の「**照れ屋な仏師は，野良犬でも追い払うみたいに……**」から抜き書きする。　(2)　「……」を多用した会話は，慎吾が自信を持ってはっきり言い切ろうとしないことを表しているので，cは「**自信がない**」「**優柔不断な**」などが入る。また，雲月の教えは「**最初に本気で肚をくくって，命を懸ける覚悟を決めて，成し遂げるまで死に物狂いで**」やり抜けということと，「**爪の先ほどでも妥協をするな**」ということなので，dはこの内容を30字以内で書く。

五　(古文─情景・心情，内容吟味，文脈把握，仮名遣い)
〈口語訳〉　めったにないほどすばらしいということではないが，手紙はやはりすばらしいものである。遠く離れた地方にいる人が，非常に気がかりでどうしているであろうと思っているときに，手紙を見るとちょうど今実際に対面しているように思われるのは，すごいことであるなあ。自分が思うことを書き送れば，先方まで(まだ)届いていないだろうけれども，心が満たされる気持ちがする。手紙ということがなかったら，どれほどゆううつで晴れ晴れしないことであろうに。いろいろなことを考えに考えてその人のところへ(届けよう)，と思ってこまごまと書いておいたら，不安な気持ちがいやされる気持ちがするのに，まして返事を見たら，寿命を延ばす気がする。本当にもっともなことだなあ。
1　①　「ほ」を「お」に直して「なお」と書く。　　②　「づ」を「ず」に直して「よろず」と書く。
2　aは「あしこまでも行つかざるらめど，**こころゆく心ちこそすれ**」，bは「**おぼつかなさをもなぐさむここちする**」，cは「返事見つれば，**命をのぶべかめる**」をもとに，空欄の前後の表現につながるように現代語で書く。本文につけられた現代語訳を参考にするとよい。
3　(1)　本文の最初の文に「**文こそなほめでたき物なれ**」とあるので，ここから抜き書きする。
　(2)　Ⅰは，本文で「はるかなるせかいにある人」と作者を隔てているものは，**距離**である。Ⅱ

は，「無名草子」に「昔」とあるので，手紙の相手と自分を隔てているものは**時間**である。したがって，両方を満たすイが正解となる。　　　(3)　本文と「無名草子」では，手紙をやりとりするときの**感情**に焦点が当てられている。自分の思いを相手に伝えたり，相手の気持ちが自分にわかったりすることが重要なので，**「心を通わせる」**(7字)などと書けばよい。

六　（作文）

与えられた**条件**を満たして書くこと。**言葉の使い方で意識していきたいこと**を，①敬語を適切に使う，②流行語や新しい言葉を使い過ぎない，③方言を大切にする，から一つ選び，そのことに対する自分の考えをこれまでの自分の体験を踏まえて書く。字数は**200〜250字**である。解答例は①を選び，自分の体験を踏まえた考えを述べている。書き終わったら**必ず読み返し**，誤字・脱字や表現の不自然なところは書き改める。

MEMO

....

....

....

....

....

....

....

....

....

....

....

....

....

....

....

....

大切なことはメモしておこうネ！

2023年度

★★★★★★★★★★★★★★★★★★★★

入 試 問 題

●くわしい解説……39ページ

<数学>　　　時間　60分　　満点　100点

1　次の(1)～(15)の中から，**指示された8問**について答えなさい。

(1)　$8 + 12 \div (-4)$　を計算しなさい。

(2)　$12ab \div 6a^2 \times 2b$　を計算しなさい。

(3)　次の数の大小を，不等号を使って表しなさい。
$4,\ \sqrt{10}$

(4)　$x = \dfrac{1}{2},\ y = -3$　のとき，$2(x - 5y) + 5(2x + 3y)$　の値を求めなさい。

(5)　$\dfrac{\sqrt{2}}{2} - \dfrac{1}{3\sqrt{2}}$を計算しなさい。

(6)　方程式　$\dfrac{5x - 2}{4} = 7$　を解きなさい。

(7)　連立方程式　$\begin{cases} 2x + y = 5 \\ x - 4y = 7 \end{cases}$　を解きなさい。

(8)　方程式　$x^2 + 5x + 2 = 0$　を解きなさい。

(9)　右の図のように，1辺の長さが5cmの正三角形の紙を，その一部が重なるように，横一列に3枚並べて図形をつくる。このとき，重なる部分は，すべて1辺の長さが$a$cmの正三角形となるようにする。図の太線は，図形の周囲を表している。太線で表した図形の周囲の長さを，aを用いた式で表しなさい。

(10)　nは100より小さい素数である。$\dfrac{231}{n + 2}$が整数となるnの値を**すべて**求めなさい。

(11)　右の図のように，正方形ABCD，正方形EFCGがある正方形ABCDを，点Cを中心として，時計まわりに45°だけ回転移動させると，正方形EFCGに重ね合わせることができる。このとき，∠xの大きさを求めなさい。

⑿　右の図で，6点A，B，C，D，E，Fは，円Oの周上の点であり，線分AEと線分BFは円Oの直径である。点C，点Dは$\overset{\frown}{BE}$を3等分する点である。∠AOB＝42°のとき，∠xの大きさを求めなさい。

⒀　右の図のように，△ABCがあり，点Dは辺BC上にあるAB＝12cm，AC＝8cm，CD＝6cm，∠ABC＝∠DACのとき，線分ADの長さを求めなさい。

⒁　図1のように，三角柱ABC－DEFの形をした透明な容器に，水を入れて密閉した。この容器の側面はすべて長方形で，AB＝6cm，BC＝8cm，CF＝12cm，∠ABC＝90°である。この容器を，△DEFが容器の底になるように，水平な台の上に置いた。このとき，容器の底から水面までの高さは8cmである。この容器を図2のように，四角形FEBCが容器の底になるように，水平な台の上に置きかえたとき，容器の底から水面までの高さを求めなさい。ただし，容器の厚みは考えないものとする。

⒂　右の図のように，底面の半径が4cmの円錐を平面上に置き頂点Oを中心としてすべらないように転がした。このとき，点線で表した円Oの上を1周し，もとの場所にもどるまでに，3回半だけ回転した。この円錐の表面積を求めなさい。ただし，円周率をπとする。

2　あとの⑴～⑶の問いに答えなさい。

⑴　駅から3600m離れた図書館まで，まっすぐで平らな道がある。健司さんは，午前10時に駅を出発し，毎分60mの速さで図書館に歩いて向かった。駅から1800m離れた地点で立ち止まって休憩し，休憩後は毎分120mの速さで図書館に走って向かい，午前10時50分に図書館に着いた。次のページの図は，健司さんが駅を出発してからx分後に，駅からym離れた地点にいるとして，xとyの関係を表したグラフの一部である。

①　健司さんが駅から1800m離れた地点で休憩を始めてから，図書館に着くまでの x と y の関係を表したグラフを，図にかき加えなさい。

②　健司さんの姉の美咲さんは，健司さんが駅を出発した時刻と同じ時刻に，自転車に乗って図書館を出発し，毎分240mの速さで駅に向かっていたところ，歩いて図書館に向かう健司さんと出会った。美咲さんと健司さんが出会ったときの時刻を求めなさい。

(2)　次の図のように，袋Aには整数1，2，3が1つずつ書かれた3枚のカードが，袋Bには整数4，5，6が1つずつ書かれた3枚のカードが入っている。このとき，下の①，②の問いに答えなさい。

①　袋A，袋Bからそれぞれカードを1枚ずつ取り出し，取り出されたカードに書かれている数の積を求める。このとき，積が奇数になる確率を求めなさい。ただし，袋Aからどのカードが取り出されることも，袋Bからどのカードが取り出されることも，それぞれ同様に確からしいものとする。

②　袋A，袋Bに入っているカードとは別に，整数7が書かれているカードが6枚ある。袋Bに，整数7が書かれているカードを何枚か追加し，袋A，追加したカードが入っている袋Bからそれぞれカードを1枚ずつ取り出し，取り出されたカードに書かれている数の積を求める。積が奇数になる確率と積が偶数になる確率が等しいとき，追加したカードは何枚か，求めなさい。ただし，袋Aからどのカードが取り出されることも，追加したカードが入っている袋Bからどのカードが取り出されることも，それぞれ同様に確からしいものとする。

(3)　次の図のように，点Oを中心とする円の周上に点Aがある。このとき，点Aを接点とする円O
の接線を定規とコンパスを用いて作図しなさい。ただし，作図に用いた線は消さないこと。

3　A中学校の図書委員会は，全校生徒を対象として，ある日曜日の読書時間を調査した。あとの
(1)～(3)の問いに答えなさい。

(1)　図1の**ア～エ**は，3年1組を含む4つの学級の読書時間のデータを，ヒストグラムに表した
ものである。例えば，**ア**の10～20の階級では，読書時間が10分以上20分未満の生徒が1人いる
ことを表している。4つの学級の生徒数は，すべて31人である。3年1組のヒストグラムは，
最頻値が中央値よりも小さくなる。3年1組のヒストグラムとして最も適切なものを，図1の
ア～エから1つ選んで記号を書きなさい。

図1

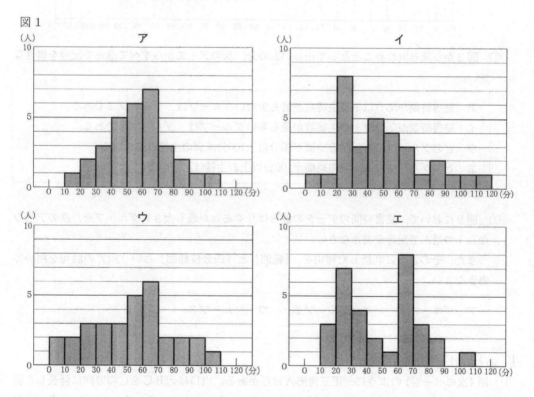

(2)　次のページの表は，3年2組30人の読書時間のデータを，小さい順に並べたものである。こ
のデータの範囲と第1四分位数をそれぞれ求めなさい。

3年2組の読書時間（単位　分）

5	10	10	15	20	25	25	30	35	40
40	40	45	50	55	60	60	60	60	60
65	65	65	70	80	85	85	90	105	110

(3) 3年1組，2組，3組で運動部に所属している生徒は，16人ずついる。図2は，3年1組の運動部の生徒をグループ1，3年2組の運動部の生徒をグループ2，3年3組の運動部の生徒をグループ3とし，それぞれの読書時間のデータを，箱ひげ図に表したものである。

図2

① 図2から読み取れることとして正しいものを，次の**ア～エ**から**すべて**選んで記号を書きなさい。

> **ア** 読書時間が55分以下の生徒数が最も少ないグループは，グループ2である。
> **イ** 読書時間が55分以上の生徒数が最も多いグループは，グループ3である。
> **ウ** どのグループにも，読書時間が80分以上100分未満の生徒は必ずいる。
> **エ** どのグループにも，読書時間が100分以上の生徒は必ずいる。

② 図2において，読書時間のデータの散らばりぐあいが最も大きいグループを，次の**ア～ウ**から1つ選んで記号を書きなさい。

また，そのように判断した理由を，「**範囲**」と「**四分位範囲**」という両方の語句を用いて書きなさい。

> **ア** グループ1　　**イ** グループ2　　**ウ** グループ3

4 あとの(1)～(3)の問いに答えなさい。

(1) 図（次のページ）のように，正三角形ABCがある。点Dは辺BCをCの方向に延長した直線上にある。点Eは線分AD上にあり，AB∥ECである。点Fは辺AC上にあり，CE＝CFである。このとき，△ACE≡△BCFとなることを証明しなさい。

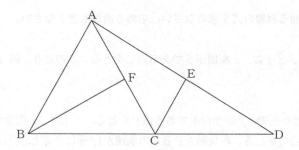

(2)　詩織さんは，次のことがらの**逆**について考えたことをまとめた。[詩織さんのメモ] が正しく
　　なるように，**ア**には記述の続きを，**イ**には反例を書きなさい。

> 2つの自然数 a, b において，　$a = 3$，　$b = 6$ ならば，$a + b = 9$

[詩織さんのメモ]

> **逆**は，次のようにいえる。
>
> > 2つの自然数 a, b において，　　　　　　　**ア**
>
> **逆**は，正しくない。（反例）　　　**イ**

(3)　直角三角形ＡＢＣで，辺ＡＢの長さは，辺ＢＣの長さより2㎝長く，辺ＢＣの長さは辺ＣＡ
　　の長さより7㎝長い。このとき，直角三角形ＡＢＣの斜辺の長さを求めなさい。

5　あとの**Ⅰ**，**Ⅱ**から，**指示された問題**について答えなさい。

Ⅰ　次の図において，⑦は関数 $y = x^2$，⑦は関数 $y = ax^2$（$0 < a < 1$）のグラフである。2点Ａ，
　　Ｂは，⑦上の点であり，点Ａの座標は（−1，1），点Ｂの座標は（2，4）である。原点Ｏから
　　（0，1），（1，0）までの距離を，それぞれ1㎝とする。次の(1)～(3)の問いに答えなさい。

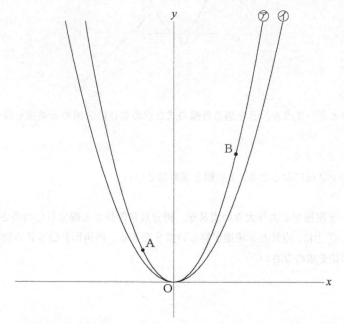

(1)　2点A，Bを通る直線の式を求めなさい。求める過程も書きなさい。

(2)　$a = \dfrac{2}{3}$ のとき，⑦上に，x 座標が3である点Cをとる。このとき，線分BCの長さを求めなさい。

(3)　⑦上に，x 座標が正で，y 座標が1である点Pをとる。⑦上に，x 座標が-1より小さく，y 座標が4である点Qをとる。四角形APBQの面積が12㎠になるとき，a の値を求めなさい。

Ⅱ　次の図において，⑦は関数 $y = \dfrac{1}{2}x^2$，⑦は関数 $y = -x + 4$ のグラフであり，点Aの座標は $(-4，8)$，点Bの座標は $(2，2)$ である。⑦上に，x 座標が t である点Pをとり，⑦上に，点Pとx 座標が等しい点Qをとる。原点Oから $(0，1)$，$(1，0)$ までの距離を，それぞれ1㎝とする。次の(1)，(2)の問いに答えなさい。

(1)　$t = -2$ のとき，2点A，Pを通る直線の式を求めなさい。求める過程も書きなさい

(2)　$-4 < t < 2$ とする。

①　$AQ = 5\sqrt{2}$ ㎝になるとき，t の値を求めなさい。

②　⑦上に，x 座標が2より大きい点Rを，線分BRの長さと線分BQの長さが等しくなるようにとる。⑦上に，点Rとx 座標が等しい点Sをとる。四角形PQSRの面積が30㎠になるとき，t の値を求めなさい。

＜英語＞　　　時間　60分　　満点　100点

1　リスニングテスト

(1)　（会話を聞き，質問に対する答えとして最も適切な絵を選ぶ問題）　**2回ずつ放送**

①　ア　　　　イ　　　　ウ　　　　エ

②　ア　　　　イ　　　　ウ　　　　エ

(2)　（会話を聞き，会話の最後の文に対する応答として最も適切なものを選ぶ問題）**1回ずつ放送**

①　ア　I went to Canada.　　　　　イ　They were very kind.
　　ウ　You had a good time, too.

②　ア　Sounds nice.　　　　　　　　イ　No, I can't.
　　ウ　I have to go to the hospital.

③　ア　He is in the gym.　　　　　　イ　His book is on the desk.
　　ウ　He is from Akita.

(3)　（会話を聞き，質問に対する答えとして最も適切なものを選ぶ問題）　**2回ずつ放送**

①　ア　To get the ticket for the concert.　イ　To practice for the concert.
　　ウ　To meet Mr. Jones.　　　　　　　　エ　To be a brass band member.

②　ア　Next Sunday.　　　　　　　　　　イ　At the new hall.
　　ウ　This Friday.　　　　　　　　　　エ　At school.

③　ア　He will go to the hall right now.　イ　He will practice more.
　　ウ　He will meet Kana tomorrow.　　　エ　He will ask the music teacher.

(4)　（トムの話を聞き，その内容として適切なものを2つ選ぶ問題と，トムの最後の問いかけに対
して，トムの話を踏まえ，1つの英文であなたの [質問] を書く問題）　　　**2回放送**

　ア　Tom has seven classes every day.
　イ　Tom is good at Spanish and studies it hard.
　ウ　Tom will learn Japanese because he likes Japanese comics.
　エ　Tom has lunch in his classroom with his friends.

　[質問] ＿＿＿＿＿＿＿＿＿＿＿＿＿＿＿＿＿＿＿＿＿＿＿＿＿＿＿＿＿＿＿＿？

2 次の⑴～⑶の問いに答えなさい。

⑴ 次は，中学生の麻衣子 (Maiko) とアメリカ出身の留学生のアンナ (Anna) が，書店で，血液型 (blood type) について会話をしている場面です。（　）内の①～④の語を，それぞれ**適切な形に直して英語1語で書き**，会話を完成させなさい。

Anna : There are so many kinds of books here.

Maiko : This is the (① large) of all bookstores in this city.

Anna : I'm surprised that many books about blood types are (② sell) here.

Maiko : It's a popular topic. We often enjoy (③ talk) about our blood types. In Japan, "What is your blood type?" is a common question.

Anna : We don't usually ask such a question in America. Actually, most of us don't know our blood types. Why is it necessary to know them?

Maiko : In Japan, people sometimes connect blood types to *personalities. Look at this magazine. It (④ say) that type A people are kind to others.

Anna : Sounds interesting.

【注】 *personality：性格

⑵ 次の①～④について，[説明]が示す**英語1語**を（　）に書き，英文を完成させなさい。ただし，**答えは（　）内に示されている文字で書き始めること**。

① During (w　) vacation, many people in Japan send New Year's cards.
　[説明] the season between autumn and spring

② It's important to be (q　) in the library.
　[説明] peaceful, without big sounds or voices

③ If your friend has a different (o　) from yours, you should listen to it.
　[説明] an idea or a feeling about something

④ I'll go to bed early because I couldn't (s　) well last night.
　[説明] to close your eyes and rest

⑶ 次の①～③について，〈　〉の状況の会話がそれぞれ成り立つように ☐ 内の語に**必要な2語を加え，正しい語順で英文を完成させなさい**。ただし，文頭にくる語は，最初の文字を大文字にすること。

① 〈留学生と休み時間に写真を見ながら〉
　Paul : This is my grandfather, Eric.
　Hitoshi : He looks young. ☐how☐ he?
　Paul : He's seventy years old.

② 〈アメリカのレストランで〉
　Taro : Excuse me. Could ☐show☐ a menu? I want something sweet.
　Woman : Sure. Here you are.
　Taro : Thank you.

③ 〈ＡＬＴとスキー場で〉

　　Mr. Lee : You're tired, aren't you? How | you | been skiing?

　　Rumi : For about four hours, but I'm still fine.

3　次は，中学生の幸太 (Kota) と美保 (Miho)，留学生のエマ (Emma) が会話をしている場面です。これを読んで，⑴，⑵の問いに答えなさい。

Kota, I heard that your soccer team practices not only after school, but also on Saturdays. Isn't it tough?

Emma

Kota

Yes, it's tough. We have to run to the Sports Park to practice soccer after school. We'll have the city tournament soon, so we practice hard to win the championship. I like to play it with my team members. We really want to win the championship though it is difficult.

I understand why you work so hard. In my case, I study Japanese hard because I want to be a translator in my country. It's my goal. Having a goal is important, right?

Emma

Kota

Definitely. We should have a clear goal when we try to do something. What do you think, Miho?

Miho

I agree with you, Kota. Having goals keeps us positive. I also think it's important to have a hero, a person you respect.

That's a great idea, Miho.

<u>Who is the person you respect? Tell us about the person and the reason.</u>

Emma

⑴　次の①，②の問いに対する答えを，それぞれ**主語と動詞を含む英文１文**で書きなさい。

　① Where does Kota practice soccer after school?

　② What is Emma's goal?

⑵　あなたなら下線部の問いかけにどのように答えますか。解答用紙の（　）に適する語を書き入れ，次の≪条件≫にしたがって，英文を書きなさい。

　　≪条件≫・文の数は問わないが，**15語以上25語以内**の英語で書くこと。

　　　　　　・符号 (，．？！など) は語数に含めない。

4 中学生の由紀 (Yuki) と留学生のマイク (Mike) が，職業体験イベントであるドリームジョブデイ (Dream Job Day) について，案内ポスターを見ながら会話をしている場面です。これを読んで，(1)~(4)の問いに答えなさい。

Yuki : Look. We can choose jobs from **A** to **D**. Which do you want to join?

Mike : I'm interested in traditional Japanese things. I want to know how to cook Japanese food and learn its history. So I'll join 【　　】.

Yuki : Then, you'll learn about *sushi* in the morning. （　①　）?

Mike : Good idea. I can also learn the history of *kokeshi*. Have you decided which to join?

Yuki : Well, I've wanted to experience programming. So B is good for me. Last year, I was surprised to see robots. They carried food in a restaurant. I want to learn about robot programming.

Mike : Robots continue to improve our lives and we can see them in many places. Will you join **A** to learn about drones?

Yuki : No, I won't. I once controlled a drone when I experienced my uncle's job last summer. （　②　）. I also want to learn about *washoku*, so I'll join you.

Mike : That'll be fun. Let's meet in front of the Community Center in the morning.

Yuki : Yes, let's. Why don't we meet at 9:45 a.m.? I want to be in the room 《　　》 the job experience starts.

Mike : OK. See you then.

【注】 *robot*：ロボット　　*drone*：ドローン　　*programmer*：プログラマー
　　　 programming：プログラミング　　*washoku*：和食　　*kokeshi*：こけし

(1) 本文中の【　】に当てはまる最も適切なものを，案内ポスターのA～Dから1つ選んで記号を書きなさい。

(2) 本文中の①，②に当てはまる最も適切なものを，あとのア～エからそれぞれ1つずつ選んで記号を書きなさい。

　① ア　Shall I take you to the Gym

　　　イ　How about joining D in the afternoon

　　　ウ　Why don't we join B at 1:30 p.m.

　　　エ　Do you want me to make *sushi*

②　ア　And, I want to visit the Gym

　　　イ　Next, you can use the drone, too

　　　ウ　So, I'll choose a different job

　　　エ　But, you should learn the technology

(3)　本文中の《　》に当てはまる語を，bで始まる英語1語で書きなさい。

(4)　次は，マイクがイベントに参加した後に記入したアンケートの内容の一部です。（　）に当てはまる最も適切な英語1語を，本文中からそのまま抜き出して書きなさい。

> I learned that chefs and artists keep Japanese tradition.　They also try to develop their skills every day.　I'd like to (　　　) learning new things like them in my school life.　Thank you very much.

5　次の英文は，イギリス出身の教育者であり宣教師 (missionary) でもあったエミー・カーマイケル (Amy Carmichael) さんの話です。これを読んで，あとの(1)〜(6)の問いに答えなさい。

　Amy Carmichael was born in a village in England in 1867.　Her parents always worked hard to help other people.　She was the oldest of her brothers and sisters.　When Amy was a little girl, she liked to do dangerous things outside with her brothers.　So, her mother said, "Don't do such things."　Amy listened to her mother because she wanted to help people as a missionary like her parents in the future.　She decided to be a good girl and helped her parents well.　She also *prayed to *God every night with her parents.

　One morning, Amy stood in front of the mirror.　She was sad because she didn't like her brown eyes.　Her mother had clear blue eyes and Amy wanted eyes like her mother's.　"Why do I have brown eyes?"　Amy wondered.　"If I had blue eyes, I would be pretty,"　Amy said to her mother.　"I love your brown eyes," her mother said. That night, Amy prayed to God because she thought that God can do anything.　"Please, please give me blue eyes."　The next morning, Amy ran to the mirror (A)in anticipation.　But her eyes were still brown.　Amy cried because God didn't answer her wish. Her mother told her, "Your eyes are so beautiful.　You don't have to change the color of your eyes. I love you, Amy."

　When Amy was twenty-seven years old, she went to India as a missionary. At that time in India, poor people often left their children at *facilities because they couldn't take care of them.　But even in facilities, there was not enough food.　One day, Amy met a girl who ran out of a facility.　She looked hungry and weak.　After talking with her, Amy knew that the girl was seven years old and lived in very difficult conditions at the facility.　She said to Amy, "There are a lot of other children like me in the facility."　When Amy heard (B)this, she decided to take action to help them.

First, she had to meet and talk with the leader of the facility, but (C)it was hard for her to meet him.　In those days, in India, people from other countries couldn't enter the facility.　So, she had to change her *skin color and wear Indian clothes.　She stood in front of the mirror and put coffee powder on her face to change her skin color.

Then, Amy remembered what she prayed for in her childhood.　"If I had (　a　) eyes, I couldn't be like Indian people.　I can change my skin color with coffee powder, but I cannot change the color of my eyes.　I don't need blue eyes," she thought.　"My mother was right."

After she met the leader of the facility, Amy wrote some books about the children in the facilities.　Then people in the world learned about the children and the government in India had to make laws to protect them.

Thanks to her (　b　) eyes, she could save a lot of children in India.　"I'm proud of myself and the color of my eyes.　I realize I am worth living," said Amy.　When Amy understood this, she loved herself more.

She spent all her life in India and saved more than 1,000 children.

【注】　*pray：祈る　　*God：神　　*facility：施設　　*skin：肌

(1)　下線部(A)in anticipation の意味として最も適切なものを，本文の内容から判断して，次のア～エから1つ選んで記号を書きなさい。

　　ア　反省して　　イ　疲弊して　　ウ　期待して　　エ　回復して

(2)　下線部(B)this の指している内容を，次のア～エから1つ選んで記号を書きなさい。

　　ア　Amy's brothers liked to do dangerous things.

　　イ　Amy's eyes were beautiful.

　　ウ　The girl was seven years old.

　　エ　Many hungry children were in the facility.

(3)　下線部(C)it was hard for her to meet him の理由を，日本語で書きなさい。

(4)　本文の内容から判断して，（a），（b）に当てはまる最も適切な英語1語を，本文中から抜き出してそれぞれ書きなさい。

(5)　本文の内容と合っているものを，次のア～カから2つ選んで記号を書きなさい。

　　ア　Amy liked to play inside with her older brothers and sisters.

　　イ　Amy had a color of eyes that was different from her mother's.

　　ウ　Amy went to India when she was a little girl.

　　エ　Amy used coffee powder to meet the leader of the facility.

　　オ　Amy wrote some books to introduce England.

　　カ　Amy returned to England after working as a missionary.

(6)　次のページの英文は，ある生徒が本文を読んで考えをまとめたものです。①，②に当てはま

る最も適切な**英語1語**を，下の**ア～オ**から1つずつ選んで記号を書きなさい。

I like two things about Amy's story.　First, Amy was strong and learned to (　①　) everything about herself.　Second, Amy didn't (　②　) helping children even in difficult situations.　Amy made many children in India happy.　I want to be a person like her.

ア　hurt　　イ　stop　　ウ　start　　エ　answer　　オ　accept

＜理科＞ 　時間 50分 　満点 100点

1 恵さんは，料理の本を見て次の内容に興味をもち，実験を行ったり資料で調べたりした。後の(1)，(2)の問いに答えなさい。

> 【興味をもったこと】肉の下ごしらえをするとき，図1のように，生の肉に生のパイナップルをのせておくと，肉が柔らかくなる。これは，パイナップルに消化酵素がふくまれているためである。
>
> 図1
>
>
>
> 生の
> パイナップル 　生の肉

(1) 恵さんは，消化酵素のはたらきについて調べるため，だ液を用いて次の実験を行った。

> 【実験】図2のように，デンプンをふくむ寒天にヨウ素液を加えて青紫色にし，ペットボトルのふたA，Bに少量入れて固めた。Aには水をふくませたろ紙を，Bにはだ液をふくませたろ紙をそれぞれ上に置いた。次に，図3のようにA，Bを_a_約40℃の湯に入れて10分間あたためた。
>
>
>
> 図2　ペットボトルのふた
> 水をふくませたろ紙　A　B　だ液をふくませたろ紙
> デンプンをふくむ寒天にヨウ素液を加え，固めたもの
>
> 図3　A　B
> 約40℃の湯
>
> 図4　A　B
> 青紫色が消えた部分
>
> 【結果】ろ紙を取り除いたところ，図4のようにAに変化はなかったが，Bのろ紙の下の部分は青紫色が消えた。
>
> 【考察】だ液にふくまれている消化酵素のはたらきにより，デンプンが　　P　　ことがわかった。ご飯をかんでいると甘くなってくることから，デンプンが_b_糖に変わったのではないかと考えた。

　①　次のうち，だ液にふくまれる消化酵素はどれか，1つ選んで記号を書きなさい。
　　ア　ペプシン　　イ　アミラーゼ　　ウ　リパーゼ　　エ　トリプシン
　②　下線部aのようにするのはなぜか，「ヒトの」に続けて書きなさい。
　③　恵さんの考察が正しくなるように，Pにあてはまる内容を書きなさい。
　④　下線部bがふくまれていることを確認するための方法について説明した次の文が正しくなるように，Qにあてはまる内容を書きなさい。

> 　下線部bがふくまれている水溶液に，ベネジクト液を加えて　　Q　　と，赤褐色(せきかっしょく)の沈殿(ちんでん)が生じる。

(2) 恵さんは，消化酵素のはたらきについて資料で調べ，次のページのようにまとめた。

【まとめ】生のパイナップルにふくまれる消化酵素には，胃液にふくまれる消化酵素と同じように肉の主な成分であるタンパク質に作用し，図5のような小腸の柔毛で吸収されやすい物質に変化させるはたらきがある。

図5
柔毛
X
Y

① タンパク質が消化酵素によって変化した物質は，図5のX，Yのどちらの管に入るか，記号を書きなさい。また，その管の名称を書きなさい。

② 小腸に柔毛がたくさんあると，効率よく養分を吸収することができる。それはなぜか，「表面積」という語句を用いて書きなさい。

2 香さんは，図1のようなロケットが水素を燃焼させて飛んでいることに興味をもち，実験を行ったり資料で調べたりした。あとの(1)～(3)の問いに答えなさい。

図1
ロケット

(1) 香さんは，水素の燃焼について調べるため，次の実験を行った。

【実験】図2のような乾（かわ）いた無色透明なポリエチレンの袋の中に，水素と酸素の混合気体と，水に反応する青色の試験紙を入れ，点火装置で点火したところ，一瞬，炎が出た後，袋の内側がくもった。また，袋の中に入れた ₐ試験紙は，水に反応して青色から赤色（桃色）に変化した。

図2
点火用の電極
ポリエチレンの袋
点火装置
水素と酸素の混合気体
青色の試験紙

① 次のうち，水素はどれに分類されるか，2つ選んで記号を書きなさい。
ア 混合物　イ 純粋な物質　ウ 単体　エ 化合物

② 下線部aのように変化した試験紙は何か，名称を書きなさい。

③ 次に，8.0cm³の水素に加える酸素の体積を変えて図2と同様にして反応させ，反応後に残る気体の体積を調べた。図3は，このときの結果を示したグラフである。8.0cm³の水素と7.0cm³の酸素を完全に反応させたとき，反応後に残る気体は何か，**化学式**を書きなさい。また，その**体積**は何cm³か，求めなさい。

図3
残る気体の体積〔cm³〕
加える酸素の体積〔cm³〕

(2) 香さんは，水素の燃焼について実験の結果と資料をもとに，次のようにまとめた。

【まとめ】水素が燃焼するとき，水素と酸素は　X　で結びつき，爆発的に反応して ₆水ができる。水素を燃焼させて飛んでいるロケットは，水素が燃焼したときに生じる高温の水蒸気などを噴射することで進むための力を得ている。

① 香さんのまとめが正しくなるように，**X**にあてはまる内容を「**体積**」と「**割合**」という語句を用いて書きなさい。

② 次のうち，燃焼すると下線部**b**ができるのはどれか，**2つ**選んで記号を書きなさい。

　ア　砂糖　　イ　鉄　　ウ　炭素　　エ　エタノール

(3) 香さんは，水素の燃焼を表す化学反応式について，タブレット型端末を使って原子や分子のモデルを用いて考えた。図4は，その途中の画面である。香さんの考えが正しくなるように，図4に原子や分子のモデルをかき加えて完成させなさい。

図4

3 仁さんは，地震のしくみや緊急地震速報について調べた。後の(1)，(2)の問いに答えなさい。

(1) 仁さんは，地震について調べたことを次のようにまとめた。

【まとめ】日本列島付近の太平洋では，_aプレートが動くことにより，地下で岩盤（がんばん）にひずみが生じて岩盤の一部が破壊され，ずれが生じ，ゆれが発生することがある。このずれを_b隆起という。地表において，地震が発生した場所の真上を_c震央という。また，観測地点における地震のゆれの大きさは，10段階の_d震度で表される。

① 下線部**a**のようすを表した模式図で，最も適切なものはどれか。次から1つ選んで記号を書きなさい。ただし，矢印はプレートが動く向きを表すものとする。

② 仁さんは，まとめの語句に誤りがあることに気づいた。下線部**b～d**のうち，**誤りのある語句**を1つ選んで記号を書きなさい。また，選んだ語句を正しく**書き直しなさい**。

(2) 図は，ある地震の記録をもとに仁さんが作成した，P波とS波の到達時刻と震源からの距離の関係を表したものである。ただし，P波とS波は一定の速さで伝わるものとする。

① 震源から140km離れている仁さんがいる地点では，この地震におけるS波の伝わる速さは

何km/秒か，求めなさい。

② 図をもとに，震源からの距離と初期微動継続時間との関係を表すグラフをかきなさい。

③ 仁さんは，緊急地震速報について調べたことを次のようにまとめ，図をもとに考察した。仁さんの考察が正しくなるように，**X**にあてはまる内容を書きなさい。また，**Y**にあてはまる内容を，下の**ア〜エ**から1つ選んで記号を書きなさい。

> 【調べたこと】緊急地震速報は，地震が発生した場所や規模をP波から推定し，大きなゆれの到達を一斉に知らせるものである。速報から大きなゆれが到達するまでの時間は，数秒から数十秒である。
> 【考察】P波は，大きなゆれを伝えるS波よりも　　**X**　　。よって，速報が出されることで，　**Y**　大きなゆれに対処する時間ができる。

ア 地震の規模が大きいほど　　**イ** 震源からの距離が大きいほど

ウ 地震の規模が小さいほど　　**エ** 震源からの距離が小さいほど

4 明さんは，ある港で図1のような見慣れない船を見つけ，興味をもった。そこで，資料で調べ，疑問に思ったことについて実験を行った。後の(1)，(2)の問いに答えなさい。

図1

クレーン
動滑車がある部分
おもり
船体

> 【資料】図1はSEP船といい，風力発電用の風車の建設などに使われる。重いおもりや部品を持ち上げたり，高い所からおもりを落として風車の土台となるくいを打ち込んだりする。
> 【疑問】クレーンは，どのようにして重いおもりや部品を持ち上げているのだろうか。

(1) クレーンで重いおもりを持ち上げている理由について説明した次の文が正しくなるように，**P**にあてはまる内容を「位置エネルギー」という語句を用いて書きなさい。

> 持ち上げるおもりの高さが高いほど，また，質量が大きいほど　　**P**　　ので，おもりを落としたとき，くいを深く打ち込むことができる。

(2) 明さんは，動滑車のはたらきを調べるため，次の実験を行った。ただし，100gの物体にはたらく重力の大きさを1Nとし，糸の質量，糸と滑車の間にはたらく摩擦，糸の伸び縮みは考えないものとする。

> 【実験】図2，図3の装置のように質量40gの定滑車や動滑車を使って，質量500gのおもりを床から10cmの高さまで持ち上げるのに必要な力の大きさと糸を引いた距離を調べ，結果を表にまとめた。
>
>
>
> 図2　　　　　　図3
> 定滑車
> ばねばかり
> 糸
> おもり
> 動滑車
> 10cm　床
> 10cm
> 定滑車
>
> 表
>
> | | 図2 | 図3 |
> |---|---|---|
> | 力の大きさ〔N〕 | 5.0 | 2.7 |
> | 糸を引いた距離〔cm〕 | 10 | 20 |

① 仕事の大きさを表す単位を何というか，**記号**で書きなさい。

② 図3でおもりを持ち上げるのに3秒かかった。このときの仕事率は何Wか，求めなさい。求める**過程**も書きなさい。

図4

③ 図4のように，クレーンのフックをワイヤーで巻き上げて動かす部分には，複数の動滑車が使われている。そこで，明さんは実験で使ったものと同じ定滑車と動滑車で図5のような装置を作り，おもりを床から10cmの高さまで持ち上げた。持ち上げるのに必要な力が1.7Nのとき，おもりの質量は何gか，求めなさい。ただし，動滑車2つと動滑車をつなぐ板の質量の合計は100gとし，動滑車をつなぐ板は水平に動くものとする。

図5

④ 実験の結果をもとに，明さんがまとめた次の考えが正しくなるように，X，Yにあてはまる語句をそれぞれ書きなさい。

> 動滑車を使うと，糸を引く距離は，物体を持ち上げる距離より（ X ）なりますが，加える力の大きさは，物体にはたらく力の大きさより（ Y ）なるので，クレーンは複数の動滑車をつなげて，重いおもりや部品を持ち上げています。

5 愛さんは，バイオマス発電や風力発電について興味をもち，資料で調べたり説明を聞いたりした。後の(1)～(3)の問いに答えなさい。

(1) 愛さんは，バイオマス発電について資料で調べ，次のようにまとめた。

> 【調べたこと】農林業からでる作物の残りかすや家畜のふん尿，間伐材（かんばつざい）などを利用して，そのまま燃焼させたり，微生物を使って発生させたアルコールなどを燃焼させたりして発電している。また，間伐材などを燃焼させた際に排出される<u>a二酸化炭素</u>は，原料の植物が生育する過程で光合成によって大気からとりこまれたものである。よって，全体としてみれば，大気中の二酸化炭素の量は　　 P 　　という長所がある。

① 次のうち，下線部aを発生させる方法はどれか，1つ選んで記号を書きなさい。

ア 二酸化マンガンにオキシドールを加える

イ 石灰石にうすい塩酸を加える

ウ 亜鉛にうすい塩酸を加える

エ 塩化アンモニウムと水酸化カルシウムを混ぜ合わせて熱する

② 愛さんの調べたことが正しくなるように，Pにあてはまる内容を書きなさい。

(2) 愛さんは，風力発電の会社の人から次のような説明を聞いた。

> 風力発電では，図1のような風車を，風の力で回転させて発電機を動かし発電しています。交流という種類の電流を<u>b送電線</u>で各家庭や工場などに送っているのですが，途中で電気エネルギーの一部が失われてしまいます。

図1

風車

① 図2のように，2つの発光ダイオードを，足の長い方と短い方が
逆になるように電源装置につないだ。3Vの電圧を加えて交流の
電流を流し，発光ダイオードを左右に振ると，発光ダイオードは
どのように見えるか，次から1つ選んで記号を書きなさい。

図2

発光
ダイオード

電源装置

ア　2つとも光っていない
イ　一方だけ光り続け，1本の線に見える
ウ　2つとも光り続け，2本の線に見える
エ　交互に光り，2本の点線に見える

② 下線部bのようになるのはなぜか，書きなさい。

(3) バイオマス発電や風力発電について，愛さんがまとめた次の考えが正しくなるように，X，
Yにあてはまる語句をそれぞれ書きなさい。

> バイオマス発電では，燃料となる物質がもっている（ X ）エネルギーを，風
> 力発電では，風による空気の（ Y ）エネルギーを，それぞれ電気エネルギーに
> 変換しており，発電の際に石油や石炭などを使用しません。よって，このような
> 再生可能なエネルギーの開発を進めていくことが必要であると考えました。

6 学さんは，自宅に毎年やってくるツバメを観察して，疑問に思ったことについて，タブレット
型端末で検索したり資料をもとに考えたりした。後の(1)，(2)の問いに答えなさい。

(1) 学さんは，タブレット型端末でツバメについて検索したと
ころ，図1のような記述を見つけた。

図1

ツバメ（鳥類）
・卵生
・渡り鳥
・温暖な気候を好む

① 次のア～エのうち，鳥類に分類される生物はどれか，すべ
て選んで記号を書きなさい。

ア　スズメ　　イ　コウモリ
ウ　ワシ　　　エ　ペンギン

② 鳥類の卵の特徴について説明した次の文が正しくなるように，Pにあてはまる内容を書き
なさい。

> 鳥類は陸上に卵をうむため，鳥類の卵には，魚類の卵にはない　　P　　がある。

(2) ツバメが温暖な気候を好むことを知った学さんは，なぜ，
冬よりも夏の気温の方が高くなるのだろうかという疑問を
もった。そこで，図2のような，透明半球に夏至と冬至の
太陽の通り道を示した資料をもとに考えた。

図2

透明半球

夏至

イ

ア　　　　　　ウ

冬至

オ　カ　エ

① 図2で，北を表しているのはア～エのどれか，また，太
陽が動いて見える方向はオ，カのどちらか，それぞれ1
つずつ選んで記号を書きなさい。

② 図2のように，夏至と冬至で太陽の通り道が異なる理
由について説明した次のページの文が正しくなるように，

Xにあてはまる内容を書きなさい。

地球が	X	公転しているため。

③　冬よりも夏の気温の方が高くなる理由について，学さんがまとめた次の考えが正しくなるように，Yにあてはまる内容を書きなさい。

　夏至と冬至の南中高度を比べると，夏至の方が高くなっています。太陽の光が当たる角度が地面に対して垂直に近いほど，同じ面積に　Y　ます。さらに，太陽が出ている時間は，冬至よりも夏至の方が長くなっています。だから，冬よりも夏の気温の方が高くなると考えました。

＜社会＞　　時間　50分　　満点　100点

1　次の模式図と地図，図，表を見て，(1)～(4)の問いに答えなさい。

模式図

※北極点を中心に，北緯45度までの範囲を表している。
※経線は本初子午線を基準に，15度ごとに引いている。

地図

※ロシア連邦はC州に位置づける。

図1　ある都市の気温と降水量

年平均気温 0.9℃
年降水量 478.5mm

表1　各州の農業に関する統計 (2018年)

項目　州	農林水産業就業人口比率(%)	農業従事者一人あたりの農地面積(ha)	*穀物の生産量(万t)
㋐	49.3	5.1	20 260
㋑	30.5	2.8	145 029
㋒	6.5	33.4	56 924
㋓	5.5	24.8	49 859
南アメリカ州	12.5	22.3	20 725
オセアニア州	12.5	167.2	3 488

*小麦，米，とうもろこしなどの合計

表2　4か国と日本の比較

項目　国	人口100人あたりの自動車保有台数(台) (2018年)	二酸化炭素の総排出量 (百万t) 1990年	二酸化炭素の総排出量 (百万t) 2018年
㋔	10.0	131	543
㋕	60.2	549	352
㋖	86.1	4 803	4 921
㋗	22.5	244	428
日本	61.5	1 054	1 081

（図1，表1，表2は「データブック オブ・ザ・ワールド2022年版」などから作成）

(1)　三大洋のうち，模式図に**まったく表されていない**海洋名を書きなさい。

(2)　模式図の**あ～え**のうち，日本の領土を通る経線を，一つ選んで記号を書きなさい。

(3)　図1は，地図の**お～く**のいずれかの都市の気温と降水量を表したものである。図1が表している都市を，地図の**お～く**から一つ選んで記号を書きなさい。また，この都市が属する気候帯について述べた次の文の　X　にあてはまる語を書きなさい。

> この気候帯には，マツやモミなどの針葉樹林帯である　X　が広がっている地域がある。

(4)　地図のA～D州に関する問題である。

①　表1の㋐～㋓は，A～D州のいずれかを示している。B州を示すものを，㋐～㋓から一つ選んで記号を書きなさい。

②　表2の㋔～㋗は，A～D州の各州において，二酸化炭素の総排出量上位国であるアメリカ，南アフリカ共和国，イギリス，インドネシアのいずれかを示している。イギリスを示すものを，㋔～㋗から一つ選んで記号を書きなさい。

③　図2（次のページ）は，D州に属する中国の状況を示したものである。図2から読みとれる，中国の状況の変化と課題について，次の語を用いて書きなさい。　〔 拡大 〕

図2 中国におけるGDPと一人あたりの所得の推移

（「世界国勢図会2021/22年版」などから作成）

2 次は、「私たちの生活とエネルギーのこれから」について、生徒がレポートにまとめるために集めた資料の一部である。これとメモを見て、あとの(1)～(4)の問いに答えなさい。

資料

図1 *1住宅用太陽光発電機器設置割合（2018年）

*1集合住宅を含まない住宅の総数に対する設置割合

図2 図1に示した下位8都道府県の年日照時間と太陽光発電機器設置数（2018年）

（図1、図2は総務省資料などから作成）

表 発電所数の比較（2019年）
○全国平均以上 ●全国平均未満

	水力	火力	風力	地熱
あ	●	●	●	●
い	○	●	●	●
う	○	○	○	○
え	●	○	●	●

図3 日本の発電量とその内訳

*2水力、風力、地熱、太陽光発電など ※2030年は予測。

図4 秋田県の再生可能エネルギー発電量

（表、図3、図4は資源エネルギー庁資料などから作成）

(1) 図1のアが示す県の**県庁所在地名**を書きなさい。

(2) メモは、生徒が図1と図2をもとにまとめたものである。

メモ

◇図1の分布の傾向

上位8県	・本州の P 部にある ・九州地方にある
下位 8都道府県	・ Q に面している →図2のグループⅠ ・人口が多い →図2のグループⅡ

　① 　P　と　Q　にあてはまる語を，それぞれ一つずつ選んで記号を書きなさい。

　　ア　平野

　　イ　内陸

　　ウ　太平洋

　　エ　日本海

　② 　図2のグループIIに属する県名を書きなさい。

(3)　表のあ～えは，それぞれ図1のA～Dの道府県のいずれかを示している。Cを示すものを，あ～えから一つ選んで記号を書きなさい。また，Cを含む工業地帯名を書きなさい。

(4)　次は，図3と図4をもとに生徒が話し合っている様子である。

生徒A：日本の発電量の内訳が，将来，変化していく予測になっているね。

生徒B：図4の秋田県のような　X　取り組みが，全国各地で行われていくからかな。

生徒A：そうだね。このこととあわせて，火力の発電量が減ることによって　Y　ので，日本のエネルギー自給率の上昇も期待できるんじゃないかな。

---

　① 　下線部について，2030年の再生可能エネルギー発電量は，2010年の約何倍になると予測されているか。整数で書きなさい。

　② 　X　と　Y　に入る適切な内容を書きなさい。ただし，　Y　は次の語を用いて書きなさい。　〔　化石燃料　〕

3　次は，古代から現代までの時代区分ごとに，生徒がテーマを設定してまとめたレポートの一部である。これらと地図，年表を見て，あとの(1)～(4)の問いに答えなさい。

レポート

I　古代　テーマ：古代の人々が残した記録

◇わが国は，古くから東アジアと深く関わり，その影響を受けながら国のしくみを確立していった。

　資料1　中国の歴史書

> 倭の奴国が漢に朝貢したので，光武帝は印とそれを結びとめるひもを与えた。
>
> （「後漢書」から部分要約）

◇ⓐ奈良時代に整えられた律令国家のしくみは，平安時代になるとⓑ次第にくずれていった。

　資料2　平安時代のある地域の戸籍

> 男　子　59人 ｜ 総人口　435人
> 女　子　376人
>
> （「阿波国板野郡田上郷延喜二年戸籍」から部分要約）

　表　律令による税負担（一部）

	租	調	庸
男子	稲	絹，特産品など	布（労役の代わり）
女子	（収穫の約3％）	なし	なし

II　中世　テーマ：新しい技術と民衆の成長

◇ⓒ鎌倉時代になるとⓓ農業生産力が高まるとともに，手工業や商業も盛んになった。

　図1　田を耕す農民

（「松崎天神縁起絵巻」）

　資料3　幕府から守護にあてた書状

> 諸国の百姓は田の稲を刈り取ったあと，そこに麦をまいている。
>
> （「新編追加」から部分要約）

◇ⓔ室町時代になると，民衆の成長を背景とした社会や文化が形成された。

Ⅲ　X　テーマ：統一事業と社会の変動

◇安土桃山時代になると，ヨーロッパ人が来航するようになり，わが国の政治や文化に影響を与えた。

資料4　宣教師の追放を命じた法令

— 日本は神国であるから，キリシタンの国から悪い教えを伝え広められるのはよろしくない。
— ポルトガル船は，商売のために来ているので特別に許可する。今後も取引するように。

（「バテレン追放令」から部分要約）

◇江戸時代には幕府と藩による支配が確立したが，次第に幕府の政治は行きづまっていった。

資料5　寛政の改革を批判した狂歌

⑥白河の清きに魚の住みかねて
　　　　　　元のにごりの田沼恋しき

Ⅳ　近代・現代　テーマ：人，もの，情報の往来

◇近代化や社会情勢の変化にともない，人，もの，情報の往来が活発になった。

資料6　秋田県のある村長の演説

オーストリア皇太子夫妻がサラエボで暗殺されてから5年，日本はイギリス・フランスとともにドイツと戦い，勝利を収めた。

（「森澤歳時記」から部分要約）

図2　*1*2 全国の人口規模別市町村人口

*1 全国の市町村を人口規模によって⑩〜②の4グループに分け，それぞれのグループの人口の合計の推移を表したもの
⑩グループ：50万人以上
⑧グループ：10万〜50万人未満
⑨グループ：5万〜10万人未満
②グループ：5万人未満
*2 東京都23区は1市として計算
（総務省統計局資料から作成）

(1)　レポートのⅠに関する問題である。

①　資料1に記されているできごとよりも前のできごとを，二つ選んで記号を書きなさい。

ア　エジプト文明で太陽暦が考え出された
イ　朝鮮半島で高句麗・百済・新羅が対立した
ウ　十字軍がエルサレムに向けて進軍した
エ　孔子が仁と礼に基づく政治を説いた

②　下線部ⓐのころ，わが国の朝廷が使いを送っていた中国の王朝名を，一つ選んで記号を書きなさい。

ア　隋　イ　唐　ウ　宋　エ　元

③　次は，下線部ⓑについて，資料2と表をもとに生徒が考察したものである。　あ　に入る適切な内容を書きなさい。

総人口に占める女子の割合が極端に大きいのは，調や庸が　あ　ので，その負担から逃れようと，いつわって戸籍に登録したためだと考えられる。

(2)　レポートのⅡに関する問題である。

①　下線部ⓒに幕府が置かれた場所を，地図のア〜エから一つ選んで記号を書きなさい。

②　下線部ⓓの理由として考えられることを，図1と資料3から読みとり，書きなさい。

③　下線部ⓔの社会や文化について述べた文として正しいものを，一つ選んで記号を書きなさい。

ア　読み・書き・そろばんを教える寺子屋が増えた
イ　出雲の阿国がかぶき踊りをはじめた
ウ　運慶らの仏師によって金剛力士像がつくられた

地図

　　　エ　村の自治を行う惣という組織がつくられた

(3)　レポートのⅢに関する問題である。

　①　　X　　にあてはまる時代区分を書きなさい。

　②　資料4の法令を出した人物がおこなった政策を，一つ選んで記号を書きなさい。

　　　ア　御家人の借金を取り消し土地を取り戻させた

　　　イ　一揆を防ぐため，百姓から武器を取り上げた

　　　ウ　大名が許可なく城を修理することを禁止した

　　　エ　市における税を免除し，座の特権を廃止した

　③　下線部⑦を指す人物名を書きなさい。

(4)　レポートのⅣに関する問題である。

　①　資料6は，年表の下線部㋐に示した戦争
　　が終わった翌年におこなわれた演説である。
　　この戦争の名称を書きなさい。

　②　年表の㋑の期間における，図2のグラフ
　　の変化の理由として考えられることを，一
　　つ選んで記号を書きなさい。

　　　ア　農村部への疎開

　　　イ　世界恐慌の発生

　　　ウ　関東大震災による被害

　　　エ　満州からの引きあげ

　③　年表の㋒のころの都市部と農村部におい

　　て，図2のグラフの変化に関連しておきたこととして適切なものを，それぞれ一つずつ選ん
　　で記号を書きなさい。

　　　ア　食料不足が生じた　　イ　過疎化が進んだ

　　　ウ　住宅不足が生じた　　エ　小作農が増加した

　④　年表の下線部㋓に関連した次の文の　い　に入る国名と，　う　にあてはまる語を書きな
　　さい。

　　このできごとの後，アメリカと　い　の首脳が会談し，　う　の終結が宣言された。

年表

年代	主なできごと
1910	㋐戦争に初めて戦車が使用される ラジオ放送が始まる
1940 1945	㋑ ポツダム宣言を受諾する
1960 1970	㋒ 東海道新幹線が開通する 日本万国博覧会(大阪)が開催される
1980	
1990	㋓ベルリンの壁が崩壊し，東西 ドイツの国境が開かれる

4　次は，豊かな社会生活を築くことについて，これまで学習したことをもとに，生徒がまとめた
　ものの一部である。これらを見て，あとの(1)～(9)の問いに答えなさい。

私たちの権利の保障と政治の関わりについて

◇日本国憲法は，ⓐ人が生まれながらにしてもっている権利を保障している。

◇私たちは，ⓑ主権者としての自覚をもって政治に参加することが大切である。

資料1　日本国憲法第11条

　国民は，すべての　あ　の享有を妨
げられない。この憲法が国民に保障す
る　あ　は，侵すことのできない永久
の権利として，現在及び将来の国民に
与へられる。

表　おもな直接請求のしくみ

請求の種類	必要な署名	請求後の取り扱い
首長・議員の解職	有権者の 3分の1以上	い　を行い，う　の 賛成があれば解職
条例の制定・改廃	有権者の え	議会を招集し，その結果 を報告

図1　政治のしくみについて

(1)　下線部ⓐに関する問題である。

①　資料1の あ にあてはまる語を書きなさい。ただし， あ には同じ語が入る。

②　下線部ⓐを侵害された人々が国に要求できる権利を，一つ選んで記号を書きなさい。

　ア　裁判を受ける権利　　イ　団体交渉権　　ウ　国政調査権　　エ　自己決定権

(2)　下線部ⓑに関する問題である。

①　表の い にあてはまる語を書きなさい。

②　表の う ， え にあてはまる語を，それぞれ一つずつ選んで記号を書きなさい。

　ア　3分の1以上　　イ　過半数　　　　ウ　3分の2以上　　　エ　50分の1以上

③　図1の P にあてはまる語を，一つ選んで記号を書きなさい。

　ア　監査請求　　　　イ　国民審査　　ウ　弾劾裁判　　　　エ　違憲審査

(3)　図1の下線部ⓒが行うことを，一つ選んで記号を書きなさい。

　ア　条約の承認　　　イ　法律の制定　　ウ　予算の作成・提出　　エ　憲法改正の発議

(4)　図1の Q ， R にあてはまる語を，それぞれ書きなさい。ただし， Q ， R には
それぞれ同じ語が入る。また，図1をもとに生徒が考えた次の文の S に入る適切な内容
を，次の語を用いて書きなさい。　〔 集中 〕

> 　国の政治では国会，内閣，裁判所が，地方の政治では地方議会と首長が，それぞれ互い
> に抑制し合い均衡を保ち， S ことで，私たちの権利と自由が守られている。

私たちの暮らしと経済活動の関わりについて

◇ⓓ商品の価格の決定には，需要量と供給量が関係している。

◇企業の健全な競争を保つため，ⓔ公正取引委員会が監視や指導を行っている。

図2　ほうれんそうと野菜ジュースの価格（2020年）

※東京都区部の1月を100とした指数。（総務省資料から作成）

図3　景気変動のモデル図

(5)　次は，下線部ⓓに関わる図2をもとに生徒が考えたものである。 お に入る適切な内容を

書きなさい。

> ほうれんそうが野菜ジュースと比べて　お　のは，季節や天候によって生産量が変わりやすいからだと思う。

(6)　下線部ⓔが設置される根拠となる法律名を書きなさい。

(7)　図3の区のときに起こりやすい状況を，二つ選んで記号を書きなさい。

　ア　失業者の増加　　イ　賃金の上昇　　ウ　企業利益の増加　　エ　企業倒産の増加

安心して働くことのできる社会のあり方について

◇わが国の社会保障制度には，ⓕ社会保険，公的扶助，社会福祉，公衆衛生があり，社会全体でお互いに生活を支え合う仕組みとなっている。

◇政府は，生産性の向上に加え，多様で柔軟な働き方が選択できるよう，ⓖ働き方改革に取り組んでいる。

図4　わが国の*労働時間と国民総所得の推移

＊労働時間，国民総所得は一人あたりの数値
（OECD資料などから作成）

資料2　「カエル！ジャパン」キャンペーン

> わが国では　Y　の実現に向け，憲章と行動指針を策定するとともに，右のようなキャッチフレーズとシンボルマークを作成し，社会全体で取り組むキャンペーンを実施している。

ひとつ「働き方」を変えてみよう！
カエル！ジャパン
Change! JPN

（内閣府資料から作成）

---

(8)　下線部ⓕの内容にあたるものを，一つ選んで記号を書きなさい。

　ア　児童の自立援助　　イ　下水道の整備　　ウ　国民年金の給付　　エ　生活保護費の支給

(9)　下線部ⓖに関する問題である。

①　次は，図4をもとに生徒がまとめたものである。　か　に入る適切な内容を書きなさい。

> わが国では1990年からの30年間で，　か　ことから，生産における労働の効率が上がったと考えられる。

②　資料2の　Y　にあてはまる語を，一つ選んで記号を書きなさい。

　ア　フェアトレード　　イ　ワーク・ライフ・バランス

　ウ　クーリング・オフ　　エ　セーフティネット

五

次の文章を読んで、1～4の問いに答えなさい。

それ三界（人間の世界）はただ心ひとつなり。心もしやすからずは象馬七珍（象や馬や七つの珍宝）もよし

なく、宮殿楼閣（くうでん）も望みなし。今、さびしき住ひ（すまひ）、一間の庵（いほり）、みづから

これを愛す。おのづから都に出でて身の乞匂（こつがい）（物乞い）となれる事を恥づと①い

へども、帰りてここにをる時は他の俗塵（ぞくぢん）に馳する事を A あはれむ。も

し人この言へる事を B 疑はば、魚と鳥とのありさまを見よ。魚は水に

飽かず、魚にあらざればその心を知らず。鳥は林をねがふ、鳥にあら

ざればその心を知らず。閑居（かんきょ）の気味（良さや趣）もまた同じ。住まずして誰か②さ

とらむ。

1　①いへども　②さとらむ　を現代仮名遣いに直しなさい。

2　A と B の～～線部の主語の組み合わせとして適切なものを、次の
ア～エから一つ選んで記号を書きなさい。

ア　A 他人　B 作者　　イ　A 作者　B 他人
ウ　A 他人　B 他人　　エ　A 作者　B 作者

3　また同じ　について、次のようにまとめた。[a] [b] に当ては
まる語句を、本文中からそれぞれ五字で抜き書きしなさい。

魚の「[a]」という心、鳥の「[b]」という心は、それぞれ
魚や鳥にしか分からないのと同じように、閑居に住む人の心

（「方丈記」による）

六

4　次は、この文章を読んだ生徒 A と B の会話である。これを読ん
で、後の問いに答えなさい。

は、住んでいる人にしか分からないということ。

A	作者は、どんな生活をしたいと思っているのかな。
B	他人の生活と比較していることを踏まえると、俗世間に [Ⅰ] 生活を、作者は望んでいるのだと思うな。
A	閑居に住むことで、自分の望む生活ができているんだね。
B	作者は、心が安らかでなければ、珍しい宝や宮殿のような豪邸も意味がないと言っているね。閑居での生活に満足できるかどうかも、人によって違うということだね。
A	そうか、「ただ心ひとつなり」とは、[Ⅱ] ことができるということなんだね。これは、現代に暮らす私たちにも当てはまりそうだね。

(1) [Ⅰ] に適する内容を、八字以内で書きなさい。

(2) [Ⅱ] に適する内容を、二十字以内で書きなさい。

あなたが今までに影響を受けた人物やものごとについて、その
影響によって自分がどう変化したのかを、次の〈条件〉にし
たがって書きなさい。

〈条件〉
・題名は不要
・字数は二百字以上、二百五十字以内

1　あからさまな視線　に至るまでの豊蔵の心情の変化について、次のようにまとめた。〔　〕に当てはまる語句を、本文中から二字で抜き書きしなさい。

期待　→　〔　〕　→　侮蔑と猜疑

2　人の心をえぐる　とあるが、このときの彦太郎の心情として最も適切なものを、次のア～エから一つ選んで記号を書きなさい。
ア　苦痛　　イ　歓喜　　ウ　失望　　エ　感謝

3　籾殻を口いっぱいに食んでいるかのようだ　とあるが、彦太郎がこのように感じた理由を、「立場」「空虚」の二語を用いて、解答欄にしたがって四十五字以内で書きなさい。

4　次は、本文をもとに劇の台本づくりに取り組んでいる生徒A、B、Cの会話である。構想している台本の一部と会話を読んで、後の問いに答えなさい。

【台本の一部】

豊蔵
　「破門くらい、なんぼのもんじゃい」
　(豊)は、拳で壁をたたき、
彦太郎
　「見てみい！白紙は仰山、残っとるやないか。
　ここに己の意の赴くままに、筆を走らせるんや。
　考えるだけで、からだが熱うなる、胸が躍る。
　それがほんまの絵師やないんか！」
　豊をひとたび見返す
　その後(豊)に背を向け、歩き出す
彦太郎
　(暗転、海辺の場面へ　音響：波の音)
　(彦)登場、崩れるように膝をつく
　声を放ち、海に向かって泣き続ける

【舞台レイアウト】
壁　彦　豊

A　豊蔵を見返す彦太郎には、どんな演出がふさわしいだろう。

B　本文中の「大砲の弾が、まともに当たったようだ」という描写から、彦太郎が受けた〔 a 〕の大きさが分かるね。その様子を、表情や体の細かな動きで表現するといいと思うな。

A　なるほど。では、海辺の場面の演出についてはどうかな。

C　私は、海が〔 b 〕という擬人化された描写が気になったよ。彦太郎は、心の高ぶりを海が受け止めてくれたように感じたのではないかな。静かな波の音を流して、印象的な演出にしたいな。

A　僕は「奇跡」という言葉から、これまで抱えていた〔 c 〕ことができた、彦太郎の喜びやうれしさを感じたよ。声を放って泣き続ける彦太郎の表情は、泣き笑いに近いのではないかな。

B　よい考えだね。では、これまでの提案をもとに、この場面を一度演じてみようよ。その後でまた話し合おう。

(1)　【台本の一部】の　□　に当てはまる演出として最もふさわしいものを、次のア～エから一つ選んで記号を書きなさい。
ア　(彦)を温かく見守る　　イ　(彦)をにらみつける
ウ　(彦)に目もくれない　　エ　(彦)から目をそらす

(2)　〔 a 〕〔 b 〕に当てはまる内容を、〔 a 〕には二字で、〔 b 〕には十五字で、本文中からそれぞれ抜き書きしなさい。

(3)　〔 c 〕に適する内容を、本文中から「覚悟」という語句を用いて、二十五字以内で書きなさい。

太郎の身上だった。なまじ師とそっくりに描ける腕をもつために、応挙風を期待されると、応えてやりたいとの思いがわく。それが強靱な我とせめぎ合い、迷いとなって筆に現れる。

新築の寺ともなれば、その迷いはいっそう深まる。一枚一枚の出来だけではなしに、どこにどのような絵を配し、按配するか。流れや繋がりも鑑みて、寺という空間に、俗世と切り離されたひとつの世界を作る。それが障壁画と呼ばれる室内装飾の真髄なのである。

己が足をはこべぬ詫び料代わりに、応挙は数枚の絵を彦太郎に託す。

その礎をまるきり無視して勝手に走れば、寺の静謐な空気そのものを壊すことになりかねない──。それを言い訳に、これまでどうしても踏み出せなかった。

「おまえは、それでええんかい」

豊蔵は、背後の絵を閉め出すように、後ろ手にゆっくりと襖を閉めた。

「はるばるこないな地まで足をはこんだあげく、くだらん筆で茶をにごすつもりか？　己の絵を描かんままで、おめおめと京へ戻るつもりなんか？　平安絵師の誇りは、旅路の紀伊の浜に、落としてきたんか？」

単に応挙を、侮辱しているのではない。豊蔵が問うているのは、吉村胡雪の、画家としての覚悟の程だった。

「……おれには弟子としての務めがある。勝手を通さば、今度こそ破門となろう」

「破門くらい、なんぼのもんじゃい」

ふん、と鼻で吐き捨て、まるで白無垢のような二之間の壁を、拳で打った。薄い拳にもかかわらず、その音は座敷をふるわせた。

「見てみい！　白紙は仰山、残っとるやないか。ここに己の意の赴くままに、筆を走らせるんや。考えるだけで、からだが熱うなる、胸が躍る。それがほんまの絵師やないんか！」

まるで大砲の弾が、まともに当たったようだ。打ち抜かれた胸に、大きな風穴があき、そこから新鮮な空気が音を立てて流れ込む。

ひとたび豊蔵を見返して、くるりと背を向けた。

本堂を離れ、境内を抜け、山門を出る。

ひと足ごとに速まって、やがては駆けるようにして一本道を下った。

串本は、両側にはさまれた東西が七町にも満たない狭い土地だ。東へ向かい、いくらも行かぬうち、海が見えた。

空の半分を闇が覆い、藍の海が眠るように静かに横たわっていた。それ以上進みようがなく、波打ち際で足が止まったとたん、堪えていたものが一気にあふれた。

このふた月余、どうしても描けなかった。筆をもつたびに、手は応挙の影をなぞることを嫌がった。のらくらと時を稼ぎながら、誰かが背を押してくれることを彦太郎は待っていた。そんな都合のよい奇跡など起こるはずがないと、諦めかけてもいた。

深山箏白は、その奇跡をやってのけた。

彦太郎は声を放ち、海に向かって泣き続けた。

（西條奈加『ごんたくれ』による）

【注】
＊円山応挙……江戸中期の絵師。彦太郎の師匠
＊鑑みる……他を参考にして考える。他と比べ合わせて考える
＊猜疑……相手の行為などをうたがったり、腹を立てたりすること
＊籾殻……イネの実を包んでいる外側の固い殻

三　次の文章を読んで、1～4の問いに答えなさい。

近年、文化財を観光やまちづくりなどの分野で活用する機運が高まっている。例えば、神社仏閣、城跡、歴史的建造物などの独特な①雰囲気を生かし、地域のイメージアップを図ることもできる。また、文化財の特徴や魅力をもつ会場で、会議やコンサート、②デントウ芸能の鑑賞会などを実施することにより、特別感を演出できる。

ただし、文化財は一度壊れてしまえば取り返しのつかないものである。それぞれの特性についての正しい認識のもと、適切に取り扱わなければならない。活用する際、主催者は、文化財の価値を③損なうことがないよう、参加者に④ハタラきかける必要がある。

1　①雰囲気　③損なう　④ハタラき　の読み仮名を書きなさい。

2　②デントウ　を漢字に直して書きなさい。

3　近年　が直接係る部分を、次のア～エから一つ選んで記号を書きなさい。

ア　文化財を　　イ　活用する
ウ　機運が　　　エ　高まっている

3　取り返しのつかない　という意味を表す故事成語を、次のア～エから一つ選んで記号を書きなさい。

ア　虎の威を借る狐　　イ　漁夫の利
ウ　覆水盆に返らず　　エ　五十歩百歩

4　正しい　の活用形を書きなさい。

四　次の文章を読んで、1～4の問いに答えなさい。

　*吉村胡雪（よしむらこせつ）こと彦太郎（ひこたろう）は、*円山応挙（まるやまおうきょ）一門の絵師である。ある日、応挙の代筆役として寺に遣わされた彦太郎のもとを、対立しながらも絵師としての腕を認め合う間柄である*深山箏白（みやまそうはく）こと豊蔵（とよぞう）が訪れる。彦太郎の描いた障壁画に期待を寄せていた豊蔵だったが、彦太郎は、ふた月余も絵を描けずにいた。

　日は西の海に半身を浸し、光は勢いを失っている。奥の間はすでに薄暗いが、もともと日本画は、暗さを*鑑みて描かれている。行灯（あんどん）や燭台（しょくだい）のほのかな灯り（あかり）に浮かび上がるときこそ、真の姿を見せる。

　しかし豊蔵は、座敷に入ってすぐさま、落胆のため息をもらした。

　「なんや、応挙の筆やないか。こないなもんを拝むために、ド田舎まで足を延ばしたわけやあらへんわい」

　「相変わらず、無礼な奴だな。寺の和尚は、師匠の絵をご所望なのだ」

　ちらりと、豊蔵がふり返った。

　侮蔑（ぶべつ）と*猜疑（さいぎ）を隠そうともしない、あからさまな視線だった。

　「もしや、同じつまらん筆で、残る襖（ふすま）や壁を、埋めるつもりではなかろうな？」

　この男の言いざまは、いつでも人の心をえぐる（えぐる）。いくら覚悟をしていても、その容赦（ようしゃ）のなさに打ちのめされる。喘ぐ（あえぐ）ように、彦太郎は反駁（はんばく）した。

　「おれは、師匠の代わりに遣わされた。寺が望むのは、吉村胡雪ではなく円山応挙の絵だ」

　言いながら、その空虚さに気がついた。彦太郎が噛んで（かんで）いるのは、砂ですらない。まるで*籾殻（もみがら）を口いっぱいに食んでいるかのようだ。

　いくら噛みしめても中身はなく、籾（もみ）の先だけがちくちくと舌を刺す。応挙は彦太郎に、自身の筆を真似（まね）よと強いたことは一度もない。ただ師の代筆という立場が、彦太郎を縛るのだ。人を喜ばせるのが、彦

仕組みに依存する社会をつくりました。他にも、地方の自律的発展よりも大都市圏の経済活動を優先した結果として都市と地方の間に様々な格差が生じ、かつ固定化することを容認してきました。こうした課題が克服されていくなかで現行世代の私たちのニーズは徐々に満たされていくことになるわけですが、将来世代は異なる社会に暮らすことになりますから、彼らにとっての課題やニーズも必然的に我々のそれとは異なっていることでしょう。

現行世代の私たちが将来世代の彼らのニーズを言い当てることはできませんが、私たちが彼らのことに思いを馳せることはできます。このように将来世代が暮らす未来のことを考慮しながら、現行世代の私たちの開発のあり方を考える、ということが「持続可能な開発」という概念が意味するところなのです。つまり、持続可能な開発という考え方は、半分は現行世代の開発のあり方を将来世代との公平な関係性のなかで問い直していくこと、そしてもう半分は次世代への思いやりによってできていると言えます。

（工藤尚悟「私たちのサステイナビリティ」による）

【注】
＊担保……保証すること
＊ジェンダー……歴史的・社会的に形作られた男女の差異
＊先述のような深刻な公害……ここでは、水俣病や四日市ぜんそくなどの公害のこと

1　彼ら とは誰を指すか。解答欄にしたがって本文中から二字で抜き書きしなさい。

2　発展に対する直線的な見方 とはどのような見方のことか。「比例」という語句を用いて、解答欄にしたがって二十字以内で書きなさい。

3　ニーズ（needs）について、次のように整理した。〔　〕に当てはまる語句を、本文中から六字で抜き書きしなさい。
・「欲求」と和訳される。
・「欲求」という語の本来の意味よりも広い意味合いをもち、〔　〕や、その質に関わる項目が含まれる。

4　この文章について説明したものとして最も適切なものを、次のア〜エから一つ選んで記号を書きなさい。
ア　読み手の共感を得るために、仮説の検証を繰り返している。
イ　読み手の興味を引くために、専門家の意見を引用している。
ウ　読み手の思考を促すために、段落ごとに疑問を挙げている。
エ　読み手の理解を補うために、複数の事例を取り上げている。

5　持続可能な開発について、本文の内容を踏まえ、次のようにまとめた。これを読んで、後の問いに答えなさい。

持続可能な開発という概念に込められた主張は、力強く、〔a〕なものだが、現行世代の私たちが将来世代のニーズを〔b〕ことができないなど、難しい点も多い。その前提に立ち、現行世代の私たちが将来世代を思いやり、両者の公平な関係性のもとに、現行世代の開発のあり方が〔c〕になっているかを問い直していくことが求められる。

(1)　〔a〕〔b〕に当てはまる語句を、〔a〕には三字で、〔b〕には五字で、本文中からそれぞれ抜き書きしなさい。

(2)　〔c〕に適する内容を、「自ら」「考慮」の二語を用いて、四十字以内で書きなさい。

繰り返します。

（※アからエを繰り返して読む）

（間10秒）

これで国語の「聞くこと」に関する検査を終わります。問題用紙を開いて、次の問題に移ってください。

二　次の文章を読んで、1～5の問いに答えなさい。

持続可能な開発の定義において問われていることは、将来世代と現行世代がどのような関係にあるべきかということです。このことについて持続可能な開発という概念には、「現行世代である私たちが自らのニーズを満たすための開発のあり方が、将来世代が彼らのニーズを満たすために必要な能力を阻害するものであってはならない」という力強いメッセージが込められています。つまり、社会が発展していくときに、将来世代と現行世代の間には、公平な関係性（世代間公平性）が＊担保されなければならないと主張しています。

とても魅力的な主張である一方で、実際にこの持続可能な開発を実践するには、多くの難しい点があります。当然ですが、将来世代はまだ生まれてすらいませんから、現行世代の私たちは彼らの声について想像するしかありません。これが本当に彼らの声を代弁するものであるのかについては、残念ながら確かめようがありません。

また、私たち現行世代は、将来世代が暮らす時代には、今よりも科学技術や社会制度が発展していると考えがちです。そのため、現段階で私たちにとって問題であることも、将来世代にとっては既に解決可能なことになっているだろうと楽観的に考えてしまうことがあります。このような見方の背景には、時間の経過とともに技術や制度といったものは改善されていき、そうしたときに物事は必ず改善されていく

のだというような、発展に対する直線的な見方があります。しかし、実際には私たちの社会にはもう何世代も解決できていないような問題がいくつもあります。

例えば経済格差がその典型で、収入の高い世帯に生まれた子どもたちがより高い割合で難関大学に進学し、将来的に高収入の職に就くというような構造があります。このことが教育や収入の格差を世代を超えて固定化させるという状況を生み出しています。社会の発展が必ずしも時間の経過と比例して前進するものではないことを認めたとき、将来世代との公平性を議論する際の前提条件が大きく変わることになります。

持続可能な開発の定義のなかでもうひとつ重要な概念は、「ニーズ（needs）」の部分です。持続可能な開発の和訳では「欲求」が用いられていますが、ここでのニーズはもう少し広い意味合いを含んでいます。「欲求」は生命活動の存続に必要なことという意味ですが、持続可能な開発におけるニーズには、＊ジェンダーの公平性、教育機会の平等、民主主義的な社会の維持など、生活の質（Quality of Life）に深く関連する項目も含まれています。単に環境保全と経済発展のバランスだけを見ているのではなく、人々の暮らしに関わる多くの項目が、持続可能な開発における「ニーズ」には含まれているのです。

そして、このニーズは時代と共に変化していきます。私たち現行世代にとって満たしたいニーズは、先行世代のそれから大きく変化してきていますから、将来世代のニーズが私たちのそれと大きく異なるものになることも容易に想像がつきます。

例えば経済的な豊かさを環境よりも優先した結果として、安定的な電力供給を優先したために、保管する以外に処理方法のない廃棄物を生み出し続けるような深刻な公害を私たちは経験しました。＊先述の

通行の邪魔になるものを取り除くことが必要だという
ことですね。

えみ　そうですね。ただ、歩道の補修は市にお願いしない
とできませんが、雑草や落ち葉を取り除くことは、私
たちにもできるかもしれません。例えば、クリーン
アップ活動と草取りを一緒に行えば、歩道をきれいで
安全な状態に保つことができます。このように、みん
なが安全に生活できるという視点に立って、自分たち
ができることについて考えていくことも必要だと思い
ます。

りく　中学生だけでなく、小学生や地域の人と協力してク
リーンアップ活動を行う日を設定するということを、
提案の中に入れるのはどうでしょうか。

たける　なるほど。たくさんの人を巻き込んだ形で「人にや
さしい町づくり」に取り組むということですね。ここ
までの話し合いで、提案する内容が具体的になってき
ましたね。次回の話し合いでは、僕たちの考えが、よ
り伝わりやすくなるような話の構成について考えてみ
ましょう。

（間2秒）

話し合いの様子はここまでです。

（間2秒）

それでは問題に移ります。問題は選択肢も含めてすべて放送で出題
します。答えは解答用紙に記入しなさい。

（間3秒）

1　りくさんが実際に見て危険だと感じたこととは、どのようなことで
したか。解答欄にしたがって書きなさい。

（間30秒）

次の問題に移ります。

2　たけるさんが、りくさん、えみさんの発言を聞いて整理した内容
は、歩道そのものを補修することと、もう一つはどのようなことで
したか。解答欄にしたがって書きなさい。

（間30秒）

次の問題に移ります。

3　えみさんは、自分たちができることについて、どのような視点に
立って考えていく必要があると話していましたか。解答欄にした
がって書きなさい。

（間30秒）

次の問題に移ります。

4　たけるさんの進行の仕方について、最もふさわしいものを、次に
読み上げる選択肢ア、イ、ウ、エの中から一つ選んで、解答欄に記
号をカタカナで書きなさい。選択肢は二回読みます。

ア　二人の発言を共感的に受け止め、話の内容をまとめている。

イ　テーマに沿って話し合えるように、発言者に注意している。

ウ　話の中の分かりにくい点を指摘し、発言者に説明を求めてい
る。

エ　二人の発言を比較し、互いの異なる点を明らかにしている。

（間3秒）

〈国語〉

時間　六〇分　満点　一〇〇点

一　「聞くこと」に関する検査

〔注〕　（　）内は音声として入れない。

ただいまから、国語の「聞くこと」に関する検査を始めます。「聞くこと」に関する検査は、出題も含めてすべて放送で行いますので、「聞くこと」の指示があるまで問題用紙を開いてはいけません。解答用紙とメモ用紙を準備してください。

（間5秒）

メモ用紙は必要に応じて使ってください。問題は全部で四つです。

（間3秒）

たけるさん、りくさん、えみさんの三人は、各中学校の代表者が集まって行う市長との意見交換会で、「人にやさしい町づくり」について提案することになりました。

これから放送する内容は、提案する内容について三人が話し合っている様子です。進行役は、たけるさんが務めています。

話し合いの様子と問題は、一度だけ放送します。

それでは、始めます。

（間3秒）

たける　はじめに、前回の話し合いの確認をします。僕たちは「人にやさしい町づくり」について、身近な生活の中から見つけた問題をもとに提案することにしました。校内アンケートでは、歩道の整備についての意見が多かったので、このことを踏まえて、今日は、提案の内容を考えましょう。はじめに、りくさんの意見を聞かせてください。

りく　はい。僕は、歩道を補修する必要があると思います。僕の通学路では、歩道の舗装が古くなり、ところどころにひび割れや穴があって、歩きにくくなっています。それに、雨が降ったあと、小学生が穴の部分にできた水たまりをよけようとして車道を歩いていたのを見て、危険だと感じました。

たける　りくさんは、実際に危ないと感じたことがあったのですね。校内アンケートの結果から考えると、そういう場所が多いということかもしれませんね。では次に、えみさんの意見をお願いします。

えみ　はい。私は、歩道脇の雑草を取り除くことも必要だと思います。先月のクリーンアップ活動で、ひがし公園の周りを清掃しているときに、伸びた雑草が歩道にはみ出している場所があることに気付きました。りくさんは、普段ひがし公園の前を通ったことはありませんか。そのときに、歩きにくいと感じたことはありませんよね。

りく　たしかに、歩道脇の雑草が伸びてくると、通行の邪魔になることがあります。それに、公園の周りに限らず、街路樹が並んでいる道では、秋になると落ち葉が積もって滑りやすくなることも、危険だと感じます。

えみ　なるほど。落ち葉のことは気付きませんでした。

たける　そのような問題もあったのですね。ここまでの二人の話を整理すると、歩道そのものを補修することと、

MEMO

大切なことはメモしておこうネ！

2023年度

解 答 と 解 説

《2023年度の配点は解答用紙集に掲載してあります。》

＜数学解答＞

1 (1) 5　　(2) $\dfrac{4b^2}{a}$　　(3) $4>\sqrt{10}$　　(4) -9

(5) $\dfrac{\sqrt{2}}{3}$　　(6) $x=6$　　(7) $x=3,\ y=-1$

(8) $x=\dfrac{-5\pm\sqrt{17}}{2}$　　(9) $45-6a$ cm

(10) 5, 19, 31　　(11) $135°$　　(12) $23°$

(13) 9cm　　(14) $6-2\sqrt{3}$ cm　　(15) 72π cm²

2 (1) ① 右図1　② 午前10時12分

(2) ① $\dfrac{2}{9}$　② 5枚　　(3) 右図2

3 (1) イ　　(2) （範囲）105分　　（第1四分位数）30分

(3) ① ア, エ　② （記号）ア　（理由）解説参照

4 (1) 解説参照　　(2) ア （例）$a+b=9$なら, $a=3$, $b=6$

イ （例）$a=4$, $b=5$　　(3) 17cm

5 Ⅰ (1) $y=x+2$(求める過程は解説参照)　(2) $\sqrt{5}$ cm

(3) $a=\dfrac{1}{4}$　　Ⅱ (1) $y=-3x-4$(求める過程は解説参
照)　(2) ① $t=1$　② $t=2-\sqrt{5}$

図1

図2

＜数学解説＞

1 (数・式の計算, 平方根, 不等式, 式の値, 一次方程式, 連立方程式, 二次方程式, 規則性, 数の性質, 角度, 線分の長さ, 体積, 表面積)

(1) 四則をふくむ式の計算の順序は, 乗法・除法→加法・減法となる。$8+12\div(-4)=8+(-3)$ $=8-3=5$

(2) $12ab\div6a^2\times2b=12ab\times\dfrac{1}{6a^2}\times2b=\dfrac{12ab\times2b}{6a^2}=\dfrac{4b^2}{a}$

(3) $4=\sqrt{4^2}=\sqrt{16}$であり, $\sqrt{16}>\sqrt{10}$だから, $4>\sqrt{10}$

(4) $x=\dfrac{1}{2}$, $y=-3$のとき, $2(x-5y)+5(2x+3y)=2x-10y+10x+15y=12x+5y=12\times\dfrac{1}{2}+5\times$ $(-3)=6-15=-9$

(5) $\dfrac{1}{3\sqrt{2}}=\dfrac{1\times\sqrt{2}}{3\sqrt{2}\times\sqrt{2}}=\dfrac{\sqrt{2}}{6}$だから, $\dfrac{\sqrt{2}}{2}-\dfrac{1}{3\sqrt{2}}=\dfrac{\sqrt{2}}{2}-\dfrac{\sqrt{2}}{6}=\left(\dfrac{1}{2}-\dfrac{1}{6}\right)\sqrt{2}=\left(\dfrac{3}{6}-\dfrac{1}{6}\right)\sqrt{2}=\dfrac{\sqrt{2}}{3}$

(6) 方程式$\dfrac{5x-2}{4}=7$　両辺に4をかけて, $\dfrac{5x-2}{4}\times4=7\times4$　$5x-2=28$　左辺の-2を移項して, $5x=28+2=30$　両辺をxの係数の5で割って, $5x\div5=30\div5$　$x=6$

(7) $\begin{cases}2x+y=5\cdots① \\ x-4y=7\cdots②\end{cases}$ とする。①$-$②$\times2$より, $2x+y-(x-4y)\times2=5-7\times2$　$2x+y-2x+8y=$ $5-14$　$9y=-9$　$y=-1$　これを②に代入して, $x-4\times(-1)=7$　$x+4=7$　$x=3$　よって, 連立方程式の解は, $x=3$, $y=-1$

(8)　2次方程式 $ax^2+bx+c=0$ の解は，$x=\dfrac{-b\pm\sqrt{b^2-4ac}}{2a}$ で求められる。問題の2次方程式は，$a=1$，$b=5$，$c=2$ の場合だから，$x=\dfrac{-5\pm\sqrt{5^2-4\times1\times2}}{2\times1}=\dfrac{-5\pm\sqrt{25-8}}{2}=\dfrac{-5\pm\sqrt{17}}{2}$

(9)　（図形の周囲の長さ）＝（1辺の長さが5cmの正三角形の周の長さ）×3－（1辺の長さが$a$cmの正三角形の周の長さ）×2＝（5×3）×3－（a×3）×2＝（45－6a）（cm）

(10)　231を素因数分解すると，$231=3\times7\times11$ だから，$\dfrac{231}{n+2}$ が整数となるのは，分母の $n+2$ が231の約数の1，3，7，11，21，33，77，231のうち，いずれかになるとき。それぞれに対応する n の値は-1，1，5，9，19，31，75，229であり，このうち，n が問題の条件である100より小さい素数であるのは，$n=5$，19，31

(11)　正方形EFCGは，点Cを中心として，正方形ABCDを時計まわりに45°だけ回転移動させたものだから，∠BCF＝45°　辺ADと辺EFの交点をHとすると，四角形CDHFの内角の和は360°であることから，$\angle x=360°-(\angle CDH+\angle CFH+\angle FCD)=360°-\{\angle CDH+\angle CFH+(\angle BCD-\angle BCF)\}=360°-\{90°+90°+(90°-45°)\}=135°$

(12)　$\overparen{BC}=\overparen{CD}=\overparen{DE}$ より，∠BOE＝3∠BOC　∠AOB＋∠BOE＝180°より，∠AOB＋3∠BOC＝180°　$\angle BOC=\dfrac{180°-\angle AOB}{3}=\dfrac{180°-42°}{3}=46°$　$\overparen{BC}$ に対する中心角と円周角の関係から，$\angle x=\dfrac{\angle BOC}{2}=\dfrac{46°}{2}=23°$

(13)　△ABCと△DACで，仮定より，∠ABC＝∠DAC…①　共通な角だから，∠ACB＝∠DCA…②　①，②より，2組の角がそれぞれ等しいので，△ABC∽△DAC　相似な図形では，対応する線分の長さの比はすべて等しいから，AB：DA＝AC：DC＝8：6＝4：3　よって，AD＝AB×$\dfrac{3}{4}=12\times\dfrac{3}{4}=9$（cm）

(14)　問題図1より，水が入ってない部分の容積は，$\left(\dfrac{1}{2}\times6\times8\right)\times(12-8)=96$（cm³）　問題図2において，辺AB，ACと水面の交点をそれぞれG，Hとし，AG＝x（cm）とする。GH//BCより，平行線と線分の比についての定理を用いると，GH：BC＝AG：AB　GH＝$\dfrac{BC\times AG}{AB}=\dfrac{8\times x}{6}=\dfrac{4}{3}x$（cm）　底面が△AGH，高さがADの三角柱の体積が96cm³であることより，△AGH×AD＝$\left(\dfrac{1}{2}\times GH\times AG\right)$ ×AD＝$\left(\dfrac{1}{2}\times\dfrac{4}{3}x\times x\right)\times12=96$　$x^2=12$　$x>0$より$x=\sqrt{12}=2\sqrt{3}$　以上より，容器の底から水面までの高さGB＝AB－AG＝$6-2\sqrt{3}$（cm）

(15)　円錐の底面の中心をPとする。円錐を転がして，もとの場所にもどるまでに，ちょうど3回半だけ回転したということは，（円錐の側面積）：（円Oの面積）＝（円Pの周の長さ）：（円Oの周の長さ）＝1：3.5＝2：7である。また，すべての円はお互いに相似な図形だから，円Pと円Oの相似比は，（円Pの周の長さ）：（円Oの周の長さ）＝2：7に等しい。これより，（円Pの半径）：（円Oの半径）＝2：7　（円Oの半径）＝（円Pの半径）×$\dfrac{7}{2}=4\times\dfrac{7}{2}=14$（cm）　以上より，（円錐の表面積）＝（底面積）＋（側面積）＝（円Pの面積）＋（円Oの面積）×$\dfrac{2}{7}=\pi\times4^2+\pi\times14^2\times\dfrac{2}{7}=72\pi$（cm²）

2 （関数とグラフ，グラフの作成，確率，作図）

(1)　①　健司さんは，休憩した地点から図書館までの3600－1800＝1800（m）の道のりを，1800÷120＝15（分）かかったから，休憩した地点を10時50分－15分＝10（時）35（分）に出発した。これより，健司さんが駅から1800m離れた地点で休憩を始めてから，図書館に着くまでのxとyの関係を表したグラフは，点(30，1800)，(35，1800)，(50，3600)を線分で結んだ折れ線のグラフとなる。

② 美咲さんのxとyの関係を表したグラフを①のグラフに書き加えると，右図のようになり，美咲さんと健司さんが出会ったのは，2人のグラフの交わったところである。**横軸が時間，縦軸が道のりのグラフでは，速さが一定の場合の時間と道のりの関係のグラフは直線になる。また，その直線の傾きは速さに等しいから，**健司さんの$0 \leqq x \leqq 30$におけるxとyの関係は，原点を通り，速さが毎分60mであることから，$y = 60x \cdots$㋐　また，美咲さんのxとyの関係は，点(0，3600)を通り，速さが毎分240mであることから，$y = -240x + 3600 \cdots$㋑　グラフの交点のx座標は，㋐と㋑の連立方程式の解。㋐を㋑に代入して，$60x = -240x + 3600$　$x = 12$　よって，美咲さんと健司さんが出会ったときの時刻は，10時12分である。

(2) ① すべてのカードの取り出し方は，$3 \times 3 = 9$(通り)。このうち，取り出されたカードに書かれている数の積が**奇数**になるのは，右図の○印を付けた積の2通りだから，求める確率は$\dfrac{2}{9}$

袋B 袋A	4	5	6
1	4	⑤	6
2	8	10	12
3	12	⑮	18

② 袋Bに整数7が書かれているカードをn枚追加したとすると，袋Aには奇数が書かれたカードが2枚あり，袋Bには奇数が書かれたカードが$(1+n)$枚ある。すべてのカードの取り出し方は，$3 \times (3+n) = (9+3n)$(通り)。このうち，取り出されたカードに書かれている数の積が奇数になるのは，どちらも奇数が書かれたカードを取り出すときだから，$2 \times (1+n) = (2+2n)$(通り)$\cdots$㋐　これより，取り出されたカードに書かれている数の積が**偶数**になるのは，$(9+3n) - (2+2n) = (7+n)$(通り)$\cdots$㋑　積が奇数になる確率と積が偶数になる確率が等しくなるのは，㋐＝㋑となるときだから，$2 + 2n = 7 + n$　$n = 5$　よって，追加したカードは5枚である。

(3) (着眼点)　**接線と接点を通る半径は垂直に交わる**ので，点Aを通る半直線OAの垂線が，点Aを接点とする円Oの接線となる。　(作図手順)　次の①～②の手順で作図する。
① 半直線OAを引く。　② 点Aを中心として半直線OAに交わるように円を描き，つくられたそれぞれの交点を中心として，交わるように半径の等しい円を描き，その交点と点Aを通る直線(点Aを接点とする円Oの接線)を引く。

3 (資料の散らばり・代表値)

(1) **最頻値**は，度数分布表の中で**度数の最も多い階級の階級値**。また，**中央値**は，資料の値を大きさの順に並べたときの中央の値。4つの学級の生徒数は，すべて31人であるから，読書時間の少ない方から16番目の生徒が含まれている階級が，中央値の含まれている階級。アの最頻値は$\dfrac{60+70}{2} = 65$(分)，中央値の含まれている階級は50分以上60分未満の階級。イの最頻値は$\dfrac{20+30}{2} = 25$(分)，中央値の含まれている階級は40分以上50分未満の階級。ウの最頻値は$\dfrac{60+70}{2} = 65$(分)，中央値の含まれている階級は50分以上60分未満の階級。エの最頻値は$\dfrac{60+70}{2} = 65$(分)，中央値の含まれている階級は40分以上50分未満の階級。以上より，3年1組の**ヒストグラム**として最も適切なものはイである。

(2) データの**範囲**は，資料の最大の値と最小の値の差。問題の表より，**最小値**は5分，**最大値**は

110分だから，データの範囲は，110－5＝105(分)である。**四分位数**とは，全てのデータを小さい順に並べて4つに等しく分けたときの3つの区切りの値を表し，小さい方から**第1四分位数**，**第2四分位数**，**第3四分位数**という。第2四分位数は中央値のことである。問題の表は，30人のデータだから，第1四分位数は読書時間の小さい方から8番目の30分である。

(3)　① 16人のデータのとき，第1四分位数は読書時間の小さい方から4番目と5番目の**平均値**，第2四分位数(中央値)は読書時間の小さい方から8番目と9番目の平均値，第3四分位数は読書時間の多い方から4番目と5番目の平均値である。　ア　グループ1とグループ3は，第2四分位数が55分より小さく，第3四分位数が55分より大きいから，読書時間が55分以下の生徒数は8人以上である。グループ2は，第1四分位数が55分より大きいから，読書時間が55分以下の生徒数は4人以下である。正しい。　イ　アと同様に考えて，グループ1とグループ3は，読書時間が55分以上の生徒数は8人以下である。グループ2は，読書時間が55分以上の生徒数は16人以上である。正しくない。　ウ　グループ1に関して，読書時間の多い方から2番目の生徒が65分，読書時間の一番多い生徒が110分と考えると，80分以上100分未満の生徒はいない。グループ2に関して，読書時間の多い方から5番目の生徒が65分，4番目の生徒がが100分と考えると，80分以上100分未満の生徒はいない。グループ3に関して，読書時間の多い方から5番目の生徒が55分，2番目～4番目の生徒がすべて60分と考えると，80分以上100分未満の生徒はいない。正しくない。　エ　各グループとも，読書時間の一番多い生徒は100分以上だから，100分以上の生徒は必ずいる。正しい。

② (理由) (例)範囲と四分位範囲が，ともに最も大きいから。

4 (合同の証明，定理の逆と反例，線分の長さ)

(1) (証明) (例)△ACEと△BCFにおいて　仮定から，CE＝CF…① 正三角形は3つの辺が等しい三角形だから，AC＝BC…② 平行線の錯角は等しいから，∠ACE＝∠BAC また，正三角形の3つの角は等しいから，∠BAC＝∠BCF よって，∠ACE＝∠BCF…③ ①，②，③より，2組の辺とその間の角がそれぞれ等しいから，△ACE≡△BCF

(2) ア　ある定理の仮定と結論を入れかえたものを，その定理の逆という。「2つの自然数a，bにおいて，$a＝3$，$b＝6$ならば，$a+b＝9$」…※ について，仮定は「$a＝3$，$b＝6$」，結論は「$a+b＝9$」だから，※の逆は，「2つの自然数a，bにおいて，$a+b＝9$ならば，$a＝3$，$b＝6$」である。
イ　他の反例としては，$(a, b)＝(1, 8), (2, 7), (5, 4), (6, 3), (7, 2), (8, 1)$がある。

(3) BC＝$x$cmとすると，AB＝$x+2$cm，CA＝$x－7$cmと表される。これより，CA＜BC＜ABだから，△ABCは辺ABを斜辺とする直角三角形であり，**三平方の定理**BC²＋CA²＝AB²が成り立つ。これをxの式で表すと，$x^2+(x-7)^2＝(x+2)^2$ 整理して，$x^2-18x+45＝0$ $(x-3)(x-15)＝0$ CA＞0より$x>7$だから，$x＝15$ 以上より，斜辺の長さAB＝15＋2＝17(cm)

5 (図形と関数・グラフ)

I (1) (過程) (例)求める直線は，2点A$(-1, 1)$，B$(2, 4)$を通るので，傾きは，$\dfrac{4-1}{2-(-1)}＝1$ したがって，求める直線は$y＝x+b$と表すことができる。この直線はA$(-1, 1)$を通るから，$y＝x+b$に$x＝-1$，$y＝1$を代入すると，$1＝-1+b$ これを解くと，$b＝2$ よって，求める直線の式は$y＝x+2$

(2) 点Cは$y＝\dfrac{2}{3}x^2$上にあるから，そのy座標は$y＝\dfrac{2}{3}×3^2＝6$ よって，C$(3, 6)$ 三平方の定理より，(線分BCの長さ)＝(2点B，C間の距離)＝$\sqrt{(3-2)^2+(6-4)^2}＝\sqrt{1+4}＝\sqrt{5}$ (cm)

(3)　（点Pのy座標）＝（点Aのy座標）＝1，（点Qのy座標）＝（点Bのy座標）＝4より，AP//BQ//x軸　また，y軸に関する放物線の対称性より，P(1, 1)　点Qのx座標をtとおくと，Q(t, 4)　（四角形APBQの面積）＝△ABP＋△ABQ＝$\frac{1}{2}$×AP×（点Bのy座標－点Aのy座標）＋$\frac{1}{2}$×BQ×（点Bのy座標－点Aのy座標）＝$\frac{1}{2}$×{1－(－1)}×(4－1)＋$\frac{1}{2}$×(2－t)×(4－1)＝$\left(6－\frac{3}{2}t\right)$(cm²)　これが，12cm²になるとき，$6－\frac{3}{2}t＝12$より，$t＝-4$　これより，Q(－4, 4)　$y＝ax^2$は点Qを通るから，$4＝a×(-4)^2＝16a$　$a＝\frac{1}{4}$

Ⅱ　(1)　（過程）（例）求める直線は，2点A(－4, 8)，P(－2, 2)を通るので，傾きは，$\frac{2-8}{(-2)-(-4)}＝-3$　したがって，求める直線は$y＝-3x+b$と表すことができる。この直線は，A(－4, 8)を通るから，$y＝-3x+b$に$x＝-4$，$y＝8$を代入すると，$8＝-3×(-4)+b$これを解くと，$b＝-4$　よって，求める直線の式は$y＝-3x-4$

(2)　①　点Aを通りy軸に平行な直線と，点Qを通りx軸に平行な直線との交点をHとすると，直線①のグラフの傾きが－1であることから，△AQHは直角二等辺三角形で，3辺の比は1：1：$\sqrt{2}$　QH＝AQ×$\frac{1}{\sqrt{2}}$＝$5\sqrt{2}$×$\frac{1}{\sqrt{2}}$＝5　よって，$t＝$（点Qのx座標）＝（点Aのx座標）＋QH＝$-4+5＝1$

②　（点Pのx座標）＝（点Qのx座標）＝t，（点Rのx座標）＝（点Sのx座標）より，PQ//RS//y軸　2点P，Qの座標はそれぞれ，P$\left(t, \frac{1}{2}t^2\right)$，Q($t$, $-t+4$)　BQ＝BRより点Bは線分QRの中点であり，2点(x_1, y_1)，(x_2, y_2)の中点の座標は，$\left(\frac{x_1+x_2}{2}, \frac{y_1+y_2}{2}\right)$で求められることから，点Rの$x$座標を$r$とすると，$\frac{t+r}{2}＝2$　$r＝4-t$　これより，2点R，Sのy座標はそれぞれ$y＝-(4-t)+4＝t$，$y＝\frac{1}{2}×(4-t)^2＝\frac{1}{2}(4-t)^2$と表され，R(4－$t$, t)，S$\left(4-t, \frac{1}{2}(4-t)^2\right)$　以上より，（四角形PQSRの面積）＝（台形PQSRの面積）＝$\frac{1}{2}$×(PQ＋RS)×（点Rのx座標－点Pのx座標）＝$\frac{1}{2}$×$\left[\left\{(-t+4)-\frac{1}{2}t^2\right\}+\left\{\frac{1}{2}(4-t)^2-t\right\}\right]$×{(4－$t$)－$t$}＝$6(t-2)^2$(cm²)　これが，30cm²になるとき，$6(t-2)^2＝30$より，$(t-2)^2＝5$　$t-2＝±\sqrt{5}$　$t＝2±\sqrt{5}$　$-4<t<2$より，$t＝2-\sqrt{5}$

＜英語解答＞

1 (1) ① ウ　② イ　(2) ① イ　② ウ　③ ア　(3) ① イ　② ア　③ エ　(4) ア，ウ　[質問]　(例1)How do you go to school?　(例2)Do you wear a school uniform?

2 (1) ① largest　② sold　③ talking　④ says　(2) ① winter　② (例)quiet　③ (例)opinion　④ (例)sleep　(3) ① (例)(How)(old)(is) he?　② (例)Could (you)(show)(me)a menu?　③ (例)How(long)(have)(you)been skiing?

3 (1) ① (例)He practices it at the Sports Park.　② (例)It is to be a translator in her country.　(2) (例1)The person I respect is(Kodaira Nao). She is the first Japanese woman speed skater who won the gold in the Olympic Games. I was impressed with her race.　(例2)The person I respect is (my grandmother). She is eighty and still works as a farmer. She has grown delicious rice for many years. She gives me a lot of energy.

4 (1) C　(2) ① イ　② ウ　(3) (例)before　(4) (例)continue

5 (1) ウ　(2) エ　(3) (例)インドでは，他国出身の人々は施設に入ることができなかったから。　(4) a blue　b brown　(5) イ，エ　(6) ① オ　② イ

＜英語解説＞

1 （リスニング）

　　放送台本の和訳は，49ページに掲載。

2 （会話文：語形変化，語句の問題，語句補充・選択，比較，受け身，動名詞，現在・過去・未来と進行形，名詞・冠詞・代名詞，文の構造，現在完了，接続詞，付加疑問）

(1)　（問題文訳）アンナ：ここにはとてもたくさんの種類の本があるのね。

　麻衣子：ここはこの町のすべての本屋さんの中で①（もっとも大きい）んだよ。

　アンナ：ここでは，血液型に関する本がたくさん②（売られている）のには驚いた。

　麻衣子：それは人気のある話題だ。私たちはよく，自分の血液型について③（話すこと）が楽しい。日本では，「あなたの血液型は何型ですか？」というのはよくある質問だね。

　アンナ：アメリカでは，私たちはそんな質問はあまりしないよ。実は，ほとんどの人が自分の血液型を知らない。なぜ，知る必要があるのかな？

　麻衣子：時々日本の人々は，血液型と性格を結びつけるのよ。この雑誌を見て。A型の人々は他人に優しいって④（言っている）よ。

　アンナ：面白そうね。

　① largest　カッコの文は「この町のすべての本屋の中で大きい」なので，一番大きいと考えると，large の最上級 largest が適当。　② sold　カッコの前が be 動詞なので，それに続く動詞は ing 形か過去分詞形が考えられるが，この場合「本屋で血液型についての多くの本が売られている」と受け身の表現にして sold と過去分詞形にするのが適当。　③ talking　カッコの前は enjoy と動詞なので talk は ing 形の動名詞として talking とするのが適当。Enjoy ～ing で「～することを楽しむ」　④ says　カッコの文は，雑誌に何が書いてあるのか話をしているので，主語 it に続く動詞は現在形で三人称単数形 says が適当。

(2)　① winter(冬)　（問題文訳）(冬)休みの間，日本では多くの人たちが年賀状を出します。〔説明〕秋と春の間の季節　説明文によると「冬(winter)」だと考えられる。　② （解答例）quiet(静か)　（問題文訳）図書館では，(静か)にすることが大切です。〔説明〕穏やかで，大きな音や声がない　問題文の to be～は「～になる，する」という表現。　③ （解答例）opinion(意見)　（問題文訳）友達が自分と違う(意見)を持っていたら，あなたはそれを聞くべきだ。〔説明〕何かに対する考えや思い　説明文から，「意見，持論，見解」といった意味の単語と想定できる。　④ （解答例）sleep(眠る)　（問題文訳）昨日の夜私はよく(眠れ)なかったので，早くベッドに入ることにする。〔説明〕あなたの目を閉じて休息すること　sleep well で「よく眠る」。

(3)　① （解答例）(How)(old)(is)he?　（問題文訳）ポール：これはぼくの祖父のエリックだよ。／ヒトシ：若く見えるね。彼は何歳なの？／ポール：70歳だよ。　空欄のあとには「70歳」と年齢を答えているので，解答例では年齢を聞く疑問文としている。　② （解答例）Could (you)(show)(me)a menu?　　(問題文訳)タロウ：すみません。私にメニューを見せていただけますか？　何か甘いものが欲しいのです。／女性：わかりました，どうぞ。／タロウ：ありがとうございます。　空欄のあとの発話では "Here you are" と言ってメニューを渡していると考えられるので，解答例では Could you〜「〜してくれますか？」という表現を使っている。また show A B で「AにBを見せる」　③　(解答例)How(long)(have)(you)been skiing?　(問題文訳)リー先生：疲れたでしょう？　スキーをどれぐらいの間していましたか？／ルミ：4時間くらいです，でもまだ元気です。　空欄のあとには「約4時間」とあるので，解答例では「どれぐらいの間，どれぐらいの時間」を問う疑問文を，have you been skiing と現在完了進行形(過去から現在までスキーを続けている状態)にしている。

3　(会話文：自由・条件英作文，英問英答，現在・過去・未来と進行形，不定詞，関係代名詞，前置詞)

(問題文訳)　エマ：幸太，サッカー部の練習は放課後だけでなく，土曜日もあると聞いた。大変じゃない？

幸太：そう，大変なんだ。放課後は，サッカーの練習をするために Sports Park まで走っていかなければならない。もうすぐ市の大会があるので，優勝を目指して一生懸命練習している。ぼくはチームのメンバーとサッカーを一緒にやるのが好きなんだ。難しいけど，ぼくたちは本当に大会で優勝したい。

エマ：あなたがなぜそれほど頑張るのかわかる。私の場合，日本語を一生懸命勉強しているのは，自分の国で翻訳者になりたいからなの。それが私の目標。目標を持つことは大切なことだよね？

幸太：その通り。ぼくたちが何かをしようとするときに，はっきりとした目標があったほうがいいよ。美保はどう思う？

美保：私もそう思う，幸太。目標を持つことで，私たちは前向きになれる。あと，ヒーロー，あなたが尊敬する人がいることも大切だと思う。

エマ：それはいい考えだね，美保。あなたが尊敬する人とは誰？　その人と理由について私たちに教えて。

(1)　①　(問題文訳)幸太は放課後，どこでサッカーの練習をするのか？　(解答例)He practices it at the Sports Park.(彼は Sports Park でその練習をする)　問題本文の第2番目の幸太の発話第2文 We have to〜と次の文 We'll have the〜に「放課後は Sports Park でサッカーの練習をする」とあるので，この文を参考に解答を作りたい。解答例の主語は He で時制は現在なので，動詞は三人称単数形 practices とする。また，at は場所を示す前置詞。

②　(問題文訳)エマの目標は何か？　(解答例)It is to be a translator in her country.(それは，彼女の国で翻訳者になること。)　問題本文の第3番目のエマの発話第3文 It's my goal. に「それが私の目標」とあり，具体的にはその前の文 In my case〜「翻訳者になりたい」なので，この文を参考に解答文を作りたい。to be〜は「〜になること」で to 不定詞の表現。

(2)　(解答例1)The person I respect is(Kodaira Nao). She is the first Japanese woman speed skater who won the gold in the Olympic Games. I was impressed with her race.　(解答例訳)私が尊敬する人は，(小平奈緒さん)です。彼女はオリンピックで金メダルを獲得した初めての日本人女性のスピードスケート選手です。彼女のレースは印象的でした。　(解答例2)The person I respect is(my grandmother). She is eighty and still works as a farmer. She has grown delicious rice for many years. She gives me a lot of energy.　（解答例訳）私が尊敬する人は，（私の祖母）です。祖母は80歳で，まだ農家として働いています。祖母は美味しいお米を何年も作り続けています。祖母は私にたくさんの元気をくれます。　問題本文の下線部で求められていることと，問題にある条件を確認して英作文を作成したい。一つ目の解答例の文の skater who won the gold の who は主格のはたらきをする関係代名詞で，who～が skater を説明して「金メダルを獲得したスケート選手」となる。

4（会話文：図・表・グラフなどを用いた問題，内容真偽，文の挿入，語句補充・選択，動名詞，不定詞，助動詞）

（問題文訳）　由紀：見て。AからDまで仕事が選べるけれども，あなたはどれに参加したい？

マイク：伝統的な日本のものに興味があるんだ。ぼくは日本の料理の作り方を知りたいし，その歴史も学びたい。だから，【C】に参加するよ。

由紀　：それなら，午前中はおすしについて学ぶのね。①（午後は D に参加するのはどうかな）？

マイク：いい考えだね。こけしの歴史も学ぶことができるしね。きみはどれに参加するのかもう決めたの？

由紀　：そうね，プログラミングを体験してみたかった。だから，私には B がいいね。去年，ロボットを見て驚いた。ロボットがレストランで料理を運んでいた。ロボットのプログラミングを学んでみたい。

マイク：ロボットはぼくたちの生活を向上させ続けていて，多くの場所で見ることができるね。きみは A に参加して，ドローンについて学ぶつもりなの？

由紀　：いいえ，そうはしない。去年の夏，叔父の仕事を体験したときに，一度ドローンを操作したことがあるから，②（だから，別の仕事を選ぶことにする）。私も*和食*について学びたいから，あなたと一緒に参加する。

マイク：それは楽しみだね。朝，コミュニティセンターの前で会おうか。

由紀　：そうね，そうしましょう。午前9時45分に会うのはどう？　職業体験が始まる≪前に≫部屋

にいたいから。

マイク：わかった。またね。

(1)　空欄の前の文 I want to~ には「日本の料理の作り方とその歴史を学びたい」とあるので，案内ポスターでは C が適当。

(2)　①　ア　あなたを体育館へ連れて行こうか　　イ　午後は D に参加するのはどうかな(○)　ウ　午後1:30 にBに参加しようか　エ　あなたは私にすしを作ってほしいの　空欄のあとのマイクの発話第2文 I can also~ では「こけしの歴史も学べる」とあり，これは案内ポスターでは D にあたるのでイが適当。選択肢エの want me to make は want＋人＋to~ で「人に~してもらいたい」という表現になる。　②　ア　そして，体育館に行ってみたい　　イ　次は，ドローンも使うことができる　　ウ　だから，別の仕事を選ぶことにする(○)　エ　しかし，あなたは技術を学ぶべき　空欄のある由紀の発話 No, I won't. 以後では，「ドローンは学ばない，一度ドローンを操作したことがあるから」とあって，これに続くので空欄には選択肢ウが適当。

(3)　空欄の前の文 Why don't we~ では「午前9時45分に集合」とあり，案内ポスターによるとこれは職業体験が始まる時間(午前10時)より前なので，解答例では「体験が始まる≪前≫に部屋にいる」として空欄には before を入れている。空欄の文の be in the room の be は「(部屋に)いる」と状態を表す表現になっている。

(4)　(問題文訳)料理人やアーティストは，日本の伝統を守っていることを学びました。また，彼らは日々，自分の技術を高めようと努力しています。私の学校生活でも，彼らのように新しいことを学び(続け)たいです。ありがとうございました。　空欄の文は「新しいことを学ぶことを(　　)したい」となり，解答例では「学ぶことを続ける」として continue を空欄に入れている。この単語は問題本文第6番目のマイクの発話最初の文 Robots continue to~ にある。問題文の空欄のあとの learning は動名詞の表現で，leaning~「~を学ぶこと」となる。

5　(長文読解：語句の解釈・指示語，日本語で答える問題，語句補充・選択，内容真偽，不定詞，形容詞・副詞，比較，関係代名詞，動名詞)

(全訳)　エミー・カーマイケルは1867年にイギリスの村で生まれました。彼女の両親は，いつも他の人々を助けるために，一生懸命働きました。彼女は兄弟姉妹の中で最年長でした。エミーは幼い頃，兄弟と外で危険なことをするのが好きでした。だから，彼女の母親は「そんなことしてはいけません」と言いました。エミーは母親の言うことを聞きました，なぜなら，将来，彼女の両親のように宣教師として人々を助けたかったからです。彼女はいい子になろうと決心し，両親をよく助けました。彼女はまた，毎晩両親と一緒に神に祈りました。

ある朝，エミーは鏡の前に立っていました。彼女は自分の茶色い目が気に入らなかったので，悲しかったのです。彼女の母親は澄んだ青い目をしており，エミーは母親のような目を望んでいました。「なぜ私は茶色の目をしているの？」とエミーは疑問に思いました。「もし私の目が青いなら，私はかわいいのに」とエミーは母親に言いました。「私はあなたの茶色い目が大好きです」と母親は言いました。その夜，エミーは神に祈りました，なぜなら神は何でもできると思ったからです。「どうか，どうか私に青い目をください」翌朝，エミーは (A)期待して，鏡に向かって走りました。しかし，彼女の目はまだ茶色でした。神が彼女の願いに応えてくれなかったので，エミーは泣きました。母親はエミーに「あなたの目はとてもきれいです。目の色を変える必要はありません。大好きですよ，エミー」と言いました。

エミーは27歳のとき，宣教師としてインドに行きました。当時のインドでは，貧しい人々が子

どもの世話をすることができず，施設に子どもを置いていくことがよくありました。しかし，施設でさえも十分な食料がありませんでした。ある日，エミーは施設を逃げ出した少女と会いました。彼女は空腹で弱っているように見えました。彼女と話した後，エミーはその少女が7歳で，施設では非常につらい状況で暮らしていることを知りました。彼女はエミーに，「施設には私のような他の子どもたちがたくさんいます」と言いました。エミーが(B)これを聞いた時，彼女たちを助けるために行動を起こすことに決めました。

　始めに，施設のリーダーに会って話をする必要がありましたが，(C)彼女にとって彼に会うことは大変なことでした。当時のインドでは，他国出身の人々は施設に入ることができませんでした。だから，彼女は肌の色を変えて，インドの服を着なければなりませんでした。彼女は鏡の前に立ち，肌の色を変えるためにコーヒーの粉を顔につけました。

　それから，エミーは子どもの頃に祈ったことを思い出しました。「もし_a(青い)目をしていたら，私はインドの人々のようにはなれない。私はコーヒーの粉で肌の色は変えられるけれども，目の色は変えらない。青い目は必要ない」と彼女は思いました。「私の母は正しかった」

　施設のリーダーに会った後，エミーは施設の子どもたちについて何冊かの本を書きました。その後，世界中の人々が子どもたちのことを知り，そしてインドの政府は子どもたちを保護するための法律を作らなければなりませんでした。

　彼女の_b(茶色い)瞳のおかげで，彼女はインドで多くの子どもたちを救うことができました。「私は自分自身と自分の目の色を誇りに思っています。私は自分が生きる価値があることに気づきました」とエミーは言いました。エミーはこれがわかったとき，自分自身をもっと好きになりました。

　彼女は生涯をインドで過ごし，1,000人を超す子どもたちを救いました。

(1)　下線部の文には「翌朝，エミーは鏡に向かって走った」とあり，なぜ走ったのかは，その前の文 "Please, please give〜 とその前の文 That night, Amy〜にある通り「青い目が欲しくて神に祈った」ことの結果を見たかったからと考えられる。したがって，選択肢ではウが適当。

(2)　ア　エミーの兄弟は危険なことをするのが好きだった。　イ　エミーの目は美しかった。
　ウ　その少女は7歳だった。　エ　施設にはおなかを空かせた子どもたちがたくさんいた。(○)
　下線部の前の文 She said to〜には，「施設には私のような(空腹の)子どもたちがたくさんいる」とあり，下線部 this はこの部分を指していると考えられるのでエが適当。選択肢アの liked to do〜の to do は不定詞で「〜することが好きだった」という表現になる。

(3)　下線部の文の意味は「彼に会うことは彼女にとって大変なことだった」であり，彼に会うことができなかった理由は下線部の文の次の In those days〜にあって，それは「当時のインドでは，他国出身の人々は施設に入ることができなかった」からと考えられる。したがって，解答例のような内容が適当。

(4)　(a)　カッコの文を含む発話全体では，「もし(a)目をしていたら，インド人のようにはなれない。コーヒーの粉で肌の色は変えられるけれども，目の色は変えらない。青い目はいらない」とあるので，blue(青い)が適当。　(b)　カッコを含む文は「(b)目のおかげで多くの子どもたちを救うことができた」と考えられる。問題本文第4段落 First, she had〜から第6段落 After she met〜では，「茶色い目だったので施設のリーダーに会うことができて，施設の子どもたちのことを本に書き，その結果インド政府は施設の子どもたちを守るために法律を作ることが必要になった」とあるので，「茶色い目だったので子どもたちを救うことができた」と考えられ，空欄には brown (茶色の)が適当。

(5)　ア　エミーは兄や姉と室内で遊ぶことが好きだった。　イ　エミーは母親とは違う目の色

をしていた。（○）　ウ　エミーは幼い頃にインドに行った。　エ　エミーは施設のリーダーに会うためにコーヒーの粉を使った。（○）　オ　エミーはイギリスを紹介するために本を何冊か書いた。　カ　エミーは宣教師として働いた後にイギリスに戻った。　問題本文第2段落第2文 She was sad~ と第3文 Her mother had~ には，「エミーの目は茶色で，母親のように澄んだ青い目が欲しかった」とあるのでイが適当。また，問題本文第4段落第2文 In those days~，第3文 So, she had~ と第4文 She stood in~ には，「当時のインドでは，他国出身の人々は施設に入ることができないから，彼女は肌の色を変えるためにコーヒーの粉を顔につけた」とあるのでエが適当。選択肢イの ~eyes that was~ の that は主格の関係代名詞で，that 以下が eyes を説明する表現になる。

(6)　ア　傷つける　イ　やめる（②）　ウ　始める　エ　答える　オ　受け入れる（①）

（問題文と正答訳）エミーの話で好きなことが2つあります。1つ目は，エミーは強く，自分自身のすべてを①（ォ受け入れる）ことを学んだことです。2つ目は，エミーは困難な状況でも子どもたちを助けることを②（ィやめ）なかったことです。エミーはインドの多くの子どもたちを幸せにしました。私は彼女のような人になりたいです。　①　空欄の文は「彼女自身のすべてを（①）」であると考えられる。問題本文第7段落第2文 "I'm proud of~ には「自分自身と自分の目の色を誇りに思ってる」とあり，最後には自分の目の色に納得したと考えられることから，選択肢ではオが適当。　②　空欄の文は「エミーは困難な状況でも子どもたちを助けることを（②）なかった（否定形）」と考えられる。問題本文の最後の文 She spent all~ には「彼女は生涯をインドで過ごし，1,000人を超す子どもたちを救った」とあり，これは「子どもたちを救う活動をつづけた」，つまり「活動をやめなかった」と考えると選択肢イが適当。空欄のあとの helping は動名詞で「助けること」という表現になる。

2023年度英語　リスニングテスト

〔放送台本〕

　ただ今からリスニングテストを始めます。

　問題は(1)から(4)まであります。聞きながらメモをとってもかまいません。また，(2)の会話は1回しか放送されませんので，注意して聞いてください。(1)を始めます。問題は2つです。二人の会話とそれについての質問を聞いて，答えとして最も適切な絵を，それぞれア，イ，ウ，エから1つずつ選んで記号を書きなさい。会話と質問は通して2回ずつ放送されます。では始めます。

①　(A男)：Wow, it's very beautiful! Can I take a picture?

　　(B女)：Sure.

　　(A男)：Thank you. I'm interested in calligraphy.

　　Question：What is he going to do?

②　(A女)：It was raining all day yesterday. What did you do, Ken?

　　(B男)：I read books at home. I wanted to play tennis outside, but I couldn't.

　　(A女)：Oh, I see. I watched TV at home.

　　Question：What did Ken do yesterday?

〔英文の訳〕

①　(A男)：わあ，とてもきれいですね！　写真を撮ってもいいですか？

　(B女)：もちろんです。

　(A男)：ありがとうございます。私は書道に興味があります。

　質問　：彼は何をするつもりですか？

　答え　：ウ

② (A女)：昨日は一日中雨が降っていたね。何をしていたの，ケン？

　(B男)：家で本を読んでいた。外でテニスをしたかったのだけれど，できなかった。

　(A女)：ああ，そうね。私は家でテレビを見ていた。

　質問　：昨日ケンは何をしましたか？

　答え　：イ

〔放送台本〕

　(2)に移ります。問題は3つです。二人の会話を聞いて，それぞれの会話の最後の文に対する応答として最も適切なものを，それぞれア，イ，ウから1つずつ選んで記号を書きなさい。会話は通して1回だけ放送されます。では始めます。

① (A女)：You look happy.

　(B男)：Yes. I got a letter from my host family in Canada.

　(A女)：I see. Please tell me more about them.

② (A女)：Hello.

　(B男)：Hello. Can I change the plan for next Saturday?

　(A女)：No problem. Are you busy on that day?

③ (A男)：This book has been here since yesterday.

　(B女)：It's Yuta's.

　(A男)：Oh, where is he now?

〔英文の訳〕

① (A女)：うれしそうですね。

　(B男)：うん，カナダのホストファミリーから手紙が届いたんです。

　(A女)：ああ，なるほど。彼らのことをもっと教えてください。

　答え　：イ(彼らはとても親切でした。)

② (A女)：もしもし。

　(B男)：もしもし。次の土曜日の予定を変更してもいいかな？

　(A女)：問題ないよ。その日，あなたは忙しいの？

　答え　：ウ(私は病院に行かなければならない。)

③ (A男)：この本は，昨日からここにあるんだ。

　(B女)：ユウタのものだね。

　(A男)：ああ，彼は今どこにいるのだろう？

　答え　：ア(彼は体育館にいる。)

〔放送台本〕

　(3)に移ります。中学生の香菜(Kana)が，ALTのジョーンズ先生(Mr. Jones)と会話をしています。会話の後で，3つの質問をします。答えとして最も適切なものを，それぞれア，イ，ウ，エから1つずつ選んで記号を書きなさい。会話と質問は通して2回ずつ放送されます。では始めます。

　(*Mr.Jones*)：I saw you in front of the new concert hall yesterday.

(*Kana*):　　　　I was there to practice for the concert with my brass band members.

(*Mr.Jones*):　How was practice?

(*Kana*):　　　　Good. But we need to practice more.

(*Mr.Jones*):　When is the concert?

(*Kana*):　　　　Next Sunday. We'll practice at the concert hall again this Friday.

(*Mr.Jones*):　I want to go to the concert. Do I need a ticket?

(*Kana*):　　　　Yes. You can get it from our music teacher, Ms. Sato.

(*Mr.Jones*):　I see. I'll ask her about it. I'm looking forward to the concert.

(*Kana*):　　　　Thank you. I'll do my best.

Questions:　　① Why did Kana go to the new concert hall?

　　　　　　　② When will the concert be held?

　　　　　　　③ What will Mr. Jones do to get a ticket?

〔英文の訳〕

ジョーンズ先生：昨日、新しいコンサートホールの前であなたを見かけましたよ。

香菜：　　　　　私のブラスバンドのメンバーと一緒に演奏会の練習をするためにそこにいました。

ジョーンズ先生：練習はどうでしたか？

香菜：　　　　　よかったです。でも、私たちはもっと練習する必要があります。

ジョーンズ先生：コンサートはいつなのですか？

香菜：　　　　　次の日曜日です。私たちは今週の金曜日もまたコンサートホールで練習します。

ジョーンズ先生：コンサートに行きたいですね。チケットは必要なのですか？

香菜：　　　　　はい。音楽のサトウ先生からいただけます。

ジョーンズ先生：わかりました。彼女にそのことを聞いてみます。コンサートが楽しみです。

香菜：　　　　　ありがとうございます。がんばります。

質問①：なぜ香菜は新しいコンサートホールに行ったのですか？

答え①：イ（コンサートの練習をするために）

質問②：コンサートはいつ開催されますか？

答え②：ア（次の日曜日）

質問③：ジョーンズ先生は、チケットを手に入れるために何をしますか？

答え③：エ（彼は音楽の先生に聞く）

〔放送台本〕

　(4)に移ります。トム(Tom)はアメリカの中学生です。あなたは英語の授業中に，オンラインでトムの話を聞いています。その内容として適切なものを，ア，イ，ウ，エから2つ選んで記号を書きなさい。また，最後の問いかけに対して，トムの話を踏まえ，1つの英文であなたの[質問]を書きなさい。トムの話は2回放送されます。はじめに15秒間，選択肢に目を通しなさい。では始めます。

　　Hello, everyone. Today, I'll talk about my school life. I have four classes in the morning and three in the afternoon every day. At my school, the students can learn some languages. I study Spanish. I'm not good at it, but I study it hard because I want to go to Spain someday. Next year, I'm going to study one more language, Japanese, because I like Japanese comics. At lunch time, I eat my favorite food at the school cafeteria with my friends. Pizza and sandwiches are popular. Now, do you have any questions about my school life?

　これでリスニングテストを終わります。

〔英文の訳〕

　みなさん，こんにちは。今日は，私の学校生活についてお話します。私は毎日，午前中に4つの授業を，午後には 3 つ受けています。私の学校では，生徒たちはいくつかの言語を学ぶことができます。私はスペイン語を勉強しています。得意ではないけれど，いつかスペインに行きたいから一生懸命勉強しています。来年は，日本の漫画が好きなので，もう一つの言語の日本語も勉強するつもりです。昼食時間には，学校のカフェテリアで友達と一緒に好きなものを食べます。ピザやサンドイッチが人気です。さて，私の学校生活について何か質問はありますか？

答え：内容の適切な選択肢はアとウ。

[問に対する答え]　（例1）How do you go to school?（学校へはどのように通っていますか？）
　　　　　　　　　（例2）Do you wear a school uniform?（学校の制服は着ていますか？）

＜理科解答＞

1 (1) ① イ　② ヒトの(例)体温に近づけるため。　③ (例)なくなった
④ (例)加熱する　(2) ① 記号 X　名称 (例)毛細血管　② (例)小腸内の表面積が大きくなるから。

2 (1) ① イ，ウ　② 塩化コバルト紙
③ (化学式) O_2　(体積) 3.0cm³
(2) ① (例)体積が2：1の割合　② ア，エ　(3) 図1

図1

水素原子：● 酸素原子：○

水素 ＋ 酸素 → 水

3 (1) ① ウ　② (記号) b　(書き直し) 断層
(2) ① 3.5km/秒　② 図2
③ X (例)伝わる速さが速い　Y イ

4 (1) (例)位置エネルギーが大きくなる
(2) ① (例)J　② (過程) 手が加えた力の大きさ2.7N，手が引いた糸の距離0.2m　(仕事) 2.7N
×0.2m＝0.54J　0.54J÷3秒＝0.18W
③ 580g　④ X (例)長く　Y (例)小さく

図2

5 (1) ① イ　② (例)増加しない
(2) ① エ　② (例)熱が発生するため。　(3) X 化学　Y 運動

6 (1) ① ア，ウ，エ　② (例)かたい殻　(2) ① 北 ア　方向 カ
② (例)地軸を傾けたまま　③ (例)多くの光が当たり

＜理科解説＞

1 （動物の体のつくりとはたらき：デンプンの消化実験・タンパク質の消化吸収・小腸のつくり）

(1) ① だ液にはデンプンを分解する消化酵素である，アミラーゼがふくまれる。　② 40℃の湯に入れて10分間あたためたのは，だ液はヒトの体内ではたらくので，ヒトの体温に近づけるためである。　③ だ液をふくませたろ紙をおいたBは，40℃の湯に入れて10分間あたためた結果，ヨウ素液に反応し青紫色であったデンプンの色が消えた。そのことから，だ液にふくまれて

いる消化酵素のはたらきにより，デンプンがなくなったことがわかる。　④　糖がふくまれている水溶液にベネジクト液を加えて加熱すると，赤褐色の沈殿が生じる。

(2)　①　タンパク質は消化酵素によりアミノ酸に分解され，Xの毛細血管に入る。　②　小腸に柔毛がたくさんあると，効率よく養分を吸収することができるのは，小腸内の表面積が大きくなるからである。

2　(化学変化：水素の燃焼・化学反応式，化学変化と質量：反応する物質の質量比・質量保存の法則，物質の成り立ち：化学式，身のまわりの物質とその性質：有機物)

(1)　①　水素は，1種類の元素からできている物質(単体)であり，純粋な物質である。　②　水に反応して青色から赤色(桃色)に変化した試験紙の名は，塩化コバルト紙である。　③　水素と酸素が化合したときの化学反応式は，$2H_2 + O_2 \rightarrow 2H_2O$，である。図3グラフから，8.0cm³の水素と過不足なく反応する酸素の質量は，4.0cm³である。よって，8.0cm³の水素と7.0cm³の酸素を完全に反応させたとき，反応後に残る気体は酸素・化学式O_2であり，その体積は3cm³である。

(2)　①　図3のグラフから，水素が燃焼するとき，水素と酸素は体積が2：1の割合で結びつき，爆発的に反応して水ができる。　②　砂糖やエタノールは，炭素と水素がふくまれる有機物であるため，燃焼すると水と二酸化炭素ができる。

(3)　水素の燃焼を表す化学反応式を書くために，まず，化学変化を原子や分子のモデルで表す。質量保存の法則により，化学変化が起こる前と後で，物質をつくる原子の組み合わせは変わるが，反応に関係する物質の原子の種類と数は変わらないため，

水素2分子　＋　酸素1分子　→　水2分子　　である。解答参照。

3　(地震と地球内部のはたらき：プレートの動き・断層・初期微動継続時間・緊急地震速報，自然災害)

(1)　①　日本列島付近の太平洋では大陸プレートの下に海洋プレートが沈みこむ(設問：正解は図ウ)ことにより，地下で岩盤にひずみが生じて岩盤の一部が破壊され，ずれが生じ，ゆれが発生する。　②　誤りのある語句はbである。①のずれを断層という。

(2)　①　グラフより，地震発生時刻は，5時46分52秒である。よって，S波の速さは，140km÷(5時47分32秒－5時46分52秒)≒3.5(km/秒)，である。　②　初期微動継続時間は，(S波が届くまでの時間)－(P波が届くまでの時間)で求められる。グラフ用紙に，(震源からの距離[km]，初期微動継続時間[秒])の座標である(60，7)，(120，14)，(180，21)，の各点を書き入れ，原点を通り各点の最も近くを通る直線を引く。このことから，震源からの距離は初期微動継続時間に比例することがわかる。　③　緊急地震速報は，地震が発生した場所や規模をP波から推定し，大きなゆれの到達を一斉に知らせるものである。速報から大きなゆれが到達するまでの時間は，数秒から数十秒である。このことから，P波は，大きなゆれを伝えるS波よりも伝わる速さが速いため，速報が出されることで，震源からの距離が大きいほど，大きなゆれに対処する時間ができることがわかる。

4　(仕事とエネルギー：動滑車・仕事率，力学的エネルギー：位置エネルギー)

(1)　持ち上げるおもりの高さが高いほど，また，質量が大きいほど位置エネルギーが大きくな

り，おもりを落としたとき，くいを深く打ち込む**仕事ができる**。

(2)　①　仕事の大きさを表す単位をジュールといい，記号はJである。　②　手が加えた力の大きさは2.7N，手が引いた糸の距離は0.2mであるから，仕事〔J〕＝2.7〔N〕×0.2〔m〕＝0.54〔J〕であり，仕事率〔W〕＝0.54〔J〕÷3〔s〕＝0.18〔W〕である。　③　動滑車2つを使っておもりを持ち上げているので，力の大きさは$\frac{1}{4}$になっている。よって，動滑車を使わない場合は，おもりと動滑車2つと動滑車をつなぐ板の質量の合計〔g〕＝170〔g〕×4＝680〔g〕であるから，おもりの質量〔g〕＝680〔g〕－100〔g〕＝580〔g〕である。　④　動滑車を使うと，糸を引く距離は，物体を持ち上げる距離より長くなるが，加える力の大きさは，物体にはたらく力の大きさより小さくなる。

5　(エネルギーとその変換・エネルギー資源：バイオマス発電・風力発電，電流と磁界：交流・発光ダイオード，気体の発生とその性質，科学技術の発展)

(1)　①　二酸化炭素を発生させられるのは，**石灰石にうすい塩酸を加える**方法である。　②　農林業からでる作物の残りかすや家畜のふん尿，間伐材といった**生物資源（バイオマス）**などを利用して**燃焼**させたり，微生物を使って発生させたアルコールなどを**燃焼**させたりして発電している。その発電方法を**バイオマス発電**という。発生する二酸化炭素の増減について考えると，間伐材などを燃焼させた際に排出される二酸化炭素は，原料の植物が生育する過程で光合成によって大気からとりこまれたものである。よって，全体としてみれば，「大気中の二酸化炭素の量は増加しない（カーボンニュートラル）」という長所がある。

(2)　①　発光ダイオードは，足の長い方から短い方の決まった向きにだけ電流が流れて点灯する。逆向きにつなぐと点灯しない。交流は電流の向きと大きさが周期的に変わる。よって，2つの発光ダイオードを，足の長い方と短い方が逆になるように電源装置につなぎ，電圧を加えて交流の電流を流し，発光ダイオードを左右に振ると，発光ダイオードは，交互に光り，2本の点線に見える。　②　風力発電では，交流の電流を送電線で送っているが，途中で熱が発生するため，電気エネルギーの一部が熱エネルギーとなって失われてしまう。

(3)　バイオマス発電では，燃料となる物質がもっている**化学エネルギー**を，風力発電では，風による空気の**運動エネルギー**を，それぞれ**電気エネルギー**に変換している。

6　(天体の動きと地球の自転・公転：太陽の動きと季節の変化，動物の特徴と分類)

(1)　①　鳥類はペンギン，スズメ，ワシであり，**コウモリは哺乳類**である。　②　鳥類は陸上に卵をうむため，鳥類の卵には，魚類の卵にはないかたい殻がある。

(2)　①　太陽の日周運動で**太陽が南中するとき，太陽の方位は真南**になるのでウが南であるからアが北である。太陽は東から西に動いて見えるため，太陽が動いて見える方向はカである。

②　夏至と冬至で太陽の通り道が異なるのは，地球が**地軸を傾けたまま公転**しているためである。　③　夏至と冬至の南中高度を比べると，**夏至の方が高い**。それは，太陽の光が当たる角度が地面に対して垂直に近いほど，同じ面積に多くの光が当たるからである。また，夏至は日の出と日の入りの位置がどちらも北寄りになり，冬至より太陽が出ている時間が長い。よって冬よりも夏の気温の方が高い。

＜社会解答＞

1 (1) インド洋　　(2) え　　(3) 記号 く　　語 タイガ　　(4) ① ㋐　② ㋕
③ (例)GDPと一人あたりの所得が増加しているが，都市部と農村部の一人あたりの所得格差が拡大している。

2 (1) 宇都宮(市)　　(2) ① P イ　Q エ　　② 神奈川(県)　　(3) (記号) え
(工業地帯名) 阪神(工業地帯)　　(4) ① 約3倍　　② X (例)再生可能エネルギーの発電量を増やす　　Y (例)化石燃料の輸入量が減る

3 (1) ① ア，エ　② イ　③ (例)男子にしか課せられない　　(2) ① ウ
② (例)家畜を利用した耕作や二毛作など新しい農業技術が導入されたから。　　③ エ
(3) ① 近世　② イ　③ 松平定信　　(4) ① (例)第一次世界大戦　② ア
③ (都市部) ウ　(農村部) イ　④ い (例)ソ連　う (例)冷戦

4 (1) ① 基本的人権　② ア　　(2) ① (例)住民投票　② う イ　え エ
③ イ　　(3) ウ　　(4) Q 不信任　R 解散　S (例)権力の集中を防ぐ
(5) (例)価格の変化が大きい　　(6) (例)独占禁止法　　(7) ア，エ　　(8) ウ
(9) ① (例)一人あたりの労働時間が減少しているが，国民所得は増加している　② イ

＜社会解説＞

1 **(地理的分野—世界地理－地形・気候・産業・都市，公民的分野—環境問題)**

(1) 世界の**三大洋**とは，**太平洋・大西洋・インド洋**である。このうち，図の上部の右側のユーラシア大陸と，左側の北アメリカ大陸の間に描かれているのが，太平洋である。図の下部の右側ユーラシア大陸と，左側の北アメリカ大陸の間に描かれているのが，大西洋である。全く描かれていないのは，インド洋である。インド洋の全域が，北緯45度以南のためである。

(2) 日本の**標準時子午線**は東経135度であり，経線は15度ごとにひかれているから，日本を通るのは，東経0度の**本初子午線**から東へ9本目の経線になる。つまり，えの経線である。

(3) 記号　まず，図1の雨温図の特徴を見る。冬季は零下20℃近くまで下がり，6月・7月・8月が夏季であり，20℃近くまで上がる。1年間の中でこのように気温が変化するのは，お・か・き・くのうち，くの都市である。ロシア連邦北部の大部分は，長くて厳しい冬と，短いが比較的温暖な夏を持つ冷帯気候に属している。この地域の針葉樹の森林を**タイガ**という。タイガは，カナダ北部・アラスカにも多くみられる。タイガというのは「北方の原生林」という意味である。

(4) ① B州はアフリカ州である。アフリカ州では**農林水産業**の就業人口比率が50%近いが，一人あたりの農地面積や穀物の生産量は，極めて低い水準にある。表1中の㋐に該当する。　② 問題の4国のうち，二酸化炭素排出量の減少で他を引き離しているのが，イギリスである。表2中の㋕に該当する。　③ 中国では，1980年代から，沿海部を**経済特区**などとして重点的に開発した。そのため，沿海部の都市部と内陸部の農村部では，一人あたりの所得に格差が拡大している。

2 **(地理的分野—日本地理－都市・エネルギー・工業)**

(1) アが示しているのは，栃木県である。栃木県の**県庁所在地**は，宇都宮市である。なお，宇都宮市は人口が50万人を超えるが，**政令指定都市**ではない。

(2) ① 問題の図1は，住宅用太陽光発電器設置割合の上位と下位の県を示している。上位8県は本州内陸部と九州に分布しており，Pはイである。下位の県は日本海側に集中しており，Qはエ

である。 ② 年間日照時間が多いのに，太陽光発電器設置が進んでいないのは，神奈川県である。

(3) (記号) Cを示すのは，火力以外の発電所数が，全国平均以下である，えである。 (工業地帯名) Cの大阪府を含む工業地帯は，**阪神工業地帯**である。金属製品の事業所数が多いのが，阪神工業地帯の特徴であり，その中心である大阪府では，金属製品の事業所数が全国第一位である。

(4) ① 図3を見ると，2030年の**再生可能エネルギー**の発電量は，2010年の約3倍となることが読み取れる。 ② X 秋田県のような先進的な取り組みをし，再生可能エネルギーの発電量を増やす。上記のような趣旨のことを記せばよい。 Y 火力での発電量が減ることによって，石油・石炭に代表される**化石燃料**の輸入量が減ることが予想される。このような趣旨を簡潔に記せばよい。

3 (歴史的分野―日本史時代別―旧石器時代から弥生時代・古墳時代から平安時代・鎌倉時代から室町時代・安土桃山時代から江戸時代・明治時代から現代，―日本史テーマ別―政治史・外交史・社会史・技術史・宗教史，―世界史―政治史)

(1) ① 資料1に記されている倭の奴国王が，洪武帝から金印を授かったのは，紀元1世紀の西暦57年のことである。 ア **エジプト文明**では，太陽の運行をもとにした**太陽暦**に，紀元前5000年頃に移行した。 イ 朝鮮半島で，**高句麗・百済・新羅**の三国が対立したのは，4世紀から7世紀頃である。 ウ 11世紀に**ローマ教皇**の呼びかけに応じ，イスラム教徒からパレスチナの聖地**エルサレム**を奪還するために遠征したのが**十字軍**である。 エ 紀元前6世紀から紀元前5世紀の中国の思想家で，それまでの様々な知識・伝統を，一つの道徳・思想にまで大成させ，**儒教**を創始した人物が**孔子**である。したがって，資料1よりも前のできごとは，アとエである。
② **遣唐使**は630年に始まり，894年に停止された。よって，下線部aの奈良時代に派遣されていたのは遣唐使であり，正答はイである。 ③ **律令制度**では，庸や調は男子にしか課せられず，また，**兵士**として徴用されるのも男子だけだったので，それらの負担を免れるため，男子を女子と偽る，いわゆる**偽籍**が数多く行われていたからである。このような趣旨を簡潔にまとめて解答すればよい。

(2) ① **鎌倉幕府**の本拠地は，相模国(今の神奈川県)の太平洋沿岸部に置かれた。地図上のウである。 ② 家畜を利用し，**牛や馬**で田や畑を耕すことや，米の裏作に麦をつくる**二毛作**など新しい農業技術が導入され，生産性が向上したからである。このような趣旨を簡潔にまとめて解答すればよい。 ③ アは，江戸時代の説明である。イは，安土桃山時代の説明である。ウは，鎌倉時代の説明である。ア・イ・ウのどれも別の時代の説明である。エが，室町時代の説明として正しい。室町時代に生産力の向上によって実力を蓄えた農民たちは団結して，**惣**(そう)という自治組織をつくった。惣では代表者を定め，農民みずから**おきて**をつくり，**寄合**を開き，おきてに照らして，入会地(いりあいち)をめぐるもめごとなどを解決していた。

(3) ① 日本史の時代区分は，原始・古代・中世・近世・近代・現代となっている。安土桃山時代から江戸時代は，通常「近世」とされる。 ② 資料4の法令は，豊臣秀吉の出した**伴天連(バテレン)追放令**である。アは，鎌倉幕府の出した**永仁の徳政令**である。ウは，江戸幕府の出した**武家諸法度**である。エは，**織田信長**の出した**楽市楽座令**である。ア・ウ・エのどれも別の時代の法令である。イが正しい。イは，豊臣秀吉が1588年に出した**刀狩令**である。刀狩令では，百姓が武器を持つことを禁じた。刀狩令では，武器として，刀・脇指・弓・やり・**鉄砲**等と記してある。刀狩令によって**兵農分離**は大きく進んだ。 ③ 狂歌の「白河」は，元白河藩主の**老中松平定信**を指している。松平定信は，18世紀末に**寛政の改革**を行った。

(4)　①　1914年にオーストリアの皇太子夫妻がセルビア人の青年に暗殺され，オーストリアがセルビアに**最後通牒**を突きつけたのが，**第一次世界大戦**の勃発につながった。オーストリア・ドイツ・トルコなどの**同盟国**と，イギリス・フランス・ロシアなどの**連合国**との間で，戦闘が繰り広げられた。日本は**日英同盟**を口実に連合国側に参戦し，中国山東省にあるドイツの拠点を攻撃し占領した。　②　イ　**世界恐慌**の発生は1929年である。　ウ　**関東大震災**は1923年に起こった。エ　**満州**からの**引揚者**の流れは，1945年に始まった。イ・ウ・エのどれも別の時代のことであり，アが正しい。米軍機からの**空襲**(爆撃)を避けるために，1944年から**学童疎開**が始まった。③　(都市部)　1960年から1970年の高度経済成長期には，都市部に人口が集中し住宅不足が起こった。(農村部)　農村部からは，**生産年齢人口**が流出し，**過疎高齢化**が進んだ。　④　**アメリカとソ連**の首脳である，ブッシュ大統領とゴルバチョフ書記長が1989年に**マルタ島**で会談した。この会談で**資本主義陣営と社会主義陣営の冷戦終結**が宣言された。同年に**ベルリンの壁**が崩壊して，翌1990年に**東西ドイツが統一**された。

4　(公民的分野—基本的人権・経済一般・国の政治の仕組み・裁判・地方自治・社会保障・国民生活)

(1)　①　日本国憲法第11条は「国民は，すべての**基本的人権**の享有を妨げられない。この憲法が国民に保障する基本的人権は，侵すことのできない永久の権利として，現在及び将来の国民に与へられる。」と規定している。　②　イ　**団体交渉権**は，労働者が団結して使用者に対して交渉する権利である。　ウ　日本国憲法第62条に「両議院は，各々国政に関する調査を行ひ，これに関して，証人の出頭及び証言並びに記録の提出を要求することができる。」という規定がある。これを国会の**国政調査権**という。　エ　日本国憲法第13条は「すべて国民は，個人として尊重される。**生命，自由**及び**幸福追求**に対する国民の権利については，**公共の福祉**に反しない限り，立法その他の国政の上で，最大の尊重を必要とする。」と定めている。また，一定の個人的な事柄について，公権力から干渉されることなく，自由に決定する権利を**自己決定権**という。イ・ウ・エのどれも，基本的人権を侵害された時に国に要求できる権利ではない。アの，**裁判を受ける権利**が正しい。なお，日本は三審制をとっているため，希望すれば三回まで裁判を受けることができる。

(2)　①　地方自治法において定められた，**首長や議員の解職**は，**リコール**とも呼ばれる。都道府県知事や市町村長に関しては，**有権者の3分の1以上**の署名を集めて，**選挙管理委員会**に解職を請求し，その後行われる**住民投票**において，**過半数の賛成**があれば解職となる。正答は住民投票である。　②　う　上記のように，住民投票において，過半数の賛成があれば首長や議員は解職となる。　え　**地方自治**における**直接請求**では，条例の制定・改廃を求める場合は，**有権者数の50分の1以上**の署名を，首長に提出することになっている。　③　**最高裁判所裁判官**の適・不適を国民が審査することを**国民審査**という。各裁判官任命後の最初の**衆議院議員総選挙**の際に行われ，さらに10年経過したのちの衆議院議員総選挙の際に同様な審査を行う。**直接民主制**の一つである。

(3)　ア　条約を承認するのは，国会の仕事である。　イ　法律を制定するのも，国会の仕事である。　エ　憲法改正の発議を行うのは国会の仕事である。ア・イ・エのどれも他の機関の仕事である。ウが正しい。日本国憲法第73条に「**内閣**は，他の一般行政事務の外，左の事務を行ふ。(中略)五　**予算を作成して国会に提出**すること。」と明記してある。

(4)　Q　憲法第69条に「**内閣**は，衆議院で**不信任**の決議案を可決し，又は信任の決議案を否決したときは，**十日以内**に**衆議院が解散**されない限り，**総辞職**をしなければならない。」と明記され

ており，衆議院を解散しなければならないことはない。なお，衆議院は**内閣不信任**決議を行うことができるが，参議院はできない。参議院が審議できるのは，**内閣問責決議案**である。　R　衆議院を解散するのは内閣の権限である。参議院は解散されない。　S　国では，国会・内閣・裁判所が均衡と抑制を保ち，地方では首長と議会が均衡と抑制を保つことによって，権力の集中を防ぐことができているのである。

(5)　図2を見ると，野菜ジュースは価格の変動が全くないのに対し，ほうれん草は年間を通じて価格の変動が大きいことが見てとれることを指摘するとよい。

(6)　1947年に施行された**独占禁止法**の目的は，公正かつ**自由な競争**を促進し，事業者が自主的な判断で自由に活動できるようにし，消費者が不当に高い価格で商品を購入しなくてよいようにすることである。そして，独占禁止法の規制を実現する組織として，**公正取引委員会**が設けられている。

(7)　景気の下降期には，企業の倒産が増加し，その結果失業者が増加することが起こってくる。

(8)　日本の社会保障制度は，**社会保険・公的扶助・社会福祉・公衆衛生**の4本の柱からなっている。社会保険は，あらかじめ支払っておいた保険料を財源として給付されるもので，病気になったときに給付される医療保険，高齢になったときや障害を負ったときに給付される年金保険などがある。国民年金が給付されるのは，こうした仕組みによってである。

(9)　①　図4に見られるように，棒グラフで示した**一人あたりの労働時間**が減少しているが，折れ線グラフで示した**国民所得**は増加していることを指摘する。　②　誰もがやりがいや充実感を感じて働き，仕事上の責任を果たす。そして，子育て・介護の時間や，家庭・地域・自己啓発等にかかる個人の時間を持つことができ，健康で豊かな生活を送る。このことを，**ワーク・ライフ・バランス**という。

＜国語解答＞

一　1　(例)(小学生が水たまりをよけようとして)車道を歩いていた(こと)　　2　(例)通行の邪魔になるものを取り除く(こと)　　3　(例)みんなが安全に生活できる(という視点)
4　ア

二　1　将来(世代)　　2　(例)(物事は)時間の経過に比例して必ず改善される(という見方)
3　人々の暮らし　　4　エ　　5　(1)　a　魅力的　　b　言い当てる　　(2)　(例)自らのニーズを満たすだけでなく，将来世代が暮らす未来のことを考慮したもの

三　1　①　ふんいき　　②　伝統　　③　そこ(なう)　　④　働(き)　　2　エ　　3　ウ
4　連体形

四　1　落胆　　2　ア　　3　(例)(豊蔵に対する反論が，)師の代筆という立場にとらわれず，自分らしい絵を描きたいという思いを押し殺した空虚なもの(であることに気付いたから。)
4　(1)　イ　　(2)　a　衝撃　　b　眠るように静かに横たわっていた　　(3)　(例)迷いから解放され，画家としての覚悟を決める

五　1　①　いえども　　②　さとらん　　2　イ　　3　a　水に飽かず　　b　林をねがふ
4　(1)　(例)とらわれない　　(2)　(例)心のもち方ひとつでどのようにも変わる

六　(例)　私が影響を受けた人物は，中学三年生のときの担任の中村先生である。中村先生は，服装チェックはいい加減だし，プリントを配り忘れることもたびたびあった。しかし，クラスでいじめがあったときの対応は早かったし，進路についても真剣に話を聞いてくれた。

　　　私は，以前はよく友人や弟とけんかしていたが，中村先生に出会ってからはトラブルが減ってきた。周囲の人たちからは性格が穏やかになったと言われるが，実はそうではない。私の時間やエネルギーを，もっと大切なことに費やすべきだと気づいただけである。

＜国語解説＞

一　（聞き取り―内容吟味）

1　りくさんは，「小学生が穴の部分にできた水たまりをよけようとして**車道を歩いていたのを見て，危険だと感じました。**」と言っている。

2　たけるさんは，「ここまでの二人の話を整理すると，歩道そのものを補修することと，**通行の邪魔になるものを取り除くこと**が必要だということですね。」と言っている。

3　えみさんは，「**みんなが安全に生活できる**という視点に立って，自分たちができることについて考えていくことも必要だと思います。」と言っている。

4　たけるさんは，「～ですね。」と，二人の発言を確かめる形で**共感的に受け止め，話の内容をまとめている**ので，アが正解である。

二　（論説文－内容吟味，文脈把握，指示語の問題）

1　傍線部の「彼ら」は「現行世代の私たち」と対比されている「将来世代」を指している。

2　指定語句の「**比例**」は，二つのものの数や量が同じ割合で増えたり減ったりすることを言う。傍線部「発展に対する直線的な見方」の前の「**時間の経過とともに技術や制度というものは改善されていき，そうしたときに物事は必ず改善されていく**」は，「時間の経過に比例して技術や制度は改善され，物事は改善される」と言い換えられるので，これをもとに，前後の語句につながるように20字以内で書く。

3　傍線部「**ニーズ（needs）**」については，少し後に「欲求」よりは「もう少し広い意味合い」を含んでおり，「**生活の質（Quality of Life）に深く関連する項目も含まれています**」と説明されている。設問に「6字」という条件があるので，「生活」と同じ意味の「**人々の暮らし**」を抜き書きする。

4　第四段落と第七段落の初めの「**例えば**」に注目する。この文章では，社会に時間が経過しても解決できない問題があることや，ニーズが時代とともに変化していくことについて，**読み手の理解を補うために例を挙げて説明している**。したがって，エが正解。アの「仮説の検証」やイの「専門家の意見」の「引用」はされていない。冒頭の一文では「問われていること」が示されているが，段落ごとに疑問は挙げられていないので，ウは不適切な説明である。

5　(1)　a　第一段落で提示した持続可能な開発という概念に込められた主張について，第二段落の初めに「とても**魅力的**」と書かれている。　　b　最終段落に，「現行世代の私たちが将来世代の彼らのニーズを言い当てることはできません」と書かれている。　　(2)　最終段落の「**将来世代が暮らす未来のことを考慮しながら，現行世代の私たちの開発のあり方を考える**」をもとに，前後につながるように40字以内で書く。

三　（知識―漢字の読み書き，語句の意味，文と文節，品詞・用法）

1　①　「**雰囲気**」は，その場に自然に生まれてくる感じという意味。　②　「**伝統**」は，ある社会で古くから受け継がれてきた風習や様式のこと。　③　「**損**」の音読みは「ソン」で，「損害」「破損」などの熟語を作る。　④　「**働**」は，日本で作られた漢字である。

2 波線部「近年」を含む文の主語は「機運が」，述部は「高まっている」で，「文化財を観光やまちづくりなどの分野で活用する」は「機運が」に係る。「近年」が直接係るのは「高まっている」である。

3 それぞれの故事成語の意味は，ア「虎の威を借りる狐」＝有力者の権威に頼っていばる人，イ「漁夫の利」＝当事者どうしが争っている間に第三者が何の苦労もなく利益を得ること，ウ「覆水盆に返らず」＝一度してしまったことは取り返しがつかない，エ「五十歩百歩」＝大した違いがないこと，である。

4 「正しい」は形容詞で終止形と連体形が同じ形であるが，ここでは名詞(体言)の「認識」を修飾しているので，連体形である。

四 （小説―情景・心情，内容吟味，文脈把握）

1 「彦太郎の描いた障壁画に期待を寄せていた」→「座敷に入ってすぐさま，落胆のため息をもらした」→「侮蔑と猜疑を隠そうともしない」という豊蔵の心情の変化を読み取る。

2 「えぐる」は刃物などを突き刺して回すということで，「心をえぐる」は苦痛を与えるという意味になる。

3 彦太郎は「師の代筆という立場」で寺の障壁画を任されたが，描くことができない。「応挙風」の絵を描く技量があり，寺の期待に応えたいという思いもあるのに，「強靭な我」が抑えられず，迷いが生じるためである。彦太郎は，豊蔵の言葉をきっかけに自分らしい絵を描きたいという自分の本心に向き合い，自分の言葉の空虚さに気づいたのである。この内容を，指定語句の「立場」「空虚」を入れて45字以内で書く。

4 (1) 直前の豊蔵の言葉や拳で壁をたたくという動作から読み取れる豊蔵の怒りやいらだちにふさわしいのは，イである。 (2) a Bさんが引用した描写に続く「彦太郎にとっては，それほど凄まじい衝撃だった。」から抜き書きする。 b 彦太郎が海に向かう場面の情景を描いた「空の半分を闇が覆い，藍の海が眠るように静かに横たわっていた。」から抜き書きする。
(3) 空欄cの前後の語句に注目する。彦太郎が「これまで抱えていたもの」は「迷い」であり，後に「ことができた」とあるので，cには「迷いから解放される」「迷いをなくす」という内容が入ると考えられる。指定語句の「覚悟」について書いてある部分を本文から探すと，「豊蔵が問うているのは，吉村胡雪の画家としての覚悟の程だった」とあるので，この内容を入れて「迷いから解放され，画家としての覚悟を決める」などと書く。

五 （古文―内容吟味，文脈把握，仮名遣い）

〈口語訳〉 そもそも，人間の世界は，ただ心のもち方ひとつである。心がもし安らかでなければ象や馬や七つの珍宝も無意味で，宮殿や高い建物も欲しくない。今，寂しい住まいで，一部屋の粗末な家(に住んでいるが)，私はこれを愛している。まれに都に出て物乞いになることを恥ずかしく思うとは言っても，帰ってここにいる時は他の人が俗世間のつまらない物事にとらわれることを気の毒に思う。もし他の人がこの言葉を疑うならば，魚と鳥との様子を見なさい。魚は水に飽きないが，魚ではないのでその気持ちはわからない。鳥は林に行きたがるが，鳥ではないのでその気持ちはわからない。俗世間から離れた暮らしの良さや趣もまた同じである。住まなくては，誰がわかるだろう(いや，住んでみなければわからない)。

1 ① 「へ」を「え」に直して「いえども」と書く。 ② 「む」を「ん」に直して「さとらん」と書く。

2 随筆は，作者の言動については主語が省略される場合が多い。Aは，作者が「他」を気の毒に

思っている。Bは，「人」，つまり他人が作者の言葉を疑うということである。したがって，両方を満たすイが正解となる。

3　本文で「魚」と「鳥」について書いてある部分を探すと，「魚は水に飽かず」「鳥は林をねがふ」とあるので，ここから抜き書きする。

4　(1)　作者は，他人の生活について「俗塵に馳する」(＝俗世間のつまらない物事にとらわれる)と述べている。作者が望んでいるのは逆の生活であるから，「俗世間のつまらない物事にとらわれない」生活ということになる。　　(2)　作者は傍線部の後で，心のもち方によって，財宝や宮殿の価値がなくなることもあれば，粗末な家をすばらしいと感じることもあると述べている。「心のもち方ひとつでどのようにも変わる」という内容を，前後につながるように20字以内で書く。

六　(作文)

　与えられた条件を満たして書くこと。自分が今までに影響を受けた人物やものごとについて，その影響によって自分がどう変化したのかを交えて書く。字数は200～250字である。解答例は，自分が影響を受けた人物について説明し，その影響による自分の行動や心情の変化を述べている。書き終わったら必ず読み返して，誤字・脱字や表現の不自然なところは書き改める。

大切なことはメモしておこうネ！

秋田県公立高等学校

2022年度
★★★★★★★★★★★★★★★★★★★★★★

入 試 問 題

● くわしい解説 …… 39ページ

＜数学＞　　時間　60分　　満点　100点

1　次の(1)～(15)の中から，**指示された8問**について答えなさい。

(1)　$-3 \times (5-8)$ を計算しなさい。

(2)　$a^2 \times ab^2 \div a^3b$ を計算しなさい。

(3)　$\sqrt{80} \times \sqrt{5}$ を計算しなさい。

(4)　次の5つの数の中から，無理数を**すべて**選びなさい。

$\sqrt{2}$ ，$\sqrt{9}$，$\dfrac{5}{7}$ ，-0.6 ，π

(5)　連立方程式 $\begin{cases} x+y=9 \\ 0.5x - \dfrac{1}{4}y=3 \end{cases}$ を解きなさい。

(6)　方程式 $x^2+3x+2=0$ を解きなさい。

(7)　y は x に反比例し，$x=2$ のとき，$y=4$ である。このとき，y を x の式で表しなさい。

(8)　袋の中に，白い碁石と黒い碁石が合わせて500個入っている。この袋の中の碁石をよくかき混ぜ，60個の碁石を無作為に抽出したところ，白い碁石は18個含まれていた。この袋の中に入っている500個の碁石には，白い碁石がおよそ何個含まれていると推定できるか，求めなさい。

(9)　$x=11$，$y=54$のとき，$25x^2-y^2$ の値を求めなさい。

(10)　2つの整数148，245を自然数 n で割ったとき，余りがそれぞれ4，5となる自然数 n は全部で何個あるか，求めなさい。

(11)　右の図で，3直線 ℓ，m，n は，いずれも平行である。このとき，x の値を求めなさい。

(12)　右の図で，$\angle x$ の大きさを求めなさい。

⒀　図1は，立方体ABCD－EFGHに，線分BGをかき加えたものである。図2は，図1の立方体の展開図である。このとき，図2に線分BGを表す線をかきなさい。ただし，頂点を表すA～Hの文字を書く必要はないものとする。

図1

図2

⒁　右の図は，底面の半径が3㎝，側面積が24π㎠の円錐である。この円錐の体積を求めなさい。ただし，πは円周率とする。

⒂　右の図のように，直方体ABCD－EFGHがあり，点Mは辺AEの中点である。AB＝BC＝6㎝，AE＝12㎝のとき，四面体BDGMの体積を求めなさい。

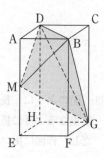

2　次の(1)～(4)の問いに答えなさい。

(1)　次の①，②の問いに答えなさい。

①　方程式 $2x+3y=-6$ のグラフをかきなさい。

②　右の図のような，1次関数 $y=ax+b$（a，bは定数）のグラフがある。このときの a，b の正負について表した式の組み合わせとして正しいものを，次のア～エから1つ選んで記号を書きなさい。

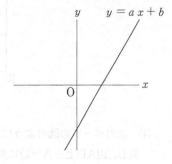

ア　$a>0$，$b>0$
イ　$a>0$，$b<0$
ウ　$a<0$，$b>0$
エ　$a<0$，$b<0$

(2) 次の図において，⑦は関数 $y = x^2$，①は関数 $y = -\dfrac{1}{2}x^2$ のグラフである。点Aは y 軸上の点であり，y 座標は3である。点Bは⑦上の点であり，x 座標は正である。点Cは①上の点であり，x 座標は点Bの x 座標と等しい。

① 点Bの x 座標が2のとき，線分BCの長さを求めなさい。
   ただし，原点Oから $(0, 1)$，$(1, 0)$ までの距離を，それぞれ1cmとする。

② 3点A，B，Cを結んでできる△ABCがAB＝ACの二等辺三角形になるとき，点Bの x 座標を求めなさい。

(3) 図のように，長方形ABCDがあり，点Eは辺BC上の点である。この長方形を頂点Dが点Eに重なるように折ったときにできる折り目の線を，定規とコンパスを用いて作図しなさい。ただし，作図に用いた線は消さないこと。

(4) 次のページの図のように，AB＝4cm，AD＝8cmの長方形ABCDがある。点Pは，点Aを出発し，辺AD上をA→Dに毎秒1cmの速さで動き，点Dで止まる。点Qは，点Pが点Aを出発するのと同時に点Bを出発し，辺BC上をB→C→Bの順に毎秒2cmの速さで動き，点Bで止ま

る。点Pが点Aを出発してから x 秒後の四角形ABQPの面積を y ㎠とする。

　　$0 \leqq x \leqq 8$ のとき，x と y の関係を表す最も適切なグラフを，あとのア～オから1つ選んで記号を書きなさい。ただし，$x = 0$ のとき $y = 0$ とし，$x = 8$ のとき $y = 16$ とする。

3　写真のような，「鱗文様」と呼ばれる日本の伝統文様がある。図1の三角形A △ と三角形B ▽ は合同な正三角形であり，この「鱗文様」は，図2のように，三角形Aと三角形Bをしきつめてつくったものとみることができる。あとの(1)，(2)の問いに答えなさい。

写真　　　　　　　　　図1　　　　　　　　　図2

「鱗文様」の布

(1)　次のページの図3のように，1段目に三角形Aが1個あるものを1番目の図形とし，2番目の図形以降では，三角形Aと三角形Bをすき間なく規則的に並べて，「鱗文様」の正三角形をつくっていく。m 番目の図形の m 段目には，三角形Aが m 個ある。

図3

① 次の表は，1番目の図形，2番目の図形，3番目の図形，…にある三角形Aの個数，三角形B
の個数をまとめたものの一部である。**ア，イ**にあてはまる**数**を書きなさい。

表

図形の番号　　　　（番目）	1	2	3	4	5	6	7	…
三角形Aの個数　　　（個）	1	3	6				**ア**	…
三角形Bの個数　　　（個）	0	1	3				**イ**	…

② m番目の図形に，三角形A，三角形Bを加えて，$(m+1)$番目の図形をつくる。加えた
三角形Aの個数が16個，三角形Bの個数が15個のとき，mの値を求めなさい。

③ m番目の図形にある三角形Aの個数の求め方を，次のように説明した。[説明]が正しくな
るように，**ウ，エ**にあてはまる**式**を書きなさい。

[説明]

　右の図は，図3のm番目の図形
の右側に，この図形を上下逆さま
にした図形を置いたものです。

　右の図で，三角形Aは，1段目
に$(1+m)$個，2段目に$\{2+(m-1)\}$個あります。同様にし
て，三角形Aは，m段目に$(m+1)$個あるので，三角形Aの個
数は全部で　**ウ**　個となりま
す。

　このことから，図3のm番目の
図形にある三角形Aの個数は　**エ**　個となります。

m番目　　上下逆さま
の図形　　にした図形

m個

1段目
2段目
3段目
⋮
$(m-1)$段目
m段目

m個

(2)　三角形Aと三角形Bをすき間なく規則的に並べて，「鱗文様」の正六角形をつくっていく。図4のように，正六角形の辺の1つに，三角形Aが，1個並ぶ図形を1番目の正六角形，2個並ぶ図形を2番目の正六角形，3個並ぶ図形を3番目の正六角形，…とする。

n 番目の正六角形にある三角形Aの個数を，n を用いた式で表しなさい。

図4

4　次の(1)，(2)の問いに答えなさい。

(1)　箱の中に整数1，2，3，4が1つずつ書かれているカードが4枚入っている。この箱の中からカードを取り出す。ただし，どのカードが取り出されることも同様に確からしいものとする。

①　この箱の中からカードを1枚取り出すとき，カードに書かれている数が偶数である確率を求めなさい。

②　この箱の中から，次のA，Bで示した2つの方法でそれぞれカードを2枚取り出す。取り出した2枚のカードに書かれている数の和が5以上になるのは，どちらの方法のときが起こりやすいか。起こりやすいほうをA，Bから1つ選んで記号を書きなさい。また，そのように判断した理由を，根拠となる数値を示して説明しなさい。

> A　カードを1枚取り出し，箱の中に戻さずに続けてもう1枚取り出す。
> B　カードを1枚取り出してカードに書かれている数を確認した後，カードを箱の中に戻し，再びこの箱の中から1枚取り出す。

(2)　2つの容器P，Qに，卵が10個ずつ入っている。それぞれの容器に入った卵の重さを1個ずつ調べた。次のページの図は，調べた結果を容器別にヒストグラムに表したものである。この図において，例えば52〜54の階級では，重さが52g以上54g未満の卵が，容器Pには2個，容器Qには1個あることを表している。

この図から読み取れることとして正しいものを，あとのア〜エから1つ選んで記号を書きなさい。

図

ア　60 g 以上62 g 未満の階級の相対度数は，容器Pのほうが容器Qよりも大きい。

イ　58 g 以上の卵の個数は，容器Pのほうが容器Qよりも多い。

ウ　容器Pの最頻値は，容器Qの最頻値と等しい。

エ　容器Pの中央値は，容器Qの中央値よりも大きい。

5 次のⅠ，Ⅱから，**指示された問題**について答えなさい。

Ⅰ　図1のように，∠ACB＝90°の直角三角形ABCがある。 図1
点Dは，辺AB上の点であり，AB⊥CDである。次の(1)，(2)の
問いに答えなさい。

(1)　△ABC∽△ACDとなることを証明しなさい。

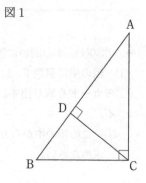

(2)　図2のように，点Oを中心とし，図1の直角三角形
ABCの頂点A，B，Cを通る円Oがある。点Eは，線分
CDをDの方向に延長した直線と円Oの交点である。
BE＝6 ㎝，AC＝8 ㎝である。

① 図2において，辺の長さや角の大きさの関係を正し
く表しているものを，次のア～エから1つ選んで記号
を書きなさい。

図2
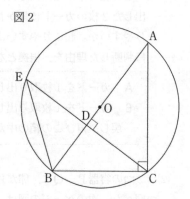

ア　BE＝DE

イ　AD＝CD

ウ　∠ABE＝∠ACE

エ　∠BDE＝2∠BCE

② △BCDの面積は，△ABCの面積の何倍か，求めなさい。

Ⅱ　図1のように，点Oを中心とし，線分ABを直径とする円Oがある。直線ℓは，点Bを通る円O
　の接線である。点Cは，円Oの周上にあり，点A，Bと異なる点である。点Dは，直線ACと直
　線ℓの交点である。次の(1)，(2)の問いに答えなさい。

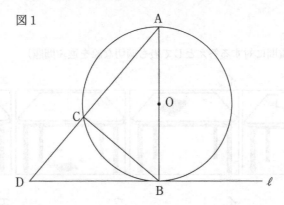

図1

(1)　△ABC∽△ADBとなることを証明しなさい。

(2)　図2は，図1に線分OCと線分ODをかき加えたものである。点Eは，線分BCと線分ODの
　　交点である。

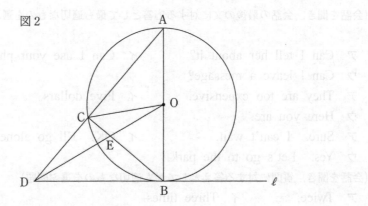

図2

① 　図2における角の大きさの関係について必ずいえることを，次のア～エから1つ選んで記
　号を書きなさい。

　　ア　∠BOE＝∠OEB
　　イ　∠BAD＝∠CBD
　　ウ　∠ODC＝∠COD
　　エ　∠COD＝∠CBD

② 　線分OBと線分ADの長さの比が，OB：AD＝3：8のとき，△OBEの面積は，△ABDの
　　面積の何倍か，求めなさい。

＜英語＞　　時間　60分　満点　100点

1　リスニングテスト

(1)　(会話を聞き，質問に対する答えとして最も適切な絵を選ぶ問題)　　**2回ずつ放送**

① ア　　　　　イ　　　　　ウ　　　　　エ

② ア　　　　　イ　　　　　ウ　　　　　エ

(2)　(会話を聞き，会話の最後の文に対する応答として最も適切なものを選ぶ問題)

1回ずつ放送

① ア　Can I tell her about it?　　　イ　Can I use your phone?

　　ウ　Can I leave a message?

② ア　They are too expensive.　　　イ　Five dollars.

　　ウ　Here you are.

③ ア　Sure.　I can't wait.　　　　　イ　OK.　I'll go alone.

　　ウ　Yes.　Let's go to the park.

(3)　(会話を聞き，質問に対する答えとして最も適切なものを選ぶ問題)　　**2回ずつ放送**

① ア　Twice.　　　イ　Three times.

　　ウ　Four times.　エ　Five times.

② ア　Because he has a friend in Italy.

　　イ　Because he wants to watch soccer games.

　　ウ　Because he likes reading books.

　　エ　Because he's interested in the history of Italy.

③ ア　Pictures of her friends.　　　イ　Pictures of the old buildings.

　　ウ　Pictures of her family.　　　エ　Pictures of the food.

(4)　(ジャックの話を聞き，その内容として適切なものを2つ選ぶ問題と，ジャックの最後の [問い] に対して，**話題を1つ取り上げ，2つの英文であなたの [答え]** を書く問題)　**2回放送**

　ア　Jack has been in America since last month.

　イ　Jack thought that learning Japanese was easy.

ウ　Jack taught English as a volunteer in Akita.

エ　Jack enjoys talking with Japanese people in America.

[答え] _____

2　次の(1)～(3)の問いに答えなさい。

(1)　次は，中学生の未来（Miku）と留学生のルーシー（Lucy）が，お互いの持ち物について会話をしている場面です。（　）内の①～④の語を，それぞれ**適切な形**に直して**英語1語**で書き，会話を完成させなさい。

Miku : Oh, you have a nice bag.　Where did you find it?

Lucy : I (① find) it at the new shop near my house last week.　This is my favorite *brand.

Miku : I know that brand.　I like the design.　It's very famous, so (② get) it is difficult, right?

Lucy : Yes.　Oh, you have a new bag, too.　I've never seen this kind of design.

Miku : This small bag was made by my grandmother.　She (③ give) it to me last month.　This type of small bag is called *gamaguchi* in Japan.

Lucy : *Gamaguchi*?　What's that?

Miku : It means a *toad's mouth.　It opens *wide, so it's easy to put small things into it.　I think this *gamaguchi* is (④ good) than my old bag.

【注】　*brand：銘柄　　toad's mouth：ヒキガエルの口　　wide：広く

---

(2)　次の①～④について，（例）を参考にして，[説明] が示す**英語1語**を（　）に書き，英文を完成させなさい。ただし，**答えは（　）内に示されている文字**で書き始めること。

（例）　He likes (h　　) very much.　He's interested in old foreign events.

　　　[説明]　all the events that have already happened

[答え]　(history)

---

①　I have a friend who lives in Midori City.　I visited him last (S　　).

　　[説明]　the day of the week before Sunday

②　If you want to borrow some books, you should go to a (l　　).

　　[説明]　a building which has many books, newspapers and so on

③　That supermarket has become (p　　) because it sells many kinds of vegetables.

　　[説明]　liked or enjoyed by a lot of people

④　I like to (c　　) cards of this anime character.　I have many cards of the character.

　　[説明]　to get things from different places

(3) 次の①〜③について，(例)を参考にして，〈　〉の状況の会話がそれぞれ成り立つように
　　　内の語に**必要な2語を加え，正しい語順で**英文を完成させなさい。ただし，文頭にくる語
　　は，最初の文字を大文字にすること。

(例)〈留学生と教室で〉

　Mike : 　pen 　 this?

　Naoki : Oh, it's mine.　Thank you, Mike.

[答え] (Whose) (pen) (is)

① 〈ALT の先生との授業中のやり取りで〉

　　　Kana : I visited Kyoto last week.

　Ms. Smith : Good.　 you 　 go there?

　　　Kana : I went there by train.　I had a lot of fun there.

② 〈留学生と休日に〉

　　　Ben : I'll go skiing next month.

　Kanako : Nice!　I think skiing is the 　 exciting 　 all winter sports.

③ 〈留学生と職員室の前で〉

　Kevin : What did Mr. Sato say to you, Takeru?

　Takeru : He told 　 go 　 to the science room after lunch.

3　　次は，ALT のホワイト先生 (Mr. White) が，中学生の亮太 (Ryota)，絵美 (Emi) と，英
　　語の授業で会話をしている場面です。これを読んで，(1)，(2)の問いに答えなさい。

There are many kinds of interesting school events in junior high schools in Japan.　I really love them.　What was your favorite school event, Ryota?

Mr. White

Ryota

My favorite school event was *Sports Day.　It was my best *memory. What was your favorite school event when you were a junior high school student, Mr. White?

Let's see....　I enjoyed my school life like you.　My favorite event was the *Talent Show.　We had it in May.　In the event, we showed our *special skills on the stage.　For example, my friends showed us *gymnastics.

Mr. White

Sounds interesting! What did you do in the event?

Emi

I played the guitar. To do my best in front of a lot of students, I practiced it from 7 p.m. to 9 p.m. every night. On the day of the event, I felt nervous, but I really enjoyed playing it. The event was not a contest, so all of us had a good time. It was my best memory. Now everyone, what was the best memory of your junior high school life?

Mr. White

【注】　*Sports Day：運動会　　*memory：思い出　　*Talent Show：タレントショー（イベント名）
　　　*special skills：特技　　*gymnastics：器械体操

(1)　次の①，②の問いに対する答えを，それぞれ**主語と動詞を含む英文1文**で書きなさい。

① When was the Talent Show held in Mr. White's school?

② How many hours did Mr. White practice the guitar every night?

(2)　あなたなら，下線部のホワイト先生の質問に対してどのように答えますか。解答用紙の
（　）に紹介したい内容を書き入れ，次の《条件》にしたがって，英文を書きなさい。

《条件》　・文の数は問わないが，**15語以上25語以内**の英語で書くこと。
　　　　　・符号（，．？！など）は語数に含めない。

4　次は，留学生のベッキー（Becky）と中学生の幸（Sachi）が，ブロードウェイのミュージカ
ル（Broadway musicals）について，チケットや劇場（theater）の館内図を見ながら会話をし
ている場面です。これらと幸が書いた手紙を読んで，(1)～(4)の問いに答えなさい。

Becky: I hear you're interested in Broadway musicals. [①]. When I was in America, we often went to Broadway together.

Sachi: That's nice. I've never been there but I really like them.

Becky: I brought my ticket for the musical I watched before. Do you want to see it?

Sachi: Yes, please. I want to know more about Broadway musicals.

Becky: Here you are.

Sachi: Wow, you saw "The Cat King" at ABC theater two years ≪　　　≫.

Becky: Yes. "The Cat King" was my favorite musical because the music and the

ベッキーのチケット

ＡＢＣ劇場　館内図

performance were really good.

Sachi: That's the one I have wanted to see for a long time. I want to go to America and watch it someday.

Becky: I'm sure you'll have the *chance to do that.

Sachi: Thank you. Oh, I have a question. What does this "MEZZ" on your ticket mean?

Becky: It means mezzanine. It's the area which has seats on the second *floor. Look at this map. In this theater, this area is called mezzanine. I watched "The Cat King" from the mezzanine. The other area is called the orchestra. It's the area which has seats on the first floor.

Sachi: Do you like to see musicals from the mezzanine floor?

Becky: Well, both the mezzanine and the orchestra have their own good points. For example, the orchestra seats are *close to the stage. On the other hand, the mezzanine seats are on a higher floor, so [②]. You should think about that when you see musicals.

Sachi: I see. Thank you for your advice.

The next year, in 2021, Sachi saw the same musical in America and wrote to Becky.

Yesterday, I saw "The Cat King" at ABC theater in New York! I considered which floor to (c＿＿＿＿＿), the mezzanine or the orchestra. Finally, I got the seat just in front of the stage in the orchestra. I could see the facial expressions of the people on the stage well.
I was satisfied with that.

【注】 *chance：チャンス，機会　　*floor：〜階　　*close：近い

(1) 本文中の①，②に当てはまる最も適切なものを，次のア〜エからそれぞれ１つずつ選んで記号を書きなさい。

① ア I also like your favorite place
　イ My mother and I like musicals, too
　ウ The musical you saw is so famous
　エ Your parents know why you like it

② ア you can see the whole stage easily
　イ the orchestra is the best floor to see it
　ウ the theater is very crowded now
　エ your performance looked really good

(2) 本文の《　》に当てはまる英語１語を書きなさい。

(3) 幸がベッキーに書いた手紙の中の（　）に適する英語１語を書きなさい。ただし，答えは（　）内に示されている文字で書き始めること。

(4) 幸とベッキーが "The Cat King" を実際に観劇した席を，館内図の@〜©からそれぞれ

１つずつ選んで記号を書きなさい。また，幸が自分の席で満足した理由を，**日本語で書きなさ**い。

5 次の英文は，高校生のさくら（Sakura）が留学の経験を経て考えたことについて書いたものです。これを読んで，(1)〜(6)の問いに答えなさい。

It was eight o'clock. I was sixteen years old. When I got to school, some student council members were standing in front of the school. They were smiling and *greeting the students. So I said, "Good morning" like everyone else, but I said to myself, "Why are they doing that? Is the greeting so important?"

When I was seventeen, I went to the United States to study English and learn something 《　　》 about American culture. One day, I went to a shop. I saw a *tray near the *cash register. There were some *pennies in the tray. I asked a *cashier what it was because I had no idea. Then, he explained it to me. "At some stores in America, we have this tray near the cash register. Some pennies are in the trays. When people get pennies as change and they don't need them, they put the pennies in the tray for other people. If people need a few pennies to buy things, they can take some from the tray and use them to *pay." Then, when I was going to pay, I needed three pennies. I wanted to use the tray, so (A) I did. I was glad because I could try a part of American culture.

Soon after that, something interesting happened to me. My host mother and I went to a *drive-through restaurant. When my host mother *ordered some hamburgers there and was going to pay, the cashier said, "(B) You don't have to pay." She was surprised and asked why. He answered, "The man before you has already paid." She said, "I don't know about that customer, but he paid for me!" My host mother and I talked a little and she said, "We will pay for the next family." We felt satisfied with our decision. A few days later, I read an article in the newspaper and learned that many other customers did the same thing after us. About fifty people paid for other people's food!

These two examples in America have taught me important things. In Japan, when the student council members greeted the students, many of them said, "Good morning." So I did that, too. But in these examples in the United States, people did not need to donate pennies or pay for other customers. They did these out of the *kindness of their hearts. They did not *care who they were helping. This idea was new to me and changed my (C) perspective. I said to myself, "I will try something for others without wanting anything from them."

Now, it is eight o'clock. I am eighteen years old and I am back in Japan. I am in front of the school as a member of the student council.　I am smiling and greeting the students.　Some students pass by without saying, "Good morning."　Other students greet us and look happy.　That makes me happy. Now, I finally know how I can *enrich my life.

【注】　*greet：あいさつをする　　*tray：トレイ　　*cash register：店のレジ

　　　　*penny：1 セント硬貨（1 セントは約 1 円）　　*cashier：店のレジ係

　　　　*pay（paid）：支払う（支払った）　　*drive-through：ドライブスルー　　*order：注文する

　　　　*kindness：親切　　*care：気にする　　*enrich：豊かにする

(1)　《　》に当てはまる英語 1 語を，次のア～エから 1 つ選んで記号を書きなさい。

　　　ア　strict　　イ　same　　ウ　unique　　エ　expensive

(2)　下線部(A) I did の具体的な内容として最も適切なものを，次のア～エから 1 つ選んで記号を書きなさい。

　　　ア　took the pennies from the tray　　イ　put the pennies in the tray

　　　ウ　wanted the pennies as change　　エ　left pennies as change

(3)　下線部(B) You don't have to pay の具体的な理由を，日本語で書きなさい。

(4)　下線部(C) perspective の意味として最も適切なものを，本文の内容から判断して，次のア～エから 1 つ選んで記号を書きなさい。

　　　ア　転換　　イ　視点　　ウ　援助　　エ　期待

(5)　本文の内容と合っているものを，次のア～オから 2 つ選んで記号を書きなさい。

　　　ア　Before Sakura went to America, she didn't think greeting was important and didn't greet other students.

　　　イ　When people use pennies near the cash register in America, they must give them back.

　　　ウ　A lot of people at the drive-through restaurant paid for the next customers.

　　　エ　People in the United States always help others because they have to do it.

　　　オ　Sakura feels good because some students greet her in front of the school now.

(6)　次の英文は，ある生徒が本文を読んで考えたことをまとめたものです。本文の内容に合うように，①，②に適する英語 1 語を，下のア～カからそれぞれ 1 つずつ選んで記号を書きなさい。

　　Before I read the story, I thought that people were glad when someone was kind to them.　However, I didn't want to help people if I didn't (①) them.　Also, I always thought that someone else helped people who had troubles.　This story tells me that our kind actions may give people good feelings and change their lives.　I hope that these actions will (②) forever in many places in the world.

　　ア　finish　　イ　know　　ウ　agree

　　エ　continue　　オ　make　　カ　solve

＜理科＞　　時間　50分　　満点　100点

1　細胞のつくりやはたらきについて，次の(1)，(2)の問いに答えなさい。

(1)　オオカナダモの葉とヒトのほおの粘膜（ねんまく）を用いて，次の観察を行った。

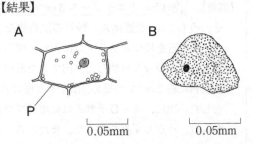

【観察】　スライドガラスを2枚用意し，一方にはオオカナダモの葉をのせ，もう一方にはヒトのほおの粘膜を綿棒でこすりつけ，それぞれに染色液を数滴加え，プレパラートをつくった。次に，オオカナダモの葉の細胞をA，ヒトのほおの粘膜の細胞をBとし，顕微鏡でそれぞれの細胞を観察した。

【結果】

- AとBの両方に，染色液によく染まる a丸いものが見られた。
- Pは，Aには見られたが，Bには見られなかった。

① 下線部aをよく染めることのできる染色液は何か，書きなさい。

② Pは，細胞の形を維持（いじ）し，からだを支えるのに役立っている。Pは何か，書きなさい。

③ ヒトのほおの粘膜の細胞は，体細胞分裂を活発に行っている。体細胞分裂を行う前の細胞1個の染色体の数を x と表した場合，体細胞分裂を行ったあとの細胞1個の染色体の数はどのように表されるか，次から1つ選んで記号を書きなさい。

ア $\frac{1}{2}x$　イ x　ウ $2x$　エ $4x$

(2)　細胞で行われる光合成や呼吸について次のようにまとめた。[○, ●, ◇] は [水，酸素，二酸化炭素] のいずれかを表している。

- 光合成では，気孔からとり入れた○と根から吸い上げた◇を使い，b光のエネルギーを利用して，デンプンなどの養分と●がつくられる。
- 呼吸では，●を使って　Q　ときに，○と◇ができる。

① ◇が表しているものは何か，書きなさい。

② 下線部bを利用して，細胞質の中で光合成を行う部分を何というか，書きなさい。

③ Qにあてはまる内容を「**養分**」と「**エネルギー**」という語句を用いて，書きなさい。

2 香さんの学級では，「水とエタノールの混合物からエタノールをとり出すにはどうすればよい か」という課題を設定し，実験を行った。下の(1)～(4)の問いに答えなさい。

【仮説】　表1のように，物質の種類によって ₐ沸騰すると きの温度は決まっている。この温度のちがいを利用すれ ば，水とエタノールの混合物からエタノールをとり出す ことができるのではないか。

表1

物質	沸騰するとき の温度〔℃〕
水	100
エタノール	78

【実験】　ｂ水17cm³とエタノール3cm³の混合物をつくり， そのうち2cm³を液体A，残りの混合物をSとした。S と ｃ沸騰石を枝つきフラスコに入れ，図のように気体の 温度をはかりながら熱した。出てきた液体を順に3本の 試験管に約2cm³ずつ集め，出てきた順に液体B，C，D とした。次に，A～Dそれぞれにポリプロピレンの小片 を入れ，うきしずみを調べた。また，A～Dそれぞれに ひたしたろ紙を蒸発皿に移し，マッチで火をつけたとき のようすを調べた。表2は，水，エタノール，ポリプロ ピレンの密度を，表3は，実験の結果をそれぞれ表したものである。

図

温度計
枝つきフラスコ
試験管
S
沸騰石
水

表2

物質	密度〔g/cm³〕
水	1.00
エタノール	0.79
ポリプロピレン	0.90～0.91

表3

液体	液体を集めたときの 気体の温度〔℃〕	ポリプロピレン のうきしずみ	火をつけたとき のようす
A	－	ういた	燃えなかった
B	78 ～ 83	しずんだ	よく燃えた
C	83 ～ 87	ういた	少し燃えた
D	87 ～ 92	ういた	燃えなかった

(1) 下線部 a を何というか，名称を書きなさい。また，表1のエタノールは沸騰しているときど のような状態か，次から1つ選んで記号を書きなさい。

　　ア　液体　　イ　気体　　ウ　液体と気体が混ざった状態

(2) 下線部 b の質量は何 g か，四捨五入して小数第1位まで求めなさい。

(3) 下線部 c は，実験においてどのような現象を防ぐために用いられるか，書きなさい。

(4) 香さんの班では，表1～表3をもとに話し合った。次の会話は，その一部である。

　　仁さん：Aはポリプロピレンよりも密度が（　W　）こと，Bはポリプロピレンよりも密度 が（　X　）ことから，BはAよりも密度が（　Y　）ことがわかるね。

　　舞さん：A～Dを比べると，Bが最も燃えやすいこともわかるね。

　　明さん：密度や燃えやすさのちがいは，それぞれの液体における　　Z　　のちがいに関 係があるよね。

　　香さん：熱する前のSよりも，エタノールが沸騰するときの温度あたりで集めたBのほう が　　Z　　が大きいから，沸騰するときの温度のちがいを利用すれば，エタ ノールをとり出すことができたといえるね。

① 仁さんの発言が正しくなるように，W～Yに「大きい」か「小さい」のいずれかを，それ ぞれ書きなさい。

② 明さんと香さんの発言が正しくなるように，Zにあてはまる内容を書きなさい。

3　卓さんは，空気の上昇により気圧が下がって雲ができることについて，実験を行ったり，資料や記録を調べたりした。次の(1)，(2)の問いに答えなさい。

(1)　卓さんは，気圧を下げたときの空気の変化を調べるため，次の実験を行った。

> 【実験】　図のように，少量の水と線香の煙を入れた丸底フラスコと注射器をつないだ。ₐ丸底フラスコ内の気圧を下げるために注射器のピストンをすばやく引いたところ，ᵦ丸底フラスコ内の温度が下がり，白くくもった。

図

温度計
煙
水
注射器
丸底フラスコ

①　ピストンを引く前，下線部**a**は約1気圧である。1気圧は何hPaか，最も適切なものを次から1つ選んで記号を書きなさい。

　ア　987hPa　　イ　1000hPa　　ウ　1013hPa　　エ　1026hPa

②　下線部**b**の理由について，卓さんがまとめた次の文が正しくなるように，**P**にあてはまる内容を書きなさい。

> ピストンを引いて丸底フラスコ内の気圧を下げると，空気が膨張して温度が下がって露点に達し，丸底フラスコ内の空気中の　　**P**　　からだと考えられる。

(2)　卓さんは，雲のできはじめる高さについて，次のように考えた。

> ｃ空気のかたまりが上昇したときに空気1m³中の水蒸気量が変わらない場合，資料と，同じ場所で観測された表1の記録から，**A・B・C**日における，ｄ雲のできはじめる高さのちがいを推測できる。

資料

> 空気の温度は，雲ができるまで100m上昇するごとに1℃ずつ下がる。

表1

観測日	A日	B日	C日
観測時刻	正午	正午	正午
雲量	7	8	7
気温[℃]	22	16	20
湿度[%]	70	79	62
露点[℃]	16	12	12
降水量[mm]	0	0	0

①　下線部**c**について，次のうち，上昇気流ができる場所はどこか，2つ選んで記号を書きなさい。

　ア　太陽の光で地面があたためられるところ　　イ　空気が山の斜面にぶつかるところ
　ウ　夏の夜に海陸風がふいているときの陸上　　エ　高気圧の中心付近

②　表1の観測日の天気はすべて同じである。この天気は何か，**天気記号**でかきなさい。

③　表2は，気温に対する飽和水蒸気量を示している。**B**日正午の空気1m³中に含まれる水蒸気は何gか，四捨五入して小数第1位まで求めなさい。求める**過程**も書きなさい。

表2

気温[℃]	16	18	20	22
飽和水蒸気量[g/m³]	13.6	15.4	17.3	19.4

④　下線部**d**について，卓さんが考えた次の文が正しくなるように，**X**には**A～C**のいずれかを，**Y**にはあてはまる内容を「気温」と「露点」という語句を用いて，それぞれ書きなさい。

> 空気の上昇によって雲のできはじめる高さが最も高かったのは，（　**X**　）日だと考えられる。その理由は，（　**X**　）日はほかの2日と比べて　　**Y**　　からである。

4 恵さんは，水中の物体にはたらく力について実験を行った。下の(1)～(6)の問いに答えなさい。ただし，100gの物体にはたらく重力の大きさを1Nとし，フックや糸の体積と質量，滑車の摩擦は考えないものとする。

【実験Ⅰ】　水がしみこまない，表1のような直方体の物体A，Bを水槽の水に入れたところ，図1のように，Aはしずみ，Bは水面からBの底面までの距離が2cmで静止した。

【実験Ⅱ】　図2のように，Aをばねばかりにつるして水に入れ，水面からAの底面までの距離をSとしてばねばかりの値を読み，表2にまとめた。

【実験Ⅲ】　図3のように，水槽の底に固定した滑車を使ってBにつけた糸をばねばかりで引き，水面からBの底面までの距離をTとしてばねばかりの値を読み，表3にまとめた。

表1

	A	B
底面積[cm²]	10	40
高　さ[cm]	4	5
質　量[g]	80	80

図1

図2　　　　　図3

表2

S [cm]	1	2	3	4	5	6
ばねばかりの値[N]	0.7	0.6	0.5	0.4	0.4	0.4

表3

T [cm]	2	3	4	5	6	7
ばねばかりの値[N]	0	0.4	0.8	1.2	1.2	1.2

---

(1) 図1について，Bにはたらく重力はどのように表されるか，図4に矢印でかきなさい。ただし，方眼の1目盛りを0.2Nとする。

図4

(2) 下線部は，変形したばねが，もとにもどろうとする性質を利用した道具である。この性質によって生じる力を何というか，書きなさい。

(3) Tが6cmのとき，Bにはたらく浮力の大きさは何Nか，求めなさい。

(4) 次のうち，Sが4cmのときのAの底面にはたらく水圧の大きさと，Tが4cmのときのBの底面にはたらく水圧の大きさの比を表しているのはどれか，1つ選んで記号を書きなさい。

　ア　1：4　　イ　1：2　　ウ　1：1　　エ　2：1　　オ　4：1

(5) 表2，表3をもとに，恵さんが考えた次の文が正しくなるように，Xにあてはまる内容を書きなさい。

　　物体の　　X　　が大きくなるほど浮力は大きくなるが，物体がすべて水に入った状態では，物体の　　X　　が変わらず，浮力は変わらない。

---

(6) 恵さんは，図5のように，BにAをのせたアと，BにAをつり下げたイを，それぞれ水に入れ，手で支えた。手を離したところ，ア，イのどちらも水にうき，水平に静止した。このとき，水面からBの底面までの距離が小さいのはア，イのどちらか，記号を書きなさい。また，その距離は何cmか，求めなさい。

図5

5　愛さんは，自分で作った望遠鏡で月の観察を行ったり，月をよんだ俳句から月の見え方を考察したりした。次の(1)，(2)の問いに答えなさい。

(1)　愛さんは，博物館の工作教室の先生から望遠鏡の作り方についての説明を聞き，作った望遠鏡で月を観察した。

焦点距離の異なる2つの a凸レンズと2つの牛乳パックで，b図1のような望遠鏡を作ります。この望遠鏡は，物体の実像が対物レンズによってでき，その実像の虚像が接眼レンズによってできることで，物体が大きく見えます。

図1　対物レンズ　接眼レンズ　牛乳パック

①　下線部aのような透明な物体に入射した光が曲がる現象を何というか，書きなさい。

②　図2のような，CD間に焦点がある凸レンズの軸上で，物体をAからEまで順に移動させ，凸レンズを通して物体を見たとき，虚像が見える物体の位置はA～Eのどこか。**すべて**選んで記号を書きなさい。

図2　物体　A B C D E　焦点　凸レンズの軸　凸レンズ

③　図3のように，ある日の夕方，愛さんが三日月を観察するとき，下線部bを通して三日月はどのように見えるか。最も適切なものを次から1つ選んで記号を書きなさい。

図3

ア　　　　　イ　　　　　ウ　　　　　エ

(2)　愛さんは，次のような松尾芭蕉がよんだ俳句とその解説を見て，下のように考えた。

「明けゆくや二十七夜も三日の月」
この俳句には，芭蕉が旅先の舟の中で一夜を明かしたとき，c夜明け前に見える細い月（二十七夜）は，まるで夕方に見える三日月のようだと感じたことが表現されている。

d新月の日を1日目として数えるとき，芭蕉は27日目の夜に舟で過ごし，28日目の夜明け前に下線部cを（　X　）の空に見たと思います。新月から次の新月まで30日かかるとすると，芭蕉が下線部cを見た日から，およそ（　Y　）日後の夕方に三日月を見ることができます。

①　図4は，地球と月の位置関係を模式的に表したものである。下線部dの位置は図4のG～Nのどこか，最も適切なものを，1つ選んで記号を書きなさい。

②　愛さんの考えが正しくなるように，Xにあてはまる方位を，東，西，南，北から1つ選んで書きなさい。また，Yにあてはまる最も適切な数値を，次から1つ選んで記号を書きなさい。

ア　5　　イ　12　　ウ　15　　エ　24

図4　公転の向き　月の公転軌道　月　北極　地球　太陽の光　G H I J K L M N

6 学さんは，オンラインのクッキング教室に参加し，ケーキの甘みやふくらみについての説明を聞いた。次の(1)，(2)の問いに答えなさい。

(1) 農家の人から，ケーキに使ったサツマイモについての説明を聞いた。

ケーキに使ったサツマイモは，品種改良によって生み出され，濃厚な甘みが特徴的です。多くの人に食べてもらうために，$_a$この特徴のサツマイモをつくり続けることに取り組んでいます。

① サツマイモは双子葉類である。次のうち，双子葉類の特徴を表すものはどれか，2つ選んで記号を書きなさい。

ア 網目状の葉脈　　イ 平行な葉脈　　ウ ひげ根　　エ 主根と側根

② 下線部aについて，次の学さんの考えが正しくなるように，Pには「有性」か「無性」のいずれかを，Qにはあてはまる内容を「形質」という語句を用いてそれぞれ書きなさい。

農家の方は，濃厚な甘みが特徴的なサツマイモを（ P ）生殖でつくっていると思います。その理由は，（ P ）生殖は　　Q　　からです。

(2) 先生から聞いたケーキがふくらんだ理由について興味をもち，後日，実験を行った。

ケーキがふくらんで焼きあがったのは，使った材料に含まれていた炭酸水素ナトリウムが加熱されたからよ。

【実験】 炭酸水素ナトリウムを加熱したときの変化を調べるために，図のように，試験管Aを加熱し，出てきた気体を試験管Bに集めた。完全に反応が終わったあと，$_b$ガラス管を水からとり出してから，加熱するのをやめた。Aには$_c$白い固体の物質が残り，内側に水滴がついていることがわかった。また，Bに石灰水を入れ，よくふると白くにごった。

① 下線部bを行う理由を「水」という語句を用いて書きなさい。

② 炭酸水素ナトリウムが2.1gのとき，出てきた液体と気体の質量は合わせて何gか，四捨五入して小数第1位まで求めなさい。ただし，この実験における炭酸水素ナトリウムの質量と下線部cの質量の比は，84：53であるものとする。

③ 学さんは，ケーキがふくらんだ理由について次のように考えた。学さんの考えが正しくなるように，Xにあてはまる語句を書きなさい。また，Yにあてはまる物質を化学式で書きなさい。

（ X ）という化学変化により，炭酸水素ナトリウムから発生した水蒸気や（ Y ）が，ケーキをふくらませる要因になっているといえます。

＜社会＞　　時間　50分　　満点　100点

1 次の模式図と地図，図，表を見で，(1)～(6)の問いに答えなさい。

※ロシア連邦は**A**州に位置づける。
※模式図と地図の緯線は赤道を，経線は本初子午線を基準に，それぞれ15度ごとに引いている。

図1　気温の変化

表1　模式図と地図の**A～D**州の比較 (2017年)

項目／州	年平均人口増加率(%)(2000～2015年)	日本からの輸入額(億円)	一人あたりのCO₂排出量(t)
㋐	1.05	183 925	10.3
㋑	2.55	8 433	1.1
㋒	1.14	457 345	4.0
㋓	0.16	100 642	6.9

図2　農・鉱産物の生産割合 (2018年)

(図1，表1，図2は「データブック　オブ・ザ・ワールド2021年版」などから作成)

(1) 模式図の**X**は，世界の三大洋のうちの一つである。**X**の海洋名を書きなさい。また，**X**と同じ海洋を，地図の**あ～う**から一つ選んで記号を書きなさい。

(2) 模式図に示した**Y**国の位置から，地球の中心を通り，正反対にある州を模式図と地図の**A～F**州から一つ選んで記号を書きなさい。

(3) 模式図の**Y**国の首都の気温を示すものを，図1の**ア～エ**から一つ選んで記号を書きなさい。

(4) 表1の**㋐～㋓**から，地図の**D**州にあてはまるものを一つ選んで記号を書きなさい。

(5) 図2の**Z**にあてはまる国を一つ選んで記号を書きなさい。

　　ア カナダ　**イ** フランス　**ウ** サウジアラビア　**エ** ブラジル

(6) 表2と図3は，**A～D**州の各州において，GDPの上位国を取り上げ，比較したものである。表2と図3から読みとれる，他国と比較したインドの経済的な特色を書きなさい。

表2　各国の統計 (2018年)

項目／国	GDP(億ドル)	人口(万人)
ドイツ	39 495	8 312
インド	27 794	135 264
南アフリカ共和国	3 681	5 779
アメリカ	205 802	32 710

図3　第3次産業人口割合と一人あたりのGDP (2018年)

(表2，図3は「世界国勢図会2020/21年版」などから作成)

2 次の地図と図，表を見て，(1)～(4)の問いに答えなさい。

地図　　　　　　　　　　　　図1

（「国土地理院電子地形図25000」を加工して作成）

(1) 地図の　X　にあてはまるものを，一つ選んで記号を書きなさい。

　　ア　讃岐　　イ　濃尾　　ウ　越後　　エ　石狩

(2) 図1は，地図のP川の支流であるQ川付近の地形図の一部である。

　① Q川はどの方角からどの方角へ流れているか，一つ選んで記号を書きなさい。

　　　ア　北東から南西　　イ　南東から北西　　ウ　北西から南東　　エ　南西から北東

　② 次の文の　Y　に入る適切な内容と，　Z　にあてはまる語を，それぞれ書きなさい。

　　　　図1の@の範囲は，ⓑよりも土地の傾斜が　Y　であり，水田や　Z　が広がっ
　　　ている。

(3) 表1の⑦～①は，地図の四つの港湾・空港
のいずれかを表している。関西国際空港を
示すものを，一つ選んで記号を書きなさい。

(4) 国内輸送に関する問題である。

　① 表2のA～Dは，鉄道，自動車，船舶，
航空のいずれかの輸送機関を表している。
Bにあてはまる輸送機関を書きなさい。

　② 図2と図3から読みとれる貨物輸送の
特色を，解答欄にしたがって書きなさい。

表1　四つの港の主な輸出品目と輸出額(2019年)

	輸出額の上位品目	輸出額(億円)
⑦	集積回路，電気回路用品，[*1]科学光学機器	51 872
⑦	自動車，自動車部品，[*2]内燃機関	69 461
⑦	自動車，自動車部品，内燃機関	123 068
①	プラスチック，建設・鉱山用機械，内燃機関	55 571

[*1]カメラ，レンズ，計測機器など　[*2]エンジン

表2　国内の[*]旅客輸送量の輸送機関別割合(%)

	A	B	C	D
1965年	31.6	66.7	0.8	0.9
2017年	62.8	30.4	6.6	0.2

[*]輸送時の人数に輸送距離をかけたもの

図2　国内の[*1]貨物輸送量に対する[*2]エネルギー消費量の割合

[*1]輸送時の重量に輸送距離をかけたもの
[*2]使用したエネルギー（石油，石炭など）を
　　熱量で表したもの

図3　国内の貨物輸送量の割合の変化

※図3の凡例は図2に同じ。

（表1，表2，図2，図3は「日本国勢図会2020/21年版」などから作成）

3 25, 26ページの表は，三つの視点から，わが国の近世までの様子と近現代の様子を比較し，まとめたものである。これを見て，(1)～(3)の問いに答えなさい。

表

視点	政治や国家の制度	人々の生活と文化
近世までの様子 ▼	◇大陸から伝わった制度を取り入れながら@政治の仕組みが整えられた。 ◇ⓑ武士が台頭して武家政治が広まり，近世には幕府と藩による支配体制が２６０年余り続いた。 資料1　十七条の憲法とその内容 一に曰く，和を以て貴しとなし，さからうことなきを宗とせよ。 二に曰く，あつく三宝を敬え。… 三に曰く，詔（みことのり）を承りては必ずつつしめ。　（部分） 　　　内　容 役人の心構えとして あ の命令である詔を守り， い の教えなどである三宝をあつく敬うこととされた。	◇古代には，国際的な要素をもった文化を基礎としながら，文化の国風化が進んだ。 ◇中世からの民衆の成長を背景に，近世には都市での町人文化，各地方の生活文化が生まれた。 資料3　唐獅子図屏風（からじしずびょうぶ）（狩野永徳） 作品の特色 二頭の唐獅子が歩く姿を描いた，力強く豪華な作品である。
近現代の様子	◇明治維新の後，わが国は憲法と議会をもつ近代的な立憲国家となった。 ◇太平洋戦争の後，日本国憲法が制定されるなど民主化が進められた。 資料2　第1回帝国議会の議員構成（1890年） 貴族院　華族135人／その他106人 皇族10人　立憲改進党41人 う ：立憲自由党130人／その他129人 （「議会制度百年史」などから作成）	◇欧米諸国の影響を受けて，生活様式の変化や，ⓒ文化の大衆化が見られた。また，科学技術の発展により国民の生活水準が向上した。 資料4　5年ごとの雑誌の出版数（1910～1930年） （「数字でみる日本の100年」から作成）

(1) **政治や国家の制度**に関する問題である。

① 下線部@に関わる資料1の あ と い にあてはまる語を，それぞれ一つずつ選んで記号を書きなさい。

　　ア　天皇　　イ　大臣　　ウ　摂政　　エ　律令　　オ　儒教　　カ　仏教

② 下線部ⓑに関わるア～ウを，年代の古い順に並べ替え，記号を書きなさい。

　　ア　平治の乱が起こる　　イ　承久の乱が起こる　　ウ　平将門の乱が起こる

③ 資料2の う にあてはまる名称を書きなさい。また， う の議員選挙において，選挙権があたえられた有権者の資格を，解答欄にしたがって書きなさい。

(2) **人々の生活と文化**に関する問題である。

① 資料3が描かれた時代に活躍した人物を，一人選んで記号を書きなさい。

　　ア　歌川広重　　イ　千利休　　ウ　清少納言　　エ　近松門左衛門

② 下線部ⓒに関わる資料4の時期に見られた生活様式の変化を，一つ選んで記号を書きなさい。

　　ア　ラジオ放送がはじまり全国に普及した

　　イ　洗濯機，冷蔵庫など家庭電化製品が普及した

　　ウ　太陰暦に代わって太陽暦が採用された

　　エ　米などの生活物資が配給制や切符制になった

国際社会との交流

◇古代から東アジアを中心に⒟活発な交流が見られたが、近世には⒠オランダ商館が出島に移されるなど鎖国とよばれる状態が続いた。

資料5　モンゴル帝国の拡大

□ モンゴル帝国の最大領域（服属地域含む）

◇開国により欧米や⒡アジア諸国との関係が緊密となった。今後も国際貢献など⒢交流の活性化が求められている。

資料6　主な周辺国と結んだ条約

日清修好条規

第8条　両国の開港地にはそれぞれの役人を置き、自国の商人の取り締まりを行う。財産や産業について訴えがあった事件は、その役人が裁判を行い、自国の法律で裁く。(部分要約)

日朝修好条規

第10条　日本国の人民が朝鮮国の開港地に在留中に罪を犯し、朝鮮国の人民と交渉が必要な事件は、全て日本国の領事が裁判を行う。(部分要約)

年表

年代	主なできごと
1860	パリ*万博に、幕府や薩摩藩、佐賀藩が出展 ┐A
1870	ウィーン万博に、新政府が初出展 ┘
1880	
1890	シカゴ万博に、高村光雲「老猿」など出品
1900	パリ万博に、黒田清輝「湖畔」など出品
1910	
1920	国際連盟に加盟
1930	国際連盟を脱退
	東京での万博の開催延期を決定 …………B
1940	ポツダム宣言を受諾
1950	サンフランシスコ平和条約を締結
	国際連合に加盟
1960	
1970	大阪万博を開催
	非核三原則を決議
	沖縄で、国際海洋博覧会を開催 …………C

*万博とは、万国博覧会の略称

(3)　国際社会との交流に関する問題である。

①　下線部⒟に関わる資料5に示したXの国と、わが国との交流の様子を、一つ選んで記号を書きなさい。

　ア　皇帝から王の称号や金印などが授けられた

　イ　朱印船貿易により各地に日本町ができた

　ウ　民間の貿易が行われ禅宗の僧が行き来した

　エ　勘合を用いた朝貢形式の貿易が行われた

②　下線部⒠のときの将軍は誰か、書きなさい。

③　下線部⒡に関わる資料6から読みとれる、当時のわが国が結んだ二つの条約の特色の違いを、それぞれの条約を結んだ相手国の国名を用いて書きなさい。

④　下線部⒢に関わる年表のAの時期に、新政府の中で主導権を維持しようとして、当時の将軍が行ったことを、次の語を用いて書きなさい。〔返上〕

⑤　年表のBの背景となるできごとを、一つ選んで記号を書きなさい。

　ア　ベトナム戦争の激化　　イ　石油危機の発生

　ウ　ソ連の解体　　　　　　エ　日中戦争の長期化

⑥　年表のCに関連した次の文の　え　に入る適切な内容を書きなさい。

　　政府は、沖縄が　え　ことを記念して、国際海洋博覧会を開催した。

4 次は,「私たちが築く社会のあり方」について,それぞれのテーマを生徒が調べまとめたものの一部である。これらと図,資料,表を見て,(1)～(3)の問いに答えなさい。

テーマ1　男女平等の実現に向けて

・男女の賃金を比較すると,男性より女性の方が低く, あ 傾向にある。
・女性の活躍推進に向けて法律が作られ,ⓐ企業の行動計画策定を促進している。

図1　わが国の男女の年齢別賃金

（厚生労働省資料から作成）

資料1　企業の行動策定と秋田県の取り組み

　ある企業では,子育て世帯の従業員の い を目的として,社内に保育所を設置している。こうした企業に,県では右のようなステッカーを配布している。

（秋田県あきた未来創造部資料から作成）

テーマ2　経済の安定と公平な税制に向けて

・人や物,お金や情報などが国境を越えて地球規模で移動する う 化の進展により,ⓑ貿易が活発になり,ⓒ日本企業の海外進出が進んだ。
・地方自治の充実のため,地方の財政格差を抑える目的で え が配分されている。

資料2　為替相場の変動による影響

＜20ドルのシャツを1,000枚輸入する場合＞
Ⅰ 1ドル＝120円の時　**Ⅱ** 1ドル＝100円の時
2,400円×1,000枚　　2,000円×1,000枚

Ⅰ と Ⅱ を比較すると, Ⅱ の時にわが国の X には有利になる。これは,市場で円に対する需要が高まり, Y に替える動きが強まったことによる。

図2　日本の製造業の*海外生産比率

2000　05　10　15　18(年)
*国内と海外の生産額の合計に占める,海外の生産額の比率
（経済産業省資料から作成）

---

(1) テーマ1に関する問題である。

① 労働三法のうち,労働時間の上限について定めた法律名を書きなさい。

② あ に入る適切な内容を,図1から読みとり,次の語を用いて書きなさい。

〔　年齢　〕

③ 下線部ⓐに関して,資料1の い にあてはまる内容を,一つ選んで記号を書きなさい。

ア　団結権の保障　　イ　離職率の低下
ウ　労働災害の防止　エ　雇用の減少

(2) テーマ2に関する問題である。

① う にあてはまる語を書きなさい。

② 下線部ⓑに関して,資料2の X と, Y にあてはまる内容の正しい組み合わせを,一つ選んで記号を書きなさい。

ア　X　輸入企業　Y　円をドル
イ　X　輸出企業　Y　円をドル
ウ　X　輸入企業　Y　ドルを円
エ　X　輸出企業　Y　ドルを円

③ 下線部ⓒに関して,図2に見られる変化によって起きた国内の状況を,一つ選んで記号を書きなさい。

ア　市場の寡占化
イ　流通の合理化
ウ　都市の過密化
エ　産業の空洞化

④ え にあてはまる収入項目を,図3のア～エから一つ選んで記号を書きなさい。

図3　地方公共団体の収入項目の割合（2019年度）

（総務省資料から作成）

図4　「公平さ」の視点から見た各国の税制

税の支払い能力に応じる，といった意味での公平さ

全ての世代が負担する，といった意味での公平さ

図5　5か国の直接税と間接税の割合

直接税(所得税など)　間接税(消費税など)

（財務省資料などから作成）

テーマ3　国際社会の平和と発展に向けて

・社会の変化にともなって生じる課題の解決に向けて，身近なところでは，　お　を目的とした取り組みが見られる。

・国家間には，国際協調を進めるために，ⓓ様々なきまりがある。また，ⓔ地域ごとに連携や協力の動きが見られる。

・ⓕ国際連合には，総会，ⓖ安全保障理事会などがあり，世界の平和と安全の維持を目的とした活動に，わが国も積極的に関わっている。

資料3　身近な取り組みの例

　一部の駅や空港などには，礼拝のために，静かに過ごせるスペースが設けられている。

表1　人権に関する主な条約と日本の取り組み

主な条約	日本の取り組み	
	批准年	関連する主な法律
女子差別撤廃条約	1985	男女雇用機会均等法
子どもの権利条約	1994	児童福祉法
障害者権利条約	2014	障害者差別解消法

表2　中東の情勢に関する決議の投票結果

	賛　成	反　対	棄　権
常任理事国	3か国	1か国	1か国
非常任理事国	9か国	1か国	なし

（国際連合広報センター資料から作成）

---

⑤　図4は，図5をもとに日本を基準として二つの「公平さ」の視点から生徒がまとめたものであり，A～Dは，それぞれ日本を除く4か国を示している。Aにあたる国名を，図5から一つ選んで書きなさい。

(3)　テーマ3に関する問題である。

①　資料3は，　お　に関する取り組みの例である。　お　にあてはまる内容を，一つ選んで記号を書きなさい。

ア　地域活性化　　イ　防災管理
ウ　異文化理解　　エ　環境保全

②　下線部ⓓについて，排他的経済水域において沿岸国に認められた権利を，二つ選んで記号を書きなさい。

ア　水産資源の管理
イ　鉱産資源の開発
ウ　上空飛行の独占
エ　沿岸国以外の航行の禁止

③　下線部ⓔについて，東南アジア10か国が加盟している組織の名称を，一つ選んで記号を書きなさい。

ア　EU　　　　　イ　NIES
ウ　OPEC　　　　エ　ASEAN

④　次は，下線部ⓕに関わる表1について，生徒がまとめたものである。　か　にあてはまる語を書きなさい。

　1948年に国際連合で　か　が採択された後，関連する様々な条約が採択された。わが国でも共生社会の実現に向けて，条約の批准と法律の整備が進められている。

---

⑤　表2は，下線部ⓖにおける決議の投票結果である。この決議が採択されたか，採択されなかったかのどちらかを◯で囲み，その理由を表2をもとに書きなさい。

六　次の【表】は、ある国語辞典の第一版と第八版の記載内容について まとめたものである。この【表】から気付いたことを具体的に取り上げながら、「言葉」について考えたことを、後の〈条件〉にしたがって書きなさい。

【表】

語句 ＼ 版	第一版（昭和四十七年発行）	第八版（令和二年発行）
聖地	神・仏・聖人などに関係の ある、神聖な土地。	①神・仏・聖人などに関係の ある、神聖な土地。 ②ある物事に強い思い入れの ある人が訪れてみたいとあ こがれる、ゆかりの場所。
リサイクル		いったん使用され廃物となっ た新聞紙・金属製品などを捨 てずに回収して、再び資源と して利用すること。

※「リサイクル」は、第一版には掲載されていなかった。

〈条件〉
・題名は不要
・字数は二百字以上、二百五十字以内

我にその半分を与へ給はば、教へ奉らん」といふ。鷲、うけがふて、（同意して）

その故を問ふに、鳥申すやう、「蝸牛を高き所より落し給へば、その（方法）

殻、忽ちに砕けなん」といふ。則ち、教へのやうにしければ、案の如（すなは）（鳥の提案）

く、たやすくD取つて、これを食ふ。（通りに）

その如く、たとひ権門高家の人なりとも、我が心を恣にせず、智者（このように）（権力があり身分が高い家柄）（思うがままに）

の教へに従ふべし。その故は、鷲と鳥を比べんに、その徳、などかは（備えた能力）

勝るべきなれども、蝸牛の技におゐては、鳥、最もこれを得たる。

事にふれて、事毎に人に問ふべし。（事ごとに）

（『伊曾保物語』による）（いそほものがたり）

（物事に応じて）

1 ①<u>やうに</u> ②<u>おゐては</u> を現代仮名遣いに直しなさい。

2 A～Dの～～線部のうち、主語が他と異なるものを、一つ選んで記号を書きなさい。

3 <u>いかんともせん事を知らず</u> とあるが、何を知らなかったのか。最も適切なものを、次のア～エから一つ選んで記号を書きなさい。

ア 蝸牛の中身の取り出し方　イ 蝸牛を見つけ出す方法

ウ 蝸牛がたくさんいる場所　エ 蝸牛が食料になること

4 <u>教へ</u> とあるが、その具体的な内容を、解答欄にしたがって二十字以内で書きなさい。

5 次は、本文の内容について、【授業で学習した漢文】と比較している生徒A、B、Cの会話である。これを読んで、後の問いに答えなさい。

【授業で学習した漢文】

〔書き下し文〕

驥驤驊騮は一日にして千里を馳するも、（足の速い名馬）（き　り　かりゆう）　　　　　（は）

鼠を捕ふるは狸狌に如かずとは、技を殊にするを言へるなり。（ねずみ）　　　　（り　せい）（し）

（猫やイタチには及ばない）　　（こと）

（『荘子』）の一節

A 本文の「智者」は、「知恵がある者」という意味だよね。

B 「智者」にあたる動物は、[a] だね。能力では劣るようにみえるけれど、鼠を捕るのが上手な狸狌と似ているよ。

C お互いに違った技能をもっているということなんだね。このことを、漢文では [b] と書いているよ。

A 国や時代が違っても、共通するテーマがあって興味深いね。

B 本文には、「智者」の教えに従うのがよいとも書かれているよ。そのためには、自分の力で何でもできると思わずに、

C それぞれの分野の [c] ことが大切なんだね。これからの生活に役立ちそうな教訓だね。

（1）[a] に当てはまる語句を、本文中から漢字一字で抜き書きしなさい。

（2）[b] に適する内容を、〔書き下し文〕の中から六字で抜き書きしなさい。

（3）[c] に適する内容を、十字以内で書きなさい。

*バイト……工作機械に取り付けて金属の切削に使用する刃物
*要綱……物事の基本となる大切な事柄をまとめて記したもの。ここでは、ものづくりコンテストについての資料のこと

1　浮き上がってきた とあるが、その様子を次のようにまとめた。[　]に当てはまる語句を、本文中から二字で抜き書きしなさい。

> 鉄の塊に隠れていたネジ型が、[　]されたように見えた様子。

2　胸にやるせない風が吹き抜けたようになって について、次のようにまとめた。[a][b]に当てはまる内容を、[a]には九字で、[b]には十一字で本文中からそれぞれ抜き書きしなさい。

> 心は、鉄の加工に必要なのは、[a]ではないかと気付き始めた。それなのに、けがで練習ができず、亀井から[b]と感じ、切なくなっている。

3　ゆがんでいた とあるが、心がこのように考えた理由を、「高い技術」「仲間」の二語を用いて、解答欄にしたがって四十五字以内で書きなさい。

4　次は、赤い折り紙がはらりと落ちた。以降の印象に残った表現について書いたメモ①〜④と、生徒A、B、Cの会話である。これを読んで、後の問いに答えなさい。

①
赤い折り紙
がはらりと
落ちた
↑
きっかけ

②
練習を見学する時
には折り紙を折る
ようになった
↑
変化

③
五十枚入りの折
り紙が半分ほど
になった頃
↑
表現の効果

④
折り目正しいツルが、
手から生まれるように
なった頃、心は傷口を
抜糸した。
↑
今後を暗示

A　メモを並べると、心の気持ちの変化が分かるね。①は、心に変化をもたらすきっかけになった出来事だと思うよ。

B　それが、②のような行動につながったんだね。ものづくりをしたいという心の思いの強さが感じられるね。

C　けがで不自由な状態だけど、折り紙を折ることを通して、心は自分の[Ⅰ]を学んでいくのね。

A　③の「五十枚入りの折り紙が半分ほどになった頃」は効果的な表現だね。時間の経過だけではなく、[Ⅱ]も読み取れるよ。

B　折り紙を折ることで変化した心の姿が、④にも表れているのではないかな。

C　そうね。④の「折り目正しいツルが、手から生まれる」と「傷口を抜糸した」という表現からは、心がこれから[Ⅲ]ことが想像できるわ。

(1)　[Ⅰ]に適する内容を、七字以内で書きなさい。

(2)　[Ⅱ]に当てはまる内容として最も適切なものを、次のア〜エから一つ選んで記号を書きなさい。
ア　礼儀正しくなったこと　　イ　友人関係が変化したこと
ウ　周囲の信頼を得たこと　　エ　根気強く取り組んだこと

(3)　[Ⅲ]に適する内容を、「ものづくり」という語句を用いて、三十字以内で書きなさい。

五　次の文章を読んで、1〜5の問いに答えなさい。

　ある時、鷲（わし）、「蝸牛（かたつぶり）を食（く）らはばや」（食べたい）と思ひけれども、いかんともせん事を知らず。A〜〜〜〜〜〜。思ひ煩ふ処に、烏、傍（かたはら）より進み出て申しけるは、「この蝸牛、亡（な）さん事、いとやすき事にて侍（はべ）る。我が申すやうにし給（たま）ひて後、

た。けれど、確かな技術というのは、硬い鉄さえも自然に変化させる力を持っているものかもしれない。亀井は自分の旋盤についての、その手元が見える。

どうやら原口と同じ作業をしているようだ。すでにネジ切りを習得しているらしい。

完全に離されてしまった。

前みたいに、焦げつくような痛みは感じなかった。ただ胸にやるせない風が吹き抜けたようになって、心は定位置に戻った。

試されていたのかもしれん。「一生懸命になっとる時、それが本物かどうか、人は時々試される」

大山先生の言葉が思い出される。

一日も早くすべての切削ができるようになりたかった。あの日の自分の思いは本物だったはずだ。が、その先を冷静に考えてみて、心は首を振った。否。

自分は、ただ高い技術を身につけたいとばかり、純粋に思っていたわけではなかった。見当ちがいに原口を邪推し、亀井には、刃のような競争心を感じていた。意欲は本物だったけれど、それに固執するあまりにやはりどこかがゆがんでいたのだ。神様は、それをたちどころに見抜いたのだろう。

「ふう」

大きなため息をひとつついて、心はファイルに手を伸ばした。気を取り直して、もう一度＊要綱を確認しておこうとページをめくる。と、赤い折り紙がはらりと落ちた。前に亀井からもらったものだ。それを手に取った。折りヅルでも折ってみることにする。

「あれ？」

予想に反して難しかった。もともと心は器用なたちで、幼い頃から

折り紙は得意だ。性格的にも几帳面なので、角と角をきちんと合わせないと気がすまない。心の折る折りヅルは、どれも姿勢が正しく、くちばしの先までぴんととがっていた。

が、うまく角が合わない。普通なら目をつぶっても折れるくらいなのに、一か所折るのに思わぬ時間を要した。指が一本使えないだけだと思っていたけれど、実際にやってみると、一本使えないことで、ほかの指も不自然な動きになってしまう。実質三本くらい不自由になった感じだ。

傷口に触らぬように気をつけながら、なんとかひとつ折り上げた時には、三十分くらいが経過していた。普段なら二分もかからないところだ。

その日から、練習を見学する時には折り紙を折るようになった。よくしたもので、しだいに慣れてきた。慣れてきたというより、指の動き方がわかってきたようだった。人間の指というものは、五本すべてが同じように動くわけではなく、癖がある。薬指や小指は自在に動かすのがとても難しかった。いちばん活躍していた右手の人差し指が封じられたことで、それがよくわかった。けれども封じられた機能は、ほかの指の使い方によっては、ちゃんとフォローできるし、動きが鈍かった指も鍛えれば細かく動く。

五十枚入りの折り紙が半分ほどになった頃、それがわかった。そして、いつも折っていたような折り目正しいツルが、手から生まれるようになった頃、心は傷口を抜糸した。

（まはら三桃「鉄のしぶきがはねる」による）

【注】＊旋盤……加工する物を回転させ、むらなく削る工作機械

旋盤作業

ウ　他者の意見を批判しようとしている

エ　仮説における矛盾点を強調している

4　雑草にとって、逆境は敵ではない　とあるが、筆者がこのように考えるのはなぜか。「克服」「生存競争」の二語を用いて、解答欄にしたがって三十五字以内で書きなさい。

三　次の文章を読んで、1～4の問いに答えなさい。

　一般的に「博物館」の印象とはどのようなものでしょう。①厳かな雰囲気の建物」や②キチョウなものを収蔵している施設」でしょうか。現在、日本には六千もの「博物館」があるとされています。例えば、地域の歴史資料館は、最も身近でなじみ深い「博物館」です。科学館や美術館なども「博物館」ですし、意外に思うかもしれませんが、動物園も「博物館」に該当します。それぞれの「博物館」が担う役割は多種多様ですが、先人が守り伝えてきたものを未来に③継承するという④イトナみは、共通しています。

1　①厳か　③継承　④イトナみ　の読み仮名を書きなさい。

2　②キチョウ　④イトナみ　を漢字に直して書きなさい。

2　身近でなじみ深い　の「身近で」と「なじみ深い」の文節どうしの関係を、次のア～エから一つ選んで記号を書きなさい。

ア　主語・述語の関係　　イ　修飾・被修飾の関係

ウ　補助の関係　　　　　エ　並立の関係

3　思う　の活用の種類を、解答欄にしたがって書きなさい。

4　多種多様　と同じ意味を表す四字熟語を、次のア～エから一つ選んで記号を書きなさい。

ア　大同小異　　イ　千差万別

ウ　花鳥風月　　エ　適材適所

四　次の文章を読んで、1～4の問いに答えなさい。

　心は、北九州工業高校のものづくり研究部で活動している女子生徒である。*旋盤作業を得意とする原口先輩や仏像が好きな亀井たちと、ものづくりコンテストに向けて練習に励んでいた。原口からは「手は大事な測定器」と言われていたが、心は指先にけがをしてしまい、練習を見学していた。

　キュルルーン

　近くできいても、原口の切削音は澄んでいる。すぐにうっすらとネジの溝ができてきた。

　工作物の上を*バイトが移動するたび、ネジの溝が深くなる。

「だんだん浮き上がってきた」

　つい言ってしまって、心ははっとした。自分の言葉に驚いた。ネジが浮き上がってくるわけもないのに。これじゃあ、まるで、亀井が運慶の彫刻を表現した時みたいだ。

　あの時は、そう言った亀井のことがまったく理解できなかったけれど、今、目の前で徐々に姿を現すネジを見ていると、浮き上がってくるという表現はとてもしっくりくるようにも思えてくる。亀井が言ったように、あらかじめ隠れていたネジ型が、原口の作業によって発掘されたような感じだ。それほどに硬い鉄が自然に形を変えたように見えた。

　とん、と、胸が大きく打った。ずっと見慣れていた四角形が、裏に回ったらじつは丸かったのがわかったようなちぐはぐな感覚だ。混乱しているくせに、なぜか視覚だけは妙にクリアだ。浮かび上がるネジから目を離すことができない。正しい形をつくるために、心は鉄に立ち向かうような気持ちでい

ほぼ、実力どおりの結果になるだろう。ところが、風雨が強く、ぬかるんだグラウンドで試合が行われたとしたらどうだろう。弱小チームにとっても、雨天の試合はやりにくいことに間違いない。しかし、それは相手チームにとっても同じである。どちらも実力が出しきれない状況では、勝負の行方はわからない。もしも、格下のチームが雨天での経験を積んでいたとしたらどうだろう。試合の有利不利はまったく逆の結果になることになるだろう。番狂わせの可能性も出てくるのである。

プロの将棋の対局では、自分が不利になると、意図的に＊定跡を外れた手や、常識的な読み筋を外した奇抜な手を指すことがある。苦し紛れに見えるそんな手が、最善手である可能性は低い。しかし、定跡どおりに進めば有利不利の関係が逆転することは少ない。その安定した関係を乱すために、奇抜な一手を放つのである。もちろん、どちらにとっても定跡どおり指すほうが楽である。定跡を離れれば、自分も知らない未知の世界、予測不能な世界である。しかし、その条件はどちらも同じ。そういう状況に持ち込めば逆転の可能性が出てくるのである。プロの棋士はそうして逆転の機を狙っている。

雑草の勝負に対する考え方も同じである。悪条件な環境を生存競争の場とすれば、「弱い植物」とされている雑草にも活路が見いだせる。むしろ悪条件での戦い方を身につければ、強い相手よりも有利になるチャンスなのである。攪乱が起こる環境は、どんな植物にとっても不利な環境だ。しかし、その不利を克服する力が他の植物よりも強いという相対的な強さで、雑草は他の植物を圧倒しているのである。雑草にとって、逆境は敵ではない。自らの生存に必要な味方なのである。

（稲垣栄洋「雑草の成功戦略」による）

【注】
＊攪乱……かき乱すこと。混乱させること。
＊定跡……将棋で、その局面で最善とされる決まった指し方

1　成功とあるが、ここでの成功とはどういうことか。解答欄にしたがって、これより前の本文中から二字で抜き書きしなさい。

2　予測不能な攪乱とあるが、このような状況下で求められるのはどのような力か。本文中から十四字で抜き書きしなさい。

3　次は、本文の内容を整理したノートの一部である。これを読んで、後の問いに答えなさい。

○筆者が示した事例について

着目した表現	サッカーの試合	将棋の対局
筆者の意図	《番狂わせ》風雨等の影響で、勝敗が予想外の結果になること。	《奇抜な一手》定跡や常識的な読み筋を［ a ］に外す手のこと。
	悪条件下では、両チームとも［ b ］ため、格下が勝つ場合があることを示す。	相手を予測不能な状況に引き込み、有利不利の関係を乱しながら［ c ］ことを示す。

【事例が論の展開にもたらす効果】
攪乱の状況を具体的にイメージできる事例を複数示すことで、雑草の戦略についての［ d ］。

(1)　［ a ］［ b ］に当てはまる内容を。［ a ］には三字で、［ b ］には九字で本文中からそれぞれ抜き書きしなさい。

(2)　［ c ］に適する内容を、「可能性」という語句を用いて、十五字以内で書きなさい。

(3)　［ d ］に当てはまる内容として最も適切なものを、次のア〜エから一つ選んで記号を書きなさい。

ア　新たな問題提起へと結び付けている

イ　筆者の主張に説得力をもたせている

ア　互いの発言を比較し、数値を示して客観的に内容を分析しながら進めている。

イ　互いの発言の問題点を明らかにし、話題の方向性を修正しながら進めている。

ウ　相手の発言を受け止め、提示する資料について具体案を示しながら進めている。

エ　相手の発言のあいまいな部分を指摘し、詳しい説明を求めながら進めている。

（間10秒）

これで国語の「聞くこと」に関する検査を終わります。問題用紙を開いて、次の問題に移ってください。

繰り返します。（※アからエを繰り返して読む）

二　次の【表】と文章を読んで、1〜4の問いに答えなさい。

【表】　植物の戦略タイプ（筆者による説明をまとめたもの）

C	競合型。競争に打ち勝って成功する強腕タイプ。
S	ストレス耐性型。じっと我慢の忍耐タイプ。
R	＊攪乱耐性型。柔軟性を備えた臨機応変タイプ。

Cタイプ、Sタイプ、Rタイプ。この三つの戦略のうち、雑草はRタイプと、CタイプとRタイプの中間型（C−Rタイプ）に該当するものが多い。つまり雑草は予測不能な環境変化に強い臨機応変タイプと言える。

Rタイプは、予測不能な変化に強いとされている。この予測不能な

変化は、一般に「攪乱」と表現されるものだ。攪乱とは穏やかでない言葉である。平穏な安定した植物の生息環境が、ある日突然掻き乱されるのである。たとえば、洪水や山火事、土砂崩れなど天変地異がその一例である。もちろん、天変地異ばかりではない。攪乱はもっと身近なところにも起こる。草刈りや除草剤の散布も、植物にとっては天変地異に等しい大きな攪乱である。車が通って踏みにじられることも、九死に一生の事件だろう。田んぼや畑に生息する植物にとっては、ある日いきなり耕されることも一大事である。のどかな田園風景で行われる野良仕事も、この世の終わりのような大事件なのである。

Rタイプである雑草は、予測不能な変化に適応し、攪乱が起こる条件を好んで繁栄している。洪水や山火事のような天変地異や草刈りや除草剤などによる攪乱は生命を脅かす存在であるはずなのに、そんな条件を好むとは一体どういうことなのだろう。

雑草にとって、攪乱という逆境を克服したことは成功の大きな鍵となった。そして今や、多くの植物の生存を困難にしている攪乱が、雑草の生存にとっては必要不可欠なものにさえなっている。

予測不能な攪乱がなぜ雑草にとって有利なのか。その理由は、自分にとって生存が困難な環境は、ライバルとなる他の多くの植物にとっても不利な条件であるということである。まず、このような環境では強大な力を持つはずのCタイプは必ずしも成功しない。そこで要求されるのは、けんかの強さよりも、次々と襲いかかる困難に対応するサバイバル能力なのである。

人間の世界でもそうだが、安定した環境下では実力どおりの結果になり、番狂わせの可能性は低い。たとえばサッカーの試合を考えてみよう。風もなく、天気もよい、芝の状態も最高。そんな好条件で試合が行われれば、格下の弱小チームが強豪チームに勝つことは難しい。

なったというエピソードは、テレビ番組などでもよく取り上げられていますね。さとるさんは、ゆかさんの案について、どう思いますか。

（間2秒）

さとる　はい。ゆかさんの話を聞いて、トム先生が、和食に関心があると話していたのを思い出しました。和食は、季節感を大切にするので、旬の野菜が手に入る産地直売センターは、トム先生に紹介する場所としてふさわしいと思いました。

（間2秒）

ゆか　なるほど。私は品物の安さに焦点を当てて紹介するのがよいと思っていましたが、さとるさんの話を聞いて、旬の野菜が手に入るということを伝えた方が、トム先生に興味をもってもらえそうだと考え直しました。

たけし　では、産地直売センターについては、旬の野菜が手に入ることに焦点を当てるのがよさそうですね。プレゼンテーションの際に、季節ごとにどんな野菜が売られているかを紹介するだけでなく、実物の野菜やその野菜を使った和食のレシピを資料として提示することも検討してみませんか。

さとる　そうですね。実物やレシピを提示するのは、おもしろいと思います。

たけし　ここまでの話し合いから、プレゼンテーションをする上で大切なことは、聞き手の興味や関心に基づいて情報を伝えることだと言えそうですね。みんなで話し合ったことを基に、トム先生が喜んでくれるプレゼンテーションにしましょう。

（間3秒）

それでは問題に移ります。問題は選択肢も含めてすべて放送で出題します。答えは解答用紙に記入しなさい。

（間2秒）

1　さとるさんが、運動公園について紹介したいと考えたことは、たくさんの運動施設があることと、もう一つはどのようなことでしたか。解答欄にしたがって書きなさい。

（間30秒）

次の問題に移ります。

2　ゆかさんは、さとるさんの話を聞いて、産地直売センターについてどのようなことを伝えた方がよいと考え直しましたか。解答欄にしたがって書きなさい。

（間30秒）

次の問題に移ります。

3　たけしさんは、プレゼンテーションをする上で、どのようなことが大切だとまとめましたか。解答欄にしたがって書きなさい。

（間30秒）

次の問題に移ります。

4　たけしさんの進行の仕方について、最もふさわしいものを、次に読み上げる選択肢ア、イ、ウ、エの中から一つ選んで、解答欄に記号をカタカナで書きなさい。選択肢は二回読みます。

〈国語〉

時間　六〇分　満点　一〇〇点

一　「聞くこと」に関する検査

〔注〕　（　）内は音声として入れない。

ただいまから、国語の「聞くこと」に関する検査を始めます。「聞くこと」に関する検査は、出題も含めてすべて放送で行いますので、指示があるまで問題用紙を開いてはいけません。解答用紙とメモ用紙を準備してください。

（間5秒）

メモ用紙は必要に応じて使ってください。問題は全部で四つです。

（間3秒）

たけしさんの学級では、国語の授業で、グループごとに目的を決めてプレゼンテーションをすることになりました。たけしさんのグループは、新しく着任したALTのトム先生に、町の自慢の場所を知ってもらうためにプレゼンテーションをすることに決めました。

これから放送する内容は、たけしさん、さとるさん、ゆかさんの三人が、プレゼンテーションの構想について話し合っている様子です。進行役はたけしさんが務めています。

話し合いの様子と問題は、一度だけ放送します。

それでは、始めます。

（間3秒）

たけし　　この町の自慢できる場所として、トム先生にどこを紹介すればよいでしょうか。紹介したい場所の候補を、さ

さとる　　とるさんから発表してください。

　　　　　はい。僕は、運動公園を紹介したいと考えました。トム先生の趣味はスポーツをすることだそうです。運動公園には体育館やテニスコートなどたくさんの運動施設があることや、自然に囲まれた環境でスポーツを楽しめることを紹介すれば、きっと興味をもってくれると思います。

たけし　　さとるさんは、トム先生の趣味を基に、候補を考えてくれたのですね。今のさとるさんの案について、ゆかさんはどう思いますか。

ゆか　　　はい。よい案だと思います。施設の紹介に加えて、運動公園で活動しているスポーツクラブのことも取り上げてはどうでしょう。スポーツクラブに参加し、町の人たちと交流を深められるという点も、運動公園の魅力として伝えることができるのではないかと思います。

たけし　　それはよい考えですね。プレゼンテーションで使う資料の中に、スポーツクラブの活動の様子を撮影した写真を入れると、より興味をもってもらえるかもしれませんね。では、次に、ゆかさんが紹介したい場所を教えてください。

ゆか　　　はい。わたしは、産地直売センターを紹介したいです。産地直売センターには、この町でとれた旬の野菜や手作りのお弁当が、手頃な値段で売られています。おいしい食べ物や野菜が安く買えるのは、大きな魅力ではないかと考えています。

たけし　　たしかに、食べ物を通してその土地のことを好きに

大切なことはメモしておこうネ！

2022年度

解 答 と 解 説

《2022年度の配点は解答用紙集に掲載してあります。》

<数学解答>

1　(1)　9　　(2)　b　　(3)　20　　(4)　$\sqrt{2}$，π

　　(5)　$x=7$，$y=2$　　(6)　$x=-2$，-1　　(7)　$y=\dfrac{8}{x}$

　　(8)　およそ150個　　(9)　109　　(10)　6個

　　(11)　$x=10$　　(12)　115°　　(13)　図1

　　(14)　$3\sqrt{55}\,\pi\,\mathrm{cm}^3$　　(15)　108cm³

図1

2　(1)　①　図2　　②　イ　　(2)　①　6cm　　②　$2\sqrt{3}$

　　(3)　図3　　(4)　エ

3　(1)　①　ア　28

　　　イ　21　　②　$m=15$

　　　③　ウ　（例）$m(m+1)$

　　　エ　（例）$\dfrac{m(m+1)}{2}$

　　(2)　$3n^2$個

4　(1)　①　$\dfrac{1}{2}$

　　　②　（記号）　A（理由は解説参照）　　(2)　エ

5　Ⅰ　(1)　解説参照　　(2)　①　ウ　　②　$\dfrac{9}{25}$倍

　　Ⅱ　(1)　解説参照　　(2)　①　イ　　②　$\dfrac{9}{46}$倍

図2

図3

<数学解説>

1　(数・式の計算，平方根，連立方程式，2次方程式，比例関数，標本調査，式の値，数の性質，線
　　分の長さ，角度，展開図，体積，切断)

(1)　$-3\times(5-8)=-3\times\{-(8-5)\}=-3\times(-3)=9$

(2)　$a^2\times ab^2\div a^3b=a^2\times ab^2\times\dfrac{1}{a^3b}=\dfrac{a^2\times ab^2}{a^3b}=b$

(3)　$\sqrt{80}=\sqrt{2^2\times2^2\times5}=4\sqrt{5}$ だから，$\sqrt{80}\times\sqrt{5}=4\sqrt{5}\times\sqrt{5}=4\times5=20$

(4)　分数の形には表せない数を**無理数**という。また，**円周率πも無理数である**。よって，$\sqrt{9}=\sqrt{3^2}=3=\dfrac{3}{1}$，$-0.6=-\dfrac{6}{10}=-\dfrac{3}{5}$より，$\sqrt{2}$と$\pi$が無理数である。

(5)　$\begin{cases}x+y=9\cdots① \\ 0.5x-\dfrac{1}{4}y=3\cdots②\end{cases}$　とする。②の両辺を4倍して，$2x-y=12\cdots③$　①+③より，$x+2x=$
　　$9+12$　$3x=21$　$x=7$　これを①に代入して，$7+y=9$　$y=2$　よって，連立方程式の解は，$x=7$，$y=2$

(6)　$x^2+3x+2=0$　たして3，かけて2になる2つの数は，$2+1=3$，$2\times1=2$より，2と1だから
　　$x^2+3x+2=(x+2)(x+1)=0$　$x=-2$，$x=-1$

(7) yはxに反比例するから，xとyの関係は$y=\dfrac{a}{x}$と表せる。$x=2$のとき$y=4$だから，$4=\dfrac{a}{2}$　$a=8$
xとyの関係は$y=\dfrac{8}{x}$と表せる。

(8) 標本における白い碁石の比率は，$\dfrac{18}{60}=\dfrac{3}{10}$　よって，母集団における白い碁石の比率も$\dfrac{3}{10}$と推定すると，この袋の中に入っている500個の碁石には，白い碁石がおよそ$500\times\dfrac{3}{10}=150$(個)含まれていると推定できる。

(9) 乗法公式$(a+b)(a-b)=a^2-b^2$より，$x=11$，$y=54$のとき，$25x^2-y^2=(5x)^2-y^2=$
$(5x+y)(5x-y)$　$x=11$，$y=54$を代入すると$(5\times11+54)(5\times11-54)=(55+54)(55-54)=$
$109\times1=109$

(10) 2つの整数148，245を自然数nで割ったとき，余りがそれぞれ4，5となる自然数nは，$148-4=144$と$245-5=240$の公約数のうち，大きい方の余りが5であることから，5より大きい公約数である。144と240の公約数は，144と240の最大公約数48の約数だから，このうち5より大きい約数は6，8，12，16，24，48の6個である。

(11) 平行線と線分の比の定理を用いると，$15:x=18:12$
$=3:2$　$x=\dfrac{15\times2}{3}=10$

(12) △ABCの内角の和は180°だから，∠DBC＋∠DCB＝
$180-\angle\text{ABD}-\angle\text{BAC}-\angle\text{ACD}=180-39-41-35=65(°)$
△DBCの内角の和は180°だから，$\angle x=180-(\angle\text{DBC}+$
$\angle\text{DCB})=180-65=115(°)$

(13) 図2の展開図に立方体の頂点A〜Hをかきこむと右図のようになる。これより，面GFBCに対角線BGをかけばよい。

(14) 半径r，弧の長さℓのおうぎ形の面積は$\dfrac{1}{2}\ell r$で求められるから，
問題の円錐の母線の長さを$a$cmとすると，(円錐の側面積)＝$\dfrac{1}{2}\times$
(底面の円の円周の長さ)×(母線の長さ)＝$\dfrac{1}{2}\times(2\pi\times3)\times a=3\pi a$
(cm^2)　これが，24πcm^{2}に等しいから，$3\pi a=24\pi$より$a=8$　円錐の高さを$h$cmとして三平方の定理を用いると，$h=\sqrt{(\text{母線の長さ})^2-(\text{底面の円の半径})^2}=\sqrt{8^2-3^2}=\sqrt{55}$　よって，求める円錐の体積は，$\dfrac{1}{3}\times(\text{底面積})\times(\text{高さ})=\dfrac{1}{3}\times(\pi\times3^2)\times\sqrt{55}=3\sqrt{55}\pi$(cm^3)

(15) (三角錐M−ABDの体積)＝$\dfrac{1}{3}\times\triangle\text{ABD}\times\text{AM}=\dfrac{1}{3}\times\left(\dfrac{1}{2}\times\text{AB}\times\text{AD}\right)\times\text{AM}=\dfrac{1}{3}\times\left(\dfrac{1}{2}\times6\times6\right)$
$\times6=36$(cm^3)…①　(三角錐G−BCDの体積)＝$\dfrac{1}{3}\times\triangle\text{BCD}\times\text{CG}=\dfrac{1}{3}\times\left(\dfrac{1}{2}\times\text{CB}\times\text{CD}\right)\times\text{CG}=$
$\dfrac{1}{3}\times\left(\dfrac{1}{2}\times6\times6\right)\times12=72$(cm^3)…②　(四角錐G−BMEFの体積)＝(四角錐G−DMEHの体積)＝
$\dfrac{1}{3}\times$台形BMEF×FG＝$\dfrac{1}{3}\times\left\{\dfrac{1}{2}\times(\text{ME}+\text{BF})\times\text{EF}\right\}\times\text{FG}=\dfrac{1}{3}\times\left\{\dfrac{1}{2}\times(6+12)\times6\right\}\times6=108$(cm^3)
…③　以上より，(四面体BDGMの体積)＝(直方体ABCD−EFGHの体積)−①−②−③×2＝6×
$6\times12-36-72-108\times2=108$(cm^3)

2 (1次関数，グラフの作成，図形と関数・グラフ，線分の長さ，作図，関数とグラフ)

(1) ① a，b，cを定数とするとき，2元1次方程式$ax+by+c=0$のグラフは直線である。方程式$2x+3y=-6$について，x軸との交点は，$y=0$を代入して，$2x+3\times0=-6$　$x=-3$　y軸との交点は，$x=0$を代入して，$2\times0+3y=-6$　$y=-2$　よって，方程式$2x+3y=-6$のグラフは，

2点$(-3, 0)$，$(0, -2)$を通る直線である。

② 定数a，bを用いて$y=ax+b$と表される関数は1次関数であり，そのグラフは傾きがa，切片がbの直線である。グラフは，$a>0$のとき，xが増加するとyも増加する右上がりの直線となり，$a<0$のとき，xが増加するとyは減少する右下がりの直線となる。また，切片bは，グラフがy軸と交わる点$(0, b)$のy座標になっている。問題のグラフは右上がりの直線であり，y軸の負の部分と交わっているから，$a>0$，$b<0$である。

(2) ① 点Bは$y=x^2$上にあるから，そのy座標は$y=2^2=4$　よって，B$(2, 4)$　点Cは$y=-\frac{1}{2}x^2$上にあるから，そのy座標は$y=-\frac{1}{2}\times2^2=-2$　よって，C$(2, -2)$　以上より，(線分BCの長さ)＝(点Bのy座標)－(点Cのy座標)＝$4-(-2)=6$(cm)

② 点Bのx座標を$t(t>0)$とすると，①と同様に考えて，B(t, t^2)，C$\left(t, -\frac{1}{2}t^2\right)$　△ABCがAB＝ACの二等辺三角形になるとき，**二等辺三角形の頂角からの垂線は底辺を2等分する**から，辺BCの中点のy座標は，点Aのy座標3と等しい。2点(x_1, y_1)，(x_2, y_2)の中点の座標は，$\left(\frac{x_1+x_2}{2}, \frac{y_1+y_2}{2}\right)$で求められるから，辺BCの中点の$y$座標について，$\left\{t^2+\left(-\frac{1}{2}t^2\right)\right\}\div2=3$が成り立つ。整理して，$t^2=12$　$t>0$より，$t=\sqrt{12}=2\sqrt{3}$

(3) (着眼点)　平面上で，図形を，1つの直線を折り目として折り返して移すことを**線対称移動**といい，このとき，折り目の線を**対称の軸**という。線対称移動では，対応する点を結んだ線分は，**対称の軸と垂直に交わり，その交点で2等分される**から，線分DEの垂直二等分線が折り目の線となる。

(作図手順)　次の①～②の手順で作図する。　① 点D，Eをそれぞれ中心として，交わるように半径の等しい円を描く。

② ①でつくった2つの交点を通る直線(線分DEの垂直二等分線)を引く。

(4) $0<x\leqq4$のとき，AP＝(毎秒)1(cm)$\times x$(秒)＝x(cm)，BQ＝(毎秒)2(cm)$\times x$(秒)＝$2x$(cm)だから，$y=\frac{1}{2}\times$(AP+BQ)$\times$AB$=\frac{1}{2}\times(x+2x)\times4=6x$…① また，$4<x<8$のとき，点QはC→Bの方向に動いているから，BQ＝BC$\times2-$(毎秒)2(cm)$\times x$(秒)＝$16-2x$(cm)より，$y=\frac{1}{2}\times$(AP+BQ)$\times$AB$=\frac{1}{2}\times\{x+(16-2x)\}\times4=-2x+32$　$x=4$のとき，①より，$y=6\times4=24$だから，$0<x\leqq8$のとき，xとyの関係を表すグラフは，3点$(0, 0)$，$(4, 24)$，$(8, 16)$を線分で結んだ折れ線のグラフとなり，エのグラフが適切である。

3 (規則性，文字を使った式)

(1) ① m番目の図形のm段目には，三角形Aがm個あるから，7番目の図形には，三角形Aが$1+2+3+4+5+6+7=28$(個)…アある。また，m番目の図形のm段目には，三角形Bが$(m-1)$個あるから，7番目の図形には，三角形Bが$0+1+2+3+4+5+6=21$(個)…イある。

② m番目の図形に，$(m+1)$段目を加えて，$(m+1)$番目の図形をつくる。加えた$(m+1)$段目には，三角形Aが$(m+1)$個，三角形Bがm個あるから，$\begin{cases}m+1=16\\m=15\end{cases}$より$m=15$

③ 三角形Aは各段に$(m+1)$個ずつm段あるから，三角形Aの個数は全部で$(m+1)$個$\times m$段＝$m(m+1)$個…ウとなる。このことから，m番目の図形にある三角形Aの個数は，$m(m+1)$個の半分の$\frac{m(m+1)}{2}$個…エとなる。

(2) 例えば，3番目の正六角形を，右図の太線で示したように，合同な3つのひし形に分けると，1つのひし形の中には三角形Aが$3 \times 3 = 3^2$(個)ある。同様に考えると，n番目の正六角形について，1つのひし形の中には三角形Aが$n \times n = n^2$(個)あるから，合同なひし形が3つあることを考えると，n番目の正六角形にある三角形Aの個数は$n^2 \times 3 = 3n^2$(個)である。

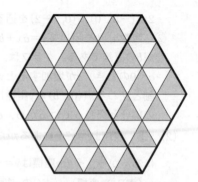

4 (確率，資料の散らばり・代表値)

(1) ① 起こりうるすべての場合は1，2，3，4の4通りで，このうち，カードに書かれている数が偶数であるのは2，4の2通りある。これより，求める確率は$\frac{2}{4} = \frac{1}{2}$

② (理由) (例)Aのとき，起こりうるすべての場合は12通りで，このうち，和が5以上になるのは8通りある。Bのとき，起こりうるすべての場合は16通りで，このうち，和が5以上になるのは10通りある。これより，和が5以上になる確率は，Aのときは$\frac{8}{12} = \frac{2}{3}$，Bのときは$\frac{10}{16} = \frac{5}{8}$となる。$\frac{2}{3} > \frac{5}{8}$だから，Aのほうが起こりやすい。

(2) ア 相対度数$= \dfrac{各階級の度数}{度数の合計}$　容器Pについて，60g以上62g未満の階級の度数は1個だから，その相対度数は$\frac{1}{10} = 0.1$，容器Qについて，60g以上62g未満の階級の度数は2個だから，その相対度数は$\frac{2}{10} = 0.2$で，容器Qのほうが容器Pよりも大きい。アは正しくない。　イ 58g以上の卵の個数は，容器Pが$2 + 1 = 3$(個)，容器Qが$1 + 2 + 1 = 4$(個)で，容器Qのほうが容器Pよりも多い。イは正しくない。　ウ ヒストグラムの中で度数の最も多い階級の階級値が最頻値。容器Pの最頻値は$\frac{56 + 58}{2} = 57$(g)，容器Qの最頻値は$\frac{54 + 56}{2} = 55$(g)で，容器Pのほうが容器Qよりも大きい。ウは正しくない。　エ 中央値は資料の値を大きさの順に並べたときの中央の値。卵の個数は10個で偶数だから，重さの軽い方から5番目と6番目の卵が含まれている階級が，中央値の含まれている階級。これより，容器Pについて，中央値の含まれている階級は56g以上58g未満の階級，容器Qについて，中央値の含まれている階級は54g以上56g未満の階級で，容器Pの中央値は，容器Qの中央値よりも大きい。エは正しい。

5 (相似の証明，円の性質，面積比)

I (1) (証明) (例)△ABCと△ACDにおいて仮定より，$\angle ACB = \angle ADC = 90°$…①　共通な角だから，$\angle BAC = \angle CAD$…②　①，②より，2組の角がそれぞれ等しいから，△ABC∽△ACD

(2) ① ア，イ，エ (1)と同様にして，△ABC∽△CBDだから，△ABC∽△ACD∽△CBDである。また，図2は，線分ABに関して対称だから，△CBD≡△EBDである。△ABCに三平方の定理を用いると，$AB = \sqrt{AC^2 + BC^2} = \sqrt{AC^2 + BE^2} = \sqrt{8^2 + 6^2} = 10$(cm)　以上より，CB：CD：BD＝EB：ED：BD＝AC：AD：CD＝AB：AC：BC＝10：8：6　これより，ア，イは正しくない。　エ CB：CD：BD＝10：8：6であることより，△CBDは直角二等辺三角形ではなく，$\angle BCE$は45°ではないから，エも正しくない。　ウ 弧AEに対する円周角の大きさは等しいから，$\angle ABE = \angle ACE$　ウは正しい。

② △BCDと△ABCの相似比は，BC：AB＝6：10＝3：5　相似な図形では，面積比は相似比の2乗に等しいから，△BCD：△ABC＝$3^2 : 5^2 = 9 : 25$　よって，△BCDの面積は，△ABCの

面積の$\frac{9}{25}$倍である。

Ⅱ (1) （証明）（例）△ABCと△ADBにおいて　共通な角だから，∠BAC＝∠DAB…①　半円の弧に対する円周角だから，∠ACB＝90°…②　円の接線は，接点を通る半径に垂直だから，∠ABD＝90°…③　②，③より，∠ACB＝∠ABD…④　①，④より，2組の角がそれぞれ等しいから，△ABC∽△ADB

(2) ① ア　点Cの位置によって，OB＝BEとならない場合もあるから，アは必ずしもいえない。　イ　∠ACB＝∠BCD＝90°…①　△ABC∽△ADBより，∠ABC＝∠BDC…②　①，②より，2組の角がそれぞれ等しいから，△ABC∽△BDC　よって，∠CAB＝∠CBD　つまり，∠BAD＝∠CBDは必ずいえる。　ウ　点Cの位置によって，OC＝CDとならない場合もあるから，ウは必ずしもいえない。　エ　イの∠BAD＝∠CBDを考慮すると，∠COD＝∠CBDが成り立つのは，∠COD＝∠CBD＝∠BAD＝∠BAC＝$\frac{1}{2}$∠BOCより，線分ODが∠BOCの二等分線となるときだけであり，エは必ずしもいえない。

② △ABC∽△ADBより，AC：AB＝AB：AD　AC＝$\frac{AB\times AB}{AD}=\frac{2OB\times2OB}{AD}=\frac{2\times3\times2\times3}{8}$
$=\frac{9}{2}$　AC：CD＝AC：(AD－AC)＝$\frac{9}{2}$：$\left(8-\frac{9}{2}\right)$＝9：7　△CDO＝$\frac{CD}{AD}$△ADO＝$\frac{CD}{AD}\times$
$\frac{OA}{AB}$△ABD＝$\frac{7}{9+7}\times\frac{1}{1+1}$△ABD＝$\frac{7}{32}$△ABD，△BDO＝$\frac{OA}{AB}$△ABD＝$\frac{1}{1+1}$△ABD＝$\frac{1}{2}$△ABD
CE：EB＝△CDO：△BDO＝$\frac{7}{32}$△ABD：$\frac{1}{2}$△ABD＝7：16　以上より，△OBE＝$\frac{EB}{CB}$△OBC
$=\frac{EB}{CB}\times\frac{OB}{AB}$△ABC＝$\frac{EB}{CB}\times\frac{OB}{AB}\times\frac{AC}{AD}$△ABD＝$\frac{16}{7+16}\times\frac{1}{1+1}\times\frac{9}{9+7}$△ABD＝$\frac{9}{46}$△ABD　よって，△OBEの面積は，△ABDの面積の$\frac{9}{46}$倍である。

（補足説明）CE：EB＝△CDO：△BDOの説明　点C，Bから線分ODへそれぞれ垂線CP，BQを引くと，CP∥BQより，平行線と線分の比についての定理を用いると，△CDO：△BDO＝CP：BQ＝CE：EBが成り立つ。

＜英語解答＞

1 (1) ① ウ　② エ　(2) ① ウ　② イ　③ ア　(3) ① ア
② エ　③ イ　(4) ア，エ　[答え]（例）I went to a shrine with my family.
I wished for good health and a good year.

2 (1) ① found　② getting　③ gave　④ better　(2) ① Saturday
② （例）library　③ （例）popular　④ （例）collect　(3) ① （例）(How)
(did)(you)go there?　② （例）I think skiing is the(most)(exciting)(of)all
winter sports.　③ （例）He told(me)(to)(go)to the science room after lunch.

3 (1) ① （例）It was held in May.　② （例）He practiced it for two hours.
(2) （例）My best memory was(our school festival). Our class danced this year.
We practiced hard after school. I was happy to see the smile of the audience.

4 (1) ① イ　② ア　(2) （例）ago　(3) （例）choose　(4) 幸 ⓐ
ベッキー　ⓒ　理由　（例）ステージ上の人々の表情がよく見えたから

5 (1) ウ　(2) ア　(3) （例）前に並んでいた客が支払ってくれていたから　(4) イ
(5) ウ，オ　(6) ① イ　② エ

＜英語解説＞

1 （リスニング）

放送台本の和訳は，48ページに掲載。

2 （会話文：語句の問題，語形変化，語句補充・選択，現在・過去・未来と進行形，動名詞，比較，関係代名詞，現在完了，名詞・冠詞・代名詞）

(1) （問題文訳）　未来：ああ，あなたはすてきなバッグを持っているのね。どこで見つけたの？／ルーシー：先週，家の近くの新しい店で①(見つけた)。これは私のお気に入りの銘柄なの。／未来：その銘柄を知っているよ。そのデザインが好きなの。とても有名なので，②(手に入れること)は難しいでしょう？／ルーシー：ええ。ああ，あなたも新しいバッグを持っているのね。このようなデザインは見たことがない。／未来：この小さなバッグは，私の祖母が作ったの。祖母は先月それを私に③(くれた)。この種類の小さなバッグは，日本ではガマグチと呼ばれているの。／ルーシー：ガマグチ？　それは何？／未来：それはヒキガエルの口を意味している。広く開くから，小さなものをこれには入れやすいの。このガマグチは私の古いバッグ④(よりもいい)と思う。　①　find の直前の文では，Where did you find it? と，「どこで見つけたのか？」と質問していて，過去のことを聞いていることからカッコの find は過去形の found が適当。　②　(get)it is〜となっていることから，動詞 is が続く get it は主語になる。この場合 get を現在分詞 getting として getting it(それを得ること)と動名詞形が適当。

③　give のある文では last month(先月)と過去の文なので give は過去形 gave にする。

④　good の後には than があることから good を比較級 better として better than〜(〜よりもいい)とする。

(2) ①　みどり市に住んでいる友達がいます。私は先週の(土曜日)に彼を訪ねました。[説明]日曜日の前の日　問題文の who lives の who は関係代名詞で，直前の friend を説明している。　②　本を借りたい場合，(図書館)に行ってください。[説明]本や新聞などがたくさんある建物　③　あのスーパーマーケットはたくさんの種類の野菜が売られているので(人気)が出ました。[説明]多くの人に好かれ，楽しまれる　問題文の has become は現在完了形。

④　このアニメキャラクターのカードを(集める)ことが好きです。私はそのキャラクターのカードをたくさん持っています。[説明]さまざまな場所から物を入手すること　to collect は不定詞で「集めること」。

(3) ①　カナ：先週京都に行ってきました。／スミス先生：いいですね。そこには どのように 行きましたか？／カナ：電車で行きました。そこはとても楽しかったです。　(正答例)　(How)(did)(you)go there?　四角の空欄の後の文では「電車で行った」とあるので，四角の空欄にはこれを訪ねる文を入れたい。how did you go〜? で，「〜へどのように行ったのか？」を尋ねる文になる。　②　ベン：来月スキーに行くの。／カナ：いいね！　スキーはすべてのウィンター・スポーツ(の中で最もわくわくする)と思う。　(正答例)　I think skiing is the(most)(exciting)(of)all winter sports.　四角の空欄の前に the があることから比較の最上級だと考えたい。exciting に most を付け最上級の形にして，「ウィンター・スポーツの中で」とするために of を付ける。　③　ケビン：サトウさんはあなたに何と言いましたか，タケル？／タケル：彼は(私へ)昼食後に理科室へ(行くよう)に言いました。　(正答例)　He told(me)(to)(go)to the science room after lunch.　tell＋人＋to〜「人に〜するように言う」の形となる。

3　(会話文：英問英答，条件付き英作文，受け身，不定詞)

(問題文訳)　ホワイト先生：日本の中学校では，面白い学校行事がたくさんあります。私は本当に
　　　　　　　　　　　　それらが大好きです。あなたの好きな学校のイベントは何でしたか，亮太？

亮太　　　　：私の好きな学校のイベントは運動会でした。最高の思い出でした。中学生の時に好
　　　　　　　きな学校行事は何でしたか，ホワイト先生？

ホワイト先生：そうですね... 私はあなたのように，学校生活を楽しみました。私の好きなイベント
　　　　　　　はタレントショーでした。5月にありました。イベントでは，ステージ上で私たちの
　　　　　　　特技を見せました。たとえば，私の友達が私たちに器械体操を見せてくれました。

絵美　　　　：面白そうですね！ 先生はイベントで何をしましたか？

ホワイト先生：ギターを弾きました。たくさんの生徒の前で頑張るために，毎晩午後7時から午後
　　　　　　　9時まで練習しました。イベントの当日は緊張しましたが，ギターを弾くことはと
　　　　　　　ても楽しかった。イベントはコンテストではなかったので，みんなで楽しい時間を
　　　　　　　過ごしました。これが私の最高の思い出でした。さあ，みなさん，みなさんの中学
　　　　　　　校生活での最高の思い出は何でしたか？

(1)　①　(問題文訳)ホワイト先生の学校で，タレントショーが開催されたのはいつですか？
　　(正答例)　It was held in May.(それは5月に開催されました)。　　問題本文の第3番目のホワ
イト先生の発話第4文We had it~の「タレントショーは5月に開催された」とある部分を参照。
　　②　ホワイト先生は，毎晩何時間ギターを練習しましたか？　(正答例)　He practiced it for
two hours.(彼はそれを2時間練習した)　　問題本文第5番目のホワイト先生の発話第2文 To
do my~の「毎晩午後7時から午後9時まで練習した」とある部分を参照。

(2)　(正答例)　My best memory was(our school festival). Our class danced this
year. We practiced hard after school. I was happy to see the smile of the
audience.(私の最高の思い出は，私たちの学園祭でした。私たちのクラスは今年ダンスをし
ました。放課後，一生懸命練習しました。私は観客の笑顔を見てうれしかったです。)

4　(会話文：絵・図・表・グラフなどを用いた問題，日本語で答える問題，文の挿入・並べ換え，
　　　語句補充・選択，現在・過去・未来と進行形，関係代名詞，受け身，間接疑問，前置詞，比較)

(問題文訳)　ベッキー：あなたは，ブロードウェイミュージカルに興味があると聞いたの。①[母
　　　　　　　　　　と私もミュージカルが好き]。私がアメリカにいたとき，私たちはよく一緒にブロード
　　　　　　　　　　ウェイに行った。

幸　　　　　：いいね。私はそこに行ったことがないけれども，ミュージカルが本当に好きなの。

ベッキー：前に見たミュージカルのチケットを持ってきた。見たい？

幸　　　　　：ええ，お願い。ブロードウェイミュージカルについてもっと知りたい。

ベッキー：どうぞ。

幸　　　　　：うわー，2年≪前≫にABC劇場で "The Cat King" を見たのね。

ベッキー：ええ。"The Cat King" は，音楽と踊りが本当に良かったので，私のお気に入りの
　　　　　　　ミュージカルだった。

幸　　　　　：それは私が長い間見たかったものなの。いつかアメリカに行ってそれを見たい。

ベッキー：あなたにはそれをするチャンスがきっとあると思う。

幸　　　　　：ありがとう。ああ，聞きたいことがあるの。チケットにあるこの "MEZZ" はどういう
　　　　　　　意味？

ベッキー：それはメザニンという意味。2階に座席がある部分なの。この地図を見て。この劇場で

は，このエリアはメザニンと呼ばれている。私はメザニンから "The Cat King" を見たの。他のエリアはオーケストラと呼ばれる。1階に座席がある部分ね。

幸　　　：メザニンの階からミュージカルを見たいの？

ベッキー：ええと，メザニンとオーケストラの両方にそれぞれの良い点があるね。たとえば，オーケストラの座席はステージの近くにある。一方では，メザニンの席は高いフロアーにあるから，②[あなたはステージ全体を簡単に見ることができる]。ミュージカルを見るときは，それについて考える必要があるね。

幸　　　：なるほど。アドバイスありがとう。

　　翌年の2021年，幸はアメリカで同じミュージカルを見てベッキーに手紙を書きました。

　　昨日，ニューヨークのABC劇場で "The Cat King" を見ました！　メザニンとオーケストラのどちらのフロアーを(選ぶ)のかを考えました。結局，オーケストラにあるステージのすぐ前の席を手に入れました。ステージ上の人々の表情がよく見えました。それに満足しました。

(1)　① ア　私もあなたのお気に入りの場所が好きです　イ　母と私もミュージカルが好きです(○)　ウ　あなたが見たミュージカルはとても有名です　エ　あなたの両親はなぜあなたがそれを好きなのか理由を知っています。空欄前後の文の意味とあった選択肢の文を選びたい。選択肢ウの musical と you の間には関係代名詞 which が省略されている。　② ア　あなたはステージ全体を簡単に見ることができます(○)　イ　オーケストラはそれを一番見やすいフロアーです　ウ　劇場は今とても混んでいます　エ　あなたの演技は本当に，よく見えました　空欄の前の文にある「メザニン席が高い階にある」に対応するような選択肢の文を選びたい。選択肢ウの is very crowded は受け身になっている。

(2)　(正答例)　ago　問題本文の会話の次に「次の年2021年〜」あることから，ベッキーと幸の会話の当時は2020年だったことがわかる。また，ベッキーのチケットからミュージカルを見たのは2018年なので，空欄には「2年前」となる ago(会話の時点から前)が適当。

(3)　空欄の文は，「メザニンとオーケストラのどちらのフロアーを〜か？」という意味になるので，空欄にあたる〜にはcから始まる choose(選ぶ)が適当。

(4)　幸は@でミュージカルを見た。問題本文の幸の描いた手紙第3文 Finally, I got〜には，「オーケストラのステージのすぐ前の席を手に入れた」とある。また，ベッキーはメザニンフロアーでミュージカルを見たので©が適当。問題本文の第11番目のベッキーの発話第5文 I watched "The〜には，The Cat King をメザニンフロアーで見たとある。幸が自分の席で満足した理由は，「(例)ステージ上の人々の表情がよく見えたから」。問題本文の幸の書いた手紙の第4文 I could see〜と次の文 I was satisfied〜に「テージ上の人々の表情がよく見え満足した」とある部分を参照。

5　**(長文読解：語句補充・選択，語句の解釈・指示語，内容真偽，助動詞，動名詞，文の構造，形容詞・副詞，接続詞)**

　　8時でした。私は16歳でした。私が学校に着いたとき，何人かの生徒会のメンバーが，学校の前に立っていました。彼らは笑顔で生徒たちにあいさつをしていました。それで私は他のみんなと同じように「おはよう」と言いましたが，私は「なぜ彼らはそんなことをしているの？　あいさつはそれほど大切なのかな？」と独り言を言いました。

　　私は17歳の時，英語を勉強することと，アメリカの文化について何か≪個性的な≫ことを学ぶために，アメリカへ行きました。ある日，店に行きました。店のレジの近くにトレイが見えました。トレイには1セント硬貨が何枚か入っていました。私はよくわからなかったので，それが何

かを店のレジ係に聞いてみました。そして，彼は私に説明しました。「アメリカのいくつかの店では，レジの近くにこのトレイがあります。何枚かの1セント硬貨がトレイにあります。人々が1セント硬貨をおつりとして受け取り，それらを必要としないとき，彼らは他の人々のために1セント硬貨をトレイに入れます。もし物を買うために数セントが必要な場合，トレイからいくらか取り出して，支払うために使用できます」。それから，私が支払おうとしたとき，3セントが必要でした。トレイを使いたかったので，(A)しました。私はアメリカ文化の一部にふれることができて良かったです。

その後すぐに，私にとって面白いことが起こりました。ホストマザーと私はドライブスルーレストランに行きました。ホストマザーがハンバーガーを注文して支払おうとしたとき，店のレジ係は「(B)お金を払う必要はありません」と言いました。ホストマザーは驚いて，理由を尋ねました。店のレジ係は「あなたの前の男の人が，すでに支払いを済ませています」と答えました。彼女は，「そのお客は知りませんが，彼は私にお金を払ってくれました！」と言いました。ホストマザーと私は少し話をして，彼女は「次の家族にお金を払います」と言いました。私たちは自分たちが決めたことに満足しました。数日後，新聞の記事を読んで，他の多くのお客が私たちの後に，同じことをしていることを知りました。約50人が他人の食べ物にお金を払いました！

アメリカでのこれらの2つの例は，私に大切なことを教えてくれました。日本では，生徒会のメンバーが生徒たちへあいさつしたとき，多くの生徒たちが「おはよう」と言いました。だから私もそうしました。しかし，アメリカのこれらの例では，人々は1セント硬貨を寄付する必要も，他のお客にお金を払ったりする必要もありませんでした。彼らは親切心からそれらをしました。彼らは誰を助けているのかを気にしませんでした。この考えは私にとって新しいものであり，私の(C)見方を変えました。私は「他人からは何も望まず，他人のために何か努力しよう」と独り言を言いました。

今は8時です。私は18歳で，日本に戻ってきています。私は生徒会のメンバーとして学校の前にいます。私は笑顔で生徒たちにあいさつしています。「おはよう」と言わずに通り過ぎる生徒もいます。他の生徒は私たちにあいさつし，うれしそうに見えます。それは私をうれしくさせます。今，私はついに自分の人生を豊かにする方法を知りました。

(1) （ア）厳しい （イ）同じ （ウ）個性的(〇) （エ）高価な　空欄の文の意味にあうように選択肢の単語を選びたい。

(2) （ア）トレイから1セント硬貨を取った(〇) （イ）1セント硬貨をトレイに入れた
（ウ）おつりとして1セント硬貨が欲しかった （エ）おつりとして1セント硬貨を残した
問題本文第2段落第7文(会話文) If people need～には，「物を買うために数セントが必要な場合，トレイから取り出して支払いに使用できる」とあり，下線部はこれを意味していると考えられることからアが適当。

(3) （正答例）前に並んでいた客が支払っていてくれたから。下線部の2つ後の文 "He answered" The～ の，「前の男の人がすでに支払いを済ませているから」とある部分を参照。

(4) 下線部のある文の意味にあった選択肢ではイが適当。

(5) ア　さくらはアメリカに行く前は，あいさつが大切だとは思っていなくて，他の生徒にもあいさつをしていなかった。 イ　人々がアメリカの店のレジの近くで1セント硬貨を使うとき，彼らはそれらを返さなければならない。 ウ　ドライブスルーレストランの多くの人が，次のお客にお金を払っていた。(〇) エ　アメリカの人々は，そうしなければならないので，常に他人を助ける。 オ　今では学校の前で彼女へあいさつをする生徒もいるので，さくらは気持ちが

いい。(○)　問題本文第3段落の最後から1つ前の文 A few days~ には，「他の多くの客が同じことをしていると知った」とあることからウが適当。また，問題本文最後の段落第5文 Some students pass~ と，第6文 Other students greet~，第7文 That makes me~ には，「何も言わずに通り過ぎる生徒もいるが，あいさつをする生徒がいてうれしい」とあることからオが適当。選択肢アの greeting は「あいさつすること」という動名詞形。

(6)　(問題文訳)　私はこの話を読む前に，誰かが親切にしてくれたら人々はうれしいのだと思いました。しかし，もし①(知らない)人ならば，助けたくありませんでした。また，困っている人を誰かが助けてくれると，いつも思っていました。この話は，私たちの親切な行動が人々を心地よい気持ちにさせ，人々の生活を変えるかもしれないことを私に教えてくれています。これらの行動が，世界の多くの場所で永遠に②(続く)ことを願っています。

ア　終わる　イ　知る(①)　ウ　合意する　エ　続く(②)　オ　作る　カ　解決する

問題文の意味にあった単語を選択したい。問題文の第4番目の文 This story tells~ の give people good feelings は give A B という形で A/B ともに目的語であり，「AにBを与える」という意味になる。

2022年度英語　リスニングテスト

〔放送台本〕

　ただ今からリスニングテストを始めます。

　問題は(1)から(4)まであります。聞きながらメモをとってもかまいません。また，(2)の会話は1回しか言いませんので，注意して聞いてください。(1)を始めます。問題は2つです。二人の会話とそれについての質問を聞いて，答えとして最も適切な絵を，それぞれア，イ，ウ，エから1つずつ選んで記号を書きなさい。会話と質問は通して2回ずつ言います。では始めます。

① (A男)：I'm looking for my cap. Do you know where it is?
　(B女)：I saw it under the table.
　(A男)：Oh, thank you.
　Question: Which picture shows this?

② (A女)：I want to play tennis with you next Sunday.
　(B男)：Well, it will rain on that day. Instead of tennis, let's play basketball at the community center.
　(A女)：Sounds good.
　Question: What sport will they play next Sunday?

〔英文の訳〕

① (A男)：私の帽子を探しています。どこにあるか分かりますか？
　(B女)：その帽子をテーブルの下で見ました。
　(A男)：ああ，ありがとう。
　質問　：これを示す絵はどれですか？
　答え　：ウ

② (A女)：来週の日曜日にあなたと一緒にテニスをしたい。

(B男)：ええと，その日は雨になるね。テニスの代わりに，コミュニティセンターでバスケットボールをしよう。

(A女)：いいね。

質問　：彼らは来週の日曜日に何のスポーツをしますか？

答え　：エ

〔放送台本〕

(2)に移ります。問題は3つです。二人の会話を聞いて，それぞれの会話の最後の文に対する応答として最も適切なものを，それぞれア，イ，ウから1つずつ選んで記号を書きなさい。会話は通して1回だけ言います。では始めます。

① (A男)：Hello.

(B女)：Hello, this is Aya. May I speak to Naomi, please?

(A男)：I'm sorry, but she is out right now.

② (A 女)：I'll have a hamburger and a salad.

(B男)：OK. Anything to drink?

(A女)：Apple juice, please. That's all. How much is it?

③ (A男)：I'm going to go shopping with my sister tomorrow.

(B女)：That's nice.

(A男)：Do you want to come with us?

〔英文の訳〕

① (A男)：もしもし。

(B女)：もしもし，アヤです。ナオミと話してもいいですか？

(A男)：ごめんなさい，彼女は今外出しています。

答え　：ウ(伝言を残せますか？)

② (A女)：ハンバーガーとサラダをください。

(B男)：わかりました。何か飲みますか？

(A女)：リンゴジュースをお願いします。それで全部です。いくらですか？

答え　：イ(5ドルです。)

③ (A男)：明日は姉妹と買い物に行くんだ。

(B女)：それはいいね。

(A男)：僕たちと一緒に来ない？

答え　：ア(もちろん。待てないね。)

〔放送台本〕

(3)に移ります。ALTのグリーン先生(Ms. Green)と中学生の陸(Riku)が，教室で会話をしています。会話の後で，3つの質問をします。答えとして最も適切なものを，それぞれア，イ，ウ，エから1つずつ選んで記号を書きなさい。会話と質問は通して2回ずつ言います。では始めます。

(*Ms. Green*)：Hi, Riku. What are you reading?

(*Riku*)：Hello, Ms. Green. I'm reading a book about traveling.

(*Ms. Green*)：You are interested in traveling, right?

(*Riku*)：Yes. I want to go to Italy someday.

〔*Ms. Green*〕: Oh, really?　I went there in 2013 and 2015. I like Italy very much. Why do you want to go there?

　　〔*Riku*〕: Because I'm interested in the history of that country.　I want to see old buildings there.

〔*Ms. Green*〕: I have many beautiful pictures of them.　Do you want to see them?

　　〔*Riku*〕: Of course.

〔*Ms. Green*〕: OK. I'll bring them tomorrow.

Questions:　①　How many times has Ms. Green visited Italy?

　　　　　　②　Why does Riku want to visit Italy?

　　　　　　③　What will Ms. Green bring to Riku tomorrow?

〔英文の訳〕

(グリーン先生)：こんにちは，陸。あなたは何を読んでいるの？

(陸)　　　　　：こんにちは，グリーン先生。旅行についての本を読んでいます。

(グリーン先生)：旅行に興味があるのね？

(陸)　　　　　：はい。いつかイタリアに行きたいです。

(グリーン先生)：ああ，本当に？　私は2013年と2015年にイタリアへ行きました。私はイタリアがとても好きです。なぜそこに行きたいのですか？

(陸)　　　　　：イタリアの国の歴史に興味があるからです。そこで古い建物が見たいのです。

(グリーン先生)：私は古い建物のきれいな写真をたくさん持っています。あなたは写真を見たいですか？

(陸)　　　　　：もちろん。

(グリーン先生)：わかりました。明日写真を持ってきます。

　質問①：グリーン先生は何回イタリアを訪れましたか？

　答え①：ア(二回)

　質問②：陸はなぜイタリアに行きたがっているのですか？

　答え②：エ(彼はイタリアの歴史に興味があるから)

　質問③：グリーン先生は明日陸に何を持ってきますか？

　答え③：イ(古い建物の写真)

〔放送台本〕

　(4)に移ります。交換留学生として秋田の中学校で学んでいたジャック(Jack)から，クラスにビデオレターが届きました。ジャックの話を聞いて，その内容として適切なものを，ア，イ，ウ，エから2つ選んで記号を書きなさい。また，ジャックの最後の[問い]に対して，話題を1つ取り上げ，2つの英文であなたの[答え]を書きなさい。ジャックの話は2回言います。はじめに15秒間，選択肢に目を通しなさい。では始めます。

　　Hello everyone.　I went back to America last month.　Thank you for helping me in Akita.　I enjoyed staying there because everyone was so kind.　At the beginning, it was difficult to talk with you in Japanese.　However, soon I could understand you well because you spoke to me every day.　Here in America, I started doing volunteer work.　I help Japanese people who want to learn English.　We usually talk in English. Sometimes I talk to them in Japanese.　It is a lot of fun.　Yesterday, we talked about our winter vacation. It was interesting because many people talked about different things. So I want to ask you a question. What did you do during your winter vacation?

　　これでリスニングテストを終わります。

[英文の訳]

　こんにちは，みなさん。私は先月アメリカに戻りました。秋田でお世話になりました。みんなとても親切だったので，そこに滞在して楽しかったです。初め，みなさんと日本語で話すのは大変でした。しかし，みなさんが毎日私に話しかけてくれたので，すぐに私はみなさんをよく理解することができました。ここアメリカでは，ボランティア活動を始めました。私は英語を学びたい日本人を支援しています。普通私たちは英語で話をします。時々彼らと日本語で話します。とても楽しいです。昨日，私たちは冬休みについて話しました。多くの人がいろいろなことを話していたので面白かったです。だから，私はあなたに質問したいです。冬休みに何をしましたか？

答え：内容の適切な選択肢はアとエ。

[問に対する答え]　（例）I went to a shrine with my family. I wished for good health and a good year.　（私は私の家族と神社へ行きました。私は，健康でよい年であることをお祈りしました。）

＜理科解答＞

1 (1) ① (例)酢酸オルセイン　② 細胞壁　③ イ　(2) ① 水　② 葉緑体
③ (例)養分からエネルギーをとり出す

2 (1) (名称) 沸点　(記号) ウ　(2) 19.4g　(3) (例)液体が急に沸騰する現象
(4) ① W 大きい　X 小さい　Y 小さい　② (例)エタノールの割合

3 (1) ① ウ　② (例)水蒸気が水滴に変わった　(2) ① ア，イ
② 右図1　③ 過程　(例)B日正午において，気温が16℃のときの飽和水 図1
蒸気量は13.6〔g/m³〕で，湿度は79〔%〕だから，空気1m³中に含まれる水蒸気量
は，13.6×0.79＝10.744　よって，10.7〔g〕 10.7g
④ X C　Y (例)気温と露点の差が大きい

4 (1) 右図2　(2) (例)弾性力　(3) 2.0 N　(4) ウ 図2
(5) (例)水中にある部分の体積　(6) (記号) イ　(距離) 3cm

5 (1) ① (例)光の屈折　② D，E　③ エ　(2) ① M
② X 東　Y ア

6 (1) ① ア エ　② P 無性　Q (例)親の形質がそのまま現
れる　(2) ① (例)加熱した試験管に水が流れこむことを防ぐため　② 0.8 g
③ X (例)分解　Y CO$_2$

＜理科解説＞

1 (生物と細胞(顕微鏡観察のしかた)：植物と動物の細胞の観察，生物の成長と生殖：体細胞分裂，植物の体のつくりとはたらき：光合成，動物の体のつくりはたらき：細胞による呼吸)

(1) ① 植物の細胞Aと動物の細胞Bの両方に見られる丸いものは核で，核が赤くよく染まる染色液は**酢酸オルセイン**である。 ② 植物の細胞Aには見られ，動物の細胞Bには見られない，Pは**細胞壁**で，細胞の形を維持し，からだを支えるのに役立っている。 ③ **細胞分裂の準備に入ると，それぞれの染色体が複製されて同じものが2本ずつできる。**細胞分裂が開始されると，染色体は2本ずつくっついたまま太くなり，これが2等分され，それぞれが分裂後の細胞へと受けわたされる。よって，体細胞分裂を行う前とあとで，細胞1個の染色体の数は同じ数であり，xである。

(2) ① 光合成では，気孔からとり入れた**二酸化炭素**と根から吸い上げた**水**を使い，葉緑体で，光のエネルギーを利用して，デンプンなどの養分と酸素がつくられる。細胞による呼吸では，酸素をとり入れ，二酸化炭素と水を放出している。よって，◇が表しているものは，水である。 ② 細胞質の中で，光のエネルギーを使って光合成を行う部分を**葉緑体**という。 ③ **細胞による呼吸では酸素を使って，養分からエネルギーをとり出すときに，二酸化炭素と水ができる。**

2 (状態変化：蒸留実験・蒸留で得た物質の成分を密度で考察・沸点，身のまわりの物質とその性質：密度と物質の区別，様々な物質とその利用：プラスチック)

(1) 沸騰するときの温度を**沸点**といい，物質の種類によって決まっている。エタノールが沸点で沸騰しているときは**液体から気体に状態変化**しているので，液体と気体が混ざった状態である。

(2) 密度が1.00〔g/cm³〕の水17cm³と，密度が0.79〔g/cm³〕のエタノール3cm³の混合物の質量は，1.00〔g/cm³〕×17〔cm³〕+0.79〔g/cm³〕×3〔cm³〕≒19.4〔g〕である。

(3) ガスバーナーで加熱する液体を入れた太い試験管に**沸騰石**を入れるのは，**液体が急に沸騰する現象を防ぐ**ためである。

(4) ① 加熱する前の水とエタノールの混合物Aにポリプロピレンの小片を入れたとき，プロピレンがういたことから，Aはポリプロピレンよりも密度が大きいこと，最初に出てきた液体Bは，ポリプロピレンがしずんだことから，ポリプロピレンよりも密度が小さい。よって，BはAより密度が小さいことがわかる。 ② AからDを比べると，液体を集めたときの気体の温度がエタノールの沸点に最も近いBが最も燃えやすいことも表3からわかる。**密度や燃えやすさのちがいは，それぞれの液体におけるエタノールの割合のちがいに関係がある。**熱する前のS(成分はAと同じ)よりも，**エタノールが沸騰するときの温度あたりで集めたBのほうがエタノールの割合が大きいから，沸騰するときの温度の違いを利用すれば，エタノールをとり出すことができる。**

3 (天気の変化：雲のでき方の実験・空気中の水蒸気量・雲ができはじめる高さ，気象観測，大気圧)

(1) ① 1気圧は1013hPaである。 ② 注射器のピストンをすばやく引いたところ，丸底フラスコ内の温度が下がり，白くくもった理由は，**ピストンを引いて丸底フラスコ内の気圧を下げると，空気が膨張して温度が下がって露点に達し，丸底フラスコ内の空気中の水蒸気が水滴に変わった**からだと考えられている。

(2) ① 上昇気流ができる場所は，太陽の光で地面があたためられるところや，空気が山の斜面にぶつかるところである。 ② 雲量2〜8が晴れである。よって，天気記号は，①である。 ③ B日正午の気温は16℃であり，16℃における飽和水蒸気量は13.6〔g/m³〕であり，湿度は79〔%〕である。よって，空気1m³中に含まれる水蒸気量は，13.6〔g/m³〕×0.79≒10.7〔g/m³〕である。 ④ Cは気温が20℃のとき，露点が12℃であり，**空気が800m上昇して8℃気温が下がると露点になり，**空気中の水蒸気は水滴へと変わり凝結して雲ができる。同様にして，Aは気温と露点との差は6℃であるため，雲ができ始める高さは600mであり，Bは400mである。これら

のことから，空気の上昇によって雲のできはじめる高さが最も高かったのは，C日だと考えられる。その理由は，C日はほかの2日と比べて**気温と露点の差が大きい**からである。

4　(力のつり合いと合成・分解：浮力・水圧，力のはたらき：重力・弾性力)
(1)　物体Bの質量は80gであるため，0.8Nの重力がはたらいている。よって，Bの中心を作用点として下向きに4目盛りの矢印をかく。
(2)　変形したばねが，もとにもどろうとして生じる力を**弾性力**という。
(3)　表3において，Tが2cmのとき，ばねばかりの値は0であるためBは浮いているので，Bにはたらく重力0.8Nとつり合う浮力0.8Nがはたらいている。Tが6cmのとき，(ばねばかりがBを引く力1.2N)＋(Bにはたらく重力0.8N)＝2.0(N)であるため，この下向きにはたらく力とつり合う上向きの力が**浮力**であり，2.0NがBにはたらいている。
(4)　表2において，Sが4cmのときのAにはたらく浮力＝(Aにはたらく重力0.8N)－(ばねばかりがAを引く力0.4N)＝0.4(N)である。よって，1N/m²＝1Pa，より，Sが4cmのときのAの底面にはたらく水圧[Pa]＝$\frac{0.4[N]}{0.001[m^2]}=400[N/m^2]=400[Pa]$である。Tが4cmのとき，(ばねばかりがBを引く力0.8N)＋(Bにはたらく重力0.8N)＝1.6(N)とつり合う浮力1.6NがBにはたらいている。よって，Tが4cmのときのBの底面にはたらく水圧[Pa]＝$\frac{1.6[N]}{0.004[m^2]}=400[N/m^2]=400[Pa]$である。したがって，水圧の大きさの比は**1：1**である。
(5)　表2から，水面からAの底面までの距離Sが1cmから4cmまでは大きくなっていき，水中にある部分の体積が大きくなると浮力が大きくなるため，ばねばかりの値[N]は，しだいに小さくなっていく。水面からAの底面までの距離Sが4cmから6cmは，物体がすべて水に入った状態になり浮力の大きさは変化しないため，ばねばかりの値[N]は一定になり，浮力の大きさは深さに関係ないことがわかる。以上はアルキメデスの原理の検証実験である。よって，**物体の水中にある部分の体積が大きくなるほど浮力は大きくなるが，物体がすべて水に入った状態では，物体の水中にある部分の体積が変わらず，浮力は変わらない。**
(6)　BにAをのせたアも，BにAをつり下げたイも，はたらく重力は1.6Nであり，どちらも水に浮くため，はたらく浮力は1.6Nである。イの場合，Aがすべて水に入ったときの浮力は表2より，0.4Nである。このとき，水に浮くには，1.6－0.4＝1.2(N)の浮力が必要である。問3と同様に，表3より，Tが3cmのとき，Bにはたらく浮力が0.8＋0.4＝1.2(N)であることがわかる。よって，**イ**の場合，水面からBの底面までの距離は**3cm**で浮いている。アの場合，表3より，Tが4cmのとき，Bにはたらく浮力が0.8＋0.8＝1.6(N)であることがわかる。よって，**ア**の場合，水面からBの底面までの距離は**4cm**で浮いている。

5　(光と音：光の屈折・凸レンズによる虚像・望遠鏡による像，太陽系と恒星：月の動きと見え方)
(1)　①　透明な物体に入射した光が曲がる現象は，光が異なる物質どうしの境界へ進むとき，境界の面で曲がる現象であり，これを**光の屈折**という。　②　凸レンズを通して物体より大きな**虚像**が同じ向きに見えるのは，物体が凸レンズの焦点の内側にあるとき，すなわち，図2では物体を**DとE**の位置に移動させたときで，スクリーン上に実像はできない。　③　図1の手作り望遠鏡を通して，図3の三日月を観察するときの見え方である。まず，三日月は，凸レンズを使用した対物レンズによって，**上下左右が逆向き**の実像となる。上下左右が逆向きの実像の**正立の虚像**(図3の三日月とは上下左右が逆向きの虚像)が，焦点距離が異なる接眼レンズによってできることで，**物体が拡大されて見える**(ルーペの原理)。すなわち，図3の三日月を望遠鏡で見た場合は，**上下左右が逆向きの拡大された虚像**を見ていることになり，エのように見える。一般の望遠

鏡もこの原理を活用したものである。

(2)　① 新月のときは，太陽の光を反射している面が地球から見えないため，月のすがたは見えないから，Mの位置である。　② 地球は西から東へ自転しているため，図4より，太陽が東から上がる地球上の夜明けの位置から，**夜明け前に見える細い月(二十七夜)を東の空に見ている。**芭蕉が二十七夜を見た28日の夜明け前から，およそ3日後の1日に新月となり，新月からおよそ2日後の3日の夕方，すなわち，**二十七夜からおよそ5日後の夕方に三日月を見ることができる。**

6　(植物の特徴と分類，遺伝の規則性と遺伝子：無性生殖と遺伝子，物質の成り立ち：分解・化学
　　式，化学変化と物質の質量：質量比・質量保存の法則)

(1)　① 双子葉類は，網目状の葉脈や主根と側根などの特徴をもつ。　② 農家は，濃厚な甘みが特徴的なサツマイモを**無性生殖**でつくっている。その理由は，無性生殖では，親の体の一部が分かれてそれがそのまま子になるので，**子は親とまったく同じ遺伝子を受けつぎ，親とまったく同じ形質が現れる。**

(2)　① ガラス管を水からとり出してから，加熱するのをやめた理由は，加熱した試験管に水が流れこむことを防ぐためである。　② 炭酸水素ナトリウムを加熱したときの変化を化学反応式で表すと，$2NaHCO_3 \rightarrow Na_2CO_3 + H_2O + CO_2$，である。この実験における炭酸水素ナトリウムの質量と白い固体の物質である炭酸ナトリウムの比は84：53であることから，炭酸水素ナトリウムの質量が2.1gのときの炭酸ナトリウムの質量をxgとすると，$2.1 : x = 84 : 53$，$x \fallingdotseq 1.3(g)$，である。よって，出てきた液体である水の質量と気体である二酸化炭素の質量の合計は，$2.1 - 1.3 = 0.8(g)$，である。　③ **分解**という化学変化により，炭酸水素ナトリウムから発生した水蒸気やCO_2が，ケーキをふくらませる要因になっている。

＜社会解答＞

1 (1) (海洋名) 大西洋　(記号) う　(2) F(州)　(3) ウ　(4) ⑦　(5) エ
(6) (例)インドは他国よりも第3次産業人口の割合が低く，人口が多いため一人あたりのGDPも低い。

2 (1) イ　(2) ① ウ　② Y (例)ゆるやか　Z (例)果樹園　(3) ⑦
(4) ① 鉄道　② (例)自動車は，他の輸送機関に比べてエネルギー消費量の割合が高く，貨物輸送量の割合が減っている。

3 (1) ① あ ア　い カ　② ウ→ア→イ　③ (名称) 衆議院　(資格) (例)一定額以上の税金を国に納める満25歳以上の男子　(2) ① イ　② ア
(3) ① ウ　② 徳川家光　③ (例)清とは対等な条約を結び，朝鮮とは日本に有利な不平等条約を結んだ。　④ (例)政権を朝廷に返上した。　⑤ エ　⑥ (例)日本に復帰した

4 (1) ① 労働基準法　② (例)年齢が上がるにつれて，格差が拡大する　③ イ
(2) ① (例)グローバル　② ウ　③ エ　④ イ　⑤ アメリカ　(3) ① ウ
② ア・イ　③ エ　④ 世界人権宣言　⑤ 採択されなかった理由　(例)反対する常任理事国があったから。

＜社会解説＞

1　（地理的分野―世界地理－地形・気候・資源・人口・貿易，―環境問題）

(1)　海洋名　**太平洋・大西洋・インド洋**が**世界三大洋**である。三大洋の中で，ユーラシア大陸・アフリカ大陸・北アメリカ大陸・南アメリカ大陸・南極大陸に囲まれた大洋が，大西洋である。記号　北アメリカ大陸・南アメリカ大陸の地図上の右側，つまり東側に位置するのが大西洋である。記号の，うである。

(2)　Y国はイギリスであり，地球の中心を通り，正反対にある地点は，F州のアンティポデス諸島である。F州はオセアニア州である。なお，地球の中心を通り，正反対にある地点のことを**対せき点**という。

(3)　Y国は**イギリス**であり，その首都はロンドンである。ロンドンは**西岸海洋性気候**に属して，暖流と偏西風の影響を受け，高緯度の割には年間を通じて比較的暖かい。グラフのウである。

(4)　**一人あたりのCO_2排出量**が最も多いのは，**アメリカ合衆国**であり，アメリカ合衆国を含むD州は，表1中の⑦である。

(5)　ブラジルは，石炭は輸入依存だが，**鉄鉱石**については鉱山を有し自給している。さらにブラジルは，世界第三位の鉄鉱石産出国であり，世界有数の鉄鉱石輸出国である。日本は，ブラジルから膨大な量の鉄鉱石を輸入している。

(6)　インドは，図3に見られるように，アメリカ・ドイツ・南アフリカ共和国と比べて，**第3次産業人口**の割合が低く，人口が多いため一人あたりの**GDP（国内総生産）**も極めて低い。しかし，インドは，ブラジル・ロシア・中国と共に2000年代以降に著しい経済発展を遂げており，この4か国をまとめて**BRICs**という。

2　（地理的分野―日本地理－地形・地形図の見方・交通）

(1)　地図のXは**濃尾平野**である。濃尾とは，旧国名の美濃（岐阜県）と尾張（愛知県）にまたがる地方であるところから言われる。

(2)　①　普通の地図では，上が北，右が東，下が南，左が西である。　Q　川は左上から右下に流れているので，北西から南東に流れている。　②　Y　この**地形図の縮尺は2万5000分の1**なので，等高線は10mごとに引かれている。等高線が密なのは，bの範囲であり，aの範囲の方が傾斜はゆるやかである。Zaの範囲には，「◌」の地図記号が多くみられ，これは果樹園を表している。広葉樹林の地図記号「Ｑ」と似ているので注意が必要である。

(3)　**集積回路・半導体・精密機械**など，小さく，軽くて高価なものは，**飛行機**での輸送に適しているため，空港からの輸出入が多くなる。アが関西国際空港である。

(4)　①　1965年では，**旅客輸送量**の3分の2を占めていたが，50年間に減少し，2017年では3分の1に激減しているのが鉄道である。　②　自動車は，鉄道・船舶・航空などの輸送機関に比べて**エネルギー消費量**の割合が極めて高く，貨物輸送量の割合が6割強から5割強に減っている。

3　（歴史的分野―日本史時代別－旧石器時代から弥生時代・古墳時代から平安時代・鎌倉時代から室町時代・安土桃山時代から江戸時代・明治時代から現代，―日本史テーマ別－政治史・経済史・外交史・文化史，―世界史－政治史）

(1)　①　あ　**詔**（みことのり）とは天皇の命令である。　い　538年に伝わった**仏教**は，天皇家や蘇我氏の信仰を集め，半世紀の間に広まり，政治にも影響を及ぼした。　②　ア　**平治の乱**が起こったのは，平安時代末期の1159年である。　イ　**承久の乱**が起こったのは，鎌倉時代の1221年である。　ウ　**平将門の乱**が起こったのは，平安時代中期の935年である。したがって，年代

の古い順に並べると，ウ→ア→イとなる。　③　名称　**大日本帝国憲法**下では，**帝国議会**は上院である**貴族院**と下院である**衆議院**の二院制であった。　資格　有権者資格は，一定額の税金を国に納める満25歳以上の男子であった。一定額の税金とは，第一回衆議院議員選挙の際には，**直接国税15円以上**であった。このように納税額等で，選挙権資格を制限することを**制限選挙**という。納税額による制限がなくなったのは，1925年の衆議院議員選挙法の改正により**普通選挙**が実現した時である。

(2)　①　狩野永徳は，安土桃山時代に活躍した絵師である。代表的作品として「唐獅子図屏風」がある。同じ安土桃山時代に活躍したのは，**千利休**である。利休は，大名や豪商たちの間に茶の湯が流行する中で，わび茶を大成させた。　②　イ　洗濯機・冷蔵庫などが普及したのは，1950年代から始まった**高度経済成長期**である。　ウ　**太陽暦**が採用されたのは，明治初期の**文明開化**の風潮の中にあった1872年である。　エ　米などの生活物資が**配給制**や**切符制**になったのは，**日中戦争**の長期化する1941年に始まり，第二次世界大戦後まで続いた。イ・ウ・エのどれも別の時代の説明であり，アが正しい。**ラジオ放送**が始まったのは，大正時代末期の1924年である。

(3)　①　ア　中国の皇帝から王の称号や金印を授けられたのは，弥生時代のことである。　イ　**朱印船貿易**により各地に**日本町**ができたのは，安土桃山時代である。　エ　**勘合符**を用いた貿易が行われたのは，室町時代である。ア・イ・エのどれも別の時代の説明であり，ウが正しい。**元寇**後の鎌倉後期から南北朝時代には，元と日本の間には活発な交流があり，多くの禅僧が来日した。　②　1641年に**平戸のオランダ商館**が**長崎出島**に移され，**鎖国**が完成したのは，江戸幕府の**3代将軍徳川家光**の時代である。　③　清とは1871年に対等な**日清修好条規**を結び，**朝鮮**とは1875年江華島事件などでの軍事力を背景に，日本に有利な**不平等条約**である**日朝修好条規**を結んだ。　④　倒幕の勢いが強まる中で，1867年の**大政奉還**によって政権を朝廷に返上することで徳川家の勢力を温存し，新政権にも加わろうとした。　⑤　ア　**ベトナム戦争**が激化したのは，アメリカ軍による**北爆**が行われた1960年代中期のことである。　イ　1973年に起こった**第4次中東戦争**をきっかけに**石油危機**が起こった。　ウ　1991年の旧ソ連の解体により，多くの国が独立を宣言した。ア・イ・ウのどれも別の時代のことであり，エが正しい。1931年の**満州事変**以来の日中両国の交戦は，1937年の**盧溝橋事件**をきっかけに**日中戦争**として本格化した。　⑥　**第二次世界大戦**終結後27年間にわたって，アメリカによる占領統治が続いていた**沖縄**は，ニクソンアメリカ大統領と**佐藤栄作首相**の交渉により，1972年に日本に返還され，沖縄県となった。しかし，沖縄に置かれた**米軍基地**は，アメリカの東アジアに対する戦略から，そのまま残された。

4（公民的分野―経済一般・国際社会との関わり・地方自治・財政・基本的人権）

(1)　①　「労働三法」とは，三つの法律「労働基準法」「労働組合法」「労働関係調整法」の総称である。労働者のための統一的な保護法として，1947年に制定されたのが，労働基準法である。労働条件の基準を定め，第4条では，**男女同一賃金**について定め，第32条では，1日8時間労働制や，1週40時間労働制などを内容としている。　②　図1を読み取り，年齢が上がるにつれて，男女間の格差が拡大するということを簡潔に記せばよい。　③　女性は30歳から40歳までの間，働いている人の割合が落ちこんでいる。それは，育児のためと考えられ，会社が保育園をつくることにより，子供を保育園に入れることで，女性が働きやすくなり，**女性の離職率**が下がると期待される。

(2)　①　文化・経済・政治などの人間の諸活動およびコミュニケーションが，これまで存在した

国家・地域など縦割りの境界・枠組みを越えて大規模に行なわれるようになり，**地球規模**で統合され，一体化される傾向のことを**グローバル化**という。　②　例えば1ドル120円が1ドル100円になるとき，ドルに対して円の価値が高くなったということで，**円高**になったという。円高になると輸入品の価格が安くなり，輸入企業には有利になる。また，円高のときには，円に対する需要が高まり，ドルを円に換える動きが強まる。　③　円高が進むと，日本国内で生産し輸出することが難しくなるため，海外に工場を移転させ，現地で生産・販売をするようになる。そのため，国内の生産や雇用が減少することが起こり，それは**産業の空洞化**と言われる。　④　**地方公共団体**には，東京都のように，**地方税**収入が潤沢なところもあるが，地方税収入の少ない県もある。そこで，地方公共団体間の財政格差を減らすため，**地方交付税交付金**が存在する。国が国税として徴収した税の中から，一定割合を地方に配分し，その用途は地方公共団体が自由に決められるというのが，地方交付税交付金である。　⑤　図5を読み取り，アメリカは，**所得税**などの**直接税**の割合が大きく，税の支払い能力に応じて課税するという意味での公平さがあることを指摘する。

(3)　①　自分と異なる考えや価値観を受け入れることが，**異文化理解**である。　②　領土の海岸線から12海里(約22km)を領海という。領海に接し，海岸線から200海里(約370km)までの海域を，**排他的経済水域**という。排他的経済水域内では，**漁業や天然資源の採掘，科学的調査**などを自由に行う事ができる。正解はアとイである。　③　1967年に設立され，現在はタイ・インドネシア・シンガポール・フィリピン・マレーシア等10か国から構成されているのが，**ASEAN(東南アジア諸国連合)**であり，日本は長い間協力関係を築いてきた。　④　1948年に行われた**国際連合**の第3回**総会**で，人権および自由を尊重し確保するために，「すべての人民とすべての国とが達成すべき共通の基準」を宣言し，採択されたのが**世界人権宣言**である。法の下の平等，身体の安全，思想・良心・宗教の自由，表現の自由，集会・結社の自由，生存権などが，全国家と人民の「達成すべき共通の基準」であることがうたわれている。　⑤　下記の理由で採択されなかったことを明確に解答する。　理由　国連の**安全保障理事会**では，**常任理事国**5か国のうち1国でも反対すれば，その議案は否決される。常任理事国は**拒否権**を持っていることになり，この決議案も常任理事国のうちの1国が反対したことにより否決された。

＜国語解答＞

一　1　(例)自然に囲まれた環境でスポーツを楽しめる(こと)　　2　(例)(品物の安さより，)旬の野菜が手に入る(ということを伝えた方がよい)　　3　(例)聞き手の興味や関心に基づいて(情報を伝えること)　　4　ウ

二　1　(環境に適応して生息し，)繁栄(していること)　　2　困難に対応するサバイバル能力
3　(1)　a　意図的　　b　実力が出しきれない　　(2)　(例)逆転の可能性にかけている
(3)　イ　　4　(例)(攪乱が起こる環境では，)悪条件を克服する力が他の植物より強い雑草が，生存競争を有利に進める(ことができるから)

三　1　①　おごそ(か)　　②　貴重　　③　けいしょう　　④　営(み)　　2　エ
3　五段(活用)　　4　イ

四　1　発掘　　2　a　自然に変化させる力　　b　完全に離されてしまった　　3　(例)高い技術を身につけたいと純粋に思っていたわけではなく，仲間への邪推や競争心があった(ことに気付いたから)　　4　(1)　(例)指の動かし方　　(2)　エ　　(3)　(例)確かな技術を

身につけて，ものづくりに一生懸命取り組んでいく

五 1 ① ように ② おいては 2 B 3 ア 4 (例)(烏からの，)高い所から蝸
牛を落として殻を割ればよい(という教え) 5 (1) 烏 (2) 技を殊にする
(3) (例)優れた人に聞く

六 (例) 表を見ると，第一版には掲載されていなかった「リサイクル」という語句が，第八
版には掲載されていることに気付きます。これは，近年のごみ問題が，昭和四十七年ごろ
と比べて深刻な社会問題となり，資源の再利用が叫ばれるようになったためだと考えられ
ます。時代が変わり，社会や人々の考え方が変化すれば，新しい言葉が生まれたり，前か
らある言葉に新しい意味が加わったりするのは，当然のことです。私は，変化を恐れるこ
となく，そのときどきの状況や思いを的確に捉える言葉を使って，新しい世界に挑戦して
いきたいと思います。

＜国語解説＞

一 (聞き取り―内容吟味)

1 さとるさんは，「運動公園には体育館やテニスコートなどたくさんの運動施設があることや，
自然に囲まれた環境でスポーツを楽しめることを紹介すれば……」と言っている。

2 ゆかさんは，「さとるさんの話を聞いて，**旬の野菜が手に入る**ということを伝えた方が……と
考え直しました」と言っている。

3 たけしさんは，「プレゼンテーションをする上で大切なことは，**聞き手の興味や関心に基づい
て情報を伝えること**だと言えそうですね」と言っている。

4 たけしさんは，「～ですね。」という形でさとるさんやゆかさんの**発言を受け止め**，資料につい
て写真やレシピなどの**具体案**を示しながら進めているので，ウが正解。発言の比較や数値による
分析はしていないので，アは誤り。イの，発言の問題点の指摘や話題の方向性の修正はしていな
い。発言についての詳しい説明を求める場面はないので，エは不適切である。

二 (論説文－内容吟味，文脈把握)

1 解答欄の前の「環境に**適応して生息し**」という語句に注目する。設問に「これより前の本文中
から」とあるので，前の段落の「雑草は，予測不能な変化に適応し，攪乱が起こる条件を好んで
繁栄している」から抜き書きする。

2 同じ段落の後半に「そこで要求されるのは，けんかの強さよりも，次々と襲いかかる**困難に対
応するサバイバル能力なのである**」とあるので，ここから抜き書きする。

3 (1) a 「奇抜な一手」については，「プロの将棋の対局では，自分が不利になると，**意図的に**
定跡を外れた手や，常識的な読み筋を外した奇抜な手を指すことがある」とあるので，ここから
抜き書きする。 b 筆者は，雨天の試合など「どちらも**実力が出しきれない状況**では，勝負の
行方はわからない」と述べている。この場合の「勝負の行方はわからない」は格下が勝つ場合が
あるということである。 (2) 予測不能な状況では，「逆転の可能性」が出てくる。将棋で定
跡や常識的な読み筋を外すのは，予測不能な状況での**逆転の可能性にかけている**ことを示してい
る。「不利な者が勝つ可能性を狙う」などでも正解とする。 (3) 筆者は，サッカーや将棋の
事例を挙げて，「雑草は逆境を好む」という**主張に説得力**を持たせている。このことを説明した
イが正解。アの「問題提起」，ウの「批判」，エの「仮説における矛盾点」は，本文の事例とは無
関係である。

4　最終段落の「悪条件な環境を**生存競争**の場とすれば……雑草にも活路が見いだせる」「不利を**克服する力**が他の植物よりも強いという相対的な強さで，雑草は他の植物を圧倒している」をもとに，前後の語句につながるように35字以内で書く。指定語句の「克服」「生存競争」を必ず入れて書くこと。

三　(知識—漢字の読み書き，熟語，文と文節，品詞・用法)

1　①　「**厳**」には，「ゲン・ゴン・おごそ(か)・きび(しい)」という読みがある。　②　「**貴重**」は，非常に大切な様子を表す。　③　「**継承**」は，受け継ぐという意味。　④　「**営**」は，上の点の向きに注意する。

2　「身近で」と「なじみ深い」は，いずれも「『博物館』です」を修飾する文節であり，順序を入れ替えて「なじみ深く身近な『博物館』です」としても文全体の意味が変わらないので，エの「**並立の関係**」にある。

3　「思う」は**五段活用**の動詞で，「思わ・思い・思う・思う・思え・思え」と活用する。

4　「多種多様」は，たくさんのものがそれぞれ違っていることを表す四字熟語であり，これと同じ意味を表すのはイの「**千差万別**」である。他の四字熟語の意味は，ア「**大同小異**」＝小さな違いはあるが大体は同じであること，ウ「花鳥風月」＝自然の美しい風物，エ「適材適所」＝その人の才能にふさわしい仕事や地位につけること。

四　(小説—情景・心情，内容吟味，文脈把握)

1　少し後の本文に「あらかじめ隠れていたネジ型が，原口の作業によって**発掘**されたような感じだ」とあるので，ここから抜き書きする。

2　a　本文で「鉄に立ち向かうような気持ち」と対比されているのは，「硬い鉄さえも**自然に変化させる力**」である。　b　心は，自分がけがで練習を見学している間にネジ切りを習得しているらしい亀井を見て，「**完全に離されてしまった**」と感じている。

3　「**高い技術**を身につけたいとばかり，純粋に思っていたわけではなかった。見当ちがいに原口を邪推し，亀井には，刃のような競争心を感じていた」の内容をまとめて，解答欄の後の語句に続くように45字以内で書く。「原口」「亀井」という固有名詞の代わりに，指定語句の「**仲間**」を用いること。

4　(1)　他の生徒の練習を見学しながら折りヅルを折り続けた心の様子は，「**指の動き方**がわかってきたようだった」と書かれている。　(2)　「五十枚入りの折り紙が半分になった」は，**不自由な指で長い時間をかけて**25羽以上のツルを折ったことを表すので，エが正解となる。心の礼儀正しさや周囲との人間関係が変化したことは読み取れないので，他の選択肢は不適切である。(3)　心は見学中に「**確かな技術**」がどのようなものであるかについて考えを深め，仲間に邪推や競争心を抱いていた自身のあり方を反省するとともに，指の動かし方を工夫し，折り目正しいツルを作れるようになっている。けがをして，高い技術を身につけたいという意欲がかえって強くなっている様子が読み取れる。抜糸の後は，確かな技術を身につけようと努力しながら**ものづくり**に取り組むことが想像できる。指定語句の「ものづくり」を用いて，30字以内で書くこと。

五　(古文・漢文—内容吟味，文脈把握，仮名遣い)

〈本文の口語訳〉　ある時，鷲が「蝸牛を食べたい」と思ったけれども，どうしたらいいか知らない。思い悩んでいたところに，烏がわきから出てきて申したのは，「この蝸牛を殺すことは，とてもたやすいことです。私が申し上げるようになさった後，私にその半分をお与えになれば，お教え

いたしましょう。」と言う。鷲は同意して，その方法を問うと，烏が言うことには，「蝸牛を高い所から落としなさったら，その殻は，すぐに砕けるでしょう」と言う。そこで，教えられたようにすると，烏の提案通りに，たやすく身を取って，これを食べた。

　このように，たとえ権力があり身分が高い家柄であっても，自分の心を思うがままにせず，知恵がある者の教えに従うべきである。その理由は，鷲と烏を比べると，備えた能力は，決して勝るはずはないけれども，蝸牛の中身を取り出す技術については，烏が最も優れている。物事に応じて，個別に人に尋ねるのがよい。

〈漢文の口語訳〉 足の速い名馬は一日で千里を走るが，ねずみを捕らえる技能は猫やイタチに及ばないというのは，それぞれがもっている技能が違うことを言うのである。

1 　①「や」を「よ」に直して「ように」と書く。　②「ゐ」を「い」に直して「おいては」と書く。

2 　Aの主語は鷲，Bの主語は烏，Cの主語は鷲，Dの主語は鷲なので，Bが正解。

3 　烏が「この蝸牛，亡さん事」と言っていることからわかるように，**蝸牛は鷲の目の前にいる**。しかし，蝸牛が硬い殻に閉じこもってしまったので，中身を取り出して食べることができないのである。正解はア。鷲は，蝸牛が食料になることを知っているし，すでに見つけているので，他の選択肢が不適当である。

4 　「蝸牛を高き所より落し給はば，その殻，忽ちに砕けなん」をもとに，「高い所から蝸牛を落とす」「殻を割る」の二つの要素を入れて，前後の表現につながるように書く。

5 　(1) 　鷲に蝸牛の殻を割る方法を教えたのは烏である。　(2) 　漢文で「違った技能をもっている」という内容に対応するのは「**技を殊にする**」である。　(3) 　「『智者』の教えに従う」という意味の現代語を10字以内で書く。「知恵がある人に尋ねる」(10字)，「熟練者に教えてもらう」(10字)などと答えても正解とする。

六 （作文）

　与えられた**条件**を満たして書くこと。【表】から気付いたことを**具体的**に取り上げて，「言葉について**考えた**ことを200〜250字で書く。解答例は，「リサイクル」という語句が第一版には掲載されていなかったのに第八版には掲載されていることを取り上げ，言葉の変化に対する自分の考えを述べている。書き終わったら**必ず読み返して**，誤字・脱字や表現の不自然なところは書き改める。

2021年度

★★★★★★★★★★★★★★★★★★★★

入 試 問 題

●くわしい解説 …… 39 ページ

＜数学＞　　時間　60分　　満点　100点

1　次の⑴〜⒂の中から，**指示された8問**について答えなさい。

⑴　$4-(-6)\times 2$　を計算しなさい。

⑵　$\dfrac{x-2y}{2}-\dfrac{3x-y}{6}$　を計算しなさい。

⑶　$(x-3y)(x+4y)-xy$　を計算しなさい。

⑷　$a=\sqrt{3}-1$ のとき，a^2+2a　の値を求めなさい。

⑸　方程式　$\dfrac{3}{2}x+1=10$　を解きなさい。

⑹　紅茶が450mL，牛乳が180mLある。紅茶と牛乳を5：3の割合で混ぜて，ミルクティーをつくる。紅茶を全部使ってミルクティーをつくるには，牛乳はあと何mL必要か，求めなさい。

⑺　連立方程式　$\begin{cases} x+4y=-1 \\ -2x+y=11 \end{cases}$　を解きなさい。

⑻　方程式　$2x^2-5x+1=0$　を解きなさい。

⑼　右のグラフは，あるクラスの20人が，読書週間に読んだ本の冊数と人数の関係を表したものである。この20人が読んだ本の冊数について代表値を求めたとき，その値が最も大きいものを，次の**ア〜ウ**から1つ選んで記号を書きなさい。

> **ア**　平均値　　**イ**　中央値　　**ウ**　最頻値

読んだ本の冊数

⑽　n は自然数である。$10<\sqrt{n}<11$を満たし，$\sqrt{7n}$が整数となる n の値を求めなさい。

⑾　下の図で，$\angle x$ の大きさを求めなさい。

⑿　右の図で，おうぎ形の半径は5㎝，中心角は240°である。この
　おうぎ形の面積を求めなさい。ただし，円周率をπとする。

⒀　右の図のように，円Oの周上に3点A，B，Cがある。線分
　ABの長さが半径OAの長さに等しいとき，∠BACの大きさ
　を求めなさい。

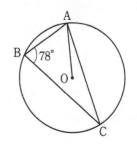

⒁　右の図のように，AB＝2㎝，BC＝3㎝，∠B＝90°の直角
　三角形ABCがある。この直角三角形ABCを，辺ABを軸と
　して1回転させてできる円錐の体積は，辺BCを軸として1回
　転させてできる円錐の体積の何倍か，求めなさい。

⒂　右の図で，立方体ABCD－EFGHの体積は1000㎤である。
　三角錐H－DEGにおいて，△DEGを底面としたときの高さ
　を求めなさい。

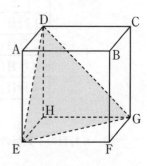

2　次の(1)～(4)の問いに答えなさい。

(1)　次の①，②の問いに答えなさい。

①　関数 $y＝\dfrac{6}{x}$ で，x の値が1から3まで増加するときの変化の割合を求めなさい。求める過
　程も書きなさい。

②　次のページの図において，Ⓐは関数 $y＝ax^2$，Ⓑは関数 $y＝bx^2$，Ⓒは関数 $y＝cx^2$，Ⓓ
　は関数 $y＝dx^2$ のグラフである。a, b, c, d の値を小さい順に左から並べたとき正しいもの
　を，次のア～エから1つ選んで記号を書きなさい。

　　ア　c, d, a, b　　イ　b, a, d, c
　　ウ　d, c, b, a　　エ　c, d, b, a

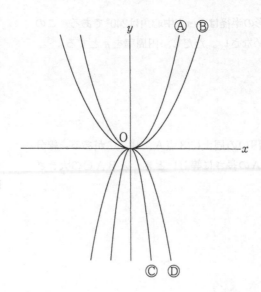

(2) 　1から順に自然数が1つずつ書かれているカードがある。次の表のように，これらのカードを，書かれている数の小さい順に1行目の1列目から矢印に沿って並べていく。

表

	1列目	2列目	3列目	4列目	5列目
1行目	1 →	2 →	3 →	4 →	5 →
2行目	10 ←	9 ←	8 ←	7 ←	6 ←
3行目					
4行目					

① 　6行目の1列目のカードに書かれている数を求めなさい。

② 　n 行目の3列目のカードに書かれている数を，n を用いた式で表しなさい。

(3) 　右の図のように，三角形ABCがある。点Dは辺AB上にあり，AB⊥CDである。辺CA上に，∠BCD＝∠BPDとなる点Pを，定規とコンパスを用いて作図しなさい。ただし，作図に用いた線は消さないこと。

(4) 　サイクリングコースの地点Sから地点Gまで自転車で走った。地点Sから地点Gまでの道のりは30kmである。午前10時に地点Sを出発し途中の地点Rまで時速12kmで走り，地点Rから地点Gまで時速9kmで走ったところ，午後1時に地点Gに到着した。地点Sから地点Rまでと，

地点Rから地点Gまでのそれぞれの道のりとかかった時間を知るために，麻衣さんは道のりに着目し，飛鳥さんはかかった時間に着目して，連立方程式をつくった。2人のメモが正しくなるように，**ア**，**ウ**にはあてはまる**数**を，**イ**，**エ**にはあてはまる**式**を書きなさい。

[麻衣さんのメモ]

地点Sから地点Rまでの道のりを x km，
地点Rから地点Gまでの道のりを y kmとすると，

$$\begin{cases} x + y = \boxed{\text{ア}} \\ \boxed{\text{イ}} = 3 \end{cases}$$

[飛鳥さんのメモ]

地点Sから地点Rまで走るのにかかった時間を x 時間，地点Rから地点Gまで走るのにかかった時間を y 時間とすると，

$$\begin{cases} x + y = \boxed{\text{ウ}} \\ \boxed{\text{エ}} = 30 \end{cases}$$

3 次の(1)〜(3)の問いに答えなさい。

(1) 右の図1のように，三角形ABCがある。点D，Eは，それぞれ辺AB，AC上の点であり，DE∥BCである。このとき，△ABC∽△ADEとなることを証明しなさい。

図1

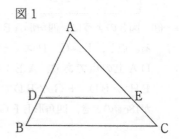

(2) 四角形ABCDがあり，点AとC，点BとDをそれぞれ結ぶ。次の《条件》にしたがって，点E，F，G，Hを，それぞれ辺AB，BC，CD，DA上にとり，四角形EFGHをつくる。

《条件》
・AE＝EB ，BF＝FC
・EH∥BD，FG∥BD

① [詩織さんの説明] が正しくなるように，ⓐにあてはまる**言葉**を書きなさい。

[詩織さんの説明]

図2において，四角形EFGHは平行四辺形になります。

[証明]
仮定より，AE＝EB，BF＝FCだから，
　　　　EH：BD＝FG：BD＝1：2
したがって，EH＝FG…①
EH∥BD，FG∥BDだから，
　　　　EH∥FG…②
①，②より　　ⓐ　　から，
四角形EFGHは平行四辺形である。

図2

② ［詩織さんの説明］を聞いた健太さんは，四角形ＥＦＧＨがひし形になる場合について考え
た。［健太さんの説明］が正しくなるように，ⓑにあてはまるものを下の**ア～オ**から１つ選ん
で記号を書きなさい。

［健太さんの説明］

　　　詩織さんが説明しているように，四角形ＥＦＧＨは平行四辺形になりま
す。さらに，四角形ＡＢＣＤの条件として，　　　ⓑ　　　を加えます。
このとき，《条件》にしたがって四角形ＥＦＧＨをつくると，四角形ＥＦＧＨ
はいつでもひし形になります。

　ア　∠ＢＡＣ＝∠ＢＤＣ　　**イ**　∠ＢＡＣ＝∠ＤＣＡ
　ウ　∠ＡＣＢ＝∠ＡＤＢ　　**エ**　ＡＣ＝ＢＤ
　オ　ＡＣ＝ＡＤ

(3) 図3のように，四角形ＡＢＣＤがあり，ＡＣ⊥ＢＤであ
る。点Ｅ，Ｆ，Ｇ，Ｈは，それぞれ辺ＡＢ，ＢＣ，ＣＤ，
ＤＡ上の点であり，ＡＥ：ＥＢ＝ＣＦ：ＦＢ＝２：１，
ＥＨ∥ＢＤ，ＦＧ∥ＢＤである。四角形ＡＢＣＤの面積
が18㎠のとき，四角形ＥＦＧＨの面積を求めなさい。

図3

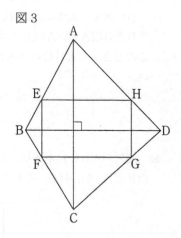

4　次の(1)，(2)の問いに答えなさい。

(1)　次の図のように，袋の中に整数1，2，3，4，5が１つずつ書かれている玉が５個入っている。
このとき，後の①，②の問いに答えなさい。ただし，どの玉が取り出されることも同様に確か
らしいものとする。

①　この袋の中から玉を１個取り出し，書かれている数を確かめた後，玉を袋に戻す。再びこ
の袋の中から玉を１個取り出し，書かれている数を確かめる。はじめに取り出したときの玉
に書かれている数を x とし，再び取り出したときの玉に書かれている数を y とする。$x > y$
になる確率を求めなさい。

②　この袋の中から同時に2個の玉を取り出すとき，少なくとも1個の玉に書かれている数が偶数になる確率を求めなさい。

⑵　「3けたの自然数から，その数の各位の数の和をひくと，9の倍数になる」ことを，次のように説明した。[説明] が正しくなるように，アに説明の続きを書き，完成させなさい。

[説明]

> 3けたの自然数の百の位の数をa，十の位の数をb，一の位の数をcとすると，3けたの自然数は，$100a + 10b + c$と表すことができる。各位の数の和をひくと，
>
>
>
> 　　　　　　　　　　　　　　　　ア
>
>
>
> したがって，3けたの自然数から，その数の各位の数の和をひくと，9の倍数になる。

5　次のⅠ，Ⅱから，**指示された問題**について答えなさい。

Ⅰ　次の図のように，2点A(8, 0)，B(2, 3) がある。直線㋐は2点A，Bを通り，直線㋑は2点O，Bを通る。点Cは，直線㋐とy軸の交点である。次の⑴〜⑶の問いに答えなさい。

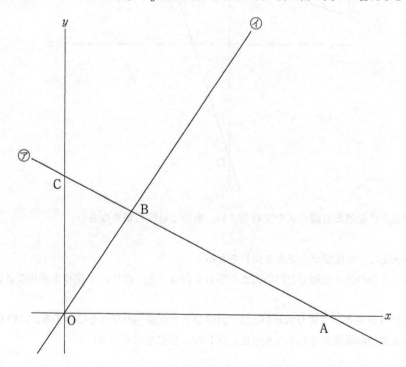

⑴　線分ABの長さを求めなさい。ただし，原点Oから (0, 1)，(1, 0) までの距離を，それぞれ1cmとする。

⑵　直線㋐の式を求めなさい。求める過程も書きなさい。

(3) 直線⑦上に，x 座標が 2 より大きい点 P をとる。△COP の面積と△BAP の面積が等しくなるとき，点 P の x 座標を求めなさい。

Ⅱ 次の図のように，2 点 A (3, 4)，B (0, 3) がある。直線⑦は 2 点 A，B を通り，直線④は関数 $y = 3x - 5$ のグラフである。点 C は直線④と x 軸の交点，点 D は直線④と y 軸の交点である。次の(1)，(2)の問いに答えなさい。

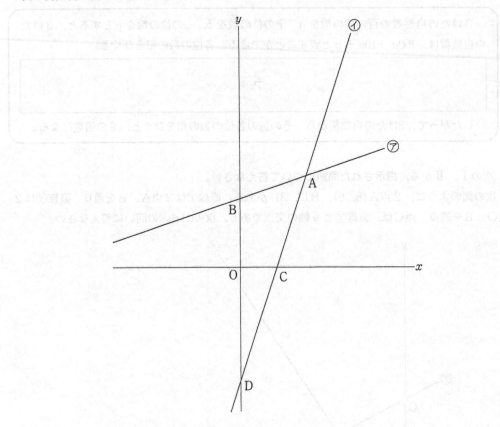

(1) 2 点 B，C を通る直線の式を求めなさい。求める過程も書きなさい。

(2) 直線④上に，x 座標が正である点 P をとる。
　① 線分 BD の長さと線分 PD の長さが等しくなるとき，点 P の x 座標を求めなさい。

　② 点 P の x 座標が 3 より大きいとき，直線 OP と直線⑦の交点を Q とする。△OBQ の面積と△APQ の面積が等しくなるとき，点 P の x 座標を求めなさい。

＜英語＞ 　時間　60分　　満点　100点

1　リスニングテスト

(1)　（会話を聞き，質問に対する答えとして最も適切な絵を選ぶ問題）　**2回ずつ放送**

①　ア　　　　　イ　　　　　ウ　　　　　エ

②　ア　　　　　イ　　　　　ウ　　　　　エ

(2)　（会話を聞き，会話の最後の文に対する応答として最も適切なものを選ぶ問題）**1回ずつ放送**

①　ア　No. We have no homework.　　　イ　OK. Thank you for your help.
　　ウ　Sure. Let's do it together.

②　ア　How about 8:30, then?　　　　　イ　How about 9:30, then?
　　ウ　How about 10:00, then?

③　ア　No. I said, "Right now."　　　　イ　No. I said, "Turn left."
　　ウ　No. I said, "You're right."

(3)　（会話を聞き，質問に対する答えとして最も適切なものを選ぶ問題）　**2回ずつ放送**

①　ア　Because he is sick.　　　　　　　イ　Because he is busy.
　　ウ　Because he forgot the practice.　エ　Because he has a piano lesson.

②　ア　On Monday.　　　　　　　　　　イ　On Tuesday.
　　ウ　On Wednesday.　　　　　　　　　エ　On Thursday.

③　ア　A notebook and a dictionary.　　イ　A notebook and a textbook.
　　ウ　A pen and a dictionary.　　　　　エ　A pen and a notebook.

(4)　（佐藤先生の話を聞き，その内容として適切なものを2つ選ぶ問題と，佐藤先生の最後の［問い］に対して，話題を1つ取り上げ，**英文2文**であなたの［答え］を書く問題）　**2回放送**

　ア　John is a new student staying in Japan now.
　イ　John talked with Mr. Sato in Japanese and English.
　ウ　John wants to join the basketball team at school in Japan.
　エ　John hopes that he will make designs of buildings as his job.

　［答え］＿＿＿＿＿＿＿＿＿＿＿＿＿＿＿＿＿＿＿＿＿＿＿＿＿＿＿＿

2　次の(1)～(3)の問いに答えなさい。

(1)　次は，中学生の健（Ken）と留学生のルーカス（Lucas）が，試合やゲームの始め方について会話した内容の一部です。①～④の（　）内の語を，それぞれ**適切な形に直して書き**，会話を完成させなさい。

Ken：We sometimes do *janken when we start a game.　It's (① know) by many people in Japan.　Do you know about it?

Lucas：Yes, I know a little about it.　But I've never (② try) it.

Ken：How do you start a game in your country?

Lucas：We usually *toss a *coin.　The *referees of the games do it.

Ken：Oh, I have seen it on TV before.　In an international soccer game, a referee was (③ use) a special coin.　I want to get the coin.

Lucas：You can buy coins for tossing.　I guess they are about three hundred yen.

Ken：Really?　They are (④ cheap) than I thought.　It's interesting to know the difference between countries.

【注】 *janken：じゃんけん　　*toss：投げる　　*coin：コイン　　*referee：主審

---

(2)　次の①～④について，（例）を参考にして，［説明］が示す**英語1語**を（　）に書き，英文を完成させなさい。ただし，**答えは（　）内に示されている文字で書き始めること**。

(例) You can't (e　　　) or drink in many libraries.
　　［説明］To take food into your body through your mouth
　　　　　　　　　　　　　　　　　　　　　　　　　　　　　　　　　　［答え］(eat)

---

①　Mountains change colors and we can see snow in some places in (N　　　).
　　［説明］It's the eleventh month of the year.

②　We have a (f　　　) for girls on March third in Japan.
　　［説明］It's a kind of event.　It's usually held to celebrate something.

③　This homestay program is for the students who are interested in studying (a　　　).
　　［説明］In other countries

④　At this zoo, people can (r　　　) horses and enjoy walking around.
　　［説明］To sit on something and move

(3)　次の①～③について，（例）を参考にして，〈　〉の状況の会話がそれぞれ成り立つように　□　内の語に**必要な2語を加え**，正しい語順で英文を完成させなさい。ただし，文頭にくる語は，最初の文字を大文字にすること。

(例)〈休み明けに留学生から話しかけられて〉
　　Mike：│ you │ go to the park yesterday?
　　Naoki：I went there to play tennis with Ken.
　　　　　　　　　　　　　　　　　　　　　　　　　　　［答え］(Why) (did) (you)

---

① 〈休み時間にＡＬＴの先生と教室で〉

　　Kanako : I know you speak Japanese well.　| languages | can you speak?

　　Ms. Davis : Three languages.　I can speak English, Japanese, and French.

② 〈留学生と下校中に〉

　　Patricia : I'll go camping tomorrow.　But I hear it'll rain this evening.

　　Eriko : Don't worry.　It | stop | tomorrow morning.　The weather news
　　　　　　　said so.

③ 〈新しく来た留学生と教室で〉

　　Robert : Can you tell me about the teacher of this class?

　　Makoto : Sure.　He is a science teacher | who | Komachi Town.

　　Robert : I live there, too.　I'll talk to him.

3　次は，ＡＬＴのブラウン先生 (Mr. Brown) が英語の授業で話した質問に，裕太 (Yuta)，沙知 (Sachi)，麻衣子 (Maiko) が答えた内容の一部です。これを読んで，(1)，(2)の問いに答えなさい。

> My mother's birthday is next month.　I called my brother last night to talk about our presents for my mother.　He'll buy an umbrella because she wants a new one.　My mother likes learning about other countries and enjoys traveling with my father.　She visited Italy and had a good time with him there last year.　Now my mother is interested in Japanese *culture.　So I'm going to give her a nice Japanese thing. Now I have two choices.　One is a *furoshiki*.　And the other is a DVD of English *rakugo*.　Which is better as a birthday present for her?

Mr. Brown

【注】　*culture：文化

Yuta

I think a DVD is better.　Your mother can enjoy watching *rakugo* with your family.

Sachi

I think a *furoshiki* is better.　The colors and designs are very beautiful.

Maiko

I think a (　*furoshiki*　／　DVD　) is better.

I have a different reason.　|　　　　　　　　　　　　|.

(1) 次の①，②の問いに対する答えを，それぞれ主語と動詞を含む英文１文で書きなさい。

① What will Mr. Brown's brother give his mother as a birthday present?

② When did Mr. Brown's father and mother enjoy a trip to Italy?

(2) あなたが麻衣子なら，下線部の質問に対してどのように答えますか。（　）内の２つのうちどちらか一方を〇で囲み，次の《条件》にしたがって，□□内に適する英文を書きなさい。

《条件》　・文の数は問わないが，15語以上25語以内の英語で書くこと。

　　　　　・符号（，．？！など）は語数に含めない。

4 次は，中学生の真紀（Maki）が海外旅行で訪れる観光地（sightseeing spot）について，留学生のエイミー（Amy）と，パンフレットの一部を見ながら会話をしている場面です。これを読んで，(1)～(3)の問いに答えなさい。

Amy : What are you looking at, Maki?

Maki : I'm looking at famous sightseeing spots in Green City. I will go there with my family next month.

Amy : That is a nice city. I have visited it many times.

Maki : Oh, really? We have free time on the second day of our visit. I haven't been to Green City before. Which place do you *recommend?

Amy : I think that Bluehill Castle is the best place to visit. It was built in the 12th century, and [①]. Clothes and other things people used long ago are shown there. You will learn how people in Green City lived then.

Maki : Oh, that's very interesting.

Amy : Mt. Rose is a good place, too. Mountains and rivers are very beautiful.

Maki : Do you think that we can visit those two places on the same day?

Amy : No. [②]. If you go to Mt. Rose, you will come back to the city in the evening. So why don't you go to Cherry Street after the *castle? It's near the castle. It's a good sightseeing spot, and it's also a nice place if you want to go 《　　　》. You can buy something for your friends there.

Maki : Well, how about White Art Museum? I'm interested in art museums in different countries.

Amy : That's a good choice. You can see many wonderful pictures there.

Maki : OK. I will talk about the places to visit with my family. Thank you very much.

Amy : You're welcome. Have a nice trip.

【注】 *recommend：勧める　　*castle：城

(1) 本文中の①，②に当てはまる最も適切なものを，ア〜エからそれぞれ１つずつ選んで記号を書きなさい。

①　ア　it is used as a history museum now
　　イ　it is now called Central Station
　　ウ　you can't get there by bus
　　エ　you have visited Bluehill Castle before

②　ア　Mt. Rose is near Bluehill Castle
　　イ　Bluehill Castle has a history of 500 years
　　ウ　You can't see any rivers at Mt. Rose
　　エ　You need a lot of time to visit Mt. Rose

(2) 本文中及びパンフレット内の《　　》に共通して当てはまる語を，s で始まる英語１語で書きなさい。

(3) 次は，真紀が旅行先からエイミーにあてて書いたはがきの一部です。a，b にそれぞれ適する英語１語を書きなさい。

Today I visited Bluehill Castle and Cherry Street. I really enjoyed seeing the towers and old clothes in Bluehill Castle. At Cherry Street, I bought nice presents for my grandparents and you. It (a) many hours, so I didn't go to White Art Museum.

This was my (b) visit to Green City, but it was easy for me to find those places. Thank you for your help. I really enjoyed sightseeing with my family.

---

5 次の英文は，国連機関である国連世界食糧計画（WFP）とネパール（Nepal）出身の女性ニムドマ・シェルパ（Nimdoma Sherpa）さんの取り組みについての話です。これを読んで，(1)〜(6)の問いに答えなさい。なお，1〜6は段落の番号を表します。

レッド・カップ・キャンペーン（Red Cup Campaign）のロゴマーク（logo）

1 Have you ever heard of the WFP? It has supported many children in the world since 1963. For example, the WFP has held the Red Cup Campaign for about ten years. When people buy something with the logo shown on the right, some money from it will go to the WFP. The WFP uses the money to improve the children's health and lives.

2 In the world, there are many poor children who cannot get *education. Especially, it is hard for children in poor countries to go to school. For

example, in Nepal, some children have no schools or teachers in their *community, and other children must work to get money and food for their family.　They believe that working for their family is the only thing they can do.　They don't think about what they want to do.　But since the WFP started to support them, more children in the country have begun to go to school and think about their future.

3　Nimdoma Sherpa was one of the children who were supported by the WFP. She lived in a small town in Nepal.　When she was a little girl, she was always crying because she was hungry.　But she was lucky because the WFP gave school lunches to the children at the school near her house.　At first, Nimdoma went to school to eat, and she was not so interested in studying.　Later, she learned a lot of new things at school and began to think about her dream.　She says, "When I was a little girl, I wanted to do something different, something big, something special, but I didn't know what it was. Through education, I found a (　　).　It was to *climb the highest mountain, *Mt. Everest."　In 2008, when she was 17 years old, she became the youngest woman in the world to climb it.

4　Nimdoma's great (A)feat changed her life.　After climbing Mt. Everest, she wanted to tell children her experiences and messages.　She joined the volunteer work with the WFP, and became a member of the WFP.　She visits many elementary schools in Nepal to talk about her experiences.　She says, "I believe that everyone has a dream.　I teach children the importance of having a dream and working hard for it.　I believe education opens the door to many different worlds that children never knew."

5　Now, poor children receiving help from the WFP are happy because they can eat lunch and study at school.　The children's health is becoming better.　So their family members feel happy.　They work without worrying about children's food while the children are in school.　And the community is becoming better with (B)the help from the WFP.　The WFP buys food that children eat at school from their town.　Because of this, the number of jobs in the community is increasing.　For example, some people get jobs to *grow rice and beans for school lunch. Other people get jobs to cook school lunch.

6　Education gives every child a chance to make their own future.　It also has the power to improve the community.　Now, there are many children studying at school with a dream and a hope for their future.　When you see the logo of the Red Cup Campaign, remember these children and think about the importance of education.

【注】 *education：教育　　*community：地域社会　　*climb：登る　　*Mt. Everest：エベレスト山
　　　 *grow：育てる

(1)　第②段落と第④段落のそれぞれの内容を表す見出しとして，最もふさわしいものを次のア～オから1つずつ選んで記号を書きなさい。

ア　What Nimdoma wants to teach children on her visit

イ　Why people feel glad with the help of the WFP

ウ　What is the problem of poor children in Nepal

エ　How Nimdoma spent her child days

オ　What the WFP does with the Red Cup Campaign

(2)　（　）に当てはまる英語1語を，第③段落から抜き出して書きなさい。

(3)　下線部(A)feat の意味として最も適切なものを，本文の内容から判断して，次のア～エから1つ選んで記号を書きなさい。

ア　孤独　　イ　仲間　　ウ　挫折　　エ　偉業

(4)　下線部(B)the help from the WFP の具体的な内容を，解答欄にしたがって，日本語で書きなさい。

(5)　本文の内容と合っているものを，次のア～カから2つ選んで記号を書きなさい。

ア　The WFP is trying to make children's lives better with the Red Cup Campaign.

イ　The number of the children going to school in Nepal is becoming smaller.

ウ　Nimdoma had no chance to learn new things at school before she was 17 years old.

エ　Nimdoma shared her experiences at elementary schools in Nepal before going to Mt. Everest.

オ　Nimdoma believes children can find new worlds they didn't know through education.

カ　The families of the poor children supported by the WFP must worry about children's school lunches.

(6)　次の英文は，ある生徒が本文を読んで考えたことをまとめたものです。本文の内容に合うように，①，②に適する英語1語を，下のア～オからそれぞれ1つずつ選んで記号を書きなさい。

> I didn't know that there are many poor children going to school to eat. With the help from the WFP, they can （　①　） their good health and continue to study. It is good for the WFP to support them. After reading this story, I understood learning at school is important. I want to learn about the world's problems and think about ways to （　②　） well.

ア　lose　　イ　live　　ウ　keep　　エ　borrow　　オ　invite

＜理科＞　　時間 50分　満点 100点

1 植物のからだのつくりの特徴について，学校周辺にある植物を観察したり資料で調べたりした。次の(1)，(2)の問いに答えなさい。

(1) 図1は，アブラナの花とマツの花についてまとめたものである。

図1

分解したアブラナの花

マツの花
雄花のりん片　雌花のりん片

ア　おしべ　**イ**　がく　**ウ**　花弁　**エ**　めしべ（胚珠・子房）　花粉のう　胚珠

・アブラナの花は，a 花弁が1枚ずつ分かれている。マツの雄花，雌花には花弁がない。
・アブラナの花の胚珠は子房の中にある。マツの花の胚珠はむき出しである。

① アブラナの花は，花の外側から中心に向かってどのような順に構成されているか。図1の**ア**〜**エ**を順に並べて記号を書きなさい。

② 双子葉類のうち，下線部 **a** のような花弁をもつ植物を何類というか，書きなさい。

③ 図1の特徴にもとづいた分類について説明した次の文が正しくなるように，**P〜R**にあてはまる語句を下の**ア〜ウ**から1つずつ選んで記号を書きなさい。

　　（ **P** ）の有無に着目すると，アブラナとマツは異なるグループに分類される。しかし，（ **Q** ）に着目すると，どちらも受粉後に（ **Q** ）が成長して（ **R** ）になるため同じグループに分類される。

ア 胚珠　**イ** 子房　**ウ** 種子

(2) 図2は，イヌワラビとコスギゴケについてまとめたものである。

図2

イヌワラビ　コスギゴケ　Wの中を顕微鏡で観察したようす

葉の柄　50cm　W　3cm　雌株　0.01mm

・Wの中を顕微鏡で観察すると，小さな粒がたくさん見られた。
・イヌワラビには b 維管束がある。
・コスギゴケには維管束がない。また，c 根のように見える部分がある。

① Wを何というか，書きなさい。

② 下線部 **b** がどこにあるかを確認するため，染めることにした。染める方法について説明した次のページの文が正しくなるように，**X**にあてはまる内容を書きなさい。

> 下線部 b を染めるため，イヌワラビを葉の柄の部分で切って　 X 　。

③　下線部 c について説明した次の文が正しくなるように，Y，Z にあてはまる語句や内容を下の ア～エ から1つずつ選んで記号を書きなさい。

> 下線部 c は（ Y ）とよばれ，　 Z 　ように変形したものである。

ア 地下茎　**イ** 仮根　**ウ** からだを土や岩に固定させる　**エ** 効率的に吸水する

2 酸の水溶液とアルカリの水溶液について，それぞれの性質と，混ぜ合わせたときの水溶液の変化のようすを調べるため，実験Ⅰ～Ⅲを行った。後の(1)～(5)の問いに答えなさい。

【実験Ⅰ】図1のような装置を2つつくり，一方にはうすい塩酸をしみこませた糸を，もう一方にはうすい水酸化ナトリウム水溶液をしみこませた糸を置き，それぞれ電圧を加えた。図2は，このときの結果を表している。ただし，リトマス紙 S，T は，それぞれ赤色のリトマス紙，青色のリトマス紙のいずれかである。

図1　電源装置／リトマス紙T／水道水をしみこませたろ紙／鉄のクリップ／リトマス紙S／糸／ガラス

図2　糸から電極Pに向かってリトマス紙Sの色が変わった。　電極P　電極Q　うすい塩酸をしみこませた糸

糸から電極Qに向かってリトマス紙Tの色が変わった。　電極P　電極Q　うすい水酸化ナトリウム水溶液をしみこませた糸

【実験Ⅱ】緑色のＢＴＢ溶液数滴とうすい塩酸5cm³を入れた試験管A～Gを用意した。次に，こまごめピペットを用いて，図3のように，試験管B～Gに表に示した量のうすい水酸化ナトリウム水溶液を加えて混ぜ合わせ，それぞれの水溶液の色を調べてまとめた。

図3　A B C D E F G

試験管	A	B	C	D	E	F	G
加えたうすい水酸化ナトリウム水溶液〔cm³〕	0	1	2	3	4	5	6
水溶液の色	黄	黄	黄	黄	黄	緑	青

【実験Ⅲ】実験Ⅱで，混ぜ合わせても水溶液の色が黄色であった試験管B～Eで中和が起こったかを確かめるため，図4のように，試験管A～Eにマグネシウムリボンをそれぞれ入れ，気体の発生のようすを比べた。このとき，気体の発生は，試験管Aが最もさかんで，Bから順に弱くなり，Eが最も弱かった。

図4　A B C D E

マグネシウムリボン

(1)　次のうち，アルカリ性を示すものはどれか，**すべて選んで**記号を書きなさい。
　ア アンモニア水　**イ** 酢酸　**ウ** 石灰水　**エ** 炭酸水

(2)　図2で，**陽極**は電極P，Qのどちらか。また，**赤色のリトマス紙**はリトマス紙S，Tのどちらか。それぞれ1つ選んで，記号を書きなさい。

(3)　図5は，実験Ⅱで用いたこまごめピペットである。こまごめピペットの安全球の役割を「**ゴム球**」という語句を用いて書きなさい。

図5　ゴム球　安全球

(4) 実験Ⅱの試験管Gについて，水溶液中に最も多く存在するイオンは何か，**イオン式**を書きなさい。

(5) 実験Ⅲについて考察した次の文が正しくなるように，Xにはあてはまるイオンの名称を，Yにはあてはまる語句を，Zにはあてはまる内容を「**中和**」という語句を用いて，それぞれ書きなさい。

> 気体の発生のようすから，うすい水酸化ナトリウム水溶液の量が多くなるにつれ，（　X　）が減少していくことで酸の性質が（　Y　）なっていったと考えられる。よって，試験管B〜Eでは　　Z　　といえる。

---

3 愛さんは，火山灰と火山灰をふくむ地層について調べた。次の(1)，(2)の問いに答えなさい。

(1) 愛さんは，次のような疑問をもち，火山灰の観察を行った。

> 園芸用の土に使われる鹿沼土（かぬまど）や赤玉土（あかだまど）には，火山灰がふくまれていると祖父に聞いたけれど，それぞれの土にふくまれる火山灰にはちがいがあるのかな。

> 【観察】鹿沼土と赤玉土を蒸発皿に同量ずつ入れた。水を加えて指先でおし洗いし，にごった水を流す作業を水がきれいになるまでくり返し，火山灰をとり出した。どちらの火山灰の粒もほぼ同じ大きさだったが，a鹿沼土にふくまれる火山灰の方が，赤玉土にふくまれる火山灰より白っぽく見えた。次に，乾燥させた火山灰の無色鉱物と有色鉱物の数を双眼実体顕微鏡で調べ，表にまとめた。

表

	無色鉱物〔個〕	有色鉱物〔個〕
鹿沼土にふくまれる火山灰	84	36
赤玉土にふくまれる火山灰	90	110

① 火山灰にふくまれる鉱物は，何が冷えてできたものか，書きなさい。

② 次のうち，無色鉱物に分類される鉱物はどれか，**2つ**選んで記号を書きなさい。
　ア 黒雲母（くろうんも）　イ 長石（ちょうせき）　ウ 輝石（きせき）　エ 石英（せきえい）　オ 角閃石（かくせんせき）

③ 愛さんが下線部aについてまとめた次の文が正しくなるように，Xにあてはまる内容を書きなさい。

> 　表から，鹿沼土にふくまれる火山灰の方が，赤玉土にふくまれる火山灰よりも　　X　　が大きいため，白っぽく見えると考えられる。

(2) 図1は，A〜C地点の標高と位置関係を表しており，図2は，真南を向いたときに見えたA地点の露頭を表している。愛さんは，次のページの図3のように，A地点の露頭のスケッチと，B，C地点のボーリング試料から作った柱状図をもとにわかったことをまとめた。ただし，図1の地域の地層は，平行に重なり，つながって

図1　　図2

10m 20m　30m

愛さんの位置

いる。また，しゅう曲や断層はないものとする。

① 下線部 **b** のような岩石を何というか，書き
　なさい。

② 砂岩にふくまれる粒の形が，下線部 **c** のよ
　うになるのはなぜか，書きなさい。

③ 図3のわかったことが正しくなるように，
　Yにあてはまる方位を，東，西，南，北から
　1つ選んで書きなさい。

図3

［Aの露頭のスケッチ］　　　　［柱状図］

【わかったこと】
・Pは，_b火山灰がおし固まってでき
　ている。
・砂岩にふくまれる粒の形は_c丸みを
　帯びている。
・この地域の地層は（ **Y** ）に向かっ
　て下がっている。

4　明さんは，買い物での支払いに使った図1のようなICカー
　ドに興味をもった。そこで，資料で調べ，疑問に思ったことにつ
　いて，実験を行った。後の⑴〜⑸の問いに答えなさい。

図1

ICカード
ICカードリーダー

【資料からわかったこと】
　・ICカードには電源はないが，図2のようにICチップ
　　とコイルが組みこまれ，ICカードに電流が流れたとき
　　にICカードリーダーと情報のやりとりができる。
　・ICカードリーダーには，ICカードのコイル内部の磁
　　界を変化させる装置が組みこまれている。

図2

ICチップ
コイル

【疑問】電源がないのに，どのようにICカードに電流を流しているのだろうか。

【予想】ICカードのコイル内部の磁界を変化させることで，電流が流れるのではないか。

【実験】図3のように，コイルPをICカードに見立てた。磁界の変化のようすを，コイルP
　の下から棒磁石を動かすことで再現し，棒磁石の動かし方を変えて検流計の針の振れを調
　べ，結果を表にまとめた。

図3　コイルP

−端子
＋端子
検流計
棒磁石

表

	棒磁石の動かし方	針の振れ
A	S極を近づける	左
B	S極を近づけたまま動かさない	振れない
C	S極を遠ざける	右
D	N極を近づける	右
E	N極を近づけたまま動かさない	振れない
F	N極を遠ざける	左

⑴　磁石どうしが，引き合ったり，反発し合ったりする力を何というか，書きなさい。

(2) 表のA～Fのうち，電流が検流計に＋端子から流れこんだものは
どれか，すべて選んで記号を書きなさい。

図4　コイルP

(3) 図4で，コイルPに矢印（→）の向きに電流が流れたとき，コ
イルPのまわりにできた磁界の向きを表した矢印（⇨）は次のど
れか，最も適切なものを1つ選んで記号を書きなさい。

ア　　　　　　　　イ　　　　　　　　ウ　　　　　　　　エ

(4) 明さんは，表をもとに次のように考えた。

> ａコイルの内部の磁界が変化したとき，コイルに電流が流れるといえます。
> ｂこの電流の向きは，棒磁石の極だけを変えると逆になり，棒磁石を動かす向き
> だけを反対にしたときも逆になるといえます。電源がないICカードに電流
> が流れるのは，この現象を利用しているのだと考えます。

① 下線部ａの現象を何というか，書きなさい。
② 下線部ｂのことがいえるのは，表のA～Fのどの結果とどの結果を比べたときか，2つの
組み合わせをそれぞれ書きなさい。

(5) 実験後，明さんは別のICカードリーダーについて調べたところ，ICカードと情報をやり
とりするとき，ICカードリーダーに5.0Vの電圧で200mAの電流が流れることがわかった。
このICカードリーダーに，電流が2.0秒間流れたときの電力量は何Jか，求めなさい。

5 次は，守さんの学校で秋に行われた交通安全教室で配布された資料の一部である。守さんは
資料の内容の下線部について興味をもった。下の(1)，(2)の問いに答えなさい。

> 【資料】……運転手がａ危険を感じてからブレーキを踏むまでに時間がかかるなどの理由で，
> 車は急に止まれない。また，暗い時間帯は歩行者が見えにくくなる。これからｂ冬に近づ
> くと，日の出は遅く日の入りは早くなるので，運転手も歩行者も注意が必要である。……

(1) 下線部ａについて，課題Ⅰを設定して実験Ⅰを行った。

> 【課題Ⅰ】刺激に対して反応する時間は，どのくらいか。
> 【実験Ⅰ】9人の生徒が輪になり手をつないだ。次に，図1のよう
> に，守さんは右手にストップウォッチを持ち，恵さんに右手首をに
> ぎらせた。そして，守さんは左手で広子さんの右手をにぎると同
> 時にストップウォッチをスタートさせた。ｃ右手をにぎられた人
> はすぐに左手でとなりの人の右手をにぎっていき，最後に，守さん
> は自分の右手首をにぎられたらすぐにストップウォッチを止めた。
> この実験を3回行ったところ，かかった時間はそれぞれ，2.52秒，
> 2.61秒，2.16秒という結果になった。3回の結果をもとに平均値を
> 求めた上で，ｄ手をにぎられてから反応するまでにかかった1人
> あたりの時間を計算した。

図1

恵さん　　広子さん
守さん

① 次のうち，「手をにぎられた」という圧力の刺激を受けとる感覚器官はどれか，１つ選んで記号を書きなさい。

　　ア　目　イ　鼻　ウ　耳　エ　舌　オ　皮膚（ひふ）

② 下線部ｃのような反応において，判断や命令などを行う脳やせきずいを何神経というか，書きなさい。

③ 下線部ｄは何秒か，求めなさい。

(2) 下線部ｂについて，課題Ⅱを設定して仮説を検証するための方法を考えた。

【課題Ⅱ】夜の長さは，夏と冬で異なるのか。

【仮説】秋田県の北緯40°，東経140°の地点では，冬の方が夏よりも夜の長さが長いのではないか。

【方法】図２のように，太陽に見立てた光源と，地軸の傾きが同じ方向になるように地球儀Ａ，Ｂを置き，ₑ地球の公転のモデルをつくる。

　　地球儀Ａ，Ｂをそれぞれ秋田県が真夜中になるようにして考えるとき，（　Ｘ　）について，光源の光が当たっていない部分の長さを比べ，地球儀（　Ｙ　）の方が長ければ，仮説は正しいといえる。

図２　北極　光源　Ａ　Ｂ

---

① 下線部ｅによって生じる天体の見かけの動きを何というか，書きなさい。

② この方法で行う実験で，どのような結果が得られれば仮説が正しいといえるか。Ｘには「北緯40°の緯線」か「東経140°の経線」のいずれかを，Ｙには「Ａ」か「Ｂ」のいずれかを，それぞれ書きなさい。

6 純さんは，花火を見物して次のことに気づいた。後の(1)～(3)の問いに答えなさい。

　ろうそくの炎と比べて，ₐ花火の光の方が明るく見えました。また，ｂ花火が見えてから少し遅れて音が聞こえました。このとき，花火によって聞こえるｃ音の大きさや高さがちがっていました。

(1) 下線部ａについて純さんが資料で調べたところ，花火の光を明るくするために，マグネシウムの燃焼によって出る光を利用する場合があることがわかった。図１は○をマグネシウム原子，●を酸素原子として，マグネシウムと酸素の反応をモデルで表したものである。

図１

① 図１の化学変化を化学反応式で書きなさい。

② 図１で，反応するマグネシウムと酸素の質量の比は３：２である。1.5ｇのマグネシウムが完全に反応したときにできる酸化マグネシウムの質量は何ｇか，求めなさい。求める過程も書きなさい。

⑵ 下線部**b**の理由を「**光の速さは**」に続けて書きなさい。

⑶ 純さんは，下線部**c**は振幅や振動数に関係があると考え，次の実験を行った。

【実験】 図2のように，モノコードの駒をAに置き，駒とF点の中間で弦を強くはじいたり弱くはじいたりして，音の大きさや高さをコンピュータで調べた。また，駒をBに置き，同様に調べた。

図2

駒　弦　コンピュータ

F

A B

モノコード

【結果】 図3〜図5のようになった。ただし，左右方向は時間を，上下方向は振幅を表しており，図3〜図5の目盛りのとり方はすべて同じである。

図3 駒をAに置き 弱くはじいたとき

図4 駒をAに置き 強くはじいたとき

図5 駒をBに置き 強くはじいたとき

【考察】 図3と図4を比べると，図4の方が振幅が大きいため，大きい音が出たことがわかる。また，図4と図5を比べると，（　**X**　）の方が単位時間あたりの　**Y**　ため，高い音が出たことがわかる。

① 図3と図4の振幅の比はいくらか，最も簡単な整数比で書きなさい。

② 考察が正しくなるように，**X**には「図4」か「図5」のいずれかを，**Y**にはあてはまる内容を，それぞれ書きなさい。

＜社会＞　　時間　50分　　満点　100点

1　次の地図と図，表を見て，(1)～(4)の問いに答えなさい。

地図

※本初子午線を基準に，経線を15°ごとに引いている地図。

図1　各大陸における熱帯の面積の割合

※南極大陸は除く。(%)
(「データブックオブ・ザ・ワールド2020年版」から作成)

図2　外国に住んでいる中学生Aさんとの会話

いま日本は午後8時。わたしは，ⓐいろいろな国や地域の特徴について調べているところよ。

Aさん

こっちは，いま午前8時だよ。今日は，ⓑ発展途上国の課題について勉強しようと思っているんだ。

※サマータイム制度は考えないものとする。

表　国や地域の比較（2017年）

項目 国・地域	面積 (千㎢)	人口 (百万人)	GDP (億ドル)	貿易額（億ドル）輸出	貿易額（億ドル）輸入
ア	8 516	209	20 555	2 178	1 575
イ	4 374	511	173 065	56 927	56 140
ウ	9 834	325	194 854	15 467	24 095
エ	9 600	1 421	122 378	22 804	18 423
オ	378	128	48 724	6 982	6 713

（「世界国勢図会2019/20年版」などから作成）

(1)　地図のXの海洋名を書きなさい。

(2)　日本の標準時子午線上に国土を有する国のうち，最も面積の大きい国の名称を書きなさい。

(3)　図1のP大陸の名称を書きなさい。

(4)　図2に関連した問題である。

①　二人の会話から，Aさんが住んでいる位置を，地図のあ～えから一つ選んで記号を書きなさい。

②　下線部ⓐについて，表のア～オは，それぞれ日本，アメリカ，ブラジル，中国，EUのいずれかを示している。EUを示すものを，一つ選んで記号を書きなさい。

③　下線部ⓑについて，地図のY州の「ある国」の輸出総額が安定しない理由を，図3と図4（次のページ）から読みとれることを関連づけて書きなさい。

図3　輸出総額に占める原油の推移の比較

（国連資料から作成）

図4　原油価格の推移〔1バレル(約159L)あたり〕

（「世界国勢図会2019/20年版」から作成）

2　次は、生徒が日本の地域的特色をレポートにまとめるためのメモの一部である。これと地図や表、図を見て、(1)～(5)の問いに答えなさい。

メモ

- 日本は、北海道、　あ　、四国、九州の面積の大きな四つの島と周辺の島々で構成され、ⓐ標高の高い山々や火山が連なっている。
- 三大都市圏や地方中枢都市に人口が集中し、ⓑ交通網の発達などにより他地域と結びついている。
- ⓒ気候や地形の特色を生かした多様な農業を展開している。
- 関東地方から九州地方北部にかけた海沿いに工業地域が形成され、近年ではⓓ内陸部にも工場が増えている。

(1)　　あ　にあてはまる語を書きなさい。

(2)　下線部ⓐについて、山地や山脈が大きく向きを変える地図のWで示した一帯の名称を書きなさい。

(3)　下線部ⓑについて、表1のＡ～Ｄは、それぞれ地図の▨で示した4県のいずれかを示している。Ｃにあてはまる県名を書きなさい。

(4)　下線部ⓒについて、次は、地図に示したＸ県と宮崎県を比較した表2の説明である。　い　にあてはまる語を、次のページのア～エから一つ選んで記号を書きなさい。また、　う　にあてはまる内容を、次の語を用いて書きなさい。〔価格〕

宮崎県のきゅうり農家では、冬の温暖な気候の下で、ビニールハウス等を利用する　い　の特色を生かし、　う　、利益を上げている。

地図

（地図：W、X県、Y県、Z県が示されている）

表1　人口に関する統計（2015年）

県＼項目	人口密度（人/㎢）	＊1昼夜間人口比率	＊2人口増減率（%）
A	1 446.7	101.4	0.19
B	1 913.4	88.9	0.20
C	369.6	90.0	-0.53
D	320.5	100.3	-0.12

＊1（昼間人口÷夜間人口）×100　　＊2 2010～2015年の年平均
（「データでみる県勢2017」などから作成）

表2　きゅうりの出荷状況（2019年）

月・1kgの価格（円）＼県	1月	2月	3月	4月	5月	6月
価格	458	367	330	229	215	269
宮崎	○	○				
X						

月・1kgの価格（円）＼県	7月	8月	9月	10月	11月	12月
価格	320	277	309	311	388	546
宮崎					○	○
X	○	○	○	○		

※○は、その県の出荷量が総入荷量の20%以上を占める月。
（「東京都中央卸売市場　市場統計情報」から作成）

ア　焼畑農業　　イ　混合農業　　ウ　地中海式農業　　エ　施設園芸農業

(5)　地図のY県とZ県に関連した問題である。下線部ⓓについて，表3のY県に見られる変化の理由を，図1と図2から読みとれることを関連づけて，次の語を用いて書きなさい。

〔　輸送用機械　　敷地　〕

図1　工業地の地価推移
（「国土交通省　都道府県地価調査」から作成）

図2　産業別の工場敷地面積（2016年の平均値）
（「経済産業省　工業統計調査」から作成）

表3　*輸送用機械の出荷額に関する統計

項目県	出荷額と工業製品総出荷額に占める割合		割合の増減
	2006年	2016年	
Y	24 197億円（30.9%）	35 832億円（40.8%）	＋9.9
Z	42 838億円（21.2%）	38 984億円（23.7%）	＋2.5

*乗用車やトラックなど（「日本国勢図会2019/20年版」などから作成）

3　次のページのカードは，各時代の特色について，生徒が作成したものの一部である。これらとあとのページの略年表，資料，図，写真を見て，(1)～(11)の問いに答えなさい。

(1)　略年表のAにあてはまる語を書きなさい。

(2)　略年表のBの時代から作られるようになったものを，資料1から一つ選んで記号を書きなさい。

(3)　略年表のCの時代に作られた書物について，資料2の あ と い にあてはまる語を，それぞれ一つずつ選んで記号を書きなさい。

ア　風土記　　イ　古事記　　ウ　万葉集　　エ　古今和歌集

(4)　1班のカードの下線部ⓐについて，図1のVの時期を中心に藤原氏が行った代表的なことを，次の二つの語を用いて書きなさい。〔　娘　　子　〕

(5)　2班のカードの下線部ⓑの地位を代々独占した氏の名称を書きなさい。また，Wにあてはまるものを，一つ選んで記号を書きなさい。

ア　六波羅探題／守護／地頭　　イ　大宰府／国－郡－里　　ウ　鎌倉府／守護－地頭

(6)　3班のカードに関連した問題である。

① X と Y にあてはまる語の正しい組み合わせを，一つ選んで記号を書きなさい。

ア　X　長州藩　Y　シャム　　　イ　X　長州藩　Y　琉球王国
ウ　X　対馬藩　Y　シャム　　　エ　X　対馬藩　Y　琉球王国

②　下線部ⓒとの外交について，図3の使節は，主にどのようなときに派遣されたか，次の語を用いて書きなさい。〔　将軍　〕

略年表

西暦	200	400	600	800	1000	1200	1400	1600	1800

時代	古代	A	近世

弥生	B	飛鳥	C	平安	鎌倉	室町	安土桃山	江戸

カード

1班 テーマ　藤原氏の政治

貴族の⒜藤原氏が勢力を伸ばし、朝廷の実権を握った。

図1　*公ぎょうの数の推移

（人）■藤原氏　□他氏
25

876　969　1017　1042（年）
*律令制における地位の高い役職
（「公卿補任年表」から作成）

2班 テーマ　武家政治の始まり

鎌倉幕府は本格的な武士の政権である。承久の乱を経て、幕府の支配はより強くなっていった。

幕府の仕組み（承久の乱後）

将軍―⒝執権―侍所／政所／問注所

W

3班 テーマ　鎖国と対外政策

江戸幕府は、キリスト教の信仰や海外との行き来を禁じ、貿易を制限した。

鎖国下の窓口

	相手国（民族）
松前藩	アイヌ民族
X	⒞朝鮮
長崎	中国，オランダ
薩摩藩	Y

1860	1880	1900	1920	1940	1960	1980

近世	近代	現代

江戸	D	大正	昭和

4班 テーマ　条約改正への歩み

ノルマントン号事件において、⒟イギリス人船長に対して軽い罰しか与えられなかったため、条約改正への世論が高まった。

事件を描いた絵

5班 テーマ　国際社会への復帰

第二次世界大戦後、西側諸国を中心に講和条約を結び、独立を回復した。

新聞の見出しにみる戦後の外交

講和条約ここに調印
四十九ヵ国が参加

Z

日本，正式に国連へ加盟
総会，一致で可決

6班 テーマ　わが国の経済成長

⒠経済がさらに発展するとともに、社会問題も生まれた。

図2　製造品出荷額と工場数の推移
□製造品出荷額　■工場数
（兆円）　　　　　　　　　（万か所）
80　四大公害病訴訟が起こる　80

40　　　　　　　　　　　　　40

1952　60　　　　70（年）
（「数字で見る日本の100年」から作成）

資料1

ア　銅鐸　　イ　土偶

ウ　はにわ　エ　打製石器

資料2

< あ ・日本書紀>
　神話や国の成り立ちなどを記した歴史書

< い >
　天皇や貴族，民衆の歌を広く収めた和歌集

図3　江戸時代の朝鮮通信使

図4　歳入に占める地租の推移

(「明治以降本邦主要経済統計」から作成)

資料3

テーマ　**第一次世界大戦**

ヨーロッパでは，国力を
使い果たす総力戦となり，
その後の世界に大きな影響
をもたらした。

写真　高度経済成長期の四日市コンビナート

(7)　図4は，略年表のDの時代に行われたある改正の前後の推移を示している。改正の内容を，地租の納入者と納入方法を明らかにして書きなさい。

(8)　次は，4班のカードの下線部ⓓの理由について生徒がまとめたものである。　う　にあてはまる語を書きなさい。

わが国がイギリスに対して，　う　権を認めていたから。

(9)　資料3は，略年表の大正時代について，新たに先生が提示したカードである。文中の下線部の具体的な内容を，二つ選んで記号を書きなさい。

ア　アメリカが独立した　　イ　アフリカの植民地化か始まった
ウ　国際連盟が発足した　　エ　ドイツでワイマール憲法が成立した

(10)　5班のカードのZにあてはまる新聞の見出しを，一つ選んで記号を書きなさい。

ア　日中共存へ新時代
　　平和友好条約に調印

イ　日ソ共同宣言，調印終る
　　十一年の戦争状態終結へ

ウ　沖縄　日本に帰る
　　基地大部分残し

エ　東京オリンピック開く
　　94国が堂々入場

(11)　6班のカードの下線部ⓔについて，次は，図2と写真をもとにまとめたものである。　え　と　お　にあてはまる内容を，それぞれ書きなさい。

高度経済成長期において，わが国では，　え　ことにより，社会問題として　お　した。

4 次は，それぞれのテーマについて，生徒が調べたことをまとめたものの一部である。これらと資料，図を見て，⑴～⑼の問いに答えなさい。

| テーマ　わが国の民主政治 |

◇@日本国憲法では，ⓑ選挙における四つの原則を保障している。

◇全国を複数の選挙区に分けて行う選挙では©さまざまな問題が生じている。

資料1　明治時代と現在の投票用紙の比較

明治時代
（第1回衆院選）

現代
（第48回衆院選）

投票者の氏名と住所を記入する欄

候補者の氏名を記入する欄

※上の図は，投票用紙を模式的に示したものである。

資料2　新聞の見出し（2014年11月27日付け）

参院選「違憲状態」

昨年4.77倍　最高裁2度連続

資料3　議員一人あたりの有権者数の比較

最も多い選挙区		最も少ない選挙区	
選挙区	有権者数(人)	選挙区	有権者数(人)
北海道	1 149 739	鳥取県	241 096

（総務省資料から作成）

| テーマ　人権の保障 |

◇憲法で保障されている人権は，ⓓ公共の福祉による制限を受ける場合がある。

◇ⓔ情報通信技術の発達などにより，憲法に直接規定されていないⓕ「新しい人権」がより注目されるようになっている。

資料4　公務員の権利の制限

全体の奉仕者である公務員は，その職務の公共性から，ストライキが禁止されている。

資料5　SNSについての祖父と孫の会話

祖父：友達から許可を得ないでSNSに写真を載せちゃだめだよ。

孫：えっ，どうして？

祖父：その人を特定できる写真の公開は，肖像権の侵害につながるし，本人の同意を得ない個人情報の公開は，　う　の侵害にあたるからだよ。

⑴　下線部@の三つの基本原理のうち，国民が政治の決定権をもつことを定めた基本原理を書きなさい。

⑵　下線部ⓑのうち，資料1の投票用紙の変化はどの原則を反映したものか，一つ選んで記号を書きなさい。

ア　直接選挙　　イ　秘密選挙

ウ　平等選挙　　エ　普通選挙

⑶　次は，下線部©について，同一の参議院議員選挙に関連した資料2と資料3をもとに，生徒が考えたことをまとめたものである。

最高裁判所が「違憲状態」と判断した理由は，選挙区によって　あ　があり，憲法に定める　い　と考えられるからである。

①　　あ　にあてはまる内容を，次の語を用いて簡潔に書きなさい。〔価値〕

②　　い　にあてはまる内容を，次の語を用いて簡潔に書きなさい。〔法〕

⑷　下線部ⓓのうち，資料4で制限されている権利を，一つ選んで記号を書きなさい。

ア　団体行動権

イ　思想・良心の自由

ウ　請願権

エ　身体の自由

⑸　下線部ⓔの略称を，アルファベットで書きなさい。

⑹　下線部ⓕのうち，資料5の　う　にあてはまる語を書きなさい。

テーマ　**消費生活と経済**

◇⑨電子マネーによる支払いなど，支払い方法が多様化している。

◇ⓗ行政改革が進められることによって，消費生活も変わってきている。

図1　電子マネーの支払い金額と硬貨の流通量の変化

▨ 電子マネーの支払い金額
◆ 2009年を100としたときの1円, 5円硬貨の合計流通量(指数)

(日本銀行資料などから作成)

資料6　セルフ式ガソリンスタンドでの給油

以前は資格をもつ従業員による給油が義務づけられていたが，客が自分で給油できるようになった。

テーマ　**地球環境保全の取り組み**

◇京都議定書をきっかけに，ⓘ先進国に温室効果ガスの削減目標が課せられた。

◇国際連合の総会で，「持続可能な開発目標（ＳＤＧｓ）」が採択され，2030年までに達成すべき17の目標が設定された。わが国も推進本部を設置してⓙエネルギー政策や環境保全などに取り組んでいる。

(7)　次は，下線部⑨について，図1をもとに生徒がまとめたものである。 え にはあてはまる内容を， お にはあてはまる語を書きなさい。

> 電子マネーの利用が増えているが，1円硬貨や5円硬貨の え ことが分かる。電子マネーは買い物のとき， お を使用せずに支払いができる便利さがあるので，これらの関係性について調べたいと思う。

(8)　下線部ⓗについて，資料6の内容が認められるようになった根拠としてあてはまるものを，一つ選んで記号を書きなさい。

ア　公共サービスの提供

イ　社会保障の充実

ウ　社会資本の整備

エ　規制緩和の推進

(9)　地球環境保全の取り組みに関連した問題である。

①　下線部ⓘの理由を図2から読みとり，簡潔に書きなさい。

②　図3のＸにあてはまる，生物の遺がいが地中に埋もれ，長い年月を経てできた燃料の総称を書きなさい。

③　下線部ⓙの内容を，図3と図4から読みとれることに触れながら，解答欄にしたがって書きなさい。

図2　温室効果ガスの累積排出量の割合（1850～2005年）

その他 2.7
発展途上国 17.2
先進国 80.1%

(JICA資料から作成)

図3　わが国の電源構成の現状と目標

▨ Ｘ　□ 原子力　▨ 再生可能エネルギー

(経済産業省資料などから作成)

図4　わが国の温室効果ガス排出量の現状と目標

(環境省資料から作成)

A　自分にとっての宝は何なのか考えさせられたよ。

(1)　【　a　】に当てはまる語句を、【Ⅰ】の本文中から漢字一字で抜き書きしなさい。

(2)　【　b　】【　c　】に適する内容を、七字以内でそれぞれ書きなさい。

(3)　【　d　】に当てはまる内容として最も適切なものを、次のア〜エから一つ選んで記号を書きなさい。

ア　政治家としての力量　　イ　己の心を満たすもの

ウ　自由な発想や想像力　　エ　裕福で安定した生活

六　言葉の大切さについて、心に残っている言葉を一つ取り上げながら、次の《条件》にしたがって、あなたの考えを書きなさい。

《条件》

・題名は不要

・字数は二百字以上、二百五十字以内

ウ　運命

エ　精神

(2)　【Ⅱ】に当てはまる内容を、本文中から六字で抜き書きしなさい。

(3)　【Ⅲ】に適する内容を、解答欄にしたがって四十字以内で書きなさい。

五　次の【Ⅰ】【Ⅱ】を読んで、1～4の問いに答えなさい。

【Ⅰ】

　宋人に玉を得るもの或り。諸を*子罕に献ず。子罕受けず。玉を献ずる者①曰はく、「*以て*玉人に示すに、*玉人以て宝と為せり。故に、*敢へて之を献ず。」と。子罕曰はく、「我は貪らざるを以て宝と為し、*爾は玉を以て宝と為す。若し以て我に与へば、皆宝を喪ふなり。人其の宝を有する*に若かず。」と。

宋人ニ或リ得レ玉ヲ。献二諸ヲ子罕一。子罕弗レ受ケ。献二玉ヲ者一曰ハク、「以テ示二玉人ニ一、玉人以テ為レ宝ト也。故ニ敢ヘテ献レ之ヲ。」子罕曰ハク、「我以テ不レ貪ラ為レ宝ト、爾以テ玉ヲ為レ宝ト。若シ以テ与レ我ニ、皆喪レ宝ヲ也。不レ若カ人有二其ノ宝一。」

（「春秋左氏伝」による）

【注】
*子罕……宋の政治家
*献ず……献上する
*玉人……宝玉を磨く職人。「玉」は、玉を加工する人、の意
*敢へて……進んで
*爾……あなた。おまえ
*に若かず……に及ばない。かなわない

【Ⅱ】

銀も金も玉も②なにせむに優れる宝子に及かめやも
しろかね　くがね　　　　　　　　まさ
（何になろうか）
（及ぶだろうか、いや及ばない）

山上憶良
やまのうへのおくら

（「万葉集」による）

1　【Ⅰ】の　①曰はく　②なにせむ　を現代仮名遣いに直し、すべて平仮名で書きなさい。

2　【Ⅰ】の　喪ふ　の主語として最も適切なものを、次のア～エから一つ選んで記号を書きなさい。
ア　宋人と玉人　　イ　子罕と玉人
ウ　宋人と子罕　　エ　宋人と子罕と玉人

3　【Ⅰ】の書き下し文を参考にして、献諸子罕　に返り点を書き入れなさい。

4　次は、【Ⅰ】と【Ⅱ】を読んだ生徒A、B、Cの会話である。これを読んで、後の問いに答えなさい。

A　【Ⅰ】の文章では、子罕が宋人からの献上品を受け取らなかったね。

B　宋人は宝物の【a】を献上しようとしたけれど、子罕にとっての宝は違うものなのよね。

C　子罕にとって大事なのは【b】という生き方を貫くことだったんだ。

A　【Ⅱ】の和歌では、憶良が【c】はないと詠んでいるわ。

B　子罕は、それぞれの宝を守ろうとしたんだね。

C　【Ⅰ】と【Ⅱ】では、憶良にとっての宝は違うけれど、【d】を重んじていることは共通しているね。

【注】

＊活花……草木の枝・花・葉などを素材にして花器と組み合わせて形をととのえ鑑賞する作品を作る芸術。立花はその様式のひとつ

1　そう思った広甫は目頭が熱くなった　について、次のようにまとめた。これを読んで、後の問いに答えなさい。

　母は、目が見えていないのに、見えているように振る舞い、胤舜は、それを知りながら、[a]をして図を選ばせている。そのことに気づいた広甫は、[b]。

(1)　[a]に当てはまる胤舜の行動を、本文中から九字で抜き書きしなさい。

(2)　[b]に当てはまる広甫の心情として最も適切なものを、次のア～エから一つ選んで記号を書きなさい。

ア　病気の母に頼ってしまう子の姿勢を心配している
イ　芝居をやめさせて母と子を助けたいと思っている
ウ　お互いを思い合う母と子の行動に心打たれている
エ　表面的な親子関係に哀れみの気持ちを抱いている

2　萩尾が指差しているのは、胤舜だった　とあるが、萩尾の行為の意図を広甫はどのように捉えているか。解答欄にしたがって二十五字以内で書きなさい。

3　切れ切れの声で胤舜がつぶやくように言う　とあるが、このときの胤舜の心情として最も適切なものを、次のア～エから一つ選んで記号を書きなさい。

ア　悲嘆
イ　後悔
ウ　興奮
エ　不満

4　次は、この場面をもとにグループで本紹介のポップ（広告）づくりに取り組んでいる生徒A、B、Cの会話である。グループが構想しているポップの案と会話を読んで、後の問いに答えなさい。

グループが構想しているポップの案

キャッチコピー案①《「これからの活花」に込めた師の思い》
　　　　　　　案②《胤舜の葛藤…たどりついた境地》

メッセージ
　活花という芸術をめぐり、母や師の気持ちを受け止めながら難題に挑む少年の物語。新たな一歩を踏み出そうとしているあなたにおすすめの一冊！

立花様式

A　イラストを入れて活花のイメージを紹介してみたけれどもどうかな。

C　この場面は、活花の世界の[Ⅰ]的な面を描いている部分が多いから、具体的にイメージしてもらう工夫は効果的ね。

B　僕は、「これからの活花」に注目して読んでみたよ。

A　キャッチコピー案①を作ってみたよ。美しい花をただ切って活けるのが活花ではないんだね。花の[Ⅱ]や「心の花」を生けようという教えを聞いて、胤舜は自分の思いに改めて気づいていくからキーワードとして伝えるのはよい提案だよ。

C　私は、大きすぎる課題を前に呆然としていた胤舜が、「うつむいて考えた」以降、変化していく姿に着目してほしいからキャッチコピー案②を作ってみたわ。

B　たしかに、「口元を真一文字に引き結んで」いた」には、[Ⅲ]と願う気持ちを示そうとする胤舜の覚悟を読み取ることができるね。

A　メッセージと合わせて、胤舜が成長していく物語だと紹介することで、読みたいという人が増えるといいね。

(1)　[Ⅰ]に当てはまる語句として最も適切なものを、次のア～エから一つ選んで記号を書きなさい。

ア　表面
イ　形式

そんな萩尾の顔を胤舜は眺めていたが、不意に図集を胸に抱いて立ち上がった。広甫もすっと立ち上がる。

胤舜は涙をこらえるように、うつむいて廊下を歩くと、本堂に入って座り込んだ。広甫は静かに胤舜の前に立った。

「母上は図集ではなく、そなたを指差されたな」

「はい、母上はすでに目がお見えにならないようです。それで、わたしの声がした方を指差されたのだと思います」

切れ切れの声で胤舜がつぶやくように言うと広甫は頭を横に振った。

「いや、そうではあるまい。たとえ、目が見えずとも、どれがよいとあてずっぽうに答えることはできよう。萩尾様はわかったうえでそなたを指差されたのだ」

「なぜでございましょうか」

「そうだ。萩尾様にとって、何より美しく、大切な花はそなただ。そなた自身を活けた花を見たいと萩尾様は思われたに相違あるまい」

「わからぬか。萩尾様はそなたにひとつの真似ではない、そなた自身の花を活けよと言われたのだ。いや、さらに言えば、そなた自身を活けよと言われたのではあるまいか」

「わたし自身を——」

胤舜は呆然とした。

「わたし自身を活けることなどできるのでしょうか」

微笑して広甫は告げた。

「活花は、花の美しさだけを活けているのではない。花のいのちその物を活けておるのだ。そのことは池坊専応様の口伝にもあるぞ」

一池坊専応は池坊流の二十八世にあたる。立花についての様式をまとめ集大成した『池坊専応口伝』を遺しており、その中で、

——瓶に花をさす事いにしへよりあるとはきゝ侍れど、それはうつくしき花をのみ賞して、草木の風興をもわきまへず、只さし生たる計なり。

としている。すなわち昔からの活花は美しい花をただ愛でるだけで草木の風趣を知らなかったというのだ。

これからの活花は「心の花」を生けねばならない、と専応は唱えている。そして心眼で自然の草木花を見ることは、自然の風景そのものを、さらに世界そのものを見ることでもあるのだ。

「花のいのちでございますか」

胤舜はうつむいて考えた。

いまの胤舜にとって最も大切なのは、母のいのちである。母のいのちを永らえさせたい、というのが何よりの願いだ。もし宮中立花会で活けるとしたら自分自身であり、母のいのちでもある花でなければならない。

胤舜は目を閉じて、心を鎮めた。やがて、瞼を上げると、手をつかえ、広甫に頭を下げた。

「申し訳ございませぬ。母を逝かせたくないと思うあまり、心が乱れておりました。宮中立花会に出していただけるのであれば、わたし自身を示す花を活けたいと存じます」

広甫はたしかめるように胤舜を見つめた。

「さようか。では、そなたの思いを宮中立花会で示してみよ」

厳しい広甫の言葉にも、胤舜は表情を変えなかった。

「かしこまりました」

再び、頭を下げた胤舜は、口元を真一文字に引き結んでいた。

（葉室麟「嵯峨野花譜」による）

三　次の文章を読んで、1〜4の問いに答えなさい。

現代において、人工知能（AI）は①著しい進歩を遂げています。社会生活の②コンカンとも言える経済活動においても、人の代わりに動いてくれるAIの需要が拡大しています。しかし、AIにはできないこともあるため、すべてを任せてよいわけではありません。

また、AIは、生存を優先したり、③利潤を追求したりするような個体としての意思をもっていません。与えられた目標を達成するために④マヨわず作動しますが、自ら目標を見つけることがないようです。ですから、AIを活用する上で、目標を適切に設定することがないようです。ですから、AIを活用する上で、目標を適切に設定することが重要であり、そのことは人間に委ねられているのです。

1　①著しい　③利潤　の読み仮名を書きなさい。

2　②コンカン　④マヨわず　を漢字に直して書きなさい。

3　拡大　の対義語を漢字で書きなさい。

4　られ　の活用形を書きなさい。
　　られ　の助動詞としての意味を、次のア〜エから一つ選んで記号を書きなさい。

ア　受け身　　イ　可能　　ウ　自発　　エ　尊敬

四　次の文章を読んで、1〜4の問いに答えなさい。

京都の寺で、*活花の修行をしている少年僧胤舜は、宮中で行われる活花の会（宮中立花会）で活ける花についての意見を聞くため、寺の一室で重い病の床に伏している母（萩尾）のもとを訪ねた。そこで、他流派の二冊の活花図集を母に見せているところを、活花の師匠（広甫）に見られてしまった。

広甫は胤舜を睨んだ。宮中立花会で他派の活花を活けるなどあって

はならないことだ。そんなことは言うまでもなく胤舜はわかっているはずだけに、広甫は二の句が継げなかった。

胤舜はそんな広甫から目をそらせて、右手と左手に『百花式』と『挿花百規』をそれぞれ持った。

「母上は、このふたつの活花ではどちらがお好みでございますか。指で差してください」

胤舜が言うと萩尾は目に微笑を浮べ、横になったまま顔を向けていたが、ゆっくりと手を上げた。

視線がどこかうつろだった。そのときになって、広甫ははっとした。すでに萩尾は目に光を失っているのではないか。そのことに胤舜が気づいていないはずはない。

（胤舜はわざとわからぬ振りをして母親に生花の図を選ばせようとしているのだ）

萩尾はすでに目が見えないことを胤舜に知られたくないと思っているのだろう。

それを知っているから、胤舜はわざと明るく萩尾に図を選ばせている。これは、母と息子の哀しい芝居なのだ。

そう思った広甫は目頭が熱くなった。

ゆっくりと萩尾は指差した。萩尾の指の先に図集はなかった。胤舜が持つふたつの図集のちょうど真ん中である。胤舜はしばらくじっと萩尾を見つめていたが、不意に両手の図集を置いて頭を下げ、

「母上、わかりましてございます」

と告げた。

ゆっくりと萩尾は目を閉じる。どうやら疲れて、眠ろうとしているようだ。

味では、現実の道具というのは、アニメに登場する呪具などよりも魅惑的なように私には思えます。

端的にいえば、道具を使った問題解決は、過去に工夫が凝らされた問題解決を再び適用することにほかなりません。道具を使い回すといえば、それだけのことに思えることにほかなりますが、それは実際のところ、道具の内に封じ込められた問題解決の過程を呼び起こし、目の前の問題に再び適用することなのです。

「こんなことができたらいいな」と思うことを実現するプログラミング思考の観点から見れば、これは魔法のようですね。道具が備えた解決方法を引き出しさえすれば、いちいち考えなくても問題が正確に、かつ、美しく解決されるのですから。

（野村亮太「プログラミング思考のレッスン」による）

【注】　*バール……先端がL字形に曲がった鉄製の工
　　　　　　　　　　　　　　　　　　　　　　　　具

　　　*呪具……神秘的なものの力を借りて様々な不
　　　　　　　　思議な現象を起こそうとするときに
　　　　　　　　使う道具

　　　*表象……外にあらわれたしるし

1　使い回しができるという性質　により可能になることは何か。解答欄にしたがって、本文中から十三字で抜き書きしなさい。

2　問題解決の本質的な過程　とはどのようなことか。解答欄にしたがって三十五字以内で書きなさい。

3　解決を待つ　とあるが、ここで述べられている「解決」とは、何がどうなることか。本文中の語句を用いて十五字以内で書きなさい。

4　次のノートは、本文をもとにアニメに登場する呪具と現実の道具について読み取ったことや考えたことを、生徒がまとめたものである。これを読んで、後の問いに答えなさい。

〈アニメに登場する呪具と現実の道具との対比について〉

道具がもたらす作用の表れ

アニメの呪具	作用が [a]	⇒ スペル（呪文）
現実の道具	作用が組み込まれている	⇒ [b]

○　アニメに登場する呪具と現実の道具を対比して論じることで、[c] を明確に示すことができると思った。表にまとめてみたら、「魅惑的」という筆者の考えへの理解を読み手に促す効果もあるのではないかと思った。

〈「魅惑的」について〉

○　これまで当たり前のように使っていたが、現実の道具には、呪具とは異なり、[d] という点で、魔法のような力がある。確かに「魅惑的」だと思う。

(1) [a] [b] に当てはまる内容を、[a] には九字で、[b] には八字で本文中からそれぞれ抜き書きしなさい。

(2) [c] に当てはまる内容として最も適切なものを、次のア〜エから一つ選んで記号を書きなさい。

ア　現実の道具の特徴　　　イ　両者の共通点
ウ　アニメの呪具の形状　　エ　現実の道具の欠点

(3) [d] に適する内容を、「過去」「現在」の二語を用いて、五十字以内で書きなさい。

ウ　互いの意見を理解しやすいように、発言内容を確認している。

エ　意見を比較しやすいように、発言の違いを明らかにしている。

繰り返します。（※アからエを繰り返して読む）

（間10秒）

これで国語の「聞くこと」に関する検査を終わります。問題用紙を開いて、次の問題に移ってください。

二　次の文章を読んで、1～4の問いに答えなさい。

あなたは、*バールを使わずに釘（くぎ）を抜いたことはありますか。

かなりの力が必要で、よほど指先の力に自信がある人でなければ、そうそう抜けるものではありません。でも、バールのようなものを使えば、釘は楽に抜けます。もっと身近な例で、固い瓶の蓋（ふた）を開けようと汗をかいたこともあるかもしれません。これも専用の器具を使えばすぐに開きます。

このような場合、仮に道具の場所を忘れてしまっていて、探すのにかかった時間を差し引いても、道具を使ったほうが早いこともよくあります。

また、道具には、使い回しができるという性質もあります。ある場面での道具の使い方が、別の場面にも使えるなら、こんなに楽なことはありません。一度考えた方法を状況に応じて使い回すことで、再度考える時間と労力を削減できるからです。

道具がこの働きを持つのは、道具がそのフォルムや部品の組み合わせのうちに、問題解決の本質的な過程を封じ込めているからです。問題を解決しようとすると多くの場合には、何を実現すればいいのか明確にする、アイディアを試してみる、うまくいかなければ改良する、という手続きが必要です。ところが、道具を使い回すときには、この手続きを初めからやり直す必要はありません。道具の使い回しで再度考える時間と労力を削減できるのは、このためです。

いま手元にある様々な道具を見ても、そうは思えないかもしれません。でも、新しい道具が生み出されるまでの過程を振り返ってみると、道具がその性質を備えていることがはっきりとわかります。

そもそも道具が生み出されるとき、その背景には、目の前にある不満な状態を、なんとか解消したいという欲求があります。例えば、楽に釘を抜きたいとか、楽に瓶の蓋を開けたいとか。これは解決を待つ問題といっていいでしょう。

私たちはこういった問題を解決するのに何が必要なのかを考え始めます。例えば、釘を抜くのなら、どの方向にどれくらい力を加えればいいのか、とか、どんな力が足りていないんだろうかと考えを巡らせます。いろんなアイディアを検討する過程で、解決方法が見つかります。

初めのうちは抽象的なアイディアかもしれません。しかし、それを実現するのは、いつだって具体的な部品の組み合わせです。ですから、いま手元にある道具のフォルムや部品の組み合わせは、人が問題をどんなふうに捉えたのか、そして、どう解決していったのかと直接的に対応しています。

ファンタジーアニメに登場するような*呪具とは違って、道具にはスペル（呪文）が書いてありません。それもそのはずで、道具がもたらす作用は、文字のような*表象に置き換えられているのではなく、道具の形状や部品の組み合わせとして組み込まれているからです。すなわち、道具の形そのものが道具の作用の表れなのです。そういう意

〈国語〉

（間2秒）

けんた　そうですね。方言によって地域の魅力が引き出されたらうれしいですからね。それでは次に、方言を使うときに配慮することについて話し合います。はなさんからお願いします。

はな　はい。方言の中には共通語に似ている言葉もありますが、聞き慣れない表現もあるので意味を理解しにくいときがあります。だから、相手の反応を見ながら会話をすることが必要だと思います。方言を使って会話が弾むようであれば、方言を積極的に使っていいと思います。うまく伝わっていないようであれば、共通語を交えながら伝えるといいのではないでしょうか。

けんた　相手の反応を見ながら、方言で表現された意味が伝わりにくいときは、共通語を使うということですね。では、ゆずるさんの意見を聞かせてください。

ゆずる　はい。方言と共通語を場に応じて使うことが大事だと思います。例えば、身近な人と会話するときは、親しみやすさのある方言を使った方が、相手との距離を縮められると思います。一方、活動の報告会など大勢の人の前で話すときは、共通語を使った方が話の内容を伝えやすいと思います。

けんた　二人の意見をまとめると、方言を使うときに配慮することは、相手や場に応じて共通語との使い分けをするということですね。

話し合いの様子はここまでです。

（間2秒）

それでは問題に移ります。問題は選択肢も含めてすべて放送で出題します。答えは解答用紙に記入しなさい。

（間3秒）

1　はなさんが考えた方言のよいところとは、どのようなことでしたか。解答欄にしたがって書きなさい。

（間30秒）

次の問題に移ります。

2　ゆずるさんが、はなさんとけんたさんの発言を聞いて気付いたこととは、どのようなことでしたか。解答欄にしたがって書きなさい。

（間30秒）

次の問題に移ります。

3　けんたさんは、方言を使うときに配慮することは、どのようなことだとまとめましたか。解答欄にしたがって書きなさい。

（間30秒）

次の問題に移ります。

4　けんたさんの進行の仕方について、最もふさわしいものを、次に読み上げる選択肢ア、イ、ウ、エの中から一つ選んで、解答欄に記号をカタカナで書きなさい。選択肢は二回読みます。

ア　意見の根拠が明らかになるように、発言者に質問をしている。

イ　話題がそれないように、話し合いの目的を途中で説明してい

＜国語＞

時間　六〇分　満点　一〇〇点

一　「聞くこと」に関する検査

ただいまから、国語の「聞くこと」に関する検査を始めます。「聞くこと」に関する検査は、出題も含めてすべて放送で行いますので、指示があるまで問題用紙を開いてはいけません。解答用紙とメモ用紙を準備してください。

〔注〕　（　）内は音声として入れない。

（間5秒）

メモ用紙は必要に応じて使ってください。問題は全部で四つです。

（間3秒）

国語の授業において、「方言のよいところと、方言を使うときに配慮すること」について話し合うことになりました。

これから放送する内容は、けんたさん、ゆずるさん、はなさんの三人がグループで話し合っている様子です。進行役はけんたさんが務めています。

話し合いの様子と問題は、一度だけ放送します。

それでは、始めます。

（間3秒）

けんた	はじめに、方言のよいところについて意見を出してください。ゆずるさんからお願いします。
ゆずる	はい。方言のよいところは、同じ方言を使う人同士に親近感が生まれることだと思います。地域でボラン

ティア活動をしたときに、お年寄りと会話をすることがありました。挨拶をしたり、最近の出来事を話したりするときに方言を使ったのですが、お互いに緊張がほぐれ、和やかな雰囲気になりました。このことから、方言には相手との距離を縮めるよさがあるのだと思いました。

けんた　ぼくも同じような経験があります。方言を使うことによって、親しみやすさや温かさが感じられるのかもしれませんね。では次に、はなさんの意見を聞かせてください。

はな　はい。私が考えた方言のよいところは、印象に残りやすいことです。例えば、共通語の「とても」という意味をもつ方言は、北海道では「ナマラ」、大阪では「エライ」、広島では「ブチ」などがあります。共通語にはない特徴的な表現は、印象に残りやすいと思います。また、地域の施設や特産品の名前に方言が使われているのを、最近よく目にします。方言の独特な音（おん）やイメージを効果的に用いて、印象に残りやすくしていると思います。

けんた　なるほど。方言の特徴的な表現は印象的であり、その地域の魅力を発信する上で効果もあるということですね。ゆずるさんは、どう思いますか。

ゆずる　はい。はなさんとけんたさんの発言を聞いて気付いたことがあります。方言を活用することは、地域の魅力を見直すきっかけになるということです。そうして、地域を元気にしていければいいなと思いました。

2021年度

解 答 と 解 説

《2021年度の配点は解答用紙集に掲載してあります。》

<数学解答>

1 (1) 16　(2) $-\dfrac{5}{6}y$　(3) x^2-12y^2　(4) 2　(5) $x=6$　(6) 90mL

(7) $x=-5,\ y=1$　(8) $x=\dfrac{5\pm\sqrt{17}}{4}$　(9) ウ

(10) $n=112$　(11) $106°$　(12) $\dfrac{50}{3}\pi\,\text{cm}^2$

(13) $72°$　(14) $\dfrac{3}{2}$倍　(15) $\dfrac{10\sqrt{3}}{3}$cm

2 (1) ① -2(求める過程は解説参照)　② エ

(2) ① 30　② $5n-2$　(3) 右図　(4) ア 30

イ $\dfrac{x}{12}+\dfrac{y}{9}$　ウ 3　エ $12x+9y$

3 (1) 解説参照　(2) ① ⓐ (例)1組の対辺が平行でその長さが等しい　② ⓑ エ　(3) 8cm^2

4 (1) ① $\dfrac{2}{5}$　② $\dfrac{7}{10}$　(2) 解説参照

5 Ⅰ (1) $3\sqrt{5}$ cm　(2) $y=-\dfrac{1}{2}x+4$(求める過程は解説参照)　(3) 3

Ⅱ (1) $y=-\dfrac{9}{5}x+3$(求める過程は解説参照)　(2) ① $\dfrac{4\sqrt{10}}{5}$　② $\dfrac{24}{5}$

<数学解説>

1 (数・式の計算，式の展開，式の値，一次方程式，比例式，連立方程式，二次方程式，資料の散らばり・代表値，平方根，角度，おうぎ形の面積，体積比，線分の長さ)

(1) 四則をふくむ式の計算の順序は，乗法・除法→加法・減法　となる。$4-(-6)\times2=4-(-12)$
$=4+12=16$

(2) $\dfrac{x-2y}{2}-\dfrac{3x-y}{6}=\dfrac{3(x-2y)}{6}-\dfrac{3x-y}{6}=\dfrac{3(x-2y)-(3x-y)}{6}=\dfrac{3x-6y-3x+y}{6}=\dfrac{3x-3x-6y+y}{6}$
$=\dfrac{-5y}{6}=-\dfrac{5}{6}y$

(3) 乗法公式$(x+a)(x+b)=x^2+(a+b)x+ab$より，$(x-3y)(x+4y)=\{x+(-3y)\}(x+4y)=$
$x^2+\{-3y+4y\}x+(-3y)\times4y=x^2+xy-12y^2$　だから，$(x-3y)(x+4y)-xy=x^2+xy-12y^2-xy$
$=x^2-12y^2$

(4) 乗法公式$(a+b)(a-b)=a^2-b^2$を用いると，$a=\sqrt{3}-1$のとき，$a^2+2a=a(a+2)=$
$(\sqrt{3}-1)(\sqrt{3}-1+2)=(\sqrt{3}-1)(\sqrt{3}+1)=(\sqrt{3})^2-1^2=3-1=2$

(5) 方程式$\dfrac{3}{2}x+1=10$の両辺に2をかけて$\left(\dfrac{3}{2}x+1\right)\times2=10\times2$より$3x+2=20$　$3x=20-2=18$
よって，$x=6$

(6) 紅茶を全部(450mL)使ってミルクティーをつくるときに必要な牛乳の量をxmLとすると，紅茶と牛乳を5:3の割合で混ぜるから，$450:x=5:3\cdots$①　比例式の内項の積と外項の積は等しいから，①より，$5x=450\times3$　$x=\dfrac{450\times3}{5}=270$　よって，牛乳はあと$270-180=90(\text{mL})$必要

である。

(7) $\begin{cases} x+4y=-1\cdots① \\ -2x+y=11\cdots② \end{cases}$ とする。①×2＋②より，8y+y=-2+11　9y=9　y=1　これを①に

代入して，x+4×1=-1　x=-1-4=-5　よって，連立方程式の解は，x=-5，y=1

(8) 2次方程式 $ax^2+bx+c=0$の解は，$x=\dfrac{-b\pm\sqrt{b^2-4ac}}{2a}$ で求められる。問題の2次方程式は，

$a=2$，$b=-5$，$c=1$の場合だから，$x=\dfrac{-(-5)\pm\sqrt{(-5)^2-4\times2\times1}}{2\times2}=\dfrac{5\pm\sqrt{25-8}}{4}=\dfrac{5\pm\sqrt{17}}{4}$

(9) 平均値＝(20人が読んだ本の冊数の合計)÷20(人)＝(1×1+2×2+3×3+4×4+5×6+6×

3+7×1)÷20人＝85÷20＝4.25(冊)　　中央値は資料の値を大きさの順に並べたときの中央の値。

生徒の人数は20人で偶数だから，読んだ本の冊数の少ない方から10番目と11番目の生徒の読ん

だ本の冊数の平均値が中央値。読んだ本の冊数が4冊以下の生徒は1+2+3+4＝10(人)いて，5

冊以下の生徒は10+6＝16(人)いるから，読んだ本の冊数の少ない

方から10番目と11番目の生徒の読んだ本の冊数の平均値，つまり，中央値は $\dfrac{4+5}{2}=4.5$(冊)　資

料の値の中で最も頻繁に現れる値が**最頻値**だから，最も多い6人が読んだ本の冊数5冊が最頻値。

以上より，値が最も大きい代表値は最頻値である。

(10) $10=\sqrt{10^2}=\sqrt{100}$，$11=\sqrt{11^2}=\sqrt{121}$だから，$10<\sqrt{n}<11$より，$\sqrt{100}<\sqrt{n}<\sqrt{121}$　よって，

$100<n<121\cdots①$　$\sqrt{7n}$が整数となるためには，√の中が(自然数)²の形になればいい。このよ

うな自然数nは7×(自然数)²と表され，このうちで①の範囲にあるnは，7×3²＝63，7×4²＝

112，7×5²＝175より，n＝112である。

(11) 三角形の外角は，それととなり合わない2つの内角の和に等しいから，$\angle x=44°+62°=106°$

(12) 半径 r，中心角 $a°$のおうぎ形の面積は $\pi r^2\times\dfrac{a}{360}$だから，半径5cm，中心角240°のおうぎ形

の面積は，$\pi\times5^2\times\dfrac{240}{360}=\dfrac{50}{3}\pi$ (cm²)

(13) AB＝OA＝OBより，△OABは正三角形だから，$\angle AOB=\angle OAB=60°$　$\overset{\frown}{AB}$に対する**中心**

角と円周角の関係から，$\angle ACB=\dfrac{1}{2}\angle AOB=\dfrac{1}{2}\times60°=30°$　△ABCの内角の和は180°だから，

$\angle BAC=180°-\angle ABC-\angle ACB=180°-78°-30°=72°$

(14) 辺ABを軸として1回転させてできる円錐は，底面の半径がBC，高さがABの円錐だから，そ

の体積は $\dfrac{1}{3}\times\pi\times BC^2\times AB\cdots①$　また，辺BCを軸として1回転させてできる円錐は，底面の半径

がAB，高さがBCの円錐だから，その体積は $\dfrac{1}{3}\times\pi\times AB^2\times BC\cdots②$　よって，①は②の $\Big(\dfrac{1}{3}\times\pi$

$\times BC^2\times AB\Big)\div\Big(\dfrac{1}{3}\times\pi\times AB^2\times BC\Big)=\dfrac{BC}{AB}=\dfrac{3}{2}$(倍)である。

(15) 立方体ABCD－EFGHの1辺の長さを $a$cmとすると，体積が1000cm³であることから，$a\times a$

$\times a=1000$　同じ数を3回かけて1000になる数は10だから，$a=10$　よって，立方体ABCD－

EFGHの1辺の長さは10cmである。(三角錐H－DEGの体積)＝$\dfrac{1}{3}\times\triangle EGH\times DH=\dfrac{1}{3}\times\dfrac{1}{2}\times EH$

$\times GH\times DH=\dfrac{1}{3}\times\dfrac{1}{2}\times10\times10\times10=\dfrac{500}{3}$(cm³)　△ADEは直角二等辺三角形で，3辺の比は1:1:

$\sqrt{2}$ だから，DE＝AD×$\sqrt{2}$＝$10\sqrt{2}$ (cm)　DE＝EG＝DGだから，△DEGは正三角形。正三角形

DEGの頂点Dから底辺EGに垂線DIをひくと，△DEIは30°，60°，90°の直角三角形で，3辺の比

は2:1:$\sqrt{3}$　DI＝DE×$\dfrac{\sqrt{3}}{2}=10\sqrt{2}\times\dfrac{\sqrt{3}}{2}=5\sqrt{6}$ (cm)　三角錐H－DEGにおいて，△DEGを底

面としたときの高さを $h$cmとすると，(三角錐H－DEGの体積)＝$\dfrac{1}{3}\times\triangle DEG\times h=\dfrac{1}{3}\times\dfrac{1}{2}\times EG\times$

$DI\times h=\dfrac{1}{3}\times\dfrac{1}{2}\times10\sqrt{2}\times5\sqrt{6}\times h=\dfrac{50\sqrt{3}}{3}h$(cm³)　これが $\dfrac{500}{3}$cm³に等しいから，$\dfrac{50\sqrt{3}}{3}h=\dfrac{500}{3}$

$h=\dfrac{10\sqrt{3}}{3}$　以上より，三角錐H−DEGにおいて，△DEGを底面としたときの高さは$\dfrac{10\sqrt{3}}{3}$cmである。

2 (比例関数，関数$y=ax^2$，規則性，作図，方程式の応用)

(1) ①（求める過程）(例)xの値が1から3まで増加するとき，xの増加量は，$3-1=2$　yの増加量は，$\dfrac{6}{3}-\dfrac{6}{1}=-4$　したがって，**変化の割合**は，$-\dfrac{4}{2}=-2$

② 関数$y=Ax^2$のグラフは，$A>0$のとき上に開き，$A<0$のとき下に開いている。また，Aの絶対値が大きいほど，グラフの開きぐあいは小さくなる。**負の数では，絶対値が大きいほど小さ**いことを考慮すると，a, b, c, dの値を小さい順に左から並べると，c, d, b, aである。

(2) ① カードに書かれている数の並び方の規則性から，$2m$行目の1列目のカードに書かれている数は$10m$だから，$2\times3=6$(行目)の1列目のカードに書かれている数は$10\times3=30$である。

② 3列目のカードに書かれている数は，1行目の3から，3→8→13→18→…のように，5ずつ増える。この規則性から，n行目の3列目のカードに書かれている数は，1行目の3列目のカードに書かれている数に対して，5が$(n-1)$回増えるから，その数は$3+5\times(n-1)=5n-2$

(3) （着眼点）∠BDC＝90°だから，**円周角の定理の逆**より，点Dは線分BCを直径とする円周上にある。点Pがこの円周上にあるとき，$\overset{\frown}{\text{BD}}$に対する**円周角**より，∠BCD＝∠BPDとなる。
（作図手順）次の①〜②の手順で作図する。　① 点B，Cをそれぞれ中心として，交わるように半径の等しい円を描き，その交点を通る直線(線分BCの**垂直二等分線**)を引く。　② 線分BCの垂直二等分線と線分BCとの交点を中心として，点Dを通る円(線分BCを直径とする円)を描き，辺CAとの交点をPとする。

(4) ［麻衣さんのメモ］　地点Sから地点Rまでの道のりを$x$km，地点Rから地点Gまでの道のりを$y$kmとすると，地点Sから地点Gまでの道のりが30kmであることより，$x+y=30\cdots$ア　**(時間)＝(道のり)÷(速さ)** より，地点Sから地点Rまで走るのにかかった時間はx(km)÷(時速)12(km)$=\dfrac{x}{12}$(時間)，地点Rから地点Gまで走るのにかかった時間はy(km)÷(時速)9(km)$=\dfrac{y}{9}$(時間)，地点Sから地点Gまで走るのにかかった時間は，午後1時−午前10時$=3$(時間)だから，$\dfrac{x}{12}+\dfrac{y}{9}=3\cdots$イ　［飛鳥さんのメモ］　地点Sから地点Rまで走るのにかかった時間をx時間，地点Rから地点Gまで走るのにかかった時間をy時間とすると，地点Sから地点Gまで走るのにかかった時間が3時間であることより，$x+y=3\cdots$ウ　**(道のり)＝(速さ)×(時間)** より，地点Sから地点Rまでの道のりは(時速)12(km)×x(時間)$=12x$(km)，地点Rから地点Gまでの道のりは(時速)9(km)×y(時間)$=9y$(km)，地点Sから地点Gまでの道のりが30kmだから，$12x+9y=30\cdots$エ

3 (相似の証明，平行四辺形と特別な平行四辺形，面積)

(1) （証明）(例)∠Aは共通…①　DE//BCより，**平行線の同位角は等しい**から，∠ABC＝∠ADE…②　①，②より，2組の角がそれぞれ等しいから，△ABC∽△ADE

(2) ① 平行四辺形になる条件は，「2組の対辺がそれぞれ平行(定義)」，「2組の対辺がそれぞれ等しい(性質)」，「2組の対角がそれぞれ等しい(性質)」，「対角線がそれぞれの中点で交わる(性

質）」，「1組の対辺が平行でその長さが等しい」の5つある。

② 仮定より，AE＝EB，BF＝FCだから，AH：HD＝AE：EB＝1：1，DG：GC＝BF：FC＝
1：1より，点E，F，G，Hは，それぞれ辺AB，BC，CD，DAの中点である。△ABCと△ADC
で，**中点連結定理**より，EF＝HG＝$\frac{1}{2}$AC…①　△ABDと△CBDで，中点連結定理より，EH＝
FG＝$\frac{1}{2}$BD…②　四角形ABCDの条件として，AC＝BD…③　を加えると，①，②，③より，
EF＝HG＝EH＝FGで，4つの辺がすべて等しいから，四角形EFGHはひし形である。

(3)　仮定のAE：EB＝CF：FB＝2：1より，EF//AC　また，EH//BD，FG//BDより，**平行線と線
分の比についての定理**を用いると，AH：HD＝AE：EB＝2：1，CG：GD＝CF：FB＝2：1だ
から，AH：HD＝CG：GD＝2：1より，HG//AC　△ABD，△CBD，△BCA，△DCAの面積を，
それぞれS_1cm²，S_2cm²，S_3cm²，S_4cm²とすると，問題の条件より，$S_1+S_2=18$(cm²)，S_3+S_4
＝18(cm²)　EH//BDより，前問(1)の結果を用いると，△AEH∽△ABDであり，**相似比は，AE：
AB＝AE：(AE＋EB)＝2：(2＋1)＝2：3**　相似な図形では，**面積比は相似比の2乗に等しいから，**
△AEH：△ABD＝2²：3²＝4：9　△AEH＝$\frac{4}{9}$△ABD＝$\frac{4}{9}S_1$　同様にして，△CFG＝$\frac{4}{9}$△CBD＝
$\frac{4}{9}S_2$，△BFE＝$\frac{1}{9}$△BCA＝$\frac{1}{9}S_3$，△DGH＝$\frac{1}{9}$△DCA＝$\frac{1}{9}S_4$　以上より，四角形EFGHの面積は
四角形ABCD－△AEH－△CFG－△BFE－△DGH＝$18-\frac{4}{9}S_1-\frac{4}{9}S_2-\frac{1}{9}S_3-\frac{1}{9}S_4=18-\frac{4}{9}(S_1$
$+S_2)-\frac{1}{9}(S_3+S_4)=18-\frac{4}{9}\times18-\frac{1}{9}\times18=8$(cm²)

4 (確率，式による証明)

(1)　①　はじめに袋の中から玉を1個取り出すときの取り出し方が5通り。そのそれぞれに対し
て，再び袋の中から玉を1個取り出すときの取り出し方が5通りずつあるから，すべての玉の
取り出し方は5×5＝25(通り)。このうち，$x>y$になるのは，$(x, y)=(2, 1), (3, 1), (3, 2),$
$(4, 1), (4, 2), (4, 3), (5, 1), (5, 2), (5, 3), (5, 4)$の10通り。よって，求める確率
は$\frac{10}{25}=\frac{2}{5}$

②　この袋の中から同時に2個の玉を取り出すとき，すべての取り出し方は，(1, 2), (1, 3), (1,
4), (1, 5), (2, 3), (2, 4), (2, 5), (3, 4), (3, 5), (4, 5)の10通り。このうち，2個
とも玉に書かれている数が奇数になるのは，＿＿＿を付けた3通りだから，少なくとも1個の玉に
書かれている数が偶数になる確率は$\frac{10-3}{10}=\frac{7}{10}$

(2)　(説明)　(例)$100a+10b+c-(a+b+c)=99a+9b=9(11a+b)$　$11a+b$は整数だから，
$9(11a+b)$は9の倍数となる。

5 Ⅰ (図形と関数・グラフ)

(1)　2点A，Bの座標は，A(8, 0)，B(2, 3)だから，**三平方の定理**より，(線分ABの長さ)＝(2点A，
B間の距離)＝$\sqrt{(8-2)^2+(0-3)^2}=\sqrt{36+9}=3\sqrt{5}$ (cm)

(2)　(求める過程)　(例)求める直線⑦の式を$y=ax+b$とすると，この直線は，2点A(8, 0)，B(2, 3)
を通るので，傾きは，$a=\frac{3-0}{2-8}=-\frac{1}{2}$　したがって，求める直線の式は，$y=-\frac{1}{2}x+b$と表すこと
ができる。この直線は(8, 0)を通るから，$y=-\frac{1}{2}x+b$に$x=8$，$y=0$を代入すると，$0=-\frac{1}{2}\times8+b$
これを解くと，$b=4$　よって，$y=-\frac{1}{2}x+4$

(3)　直線⑦の切片が4であることから，点Cのy座標は4　直線④の式を$y=ax$とすると，B(2, 3)を
通るから，$3=a\times2$　$a=\frac{3}{2}$　よって，$y=\frac{3}{2}x$　点Pのx座標をpとすると，点Pは直線⑦上にある

から，$P\left(p, \dfrac{3}{2}p\right)$　$\triangle COP = \dfrac{1}{2}\times OC\times (\text{点Pの}x\text{座標}) = \dfrac{1}{2}\times 4\times p = 2p\cdots$①　$\triangle BAP = \triangle OAP -$

$\triangle OAB = \dfrac{1}{2}\times OA\times (\text{点Pの}y\text{座標}) - \dfrac{1}{2}\times OA\times (\text{点Bの}y\text{座標}) = \dfrac{1}{2}\times 8\times \dfrac{3}{2}p - \dfrac{1}{2}\times 8\times 3 = 6p - 12\cdots$

②　$\triangle COP$の面積と$\triangle BAP$の面積が等しくなるとき，点Pのx座標は，①，②より，$2p = 6p - 12$
$p = 3$　これは問題の条件にあっている。

Ⅱ　(図形と関数・グラフ)

(1)　(求める過程)　(例)点Cはx軸上の点であるから，y座標は0である。$y = 3x - 5$に$y = 0$を代入すると，$0 = 3x - 5$　$x = \dfrac{5}{3}$　よって，点Cの座標は$\left(\dfrac{5}{3}, 0\right)$である。直線BCは$y$軸上の点B(0, 3)を通るから，切片は3である。したがって，直線BCの式は，$y = ax + 3$と表すことができる。この直線は$\left(\dfrac{5}{3}, 0\right)$を通るから，$y = ax + 3$に$x = \dfrac{5}{3}$，$y = 0$を代入すると，$0 = \dfrac{5}{3}a + 3$　これを解くと，$a = -\dfrac{9}{5}$　よって，$y = -\dfrac{9}{5}x + 3$

(2)　①　直線⑦の切片が-5であることから，点Dのy座標は-5　よって，BD$=$(点Bのy座標)$-$(点Dのy座標)$= 3 - (-5) = 8$　点Pのx座標をsとすると，点Pは直線⑦上にあるから，P(s, $3s - 5$)　点Pからy軸へ垂線PHを引くと，H(0, $3s - 5$)　HD$=$(点Hのy座標)$-$(点Dのy座標)$= 3s - 5 - (-5) = 3s\cdots$①　PH$=$(点Pの$x$座標)$-$(点Hの$x$座標)$= s - 0 = s\cdots$②　$\triangle PDH$に三平方の定理を用いると，HD^2+PH^2=PD$^2\cdots$③　また，問題の条件より，線分BDの長さと線分PDの長さが等しくなるとき，PD^2=BD^2=8^2=64$\cdots$④　①〜④より，$(3s)^2 + s^2 = 64$　整理して，$s^2 = \dfrac{32}{5}$　ここで，点Pのx座標が正であることより，$s > 0$だから，求める点Pのx座標は$s = \sqrt{\dfrac{32}{5}} = \dfrac{4\sqrt{10}}{5}$

②　点Pのx座標をtとすると，P(t, $3t - 5$)　$\triangle ABD = \dfrac{1}{2}\times BD\times (\text{点Aの}x\text{座標}) = \dfrac{1}{2}\times 8\times 3 = 12\cdots$①　$\triangle POD = \dfrac{1}{2}\times OD\times (\text{点Pの}x\text{座標}) = \dfrac{1}{2}\times \{0 - (-5)\}\times t = \dfrac{5}{2}t\cdots$②　問題の条件より，$\triangle OBQ$の面積と$\triangle APQ$の面積が等しくなるとき，$\triangle ABD =$四角形AQOD$+\triangle OBQ =$四角形AQOD$+\triangle APQ = \triangle POD\cdots$③　①〜③より，求める点Pの$x$座標は$\dfrac{5}{2}t = 12$　$t = \dfrac{24}{5}$　これは問題の条件にあっている。

＜英語解答＞

1 (1)　①　エ　②　ア　(2)　①　ウ　②　ア　③　イ　(3)　①　イ　②　ウ
③　エ　(4)　イ，エ　[答え]　(例)I want to enjoy judo with him. I think it's a new sport for him.

2 (1)　①　known　②　tried　③　using　④　cheaper
(2)　①　November　②　(例)festival　③　(例)abroad　④　(例)ride
(3)　①　(例)(How)(many)(languages)can you speak?　②　(例)It(will)(stop)(raining)tomorrow morning.　③　(例)He is a science teacher(who)(lives)(in)Komachi Town.

3 (1)　①　(例)He will give her an umbrella.　②　(例)They enjoyed it last year.　(2)　(例)(*furoshiki*)*Furoshiki* is used like a bag. So she can carry things with it. It's useful when she travels because it's light.
(例)(DVD)She can understand *rakugo* easily because it's spoken in English.

So she can learn Japanese culture from the DVD.

4 (1) ① ア　　② エ　　(2) (例)shopping　　(3) a (例)took　b (例)first

5 (1) 第②段落　ウ　　第④段落　ア　　(2) dream　　(3) エ　　(4) (例)(国連世界食糧計画が)子どもたちが学校で食べるものを彼らの町から買う(こと)　　(5) ア，オ

　　(6) ① ウ　　② イ

＜英語解説＞

1 (リスニング)

　放送台本の和訳は，49ページに掲載。

2 (会話文，短文読解：語句補充・選択，語形変化，受け身，現在完了形，現在・過去・未来と進行形，助動詞，動名詞，関係代名詞)

(1) (問題文訳) 健：ぼくたちは，ゲームを始める時に，ときどきじゃんけんをやるんだ。日本の多くの人たちによって，①(知られて)いる。じゃんけんのことを知っている？／ルーカス：うん，少しだけ知っている。だけど，今までに②(やってみたこと)がないんだ。／健：きみの国では，どのようにゲームを始めるの？／ルーカス：ぼくたちは，たいていコインを投げる。ゲームの主審がそれをやるんだ。／健：ああ，前にテレビで見たことがある。サッカーの国際試合で，主審が特別なコインを③(使って)いた。そのコインがほしいな。／ルーカス：投げるためのコインは，買えるよ。だいたい 300 円ぐらいだと思う。／健：本当？　それは思った④(より安い)。国々の違いを知ることは，面白いね。

①は it's(it is)と by の間にあって，be動詞＋動詞の過去分詞形＋by の受け身だと考えられるので known と過去分詞形にする。②は I've never(I have never)に続くことから完了形だと考え，tryを過去分詞形の tried とする。③は動詞 use が be 動詞 was の後にあることから，進行形だと考えられるので using と ing 形とする。④は than に続く比較の表現なので，cheap を比較級の cheaper とする。

(2) ① 山の色は変化して，私たちは(11月)にある場所で雪を見ることができる。[説明]一年のうちの11番目の月です。一年のうちの11番目の月なので，空欄には November(11月)が適当。② 日本では3月3日に女の子のための(お祭り)がある。[説明]イベントの一種です。たいてい，何かを祝う時に開かれます。日本では 3 月 3 日はひな祭りなので，空欄には festival(お祭り)が適当。　③ このホームステイ・プログラムは，(国外で)勉強することに興味がある学生のためのものです。[説明]他の国々で　説明に「他の国々で」とあるので abroad(国外で，海外で)が適当。　④ この動物園では，人びとが馬に(乗り)あたりを歩いて楽しむことができる。[説明]何かの上に座って移動すること。説明から ride(乗る)が適当。

(3) ① カナコ：先生は日本語を上手に話すことを知っています。いくつの言葉を話すことができるのですか？／デイビス先生：三つの言葉です。英語，日本語とフランス語を話すことができます。　空欄の文は？で終わっているので疑問文で，これに対して「三つ」と数を答えていることから，数を聞くような疑問文を作る。(How)(many)(languages)can you speak? が適当。How many～で，～の数を問う疑問文となる。～の名詞は複数形とする。　② パトリシア：私は明日キャンプをしに行くつもりなの。けれども，今晩は雨が降るらしいと聞いた。／エリコ：心配ないよ。明日の朝には雨はやむよ。天気予報でそう言っていた。　パトリシアは雨が降ると心配しているが，stopとあることから「雨がやむ」と考え It (will)(stop)(raining)

tomorrow morning. とする。明日の朝のことなので未来形になる。raining は動名詞形で「雨が降ること」，stop raining は直訳すると「雨が降ることがとまる」。　③　ロバート：このクラスの先生について教えてくれる？／マコト：いいよ。コマチ・タウンに住んでいる理科の先生だよ／ロバート：ぼくもそこに住んでいるんだ。先生と話をしてみるよ。　カッコの who ～はその前の語 a science teacher を説明する関係代名詞だと考えられる。また，カッコの次の文では「ぼくもそこに住んでいる」とあるので，カッコのある文は「コマチ・タウンに住んでいる理科の先生」と考え He is a science teacher(who)(lives)(in)Komachi Town.が適当。a science teacher と三人称単数形なので，これを説明する live(住む)は lives とする。

3　(会話文：英問英答，条件付き英作文，不定詞，助動詞，比較，目的語と補語，名詞・冠詞・代名詞，接続詞)

(問題文訳)　ブラウン先生：来月は，私の母の誕生日です。昨日の晩に私は兄弟に電話をして，母のためのプレゼントについて話をしました。母が新しい傘をほしがっているので，彼は傘を買うつもりです。母は，他の国について学ぶことが好きで，父と一緒に旅行を楽しみます。昨年母はイタリアを訪れて，そこで父と一緒に楽しい時間を過ごしました。母は今，日本の文化に興味があります。だから，私は母にすてきな日本のものをプレゼントするつもりです。今，二つの選択があります。一つは，*風呂敷*です。そして，もう一つは英語の*落語*の DVD です。母のための誕生日のプレゼントは，どちらがいいですか？

ユウタ：ぼくは，DVD のほうがいいと思います。先生のお母さんは，家族と一緒に*落語*を見て楽しむことができます。

サチ　：私は，*風呂敷*のほうがいいと思います。色とデザインがとても美しいのです。

マイコ：私は，(風呂敷／DVD)のほうがいいと思います。私には別の理由があります。□

(1)　①　(問題文訳)ブラウン先生の兄弟は，誕生日プレゼントとして母親に何をあげるつもりですか？　(解答例と訳)He will give her an umbrella.(彼は母親に傘をプレゼントするつもりです。)　ブラウン先生の発話の第3文 He'll buy an～では「兄弟は傘を買う」とある。解答例の give A B の形は，「AにBを与える」となる。　②　(問題文訳)ブラウン先生の父親と母親は，いつイタリアへの旅行を楽しみましたか？　(解答例と訳)They enjoyed it last year.(彼らは昨年，それを楽しみました)　ブラウン先生の発話の第5文 She visited Italy～では，「昨年」とある。解答例の文では，trip を it と表している。

(2)　(例と訳)(*furoshiki*)*Furoshiki* is used like a bag. So she can carry things with it. It's useful when she travels because it's light.　(風呂敷)風呂敷は，バッグのように使われます。だから，彼女はそれを使って物を運ぶことができます。彼女が旅行をする時に便利です，なぜならそれは軽いからです。解答例文の like～は「～のような，～に似ている」という形容詞。(解答例と訳)(DVD)She can understand *rakugo* easily because it's spoken in English. So she can learn Japanese culture from the DVD.　(DVD)彼女は落語を容易に理解できます，なぜならそれは英語で話されているからです。だから彼女は，DVD から日本の文化を学ぶことができます。解答例文の it's spoken は it is spoken であり＜be動詞＋動詞の過去分詞形＞の受け身となっている。

4　(会話文：図を用いた問題，文の挿入，語句補充・選択，現在完了，受け身，不定詞，形容詞・副詞)

(問題文訳)　エイミー：真紀，何を見ているの？

真紀　　：グリーン・シティの有名な観光スポットを見ているの。来月，家族と一緒にそこへ行く
　　　　　ことになっている。

エイミー：それは，すてきな町ね。そこには何回も行ったことがある。

真紀　　：そうなの？　訪問の二日目はフリー・タイムなの。これまでにグリーン・シティへは行
　　　　　ったことがなくて。どこがお勧めの場所？

エイミー：訪れるなら，ブルーヒル城が一番いい場所だと思う。それは12世紀に建てられて，①[今
　　　　　は歴史博物館として利用されているの]。大昔の人たちが使った衣類や物が，そこに展
　　　　　示されている。その当時のグリーン・シティの人たちがどのように暮らしていたのか，
　　　　　学ぶことになるね。

真紀　　：わあ，とても面白そうね。

エイミー：ローズ山もいい所ね。いくつもの山や川がとても美しい。

真紀　　：同じ日にその二カ所を訪問できると思う？

エイミー：いいえ。②[ローズ山を訪れるためには，多くの時間が必要なの]。もしローズ山に行き
　　　　　たいのなら，町へ戻ってくるのは夕方になるでしょう。だから，お城の後は，チェリ
　　　　　ー・ストリートへ行ってはどう？　お城の近く。それは楽しい観光スポットで，もし
　　　　　《買い物》へ行きたいのなら，そこもいい場所ね。そこでは，あなたの友達に何か買うこ
　　　　　とができる。

真紀　　：そうね，ホワイト・アート・ミュージアムはどうかな？　いろいろな国の美術館に興味
　　　　　があるの。

エイミー：それはいい選択ね。そこでたくさんのすばらしい絵を見ることができる。

真紀　　：わかった。訪れる場所のこと，家族と話をしてみる。どうもありがとう。

エイミー：どういたしまして。旅行を楽しんでね。

(1)　①　ア　今は歴史博物館として利用されている(○)　イ　今はセントラル・ステーション
　　と呼ばれている。　ウ　バスではそこへ行くことができない　エ　あなたは以前ブルーヒル・キ
　　ャッスルを訪れたことがある。　空欄①の後の文 Clothes and other~では，「大昔の人たち
　　が使った衣服や物を展示。当時の人たちの暮らしを学ぶことができる」とあるので，アが適当。
　　選択肢エの have visited は現在完了形で，過去の経験を表す用法。　②　ア　ローズ山はブ
　　ルーヒル・キャッスルの近くにある　イ　ブルーヒル・キャッスルには，500 年の歴史がある
　　ウ　ローズ山では，まったく川を見ることができない　エ　ローズ山を訪れるためには，多く
　　の時間が必要だ(○)　空欄②の後の文 If you go~では，「ローズ山に行けば，町へ戻ってくる
　　のは夕方になる」とあるので，エが適当。

(2)　問題文の空欄《 》の後の文 You can by~で，「そこでは物を買うことができる」と言っ
　　ている。また，パンフレットの空欄《 》の後には「多くの店で」とあることから，空欄には
　　shopping(買い物)が適当。

(3)　(問題文訳)今日，私はブルーヒル・キャッスルとチェリー・ストリートを訪れました。ブル
　　ーヒル・キャッスルで，塔と古い衣類を見ることは，とても楽しかった。チェリー・ストリート
　　では，祖父母とあなたにすてきなプレゼントを買いました。多くの時間が a (かかった)ので，ホ
　　ワイト・アート・ミュージアムには行きませんでした。／今回，b (初めて)グリーン・シティを
　　訪れました，けれども，それらの場所を見つけることは，私には簡単なことでした。助けてくれ
　　て，ありがとう。家族と一緒に，観光をとても楽しみました。
　　a　空欄の文の so 以降には「行かなかった」とあるので，空欄の文はその理由を表していると
　　考えられる。空欄の後に many hours(多くの時間)とあるので，文の意味を「多くの時間が

かかったので行かなかった」とすると，take many hours となる。過去の出来事を話題にしていることから空欄は took と過去形にする。　b　空欄の文の but 以降は，「けれども，場所を見つけることができた」とある。また，問題本文の会話の第4番目の真紀の発話 I haven't been～(現在完了形の経験を表す)では「グリーン・シティへ行ったことがない」と言っているので，空欄の文は「初めて訪れた」だと考えられ，空欄には first(初めての，最初の)が適当。

5 (物語文：語句補充・選択，語句の解釈・指示語，内容真偽，語句の問題，日本語で答える問題，不定詞，現在・過去・未来と進行形，関係代名詞，分詞の形容詞的用法)

□1　あなたは，WFP のことを聞いたことがありますか？　それは 1963年から世界中で多くの子供たちを援助してきました。たとえば，WFP はおよそ10年間レッド・カップ・キャンペーンを実施しています。人びとが右に示すロゴの付いたものを買うと，そこからいくらかのお金が WFP へ行くことになっています。WFPはそのお金を，子供たちの健康や生活を改善させるために利用します。

□2　世界には，教育を受けることができない，多くの貧しい子供たちがいます。特に，貧しい国々の子供たちは，学校へ行くことが困難です。たとえば，ネパールでは，地域社会に学校がなかったり教師がいなかったりする子供たちがいます，そして別の子供たちは，家族のためにお金や食べ物を得るため働かなければなりません。その子供たちは，家族のために働くことが唯一のできる事だと考えています。彼らは，やりたいことについては考えません。しかし，WFP が彼らを支援し始めてから，その国のより多くの子供たちが学校へ行き，そして未来について考え始めました。

□3　ニムドマ・シェルパさんは，WFP が援助した子供たちの一人でした。彼女はネパールの小さな町に住んでいました。彼女が少女だった頃，彼女は空腹のためいつも泣いていました。しかし，彼女は幸運にめぐまれました。なぜなら WFP が彼女の家の近くの学校で子供たちへ給食を提供したからです。最初ニムドマさんは，食べるために学校へ行き，勉強をすることにはそれほど興味がありませんでした。後に，彼女は学校で多くの新しいことを学び，そして彼女の夢について考え始めました。彼女は，「私が少女だったころ，何か違ったこと，何か大きなこと，何か特別なことがしたかった，けれども，それが何かを知らなかったのです。教育を通して，私は(夢)を見つけました。それは一番高い山，エベレスト山に登ることでした」と言います。2008年，彼女が17歳の時，彼女はエベレスト山へ登った世界で最年少の女性になりました。

□4　ニムドマさんの大きな(A)偉業は，彼女の人生を変えました。エベレスト山へ登った後，彼女は子供たちに彼女の経験とメッセージを伝えたいと思いました。彼女は WFP のボランティア活動に参加し，そして WFP のメンバーになったのです。彼女は経験について話をするために，ネパールにあるたくさんの小学校を訪問します。彼女は，「私はみんな夢を持っていると信じています。子供たちへ，夢をもつこと，そしてそのために一生懸命やることの大切さを教えるのです。教育は子供たちが知らないたくさんのさまざまな世界への扉を開くのだと，私は信じています」と言います。

□5　今，WFP から支援を受ける貧しい子供たちは幸せです。なぜなら学校で昼食を食べることができて勉強ができるからです。その子供たちの健康状態は良くなっています。だから子供たちの家族は幸せだと感じています。子供たちが学校にいる間は，家族の人たちは子供たちの食べ物について心配せず働きます。そして，(B)WFP からの支援で地域社会がよりよくなっていきます。WFP は学校で子供たちが食べる食べ物をその町から買います。このため，地域社会の仕事の数

が増えつつあります。たとえば，給食のための米や豆を育てる仕事を得る人たちがいます。別の人たちは，給食を調理する仕事につきます。

6　教育はすべての子供たちへ，自分たち自身の将来を作る機会を与えます。それはまた，地域社会を向上させる力も持っています。今，将来の夢と希望をもって学校で勉強する多くの子供たちがいます。レッド・カップ・キャンペーンのロゴを見た時，その子供たちのことを思い出し，教育の大切さについて考えてください。

(1)　(ア)　ニムドマさんは訪問で子供たちへ何を教えたいか(第4段落)　(イ)　人々はなぜWFP の援助をありがたく感じているのか　(ウ)　ネパールの貧しい子供たちの問題は何か(第2段落)　(エ)　ニムドマさんが子供時代にどのように過ごしたか　(オ)　WFP がレッド・カップ・キャンペーンで何をするのか／それぞれの段落の内容から適当な選択肢を選びたい。

(2)　空欄の文は，「教育を通して得たもの」と考えられる。第3段落第6文 Later, she learned ～によると，「学校で学び，夢について考え始めた」とあるので，空欄には dream(夢)が適当だと考えられる。

(3)　下線部は，その前の第3段落の内容を受けている。第3段落の最後の文 In 2008, when～では，「彼女はエベレスト山へ登った世界で最年少の女性になった」と言っているので，これを受ける文としては，エの「偉業」が適当だと考えられる。

(4)　(解答例)国連世界食糧計画が子どもたちが学校で食べるものを彼らの町から買う こと。下線部の意味する「WFP の支援」について，下線部の次の文 The WFP buys～で具体的に述べているので，解答はここの文を参考に作成したい。

(5)　(ア)　WFP はレッド・カップ・キャンペーンで子供たちの生活をよりよくするために努力している。(○)　(イ)　ネパールでは学校へ行く子供たちの数が減っている。　(ウ)　ニムドマさんは，17歳より前には学校で新しいことを学ぶ機会がなかった。　(エ)　ニムドマさんは，エベレスト山へ行く前に，ネパールの小学校で彼女の経験を伝えた。　(オ)　ニムドマさんは，教育を通して子供たちが知らない新しい世界を見つけることができると信じている。(○)

(カ)　WFP が援助する貧しい子供たちの家族は，子供たちの給食について心配する必要がある。第1段落を参照すると，「WFP はレッド・カップ・キャンペーンで得たお金で，子供たちの健康や生活を改善させる」とあるのでアが適当。また，第4段落最後の文 I believe education～には，「教育は子供たちが知らない世界への扉を開く」とあるのでオが適当。選択肢オの worlds と they の間には，関係代名詞 which が省略されている。選択肢カの supported by the WFP は，直前の children を説明する分詞の形容詞的用法。

(6)　(問題文訳)私は，多くの貧しい子供たちが食べるために学校へ行くとは知りませんでした。WFP からの支援で，その子供たちは良い健康状態を①(保ち)，そして勉強を続けることができます。子供たちを援助することは WFP にとって喜ばしいことです。この物語を読んだ後，私は学校で学ぶことは大切なのだとわかりました。私は，世界の問題について学び，そして健康に②(生活する)方法について考えたいと思います。

ア　失う　イ　生活する(②)　ウ　保つ(①)　エ　借りる　オ　招待する　　問題本文の内容に合う文にするために，選択肢から適当な単語を選びたい。問題文の最初の文の to eat は「食べるために」という目的を表す to 不定詞。

2021年度英語　リスニングテスト

〔放送台本〕

　ただ今からリスニングテストを始めます。

　問題は(1)から(4)まであります。聞きながらメモをとってもかまいません。また，(2)の会話は1回しか言いませんので，注意して聞いてください。

　(1)を始めます。問題は2つです。二人の会話とそれについての質問を聞いて，答えとして最も適切な絵を，それぞれア，イ，ウ，エから1つずつ選んで記号を書きなさい。会話と質問は通して2回ずつ言います。では始めます。

① (A女)：I was reading a book in the park yesterday.

　 (B男)：Really? I was playing the guitar there. Where were you, Ayako?

　 (A女)：I was under the tree.

　 Question: Which picture shows Ayako?

② (A男)：I brought some juice for the party.

　 (B女)：Thank you. I brought some flowers.

　 (A男)：Good! Let's make pizza and cake.

　 Question: What did they bring for the party?

〔英文の訳〕

① (A女)：昨日，私は公園で本を読んでいたの。

　 (B男)：そうなの？　僕はそこでギターを弾いていた。アヤコ，きみはどこにいたの？

　 (A女)：私は木の下よ。

　 ＜質問＞どの写真がアヤコを示していますか？

　 正解：エ

② (A男)：僕はパーティーのためにジュースをいくつか持ってきた。

　 (B女)：ありがとう。私は花をいくつか持ってきた。

　 (A男)：いいね！　ピザとケーキを作ろうか。

　 ＜質問＞彼らはパーティーに何を持ってきましたか？

　 正解：ア

〔放送台本〕

　(2)に移ります。問題は3つです。二人の会話を聞いて，それぞれの会話の最後の文に対する応答として最も適切なものを，それぞれア，イ，ウから1つずつ選んで記号を書きなさい。会話は通して1回ずつ言います。では始めます。

① (A女)：Today's homework looks difficult.

　 (B男)：I don't think so. It looks easy for me.

　 (A女)：Really? Will you help me?

② (A男)：What time are we going to get on the train tomorrow?

　 (B女)：At ten. So we have to leave home at nine thirty.

　 (A男)：I want to leave before nine to go to the post office.

③ (A女)：May I ask you the way to the city hall?

(B男): OK.　Turn left at the bank and go straight.　You will find it on your right.

(A女): Did you say "Turn right"?

〔英文の訳〕

① (A女): 今日の宿題は難しそうね。

(B男): いや，そうは思わない。僕には簡単そうだ。

(A女): 本当？　助けてくれる？

選択肢:(ア)　いいえ。私たちには宿題はない。

　　　　(イ)　わかった。助けてくれてありがとう。

　　　　(ウ)　もちろん。一緒にやろう。(○)

② (A男): 明日僕たちは何時の電車に乗ることになっているの？

(B女): 10時よ。だから，9時30分には家を出なければならない。

(A男): 僕は郵便局へ行くために，9時前には出たい。

選択肢:(ア)　それなら，8:30 はどう？　(○)

　　　　(イ)　それなら，9:30 はどう？

　　　　(ウ)　それなら，10:00 はどう？

③ (A女): 市役所への道を聞いてもいいですか？

(B男): はい。銀行のところを左に曲がって，そしてまっすぐ行きます。右側に市役所が見つかります。

(A女): 「右に曲がる」と言いました？

選択肢:(ア)　いいえ。私は「今すぐに」と言いました。

　　　　(イ)　いいえ。私は「左に曲がる」と言いました。(○)

　　　　(ウ)　いいえ。私は「あなたが正しい」と言いました。

〔放送台本〕

　(3)に移ります。中学生の美佳(Mika)とALTのホワイト先生(Mr. White)が，放課後に学校で会話をしています。会話の後で，3つの質問をします。答えとして最も適切なものを，それぞれア，イ，ウ，エから1つずつ選んで記号を書きなさい。美佳とホワイト先生の会話と質問は通して2回ずつ言います。では始めます。

(Mr. White):　Hi, Mika.　I need to talk to you now.

(Mika):　What is it, Mr. White?

(Mr. White):　It is about today's practice for your English speech.　I'm busy today.　So I have to change the day.

(Mika):　OK.　When will we practice?

(Mr. White):　Let's practice tomorrow.　Can we start at four in the afternoon?

(Mika):　Sorry, I have a piano lesson on Tuesday.　How about the next day?

(Mr. White):　OK.　Let's practice at four.　We can use the gym on that day.

(Mika):　I see.　Do I need a dictionary and a textbook?

(Mr. White):　No.　You don't have to bring them, but you need a pen and a notebook.

Question:　① Why does Mr. White have to change the day of the practice?
　　　　　　② When will Mika practice with Mr. White?
　　　　　　③ What does Mr. White tell Mika to bring?

〔英文の訳〕

　(3)ホワイト先生：こんにちは，美佳。今あなたと話をしなければならないのです。／美佳：何で
すか，ホワイト先生？／ホワイト先生：あなたの英語のスピーチのための今日の練習についてです。
今日は忙しいのです。だから，日にちを変えなくてはなりません。／美佳：わかりました。練習はい
つになるのですか？／ホワイト先生：明日練習をしましょう。午後 4 時に始められますか？／美佳：
すみません，火曜日にはピアノの練習があります。次の日はどうですか？／ホワイト先生：大丈夫で
す。 4 時に練習をしましょう。その日は体育館を使うことができます。／美佳：わかりました。辞書
と教科書は必要ですか？／ホワイト先生：いいえ。持ってくる必要はありません，けれども，ペンと
ノートは必要です。

　質問①　なぜホワイト先生は練習の日を変える必要があるのですか？
　選択肢　（ア）　彼は病気だから。　　（イ）　彼は忙しいから。（○）
　　　　　（ウ）　彼は練習があることを忘れていたから。
　　　　　（エ）　彼にはピアノの練習があるから。
　質問②　美佳はホワイト先生と一緒にいつ練習をしますか？
　選択肢　（ア）　月曜日　　（イ）　火曜日　　（ウ）　水曜日（○）　　（エ）　木曜日
　質問③　ホワイト先生は美佳に何を持ってくるように伝えていますか？
　選択肢　（ア）　ノートと辞書　　（イ）　ノートと教科書　　（ウ）　ペンと辞書
　　　　　（エ）　ペンとノート（○）

〔放送台本〕

　(4)に移ります。佐藤先生(Mr. Sato)が，英語の授業で留学生のジョン(John)について話をして
います。佐藤先生の話を聞いて，その内容として適切なものを，ア，イ，ウ，エから2つ選んで記号
を書きなさい。また，佐藤先生の最後の[問い]に対して，話題を1つ取り上げ，2つの英文であなたの
[答え]を書きなさい。佐藤先生の話は2回言います。はじめに15秒間，問題に目を通しなさい。では
始めます。

　　Hello, everyone.　I have big news today.　A new student will come from
Canada next month.　His name is John.　I talked with him on the phone
yesterday.　He can speak easy Japanese.　So, we began talking in Japanese, but
later we used English.　He is a member of the basketball team, but he wants to
try different club activities in Japan.　He wants to be a designer of buildings in
the future.　He is interested in old Japanese temples and shrines.　Now, I have
a question for you.　What do you want to do with John?

　これでリスニングテストを終わります。

〔英文の訳〕

　(4)みなさん，こんにちは。今日は大きなニュースがあります。来月カナダから新しい生徒が来ま
す。彼の名前はジョンです。私は昨日彼と電話で話をしました。彼は，簡単な日本語が話せます。だ
から，私たちは日本語で話を始めました。けれども，後に私たちは英語を使いました。彼はバスケッ

トボールのチームのメンバーです。けれども，彼は日本で違った部活動をしてみたいと思っています。彼は，将来建物のデザイナーになりたいと思っています。彼は，古い日本のお寺や神社に興味があります。さあ，私はあなたたちに質問があります。ジョンと一緒に何がしたいですか？

選択肢　（ア）　ジョンは今日本に滞在している新しい生徒だ。　（イ）　ジョンは佐藤先生と，英語と日本語で話しをした。（○）　（ウ）　ジョンは日本の学校ではバスケットボールのチームに入ろうと考えている。　（エ）　ジョンは，仕事として建物のデザインをすることを望んでいる。（○）

[問い]　ジョンと一緒に何がしたいですか？

[答え]　（解答例）I want to enjoy judo with him. I think it's a new sport for him.

（解答例訳）　私は彼と一緒に柔道を楽しみたい。それは彼にとって新しいスポーツだと思う。

＜理科解答＞

1 (1)　①　イ→ウ→ア→エ　　②　離弁花(類)　　③　P　イ　　Q　ア　　R　ウ
(2)　①　(例)胞子のう　　②　(例)色水にさしておく　　③　Y　イ　　Z　ウ

2 (1)　ア，ウ　　(2)　陽極　Q　　赤色のリトマス紙　T　　(3)　(例)液体がゴム球に吸い込まれないようにする役割　　(4)　Na^+　　(5)　X　水素イオン　　Y　(例)弱く　Z　(例)中和が起こった

3 (1)　①　マグマ　　②　イ，エ　　③　(例)無色鉱物の割合　　(2)　①　凝灰岩
②　(例)流れる水のはたらきで，角がとれるから　　③　南

4 (1)　磁力　　(2)　C，D　　(3)　ア　　(4)　①　電磁誘導　　②　AとD，CとF
(5)　2.0(J)

5 (1)　①　オ　　②　中枢(神経)　　③　0.27秒　　(2)　①　年周運動
②　X　北緯40°の緯線　　Y　B

6 (1)　①　(例)$2Mg + O_2 → 2MgO$　　②　過程　(例)化合する酸素の質量をx[g]とする。
$3：2 = 1.5：x$　　$x = 1.0$[g]　　よって，求める酸化マグネシウムの質量は$1.5 + 1.0 = 2.5$[g]
(2)　(例)(光の速さは)音の速さに比べてはるかに速いから　　(3)　①　図3：図4＝1：2
②　X　図5　　Y　(例)振動数が多い

＜理科解説＞

1　（植物の特徴と分類：被子植物と裸子植物・シダ植物とコケ植物，植物のからだのつくりとはたらき）

(1)　①　アブラナの花の外側から中心に向かって，がく → 花弁 → おしべ →めしべ，の順に構成されている。　②　双子葉類のうち，花弁が1枚ずつ分かれている植物を離弁花類という。
③　子房の有無に着目すると，アブラナとマツは異なるグループに分類される。しかし，胚珠に着目すると，どちらも受精後に**胚珠が成長して種子になる**ためどちらも種子植物に分類される。

(2)　①　Wはコスギゴケの雌株の**胞子のう**である。胞子のうでは胞子がつくられる。　②　イヌワラビの**維管束**を観察するには，イヌワラビを葉の柄の部分で切って「色水にさしておく」と，維管束が染まる。　③　コスギゴケには維管束がない。根のように見える部分は**仮根**とよばれ，からだを土や岩に固定させるように変形したものである。

2　(酸・アルカリとイオン：酸・アルカリの性質，中和と塩：酸に加えるアルカリの量の変化にともなうイオンの種類と数の変化，気体の発生とその性質)

(1)　アルカリ性を示すものはアンモニア水と石灰水である。

(2)　図2において，糸にしみこませた塩酸(塩化水素の気体が水にとけたもの)の中での塩化水素の電離を化学式とイオン式で表すと，$HCl \rightarrow H^+ + Cl^-$，であるため，**酸性の水溶液に共通する水素イオンH^+の移動によってリトマス紙が青色から赤色に変化するのは陰極側**であり，塩化物イオンの移動によりリトマス紙の色が変化しないのが陽極である。よって，陽極はQである。リトマス紙Sが青色であることからリトマス紙Tは赤色である。それは，うすい水酸化ナトリウム水溶液をしみこませた糸を置き電圧をかけた場合，リトマス紙Tでは**アルカリ性**の水溶液に共通する**水酸化物イオンOH^-の移動によって陽極側が赤色から青色に変化している**ことから検証される。

(3)　こまごめピペットに安全球があるのは，液体がゴム球に吸い込まれないようにするためである。

(4)　緑色のBTB溶液数滴とうすい塩酸$5cm^3$を入れた試験管に，うすい水酸化ナトリウム水溶液を加えていくと，**加えるごとに中和，$H^+ + OH^- \rightarrow H_2O$，が起き，水溶液は酸性(BTB溶液は黄色)から中性(BTB溶液は緑色)，そしてさらに，アルカリ性(BTB溶液は青色)へと変化する。**イオン式と化学式を用いてモデルで表すと，うすい水酸化ナトリウム水溶液を少量加えた場合は，$(H^+ + Cl^-) + (H^+ + Cl^-) + (H^+ + Cl^-) + (Na^+ + OH^-) \rightarrow H_2O + Na^+ + 3Cl^- + 2H^+$，であり，水素イオン$H^+$があるため酸性である。さらに，水酸化ナトリウム水溶液を加えた場合は，$(H^+ + Cl^-) + (H^+ + Cl^-) + (H^+ + Cl^-) + (Na^+ + OH^-) + (Na^+ + OH^-) \rightarrow 2H_2O + 2Na^+ + 3Cl^- + H^+$，であり，**水素イオン$H^+$の数は減少し，酸としての性質は弱くなる。**水酸化ナトリウム水溶液をさらに加えて中性になった場合は，$(H^+ + Cl^-) + (H^+ + Cl^-) + (H^+ + Cl^-) + (Na^+ + OH^-) + (Na^+ + OH^-) + (Na^+ + OH^-) \rightarrow 3H_2O + 3Na^+ + 3Cl^-$，であり，水素イオン$H^+$と水酸化物イオン$OH^-$がないため中性である。水酸化ナトリウム水溶液をさらに加えてアルカリ性になった場合は，$(H^+ + Cl^-) + (H^+ + Cl^-) + (H^+ + Cl^-) + (Na^+ + OH^-) + (Na^+ + OH^-) + (Na^+ + OH^-) + (Na^+ + OH^-) \rightarrow 3H_2O + 4Na^+ + 3Cl^- + OH^-$，であり，**水酸化物イオン$OH^-$があるためアルカリ性であり，試験管Gのモデルである。**よって，試験管Gにおいて最も多く存在するイオンは，**ナトリウムイオンNa^+**，である。うすい塩酸と水酸化ナトリウム水溶液との中和では，$NaCl$は沈殿にならないで，イオンとして存在している。

(5)　図4の緑色のBTB溶液が加えられている試験管A・B・C・D・Eの水溶液は，実験Ⅱから黄色で酸性であるため，水素イオンH^+が存在する。A～Eのそれぞれにマグネシウムリボンを入れたときに発生した気体は水素H_2である。(4)のモデルから，$A \rightarrow B \rightarrow C \rightarrow D \rightarrow E$，の順にうすい水酸化ナトリウム水溶液の量が多くなるにつれ**水素イオンH^+の数が減少していくため**，気体の発生はAが最もさかんで，Bから順に弱くなり，Eが最も弱かったこと，**酸の性質が弱くなっていく**ことがわかる。よって，BからEではうすい塩酸に，うすい水酸化ナトリウム水溶液を加えるごとに中和，$H^+ + OH^- \rightarrow H_2O$，が起こったといえる。

3　(地層の重なりと過去の様子・身近な地形や地層，岩石の観察：地層の傾きの考察・堆積岩，火山活動と火成岩：火山灰にふくまれる鉱物)

(1)　①　火山灰にふくまれる鉱物は，マグマが冷えてできた結晶である。　②　無色鉱物に分類される鉱物は，無色か白色で不規則に割れる石英と，白色か灰色で決まった方向に割れる長石である。　③　鹿沼土にふくまれる火山灰の方が，赤玉土にふくまれる火山灰より白っぽく見えたのは，表から，鹿沼土にふくまれる火山灰の方が，赤玉土にふくまれる火山灰よりも**無色鉱物の**

割合が大きいため，白っぽく見えると考えられる。

(2) ①　火山灰がおし固まってできた岩石を凝灰岩という。　②　砂岩にふくまれる粒の形が丸みを帯びているのは，流れる水のはたらきで，角がとれたからである。　③　Pは凝灰岩の層であるため，かぎ層として考察する。柱状図BとCにおいて，B地点とC地点は標高が同じである。凝灰岩の層があるのは，B地点では地表から深さ1mから3mであり，C地点では地表から深さ5mから7mであることから，凝灰岩の層はB地点からC地点方向に傾いていると考えられる。次に，標高10mのA地点の露頭のスケッチと標高20mのC地点の柱状図において，A地点での凝灰岩の層は標高13mから15mであり，C地点での凝灰岩の層も標高13mから15mであることから東西に水平に広がっていることがわかる。よって，この地域の地層は南に向かって下がっているといえる。

4 （電流と磁界：電磁誘導・右ねじの法則，電流：電力量）

(1)　磁石どうしが，引き合ったり，反発し合ったりする力を磁力という。

(2)　コイルPに棒磁石のS極を遠ざけたりN極を近づけたりして，コイルPの中の磁界を変化させると，その変化に応じた電圧が生じて，コイルに電流が流れる。電流が検流計に＋端子から流れ込むと指針は右に振れる。よって，CとDである。

(3)　コイルPに右ねじが進む矢印の向きに電流が流れたとき，右ねじを回す向きに磁界ができる（右ねじの法則）ため，最も適切なのはアである。

(4) ①　コイルの内部の磁界が変化したとき，コイルに電流が流れる現象を電磁誘導という。
②　Aは，S極を近づけると指針は左に振れ，Dは，N極を近づけると指針は右に振れるため，電流の向きは，棒磁石の極だけを変えると逆になっている。Cは，S極を遠ざけると指針は右に振れ，Fは，N極を遠ざけると指針は左に振れるため，電流の向きは，棒磁石の極だけを変えると逆になっている。

(5)　ICカードリーダーの電力[W]＝5.0[V]×0.2[A]＝1.0[W]より，ICカードリーダーの電力量[J]＝1.0[W]×2.0[s]＝2.0[J]である。

5 （動物のからだのつくりとはたらき：刺激と反応，天体の動きと地球の自転・公転：地球の公転と季節による夜の長さ）

(1) ①　「手をにぎられた」という圧力の刺激を受けとる感覚器官は皮膚である。　②　判断や命令などを行う脳やせきずいを中枢神経という。　③　守さんは左手で広子さんの右手をにぎると同時にストップウオッチをスタートさせているので，守さんが手をにぎられてから反応するまでにかかった時間は，最後に自分の右手首をにぎられてからストップウオッチを止めるまでの1回分で計算する。よって，手をにぎられてから反応するまでにかかった1人あたりの時間は，（2.52秒＋2.61秒＋2.16秒）÷3÷9＝0.27（秒）である。

(2) ①　地球の公転によって生じる天体の見かけの動きを天体の年周運動という。　②　地球儀A，Bをそれぞれ秋田県が真夜中になるようにして考えるとき，北緯40°の緯線について，光源の光が当たっていない部分の長さを比べ，地球儀Bの方が長ければ，仮説は正しいといえる。

6 （化学変化と物質の質量，化学変化：金属の燃焼の化学反応式，光と音：光の速さと音の速さ・音の大小と高低）

(1) ①　マグネシウムは燃焼することにより酸化する。図1のモデルは，マグネシウム原子2個と酸素分子1個が化合すると，酸化マグネシウムの分子が2個できることを表している。よって，

化学反応式は，$2Mg + O_2 → 2MgO$ ，である。　②　1.5gのマグネシウムと化合する酸素の質量を$x[g]$とすると，$1.5g : x[g] = 3 : 2$，$x[g] = 1.0[g]$である。よって，求める酸化マグネシウムの質量は，$1.5[g] + 1.0[g] = 2.5[g]$，である。

(2)　光の速さは音の速さに比べてはるかに速いからである。

(3)　①　振幅は弦の振動の振れ幅であるから，図3と図4の振幅の比は，図3：図4 = 1：2である。
　②　振動数は1秒間に弦が振動する回数であるから，図4より図5の方が単位時間あたりの振動数が多いため，高い音が出たことがわかる。

＜社会解答＞

1 (1)　(例)太平洋　　(2)　(例)ロシア連邦　　(3)　(例)南アメリカ(大陸)　　(4)　①　い
②　イ　　③　(例)ある先進国と比べて，価格の安定しない原油に頼る輸出をしているから。

2 (1)　(例)本州　　(2)　(例)フォッサマグナ　　(3)　奈良(県)　　(4)　い　エ
う　(例)価格が高くなる時期に出荷することで　　(5)　(例)Z県と比べて，輸送用機械を作るための広い敷地を安く確保できるから。

3 (1)　中世　　(2)　ウ　　(3)　あ　イ　い　ウ　　(4)　(例)娘を天皇のきさきにし，その子を天皇にした。　　(5)　氏　北条(氏)　W　ア　　(6)　①　エ　　②　(例)将軍が代わるとき。　　(7)　(例)土地の所有者に，地租を現金で納めさせた。　　(8)　(例)領事裁判(権)　　(9)　ウ，エ　　(10)　イ　　(11)　え　(例)工業が発展する　　お　(例)公害が発生

4 (1)　国民主権　　(2)　イ　　(3)　①　(例)一票の価値に格差　　②　(例)法の下の平等に反する　　(4)　ア　　(5)　ICT　　(6)　(例)プライバシーの権利　　(7)　え　(例)流通量は減っている　　お　(例)現金　　(8)　エ　　(9)　①　(例)先進国が温室効果ガスを多く排出してきたから。　　②　化石燃料　　③　(例)(風力などの)再生可能エネルギーの割合を増やし，温室効果ガスの排出量を減らす。

＜社会解説＞

1 (地理的分野—世界地理—地形・人口・産業・貿易)

(1)　世界の三大洋とは，**太平洋・大西洋・インド洋**である。このうち，南アメリカ大陸・北アメリカ大陸・ユーラシア大陸・オーストラリア大陸に囲まれているのが，太平洋である。

(2)　日本の**標準時子午線**は，兵庫県明石市を通る，**東経135度線**である。この経線は，ユーラシア大陸・オーストラリア大陸・その他多くの島々を通るが，最も面積の大きい国は**ロシア連邦**である。

(3)　南アメリカ大陸は，**赤道**が大陸のほぼ中央部を通り，**熱帯**が6割以上を占める。P大陸は南アメリカ大陸である。アフリカ大陸は，赤道が大陸の中央よりもはるかに南を通るので，意外に熱帯の面積は少なく5割以下である。

(4)　①　地球は**24時間で360度自転**するので，**15度で1時間の時差**となる。時差は12時間なので経度差は180度となる。日本の標準時子午線は，東経135度であるから，時差12時間の都市は**経度差180度—東経135度＝西経45度**で，西経45度の都市ということになる。地図上の「い」がこれに該当する。「い」の都市はリオデジャネイロである。　②　アからオのうち，面積が最も

狭く，人口が最も少ないオは，日本である。人口が突出して多いエは，中国である。GDPが最多のウは，アメリカである。GDPが最も少なく，貿易額も最小なアは，ブラジルである。残るイがEUである。貿易額は，輸入・輸出ともEUが最多である。　③　Y州とはアフリカ州である。図3に見られるように，ある先進国は，毎年輸出総額に原油の占める割合が1割程度である。これに対し，アフリカ州のある国は，毎年，輸出総額の7割から9割を原油が占めている。こうしたアフリカ州の国に見られる経済状態を，モノカルチャー経済という。図4に見られるとおり，原油は価格の安定しない産出物であり，アフリカ州のある国は極めて不安定な経済状態となる。原油輸出に大きく依存するナイジェリアなどは，その典型的な例である。

2 （地理的分野―日本地理―地形・人口・工業・農林水産業）

(1)　日本列島は，北海道・本州・四国・九州と，無数の島々からなる。一番大きいのが本州で，次に北海道，九州，四国の順になる。

(2)　本州中央部を南北に横断する大地溝帯を，大きな溝という意味の，フォッサマグナという言葉で呼ぶ。新潟県糸魚川市から静岡県静岡市に及び，この地溝帯が，東北日本と西南日本の境界線となる。

(3)　奈良県は，全国でも有数の過疎化が進行している県であり，一番人口減少率が大きいCは，奈良県である。また，奈良県は，京阪神地方に通勤・通学する人が多く，昼夜間人口比率が低くなっている。なお，昼夜間人口比率が日本で一番低いのは，大都市東京に隣接する埼玉県である。

(4)　い　宮崎県では，温暖で日照の多い気候条件を活かし，ガラス室やビニールハウスを利用して，きゅうりなどの野菜を栽培している。このように，施設を設置し，天候や外気温を生かし，比較的安定した生産ができる農業形態を，施設園芸農業という。　う　地図のX県とは福島県である。寒さによって福島県など他県からの出荷が減り，価格の上がる時期に出荷することで，宮崎県は生産に要した費用に十分見合うだけの利益を上げている。

(5)　Y県は栃木県，Z県は神奈川県である。栃木県では，神奈川県に比べて，輸送用機械の出荷額の割合が増えている。輸送用機械を作るためには広い工場敷地面積が必要であり，栃木県では広い敷地を安く確保できるからである。また，2011年の北関東自動車道の開通によって，内陸地の栃木県から太平洋岸に輸送しやすくなったことも原因の一つである。栃木県は北関東工業地域の一部である。

3 （歴史的分野―日本史時代別―古墳時代から平安時代・鎌倉時代から室町時代・安土桃山時代から江戸時代・明治時代から現代，―日本史テーマ別―政治史・社会史・経済史・外交史，―世界史―政治史）

(1)　平安後期の院政の時代から，鎌倉時代・室町時代を経て戦国時代までを，中世という。安土桃山時代からが近世である。なお，中世の始まりには諸説ある。

(2)　素焼きの焼き物で，古墳時代に古墳の上に並べて置かれたのが，埴輪（はにわ）である。埴輪は3世紀後半から6世紀後半にかけて作られ，聖域を示すために並べたり，古墳の土が崩れないように置かれたといわれている。埴輪は，円筒埴輪と形象埴輪に二分される。形象埴輪には，人物埴輪（特に武人埴輪）・家形埴輪・器財埴輪・動物埴輪などがあり，当時の衣服・髪型・農具や建築様式などを見てとることができる。

(3)　あ　712年に編纂された，日本最初の歴史書と言われる書物が「古事記」である。天武天皇が稗田阿礼（ひえだのあれ）に暗記させたものを，太安万侶（おおのやすまろ）が文書化した書物で

あり，天地の始まりなどの多くの神話と，**推古天皇**までの歴史を記している。　い　8世紀の半ば，**大伴家持**らが編纂した万葉集では，天皇から庶民までの歌が集められた。漢字の音を借りて，国語の音を表記する万葉仮名を用いた点が特徴である。

(4)　**藤原氏**は，自分の娘を天皇のきさきとし，**生まれた子供を天皇にして外祖父**となり，天皇が幼い時には摂政として，成人してからは関白として政治を代行・補佐する，**摂関政治**を進めた。摂関政治は，11世紀前期の**藤原道長・頼通**父子の時代に全盛期を迎えた。

(5)　鎌倉幕府の政所の長官で，将軍を補佐し政務を統轄した最高の職を**執権**という。13世紀初頭から**北条氏**が世襲した。北条氏は，源頼朝の妻政子の父の家系である。　**W**　**承久の乱**後の図なので，**六波羅探題**が入っている**ア**が正しい。**イ**は律令制度の模式図であり，**ウ**は室町幕府の模式図である。

(6)　①　**X**　**朝鮮通信使**は**対馬藩の宗氏**が窓口となって外交を行った。　**Y**　**薩摩藩の島津氏**が窓口となり，**琉球王国**から幕府に送られた使節は，「**慶賀使**」と「**謝恩使**」の二つである。「慶賀使」は幕府の将軍が代わるたびに，「謝恩使」は琉球の国王が代わるたびに派遣された。　②　江戸時代に**朝鮮国王**が日本の将軍の代替わりの際などに，日本に派遣した外交使節を，朝鮮通信使という。対馬藩の宗氏が仲介し，江戸時代を通じて派遣は12回に及んだ。

(7)　政府は，**地券**を発行し，**土地の所有者**と地価を確定し，土地の所有者は**地価の3％**を，毎年**現金**で納めることになった。

(8)　**ノルマントン号**の船長に軽い罰しか与えられなかったのは，外国人が日本で罪を犯した場合は，日本に駐在するその国の領事が，その国の法律で裁くという**領事裁判権**を，幕末に結んだ条約で認めていたからである。領事裁判権の語を確実に解答する。

(9)　**ウ**　1919年から1920年まで，**第一次世界大戦**の講和会議として開催された**パリ会議**は，アメリカ大統領ウィルソンの十四カ条の原則の柱である**国際協調・民族自決**の精神で進められた。この国際協調の精神を具体化したものが，**国際連盟**である。国際連盟は1920年に創立されたが，**アメリカ**は議会の上院の反対のため，**加盟しなかった**。　**エ**　1919年に，第一次世界大戦の**敗戦国ドイツ**で制定されたのが**ワイマール憲法**である。当時，世界でも**最も先進的な憲法**といわれ，世界で初めて，国家が最低限の生活を保障する**社会権**を規定した憲法である。

(10)　1951年にサンフランシスコ平和条約を結んだが，**ソ連**との講和は成立していなかったため，**国連安全保障理事会**の**常任理事国**であるソ連の反対で，**国際連合**への加盟はできなかった。1956年に**日ソ共同宣言**が成立し，ソ連との国交が回復して，日本は国際連合への加盟が実現した。

(11)　え　図2に見られるように，1960年代の**高度経済成長期**に工業が発展し，製造品出荷額が急激に伸びた。　お　高度経済成長期には，まだ環境を守るという考え方は未熟で，**四大公害病**など**公害**が発生した。四大公害病とは，**水俣病**，**新潟水俣病**，**イタイイタイ病**，**四日市ぜんそく**である。

4　(公民的分野—憲法の原理・基本的人権・国の政治の仕組み・消費生活，地理的分野—環境問題)

(1)　**大日本帝国憲法**では，「大日本帝国ハ万世一系ノ天皇之ヲ統治ス」「天皇ハ国ノ元首ニシテ統治権ヲ総攬シ(以下略)」と明記されていたが，日本国憲法では「**天皇**は，日本国の**象徴**であり日本国民統合の象徴であって，この地位は，**主権**の存する**日本国民**の総意に基く。」と規定し，国民主権を原理としている。

(2)　1889年の初の衆議院議員選挙法以来，投票権者がいかなる選択をしたかが明らかになる仕組みの投票制度がとられており，1900年まで続いた。これに対し現在では，誰が誰に投票したかわからない，**秘密投票**の原則が守られた投票用紙になっている。

(3)　①　**公職選挙法**は，議員定数を定めているが，人口の増減により，選挙区によって5倍近く
も**一票の価値**に**格差**が生じる状態となっているので，「**違憲状態である**」と，最高裁判所が判断
したことを指摘する。　②　**日本国憲法第14条**は，「すべて国民は，**法の下に平等**であって，人
種，信条，性別，社会的身分又は門地により，政治的，経済的又は社会的関係において，差別さ
れない。」と定めており，一票の価値に大きな格差がある状態では，**法の下の平等**に反する。

(4)　労働三権とは，団結権・団体交渉権・**団体行動権**のことをいい，そのうち**ストライキ**などを
行う団体行動権が禁止されている。

(5)　IT(Information Technology)が情報を効率的に処理できる能力のことを指すのに対し，情報
通信技術のことを，ICT(Information and Communication Technology)という。IT技術をどの
ように活用すべきかに重点を置いている。

(6)　**新しい人権**の一つとして**プライバシーの権利**がある。もとは人がその私生活や私事をみだり
に他人の目にさらされない権利を指したが，現在では，名前・**顔写真**・住所・電話番号・生年月
日などの個人情報を守る権利としても考えられるようになってきた。顔写真については，特に肖
像権として守られている。

(7)　**え**　図1に見られるように，2009年から2017年にかけて，電子マネーの支払い量は10倍近く
増加したのに対し，1円玉・5円玉の**流通量**は10分の1程度に減っている。　**お**　電子マネーは，買
い物のとき，現金を持たずに支払いができるという便利さがあることを簡潔に指摘すればよい。

(8)　ある産業や事業に対する政府の規制を縮小することを指して，**規制緩和**という。問題では，
ガソリンスタンドの**セルフ給油**があげられている。ほかの規制緩和の例としては，薬品の販売
があげられる。ドラッグストアや薬局では，**薬剤師**による対面販売が義務づけられていたが，
2009年に**薬事法**が改正され，一般用医薬品は，薬剤師でなくても登録販売者によって販売でき
るようになった。

(9)　①　早くから先進国が温室効果ガスを多く排出してきたからであることを指摘すればよい。
②　過去の**植物**や**動物**の**遺骸**が，何億年もかけて変化して生成した**石炭・石油・天然ガス**などの
燃料を**化石燃料**という。その燃焼によって，**温室効果ガスを排出**するため，**地球温暖化**の原因と
なりやすい。　③　自然の活動によってエネルギー源が半永久的に供給され，継続して利用でき
るエネルギーのことを，**再生可能エネルギー**という。風力・太陽光・地熱・波力・バイオマスな
どが再生可能エネルギーである。バイオマスとは，とうもろこし・さとうきびなど**植物由来のエ
ネルギー**を指す。こうした再生可能エネルギーの割合を増やし，温室効果ガスの排出量を減らす
ことが課題であるが，日本では，まだ再生可能エネルギーの利用があまり進んでいない。

＜国語解答＞

一　1　(例)印象に残りやすい(こと)　　2　(例)(方言を活用することは，)地域の魅力を見直す
きっかけになる(ということ)　　3　(例)相手や場に応じて共通語との使い分けをする(と
いうこと)　　4　ウ

二　1　再度考える時間と労力を削減(すること)　　2　(例)何を実現すればいいのか明確にし，
アイディアを試したり，改良したりする(という手続き)　　3　(例)不満な状態が解消され
ること　　4　(1)　a　置き換えられている　　b　道具の形そのもの　　(2)　ア
(3)　(例)過去の問題解決の工夫を呼び起こし，現在の問題に再び適用することで，正確に
美しく問題を解決できる

三　1　①　いちじる(しい)　②　根幹　③　りじゅん　④　迷(わず)　2　(例)縮小
　　3　連用形　4　ア

四　1　(1)　わざとわからぬ振り　　(2)　ウ　2　(例)(胤舜を指差すことで，)ひとの真似で
　　はなく，自分自身の花を活けてほしい(という気持ちを伝えたかったと捉えている)
　　3　ア　4　(1)　エ　　(2)　いのちその物　　(3)　(例)(宮中立花会に出て，)自分自身
　　であり，母のいのちでもある花を活けることで，母に長く生きてほしい

五　1　①　いわく　　②　なにせん　　2　ウ　3　錘縮下叶　4　(1)　玉
　　(2)　b　(例)欲張らない　　c　(例)子に優る宝　　(3)　イ

六　(例)　私の心に残っているのは，陸上部の先輩から言われた「がんばっているね」という
　　言葉だ。良い記録がなかなか出なくて他の人に「がんばれ」と言われたとき，私は「あり
　　がとう」と返しながらも，内心では「がんばっているのに」「まだ努力が足りないの？」と
　　反発していた。しかし，先輩の言葉で自分が認められたという気持ちになり，落ち着いて
　　練習に集中できるようになった。言葉は，発した人が考える以上に受け取る人の気持ちを
　　左右する。だから，言葉を大切にすることを意識して，相手や場に応じた言葉を使うよう
　　心がけたい。

＜国語解説＞

一　(聞き取り—内容吟味)

1　はなさんは，「私が考えた方言のよいところは，**印象に残りやすいことです。**」と言っている。

2　ゆずるさんは，「はなさんとけんたさんの発言を聞いて気付いたことがあります。方言を活用
　　することは，**地域の魅力を見直すきっかけになる**ということです。」と言っている。

3　けんたさんは，「方言を使うときに配慮することは，**相手や場に応じて共通語との使い分けを
　　する**ということですね。」と言って，話し合いをまとめている。

4　「〜ということですね」などの表現からわかるように，けんたさんは前の人の**発言内容を確認**
　　しながら話し合いを進めているので，ウが正解である。意見の根拠は質問していないので，アは
　　誤り。話し合いの目的は初めに示しただけなので，イは不適切。意見の比較をすることが目的で
　　はないので，エは不適切である。

二　(論説文—内容吟味，文脈把握，脱文・脱語補充)

1　傍線部の少し後に「使い回すことで，**再度考える時間と労力を削減**できるからです。」とある
　　ので，ここから抜き書きする。

2　次の文の「**何を実現すればいいのか明確にする，アイディアを試してみる，うまくいかなけれ
　　ば改良する，という手続きが必要です**」の内容を35字以内で書く。

3　少し前の「**目の前の不満な状態を，なんとか解消したい**」の語句を用いて15字以内で書く。「何
　　がどうなることか」という問いなので，「不満な状態を解消すること」という形ではなく，「不満
　　な状態が解消されること」などと書く。

4　(1)　a　アニメの呪具の作用は，スペル(呪文)によって示されるもの，すなわち「文字のよう
　　な表象に**置き換えられている**」ものである。　b　「**道具の形そのものが道具の作用の表れなの
　　です**」から抜き書きする。　(2)　説明の中心であり，筆者が「魅惑的」と考えているのは**現実
　　の道具**なので，アを選ぶ。アニメの呪具と現実の道具を対比して論じることで明確になるのは，
　　「両者の共通点」ではなく相違点なので，イは不適切。「アニメの呪具の形状」は表では明確に示

せないので，ウは不適切。「現実の道具の欠点」は書かれていないので，エは誤りである。
　(3)　本文の最後の2つの段落によれば，道具を使った問題解決は，「**過去に工夫が凝らされた問題解決を再び適用すること**」であり，「道具の内に封じ込められた**問題解決の過程を呼び起こし，目の前の問題に再び適用すること**」で問題を「**正確に，かつ，美しく解決**」することができる。この部分をもとに，「目の前の問題」を「**現実の問題**」と言い換えて，前後の表現につながるように50字以内で書く。

三　(知識─漢字の読み書き，同義語・対義語，品詞・用法)
1　①　「**著しい**」は，はっきりわかるほど目立っている様子。　②　「**根幹**」は，物事のおおもとという意味。　③　「**利潤**」は，利益と似た意味の語句である。　④　「**迷**」の音読みは「メイ」で，「迷路」「混迷」などの熟語を作る。
2　「**拡大**」は大きくなるという意味なので，小さくなるという意味の「**縮小**」などと答える。
3　「**任せ**」は，マ行下一段活用動詞「任せる」の**連用形**である。
4　「**与えられた**」は，他の人から「与える」という行動を受けたことを表すので，アの「**受け身**」が正解。

四　(小説─情景・心情，内容吟味，文脈把握，脱文・脱語補充)
1　(1)　少し前に，広甫が思ったことが(胤舜は**わざとわからぬ振りをして母親に生花の図を選ばせようとしているのだ**)と示されているので，ここから抜き書きする。　(2)　傍線部の「そう思った」は，広甫が母と子の姿を見て，「萩尾はすでに目が見えないことを胤舜に**知られたくない**」「それを**知っている**から，胤舜はわざと明るく萩尾に図を選ばせている」と思ったことを指している。また，「**目頭が熱くなる**」は，感動して涙が出そうになる様子を表す慣用句。したがって，正解はウである。アは「頼ってしまう」が誤り。イは「芝居をやめさせて」が不適切。エは「表面的」が誤りである。
2　後の広甫の言葉に「萩尾様はそなたに**ひとの真似ではない，そなた自身の花を活けよ**と言われたのだ」とある。この内容を，前後につながる形にして25字以内で書く。
3　直前の胤舜の言動を見ると，「胤舜は**涙をこらえる**ように，**うつむいて～座り込んだ**」「母上は**すでに目がお見えにならないようです**」とある。胤舜は，母が目が見えないために図集を指差すことができなかったと考え，母の死が近いことを感じて悲しんでいる。アが正解。
4　(1)　本文の場面は，活花の花の種類や形を具体的に示す描写はなく，「**そなた自身を活けた花**」など精神面に言及しているので，エが正解となる。　(2)　広甫の「活花は花の美しさだけを活けているのではない。花の**いのちその物を活けておるのだ**」という言葉から抜き書きする。
　(3)　胤舜の覚悟は，破線部「うつむいて考えた」の後に，「**母のいのちを永らえさせたい**，というのが何よりの願いだ。もし宮中立花会で活けるとしたら**自分自身であり，母のいのちでもある花**でなければならない」と書かれている。この内容を前後につながる形にして，40字以内で書く。

五　(漢文・和歌─内容吟味，文脈把握，脱文・脱語補充，仮名遣い，表現技法)
〈口語訳〉【Ⅰ】宋の人で玉を手に入れた者がいた。これを子罕に献上した。子罕は受け取らなかった。献上する者が言うことには，「これを宝玉を磨く職人に見せたところ，職人は(本物の)玉だと言いました。だから進んでこれを献上するのです」と。子罕が言うことには，「私は欲張らないことを宝とし，あなたは玉を宝とする。もし(その玉を)私に与えたら，どちらも宝を失ってしま

う。人々は，自分の宝を持っていることがいちばんいい。」と。　【Ⅱ】　銀も金も玉も何になろう
か。優れた宝は子に及ぶだろうか，いや，及ばない。

1　①　語頭にない「は」を「わ」に直し，平仮名で「いわく」と書く。　②　「む」を「ん」に
　直して「なにせん」と書く。

2　「喪ふ」の主語は「皆」であるが，本文は宋人が子罕に玉を献上しようとする場面であり，王人
　は話に出てくるだけでこの場にはいない。したがって，ウが正解である。

3　【Ⅰ】の書き下し文を見ると，漢字を読む順序は「諸子罕献」となる。「諸子罕」を「献」より
　も先に読むので，「罕」の左下に一点，「献」の左下に二点を書き入れる。

4　(1)　宋人が子罕に献上しようとしたのは，玉である。　(2)　b　「我は貪らざるを以て宝と為
　し」をもとに「欲張らない」「貪らない」などと書く。　c　「優れる宝子に及めやも」は，どん
　な宝でも子には及ばない，子が一番の宝だということだから，これをもとに後につながるように
　「子に優る宝」などと書く。　(3)　子罕は欲張らないこと，憶良は子を「宝」としていた。両
　者に共通しているのは，イの「己の心を満たすもの」を重んじている点である。アとウは本文で
　言及されていない。エは，子罕も憶良も，一般的には財宝とされる「玉」や金銀の価値を否定し
　ているので，誤りである。

六　(作文)

　与えられた条件を満たして書くこと。「心に残っている言葉」を一つ取り上げて，言葉の大切さ
についての自分の考えを200～250字で書く。解答例は，「がんばっているね」という言葉を取り
上げ，自分の体験をふまえて考えを述べている。書き終わったら必ず読み返して，誤字・脱字や表
現の不自然なところは書き改める。

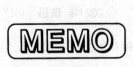

秋田県公立高等学校

2020年度
★★★★★★★★★★★★★★★★★★★★★

入 試 問 題

●くわしい解説……47ページ

2020
年度

＜数学＞　　時間　60分　　満点　100点

1 次の(1)〜(15)の中から，**指示された8問**について答えなさい。

(1) $1+(-0.2)\times 2$ を計算しなさい。

(2) $\dfrac{6}{\sqrt{2}}$ の分母を有理化しなさい。

(3) $a=\dfrac{1}{2}$，$b=3$ のとき，$3(a-2b)-5(3a-b)$ の値を求めなさい。

(4) 1個 a kgの品物3個と1個 b kgの品物2個の合計の重さは，20kg以上である。この数量の関係を不等式で表しなさい。

(5) 方程式 $\dfrac{2x+4}{3}=4$ を解きなさい。

(6) 連立方程式 $\begin{cases}2x-3y=-5\\x=-5y+4\end{cases}$ を解きなさい。

(7) x についての方程式 $x^2-2ax+3=0$ の解の1つが -1 であるとき，もう1つの解を求めなさい。

(8) 家から a m離れた博物館まで，行きは毎分60m，帰りは毎分90mの速さで往復した。往復の平均の速さは分速 ☐ mである。☐ にあてはまる数を求めなさい。

(9) 次のア〜エのことがらについて，**逆**が正しいものを1つ選んで記号を書きなさい。

> ア　正三角形はすべての内角が等しい三角形である。
> イ　長方形は対角線がそれぞれの中点で交わる四角形である。
> ウ　$x\geqq 5$ ならば $x>4$ である。
> エ　$x=1$ ならば $x^2=1$ である。

(10) $\sqrt{120+a^2}$ が整数となる自然数 a は全部で何個あるか，求めなさい。

(11) 右の図で，2直線 ℓ，m は平行である。このとき，$\angle x$ の大きさを求めなさい。

⑿　右の図で，∠x の大きさを求めなさい。

⒀　右の図のように，側面がすべて長方形の正六角柱がある。このとき，辺ＡＢとねじれの位置にある辺の数を求めなさい。

⒁　右の図で，円錐の底面の直径は４㎝，母線の長さは５㎝である。この円錐の体積を求めなさい。ただし，円周率を π とする。

⒂　右の図のように，三角錐Ａ－ＢＣＤがある。点Ｐ，Ｑはそれぞれ辺ＢＣ，ＢＤの中点である。点Ｒは辺ＡＢ上にあり，ＡＲ：ＲＢ＝１：４ である。このとき，三角錐Ａ－ＢＣＤの体積は，三角錐Ｒ－ＢＰＱの体積の何倍か，求めなさい。

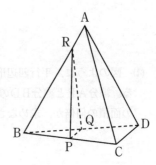

2　次の(1)～(4)の問いに答えなさい。

(1)　関数 $y = \dfrac{3}{x}$ のグラフについて必ずいえることを，次のア～エから**すべて**選んで記号を書きなさい。

> ア　$x > 0$ の範囲では，x の値が増加するとき，y の値も増加する。
> イ　$x > 0$ の範囲では，x の値が増加するとき，y の値は減少する。
> ウ　$x < 0$ の範囲では，x の値が増加するとき，y の値も増加する。
> エ　$x < 0$ の範囲では，x の値が増加するとき，y の値は減少する。

(2)　右の図において，⑦は関数 $y = ax^2$，
⑦は関数 $y = -\dfrac{1}{2}x^2$ のグラフであ
る。2点P，Qは，⑦上の点であり，
点Pの座標が（6，9），点Qの座標が
（−2，b）である。

①　b の値を求めなさい。求める過程
　も書きなさい。

②　関数 $y = -\dfrac{1}{2}x^2$ で，x の変域
　が $c \leqq x \leqq 2$ のとき，y の変域は
　$-8 \leqq y \leqq d$ である。このとき，c，
　d の値を求めなさい。

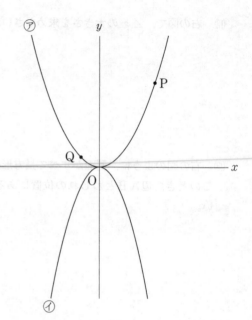

(3)　図のように，直線 ℓ 上に2点O，Pがある。点Oを回転の中心として，点Pを時計回りに
45°回転移動させた点Qを，定規とコンパスを用いて作図しなさい。ただし，作図に用いた線は
消さないこと。

(4)　図のように，平行四辺形ABCDがある。点Eは辺CD上にあり，CE：ED＝1：2であ
る。線分AEと線分BDの交点をFとする。このとき，△DFEの面積は，平行四辺形ABCD
の面積の何倍か，求めなさい。

3　加湿器は，タンクの中に入れた水を蒸気にして放出することによって室内の湿度を上げる電気製品である。詩織さんと健太さんは，[加湿器Aの性能] をもとにタンクの水量の変化に着目した。

[加湿器Aの性能]

○運転方法には，強運転，中運転，弱運転の3段階があり，タンクが満水のとき，水量は4000mLである。

○それぞれの運転方法ごとに，常に一定の水量を蒸気にして放出し，タンクの水量は一定の割合で減少する。

○タンクを満水にしてから使用したとき，
・強運転では4時間でタンクが空になる。
・中運転では5時間でタンクが空になる。
・弱運転では8時間でタンクが空になる。

加湿器Aを使い始めてから x 時間後のタンクの水量を y mLとする。詩織さんと健太さんは，それぞれの運転方法で y は x の1次関数であるとみなし，タンクの水量の変化について考えた。ただし，加湿器Aは連続で使用し，一時停止はしないものとする。次の(1)，(2)の問いに答えなさい。

(1)　加湿器Aのタンクを満水にしてから強運転で使い始め，使い始めてから2時間後に弱運転に切り替えて使用したところ，使い始めてから6時間後にタンクが空になった。

①　[詩織さんの説明1] が正しくなるように，ⓐにあてはまる**数**を書きなさい。

[詩織さんの説明1]

[加湿器Aの性能]から考えると，強運転では1時間あたりにタンクの水量は　ⓐ　mL減少します。

②　健太さんは，タンクが空になるまでの x と y の関係を表すグラフをかいた。[健太さんがかいたグラフ] が正しくなるように続きをかき，完成させなさい。

〔健太さんがかいたグラフ〕

(2)　加湿器Aのタンクを満水にしてから，今度は中運転で使い始め，途中で弱運転に切り替えて

使用したところ，使い始めてから7時間後にタンクが空になった。健太さんと詩織さんは，弱運転に切り替えた時間を求めた。

① 健太さんは，図1～図3のグラフを用いて説明した。[健太さんの説明]が正しくなるように，ⓑに説明の続きを書き，完成させなさい。

図1　　　　　　　　　図2　　　　　　　　　図3

[健太さんの説明]

> 　図1は，中運転で，タンクを満水にしてから空になるまで使用する場合のxとyの関係を表すグラフです。使い始めたときの水量は4000mLだから点P（0，4000）をとり，5時間で空になるので点Q（5，0）をとります。2点P，Qを結んで直線PQをかきます。
>
> 　図2は，弱運転で，7時間でタンクが空になるように使用する場合のxとyの関係を表すグラフです。7時間で空になるので点R（7，0）をとります。弱運転では，1時間あたりにタンクの水量が500mL減少するから，空になる2時間前には1000mLの水があります。だから，点S（5，1000）をとり，2点R，Sを結んで直線RSをかきます。
>
> 　図3は，直線PQと，直線RSを重ね合わせたものです。弱運転に切り替えた時間は，[　　　　　　　　　ⓑ　　　　　　　　　]を読み取るとわかります。

② [健太さんの説明]を聞いた詩織さんは，弱運転に切り替えた時間を，式をつくって求めた。[詩織さんの説明2]が正しくなるように，ⓒ，ⓓにはあてはまる**式**を，ⓔ，ⓕにはあてはまる**数**を書きなさい。

[詩織さんの説明2]

> 　図3の直線PQの式は $y=$ [ⓒ] ……⑦
> 　　直線RSの式は $y=$ [ⓓ] ……①
> 　⑦，①を連立方程式として解くと，弱運転に切り替えた時間は，使い始めてから [ⓔ] 時間 [ⓕ] 分後だということがわかります。

4 次の(1)，(2)の問いに答えなさい。

(1) 次の表は，1か月間に，Aさん，Bさんの2人が100m走を10回ずつ行った記録を度数分布表にまとめたものである。

表

100m 走の記録

階　級(秒)	Aさん(回)	Bさん(回)
14.1^{以上}〜14.3^{未満}	4	2
14.3　〜14.5	0	4
14.5　〜14.7	2	0
14.7　〜14.9	1	1
14.9　〜15.1	3	3
計	10	10

2人の記録の平均値はともに14.58秒で等しいが，着目する代表値によっては，AさんまたはBさんのどちらかの方が速く走れそうだと説明できる。麻衣さんは，最頻値に着目して，次のように説明した。[麻衣さんの説明]が正しくなるように，**ア**，**イ**にはあてはまる**数**を，**ウ**には**AさんまたはBさんのどちらか**を書きなさい。

[麻衣さんの説明]

Aさんの記録の最頻値は　**ア**　秒です。Bさんの記録の最頻値は　**イ**　秒です。したがって，　**ウ**　の記録の最頻値が小さいので，　**ウ**　が速く走れそうだといえます。

(2) 1から6までの目が出る大小2つのさいころを同時に投げたとき，大小のさいころで出た目の数をそれぞれ a, b とする。ただし，さいころのどの目が出ることも同様に確からしいものとする。

① 積 ab の値が，4の倍数になるときの確率を求めなさい。

② $10a + b$ の値が，素数になるときの確率を求めなさい。

5 次の I，II から，**指示された問題**について答えなさい。

I 図1のように，点Oを中心とし，直径ABが8cmである半円Oがあり，$\overset{\frown}{AB}$を4等分する点C，D，Eを$\overset{\frown}{AB}$上にとる。線分CBと線分AE，OEとの交点をそれぞれF，Gとする。次の(1)〜(3)の問いに答えなさい。

(1) ∠AOGの大きさを求めなさい。

図1

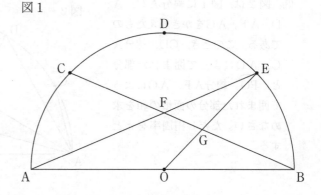

(2)　△ＦＡＢが二等辺三角形であることの証明を，解答欄にしたがって書きなさい。

(3)　図2は，図1に線分ＣＡ，ＣＥをかき加えたものである。このとき，△ＡＣＥの面積を求め
なさい。

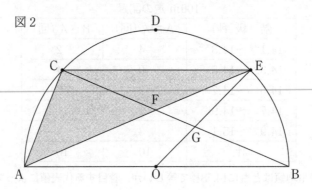

図2

Ⅱ　図1のように，点Ｏを中心とし，直径ＡＢが12cmである半円Ｏがあり，$\overset{\frown}{AB}$を6等分する点Ｃ，
Ｄ，Ｅ，Ｆ，ＧをＡＢ上にとる。線分ＤＢと線分ＯＧの交点をＨとする。次の⑴〜⑶の問いに答え
なさい。

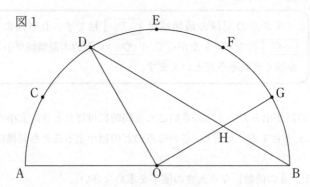

図1

(1)　△ＨＯＢが二等辺三角形であることの証明を，解答欄にしたがって書きなさい。

(2)　線分ＧＨの長さを求めなさい。

(3)　図2は，図1に線分ＡＣ，Ａ
Ｄ，ＡＦ，ＡＧをかき加えたもの
である。このとき，$\overset{\frown}{CD}$，線分Ａ
Ｃ，ＡＤによって囲まれた部分
と，$\overset{\frown}{FG}$，線分ＡＦ，ＡＧによっ
て囲まれた部分の面積の和を求
めなさい。ただし円周率をπと
する。

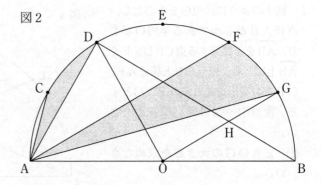

図2

令和2年度

数　学
（解　答　用　紙）

受検番号		氏　名	

表 合 計

合　計

1

小 計

(1)	
(2)	
(3)	
(4)	
(5)	$x =$
(6)	$x =$ 　　　　, $y =$
(7)	$x =$
(8)	
(9)	
(10)	個
(11)	°
(12)	°
(13)	本
(14)	cm³
(15)	倍

2

小 計

(1)	

(2) ①
（過程）

答　　$b =$

② $c =$ 　　　　$d =$

(3)

ℓ
P　　　　O

(4) 倍

※この解答用紙は182％に拡大していただきますと，実物大になります。

裏合計

3

小計

(1)

① ⓐ

②

y (mL)
4000
3000
2000
1000
0　1　2　3　4　5　6　7　8　　x (時間)

(2)

① ⓑ

②

ⓒ

ⓓ

ⓔ

ⓕ

5 - Ⅰ

小計

(1)　　　　　　　　　　　　　°

[証明]
△ＦＡＢにおいて

(2)

△ＦＡＢは二等辺三角形である。

(3)　　　　　　　　　　　　cm²

4

小計

(1)

ア

イ

ウ

(2)

①

②

5 - Ⅱ

小計

[証明]
△ＨＯＢにおいて

(1)

△ＨＯＢは二等辺三角形である。

(2)　　　　　　　　　　　　cm

(3)　　　　　　　　　　　　cm²

＜英語＞　　　時間　60分　　満点　100点

1　リスニングテスト

(1)　(会話を聞き，質問に対する答えとして最も適切な絵を選ぶ問題)　　**2回ずつ放送**

①　ア　　　　　　イ　　　　　　ウ　　　　　　エ

②　ア　　　　　　イ　　　　　　ウ　　　　　　エ

(2)　(会話を聞き，会話の最後の文に対する応答として最も適切なものを選ぶ問題)　**1回ずつ放送**

①　ア　I'll come with you.　　　　　　イ　OK.　I'll take it.
　　ウ　I washed it yesterday.

②　ア　The movie will be interesting.　　イ　I'll be free tomorrow.
　　ウ　That will be nice.

③　ア　She is a small brown cat.　　　　イ　She is looking at the window.
　　ウ　She is in my room.

(3)　(会話を聞き，質問に対する答えとして最も適切なものを選ぶ問題)　　**2回ずつ放送**

①　ア　Last month.　　　　　　　　　イ　Last Wednesday.
　　ウ　Five days ago.　　　　　　　　エ　Five months ago.

②　ア　For ten minutes.　　　　　　　イ　For twenty minutes.
　　ウ　For thirty minutes.　　　　　　エ　For forty minutes.

③　ア　They will have lunch.　　　　　イ　They will sing a song.
　　ウ　They will dance.　　　　　　　エ　They will practice the *taiko* drum.

(4)　(スピーチを聞き，その内容として適切なものを2つ選ぶ問題と，ボブ先生の最後の[問い]に
　　対して，**話題を1つ取り上げ，英文2文であなたの** [答え] **を書く問題**)　　**2回放送**

　　ア　Bob worked as a teacher in China.
　　イ　Bob was worried because he couldn't speak Japanese.
　　ウ　Bob cleans the streets after his work.
　　エ　Bob learns new things from many friends.

　　[答え] _____

2　次の(1)～(3)の問いに答えなさい。

(1)　次は，中学生の純（Jun）が，和食（*washoku*）の料理人であるアレックス（Alex）にインタビューした内容をまとめたレポートの一部です。本文中の①～④にそれぞれ当てはまるものを，[　]の中から1つずつ選んで，英語1語に直して書きなさい。

　　Alex is from America.　He works in a (　①　) Japanese restaurant.　Ten years ago, he visited Japan and found *washoku* was great.　Then, he (　②　) to learn more about it and become a *washoku* chef.　He said, "It's interesting for me to know well about Japan through *washoku*.　Japanese people have some nice words to thank the food and the people who make it.　For (　③　), '*Itadakimasu*' is one of them.　I really like working in Japan."　He will have his own Japanese restaurant next (　④　).

[　決意した　　春　　ゆっくりと　　有名な　　例　]

(2)　次は，中学生の理子（Riko）と留学生のアン（Ann）が，動物愛護センター（an animal protection center）でのイベントについて会話した内容の一部です。①～④の（　）内の語を，それぞれ適切な形に直して書き，会話を完成させなさい。

Riko : You　(① tell)　me about your favorite animals last week.　I'll go to an animal protection center with my brother next Sunday.　An event will be held there.　Do you want to come with us?

Ann : Yes, thank you.　What can we do at the event?

Riko : There are many *rescued animals.　We can play and walk with them.　I think many people will go because this event is (② become) popular.

Ann : Can we give the animals some food there?

Riko : Yes.　I gave them some food last year.　A lot of food was　(③ bring) by the people who visited.　The animal protection center needs our *donations.

Ann : I see.　Has your brother ever visited it?

Riko : Yes.　He sometimes (④ carry) some food there when he is free.

【注】　*rescued：保護された　　*donation：寄付

---

(3)　次の①～③について，（例）を参考にして，〈　〉の状況の会話がそれぞれ成り立つように □ 内の語に必要な2語を加え，正しい語順で英文を完成させなさい。ただし，文頭にくる語は，最初の文字を大文字にすること。

　（例）　＜休み明けに留学生から話しかけられて＞

　Mike : | you | go yesterday?

　Naoki : Oh, I went to the park.　I played tennis with Ken.

　　　　　　　　　　　　　　　　　　　[答え]　(Where) (did) (you)

---

① 〈ALT の先生がクラスに問いかけて〉

　　Mr. Brown : pen this?　I found it under the desk.

　　　　Satoru : Oh, it's mine.　Thank you, Mr. Brown.

② 〈授業中の話し合いで〉

　　　　Nancy : I always go to bed at ten.　I think sleeping well is important.

　　　　Maiko : I agree.　And I think eating breakfast important as sleeping well.　So I eat breakfast every morning.

③ 〈放課後に留学生と教室で〉

　　　Minami : We'll have a party next Saturday.　I want come to my house. Can you come at eleven in the morning?

　　　　　Jack : Sure.　I'll make some food for the party.

3　次は，中学生の優子（Yuko）とカナダにある姉妹校の男子生徒のサム（Sam）が，互いの生活についてやり取りしているメールです。これを読んで，⑴，⑵の問いに答えなさい。

✉

Hello, Yuko.

How are you doing?　I was very happy to get an e-mail from you.　I learned many things about Japan through your e-mail.　I borrowed a book about Japan from the school library last week.　I enjoy reading it every day.　There are also some pictures of traditional Japanese events in it.　They are really interesting.　I found that New Year's Day is special for Japanese people.　I want to know more about it.

What do you do on New Year's Day?

Your friend,
Sam

✉

Hello, Sam.

I'm good.　I'm happy to know that you're interested in Japan.

I'll tell you about my New Year's Day.

I'm interested in your life in Canada.　How do you enjoy your school life?　Do you play any sports?　I'm a member of the basketball team, and practice basketball hard from Tuesday to Friday after school.　Our team is good and won our games last week.　Please tell me about your school life.

Your friend,
Yuko

(1) 次の①，②の問いに対する答えを，それぞれ**主語と動詞を含む英文1文**で書きなさい。

① What does Sam enjoy every day?

② How does Yuko usually spend her time after school?

(2) サムはメール内で下線部のような質問をしています。あなたが優子なら，質問に対してどのように答えますか。≪条件≫にしたがって，□□□内に英文で書きなさい。

≪条件≫　・文の数は問わないが，**15語以上25語以内**の英語で書くこと。

　　　　　・符号（，．？！など）は語数に含めない。

---

4 次は，中学生の拓（Taku）と留学生のビル（Bill）が，化石展が開催されている博物館の入口（entrance）で，館内案内図（floor guide）を見ながら会話をしている場面です。これを読んで，(1)〜(3)の問いに答えなさい。

Taku : Look at the floor guide. This museum has four *exhibitions. Where should we go first?

Bill : I want to see *fossils of *dinosaurs.

Taku : Oh, look here. Today's video will start at 11:20 a.m. It's 9:30 now. Why don't we see the second floor first? I want to see the fossils of *insects.

Bill : OK. I'm interested in the fossils of plants. How about seeing the Plants room after the Insects room?

Taku : Great.

Bill : Can we see fossils of fish and *shells in this museum? I'm also interested in them.

Taku : Yes. I heard that there was a sea around here many years ago. So, I think that [①] are shown in the Special Exhibition.

Bill : That's interesting. Let's see them after the plants.

Taku : Yes, let's. Then how about going to the Dinosaurs room after the Special Exhibition?

Bill : OK. Well, can we go to the library on the first floor to find some books about dinosaurs?

Taku : Yes. Let's go there after all the exhibitions. I want to read books about dinosaurs, too.

Bill : [②] It's not easy for me to read Japanese.

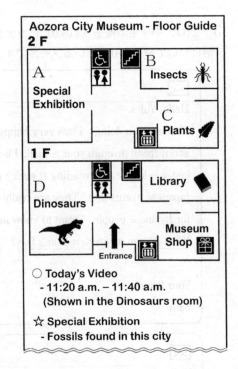

Taku : Don't worry. I will help you and look for good ones with you.

Bill : Thank you, Taku. Now let's see the exhibitions.

【注】 *exhibition：展示　　*fossil：化石　　*dinosaur：恐竜　　*insect：昆虫　　*shell：貝

(1) 館内案内図中のA～Dの展示について，拓とビルが行こうとしている順番に並べて，記号を書きなさい。

(2) 本文中の①，②に当てはまる最も適切なものを，ア～エからそれぞれ１つずつ選んで記号を書きなさい。

　①　ア　many English books　　　　イ　many fossils from the sea

　　　ウ　plants and animals of today　　エ　videos from 11:20 a.m.

　②　ア　Can I read them for you?

　　　イ　Have you written them in Japanese?

　　　ウ　Have you seen all the exhibitions?

　　　エ　Can I find any English books there?

(3) 次は，博物館から帰る途中に，拓とビルが会話をしている場面です。①，②にそれぞれ適する**英語１語**を書きなさい。ただし，**答えは（　）内に示されている文字で書き始める**こと。

Bill : The exhibitions were wonderful today. I was very ①(e＿＿＿＿) to see many fossils of dinosaurs.

Taku : I'm happy to hear that. I like fossils very much. I hope to study more about them in the future.

Bill : Why don't you come to my hometown? Many fossils were found there, too. I think that my hometown is a good ②(p＿＿＿＿) to study them.

Taku : That's wonderful, but I think I have to study English hard first.

5　次の英文は，インド出身の学生ビスマン・デュー（Bisman Deu）さんの話です。これを読んで，⑴～⑹の問いに答えなさい。

Bisman Deu was born in North India. She wanted to know about everything around her when she was a child. So, she always asked questions. Later, when she was a high school student, she found a wonderful *solution to very difficult problems in her hometown.

Bisman's father and mother were farmers and *grew rice. One evening, when Bisman was walking outside, she saw a lot of *smoke. The smoke was from *rice waste. Many farmers in her hometown grew rice. They usually *burned the rice waste after the *harvest. She found the smoke was not good for people's health. Then, she learned that her town had very bad *air pollution. She wanted to know how to stop it.

First, Bisman began to collect rice waste and study about it. When she was collecting rice waste, she saw many poor people in her town. They lived in old

small houses and didn't have enough money to build new houses. She thought,
"Can I make something useful for those people? They need something cheap
and strong to build houses. If I can (　　) the rice waste, I can help those
poor people and stop the air pollution." Then, she started to put different
*materials in the rice waste. Every day she tried many different ideas to make
a *model product.

After many days, Bisman made the first model product. It was made from
rice waste. She named it Green Wood because it looked like wood. However,
it was still weak and expensive. She had to improve it, and it was very hard
for her to do that alone. She asked two friends to join her work. She was
happy to have their help, but there were still many things to do to improve
Green Wood. She worked hard with them every day. Green Wood was getting
better.

In 2013, Bisman and her friends joined an international contest for high
school students. They showed Green Wood as a solution to the problems of
their *society. They also showed ideas for their future plans. Many people
liked Green Wood and their ideas. There were many students from 19 countries
in the contest, but Bisman's team received first prize.

Green Wood has three good points. First, poor people can buy it and build
houses because it is cheaper than wood. Second, farmers can get money by
selling rice waste. Third, Green Wood will be useful to stop air pollution.

Bisman is still improving Green Wood. She wants to make it cheaper and
better for the people around the world. She says, "Good ideas come from
thinking in a new way. If we have questions about problems around us and
think in different ways, we can find a good solution. Then, we can get over
the problems and change our society." Bisman also says, "We all have a great
power in us, but many people don't try to use it. Chances to use our power
never come to us if we just wait. We must produce the chances with our own
hands."

【注】 *solution：解決策　　*grow：育てる　　*smoke：煙　　*rice waste：もみがら
　　　　*burn：燃やす　　*harvest：収穫　　*air pollution：大気汚染　　*material：物質
　　　　*model product：試作品　　*society：社会

(1) （　　）に当てはまる英語1語を，次のア～エから1つ選んで記号を書きなさい。

　ア enter　イ send　ウ draw　エ recycle

(2) 本文の内容に合うように，次のア～エを，起こった順に並べかえて，記号を書きなさい。

　ア Bisman asked her friends to help her.

　イ Bisman made a model product and named it Green Wood.

　ウ Bisman found the smoke from the rice waste was bad for people's health.

　エ Bisman started to study about rice waste.

(3) グリーンウッド (Green Wood) が貧しい人々と農家の人々の**それぞれ**にもたらす利点を，本文の内容に合うように，**日本語**で書きなさい。

(4) 下線部 get over の意味として最も適切なものを，本文の内容から判断して，次の**ア～エ**から1つ選んで記号を書きなさい。

　　ア　克服する　　　イ　見過ごす　　　ウ　妥協する　　　エ　促進する

(5) 本文の内容と合っているものを，次の**ア～カ**から**2つ**選んで記号を書きなさい。

　　ア　Bisman was a child who knew many things and had no questions.

　　イ　Many farmers in Bisman's hometown were so poor that they couldn't grow rice.

　　ウ　Green Wood was made from rice waste and was expensive at first.

　　エ　Bisman made Green Wood better without hard work.

　　オ　Bisman's team won first prize in an international contest.

　　カ　Green Wood is strong and cheap, so Bisman has already stopped improving it.

(6) 次の英文は，ある生徒が本文を読んで学んだことをまとめたものです。本文の内容に合うように，①，②に適する**英語1語**を，下の**ア～オ**からそれぞれ1つずつ選んで記号を書きなさい。

　Bisman's story taught me a lot.　When we want solutions to problems around us, it is important to have different ways of (　①　).　We have a big power in us, but a lot of people only wait for the chances to use it. I think (　②　) the chances is also important.

　　ア　cleaning　　　イ　thinking　　　ウ　making　　　エ　selling　　　オ　teaching

令和2年度

英　語
（解 答 用 紙）

受検番号		氏　名	

表合計	

合　計	

1　リスニングテスト

小　計			
	(1)	①	
		②	
	(2)	①	
		②	
		③	
	(3)	①	
		②	
		③	
	(4)		
		[答え]	

2

小　計			
	(1)	①	
		②	
		③	
		④	
	(2)	①	
		②	
		③	
		④	
	(3)	①	(　　　　　) (　　　　　) (　　　　　) this?
		②	And I think eating breakfast (　　　　) (　　　　) (　　　　) as sleeping well.
		③	I want (　　　　) (　　　　) (　　　　) to my house.

3

小　計		
	(1)	①
		②
	(2)	（記入例）　I'm　　sorry　,　but　　I'm　　very　　busy　.
		...................5語
		...................10語
		...................15語
		...................20語
		...................25語

※この解答用紙は189%に拡大していただきますと，実物大になります。

裏合計

小計　**4**

(1)		→ → →
(2)	①	
	②	
(3)	①	
	②	

小計　**5**

(1)		
(2)		→ → →
(3)	【貧しい人々】	
	【農家の人々】	
(4)		
(5)		
(6)	①	
	②	

＜理科＞ 　時間 50分 　満点 100点

1 　明さんは，短距離走の3つの場面をもとに，からだのつくりとはたらきについてまとめた。次の(1)～(3)の問いに答えなさい。

(1) 　スタートしたときのようすについて，次のようにまとめた。

> 　　音は，感覚器官である耳に伝わる。短距離走では，図1のように選手は a スタートの合図に反応して走り出す。

図1

① 　下線部 a のように，意識して起こる反応を，次から2つ選んで記号を書きなさい。

　ア 　暗い場所に行くとひとみが大きくなった 　　イ 　相手が投げたボールをつかんだ
　ウ 　熱いものにふれて思わず手を引っこめた 　　エ 　名前を呼ばれたので振り向いた

② 　明さんは，走り出すときの命令の信号の伝わり方について，次のようにまとめたが，見直したところ誤りに気づいた。下線部 b ～ d のうち，**誤りのあるもの**を1つ選んで**記号**を書きなさい。また，選んだものを正しく**書き直し**なさい。

> 　　b 脳からの命令の信号は，せきずいに伝わり，その後，末しょう神経である c 感覚神経を通って，d 運動器官であるうでやあしなどの筋肉に伝わる。

(2) 　走っているときのようすをもとに，からだの動きについて，次のようにまとめた。

> 　　図2のようにからだが動くのは，骨と筋肉がはたらくためである。図3は，うでの筋肉のようすを表しており，うでを曲げたりのばしたりするとき，e 筋肉Cと筋肉Dは交互にはたらく。

図2 　図3

① 　図3のA，Bのように，骨と骨のつなぎ目で，曲がる部分を何というか，書きなさい。
② 　表は下線部 e についてまとめたものである。W～Zのうち，「縮む」の語句が入るのはどれか，2つ選んで記号を書きなさい。

表

	筋肉C	筋肉D
うでを曲げるとき	W	X
うでをのばすとき	Y	Z

(3) 　ゴールした後のようすについて，次のようにまとめた。

> 　　走ると，図4のように呼吸が激しくなる。このとき，肺ではさかんに f 酸素と二酸化炭素の交換が行われている。

図4
吸気（吸う息） 　呼気（はく息）
肺

① 体内で不要になった二酸化炭素を，肺に運ぶ役割をもつ血液の成分は何か，書きなさい。

② 下線部 f のとき，呼気の酸素と二酸化炭素の濃度は，吸気に比べてそれぞれどのようなちがいがあるか，「吸気に比べて」に続けて書きなさい。

2 洋さんは，7月1日と8月1日に秋田県のある場所で同じ時間帯に天体を観察した。次のノートと図1，図2は，洋さんが観察記録と資料をもとに作成したものである。下の(1)～(6)の問いに答えなさい。ただし，図1，図2の金星の形と大きさについては，天体望遠鏡を使って同じ倍率で観察したものを，肉眼で見たときと同じ向きになるようにかいている。

＜ノート＞	
・夜空の天体は，ₐ天球上にちりばめられたように見えた。 ・ᵦ天体の位置は，1時間で約15°動くことがわかった。 ・地球から見た꜀金星の形と大きさは変化することがわかった。 ・午後8時のₔ星座の位置は，1か月で約30°移動していることがわかった。	

(1) 次のうち，金星はどれに分類されるか，1つ選んで記号を書きなさい。

　ア　恒星　　イ　惑星　　ウ　衛星　　エ　すい星

(2) 下線部 a において，金星などの天体の位置を表すために必要なものは何か，次から2つ選んで記号を書きなさい。

　ア　高度　　イ　距離　　ウ　明るさ　　エ　方位角

(3) 下線部 b について，図1の金星は，1時間後どの方向に動いたか，図3のア～オから最も適切なものを1つ選んで記号を書きなさい。

(4) 図4は，地球を静止させた状態で，地球の北極側から見た，太陽，金星，地球の位置関係を模式的に表したものである。日の入り後，西の空に肉眼で金星を観察することができるのは，金星がどの位置にあるときか，A～Hからすべて選んで記号を書きなさい。

(5) 下線部 c について，洋さんは次のようにまとめた。まとめが正しくなるように，X，Yに当てはまる語句をそれぞれ書きなさい。

> 金星は，地球から観察できる位置にあるとき，地球に近いほど次のように見える。
> ・大きさは（　X　）見える。　　・欠け方は（　Y　）なる。

(6) 下線部 d について，洋さんは次のページのように考えた。洋さんの考えが正しくなるように，Zに当てはまる最も適切な時刻を，次のページのア～オから1つ選んで記号を書きなさい。

8月1日から10か月後，図2と同じ位置におとめ座が見えるのは（　**Z**　）ごろであると考えました。

　ア　午後8時　　**イ**　午後10時　　**ウ**　午前0時　　**エ**　午前2時　　**オ**　午前4時

3　愛さんは，気体の性質について興味をもち，計画を立てて，実験を行った。次の(1)，(2)の問いに答えなさい。

(1)　愛さんは，次のように4種類の気体A～Dを集める実験の計画を立てた。

気体を表1の方法で発生させ，図1のように水上置換法で集める。

表1

	気体	発生方法
A	水素	（　**X**　）にうすい塩酸を加える。
B	二酸化炭素	石灰石にうすい塩酸を加える。
C	酸素	二酸化マンガンにオキシドールを加える。
D	アンモニア	塩化アンモニウムと水酸化カルシウムを混ぜ合わせて熱する。

図1

（気体・ガラス管・試験管・水そう・ゴム栓・水）

①　A～Dのうち，単体はどれか，**すべて**選んで記号を書きなさい。

②　次のうち，表1のXに当てはまるものはどれか，1つ選んで記号を書きなさい。

　ア　貝がら　　**イ**　硫化鉄　　**ウ**　アルミニウムはく　　**エ**　炭酸水素ナトリウム

③　Bが二酸化炭素であることを確かめるために使うものはどれか，次から1つ選んで記号を書きなさい。

　ア　石灰水　　　　　　**イ**　水でぬらした赤色のリトマス紙
　ウ　塩化コバルト紙　　**エ**　無色のフェノールフタレイン溶液

④　愛さんは，実験の計画を見直したところ，水上置換法ではDを集めることができないと判断した。そのように判断したのは，Dにどのような性質があるためか，書きなさい。

(2)　次に愛さんは，空気と，3種類の気体A～Cについて，それぞれの密度のちがいを調べる実験を行った。

【実験】　同じ質量の4つのポリエチレンのふくろに空気（密度0.0012 g／cm³），A～Cを同じ体積ずつそれぞれ入れて密閉した。その後，風の影響がない室内で，図2のようにポリエチレンのふくろを棒ではさんで，ポリエチレンのふくろを同時にはなしたときのようすを調べた。表2は，このときの結果をまとめたものである。

図2

（棒・空気・気体A・気体B・気体C・ポリエチレンのふくろ）

表2

	気体	ポリエチレンのふくろのようす
	空気	下降して床についた。
A	水素	上昇して天井についた。
B	二酸化炭素	空気よりも短い時間で床についた。
C	酸素	空気とほぼ同じ時間で床についた。

① 空気をポリエチレンのふくろに600cm³入れたときの空気の質量は何gか，求めなさい。

② 愛さんは，表2から，気体の密度のちがいについて，次のように考えた。愛さんの考えが正しくなるように，Yに当てはまる内容を「密度」という語句を用いて書きなさい。

実験から，気体によって密度がちがうことがわかりました。Aは明らかに空気やB，Cと比べて | Y | ということがいえると考えました。

4 力と運動について，次の(1)，(2)の問いに答えなさい。

(1) 図1のように，水平面と傾きが30°の斜面をなめらかにつなぎ，水平面上のA点から小球を矢印の向きにはじくと，小球はB点まで速さと向きが変化せずに進んだ。その後，小球は斜面を上り，斜面上のC点で速さが0になった後，下り始めた。ただし，小球にはたらく空気抵抗と摩擦は考えないものとする。

図1

① 小球がAB間を図1の矢印の向きに進んでいるとき，小球にはたらくすべての力を表しているものは次のどれか，最も適切なものを1つ選んで記号を書きなさい。

② 図2は，小球がB点からC点まで上るようすを0.1秒間隔で6回撮影したストロボ写真を表したものである。BC間の実際の距離が60cmであるとき，小球のBC間の平均の速さは何cm/sか，求めなさい。

図2

③ 図3は，C点上にある小球にはたらく重力を表したものである。このとき，次のア〜ウの大きさを大きい順に並べて記号を書きなさい。

図3

ア　小球にはたらく重力　　　イ　小球にはたらく斜面下向きの力
ウ　小球にはたらく垂直抗力

(2) 300gのおもり1個に同じ長さの2本の糸を取りつけた。ただし，100gの物体にはたらく重力の大きさを1Nとする。また，糸はのび縮みせず，1本の糸を引く力の大きさが3N以上になった瞬間に切れるものとし，糸の質量は考えないものとする。

図4

① 図4のように，糸Pと糸Qをそれぞれ真上の方向にしておもりをつるしたとき，糸1本あたりのおもりを引く力の大きさは何Nか，求めなさい。

② 2本の糸を図5（次のページ）のaとf，bとe，cとdの組み合わせにしてそれぞれおもりをつるすとき，おもりにはたらく引く力のつり合いについて次のように説明した。説明

が正しくなるように，Xには下のア～カから1つ選んで記号を，Yには当てはまる内容をそれぞれ書きなさい。

図5

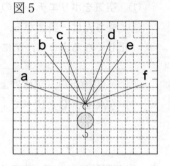

　　図5のaとf，bとe，cとdの組み合わせのうち，糸が切れるのは（　X　）のときである。糸が切れずに，おもりが静止している組み合わせのときには，おもりにはたらく重力の大きさと，それぞれの糸がおもりを　　Y　　の大きさは等しくなっている。

ア　aとf　　　　　　イ　bとe　　　　　　ウ　cとd
エ　aとf，bとe　　　オ　aとf，cとd　　　カ　bとe，cとd

5　純さんは，生活日誌に書きとめた疑問を次のようにノートに整理し，資料を調べたり，実験を行ったりした。下の(1)～(4)の問いに答えなさい。

【10／27】イチョウの木に，図1のような黄色く色づいた丸いものが見えた。この a 丸いものは何なのか疑問に思った。

図1

丸いもの

【11／1】寒くなり，朝，温かい化学かいろを学校に持っていったが，夕方には冷たくなっていた。b化学かいろが一度しか使えないのはなぜなのか疑問に思った。

【11／5】登校する時，カーブミラーがくもっていた。cどのような条件のときにくもるのか疑問に思った。

(1)　最初に，下線部aの疑問を解決するため，資料を調べて次のようにまとめた。

・イチョウは，胚珠（はいしゅ）が（　P　）に包まれていないので，d裸子植物に分類される。
・図2のように，イチョウの胚珠は受粉して成長すると丸いものになる。したがって，丸いものはイチョウの（　Q　）である。

図2

胚珠

⇒

丸いもの

①　P，Qに当てはまる語句を，次からそれぞれ1つずつ選んで記号を書きなさい。
ア　果実　イ　花弁　ウ　子房　エ　種子　オ　胞子

②　次のうち，下線部dに分類される植物はどれか，1つ選んで記号を書きなさい。
ア　マツ　イ　イネ　ウ　サクラ　エ　アブラナ

(2)　次に，下線部bの疑問を解決するため，実験Iを行った。
（図3，図4は次のページにあります。）

【実験I】　図3のように，ビーカーに鉄粉8gと活性炭4gを入れ，e5％食塩水を加えて，ガラス棒でかき混ぜながら5分ごとに温度を調べた。図4は，このときの結果を表したものである。

図3　　　　　　図4

① 純さんは，下線部eを40gつくった。このとき，何gの水に何gの食塩をとかしたか，それぞれ求めて，解答欄にしたがって書きなさい。

② 図4のように，化学変化が起こるときに温度が上がる反応を何というか，書きなさい。

③ 下線部bについて，純さんは次のように考えた。純さんの考えが正しくなるように，R，Sに当てはまる数値や語句を，下のア～オからそれぞれ1つずつ選んで記号を書きなさい。

> 図4をみると，（　R　）分から温度が変化しなくなることがわかります。このときすでに化学変化が終わっていると考えられます。化学変化が終わったのは，酸素や水と反応できる（　S　）がなくなったからではないかと考えました。だから，化学かいろは一度しか使えないのだと思います。

　ア　10　　イ　30　　ウ　50　　エ　炭素　　オ　鉄

(3) 続いて，下線部cの疑問を解決するため，実験Ⅱを行った。

> 【実験Ⅱ】 理科室で，図5のように，室温と同じ20℃の水を金属製のボウルに入れた。次に，ボウルの中の水をかき混ぜながら氷水を少しずつ加えると，水の温度が12℃のときにボウルの表面がくもり始め，12℃よりも低くなると水滴がはっきり見えた。ただし，f金属製のボウルの表面付近の空気の温度は，ボウルの中の水の温度と同じであると考えるものとする。また，表は，各気温における飽和水蒸気量を表したものである。

図5　温度計　　　金属製のボウル

表

気温 ［℃］	8	12	16	20	24
飽和水蒸気量 ［g/m³］	8.3	10.7	13.6	17.3	21.8

① 下線部fのように考えられるのは，金属にどのような性質があるためか，書きなさい。

② 実験Ⅱを行ったときの理科室の湿度は何％か，四捨五入して小数第1位まで求めなさい。求める過程も書きなさい。

③ 下線部cについて，純さんは次のように考えた。純さんの考えが正しくなるように，Xに当てはまる内容を書きなさい。

> 実験Ⅱから，「カーブミラーの表面付近の空気の温度が下がり，1m³の空気に含まれる水蒸気の質量が　　X　　こと」が，カーブミラーがくもる条件の1つと考えました。

(4) 実験Ⅱを終え，カーブミラーのつくりに興味をもった純さんは，
カーブミラーが図6のように中央部分がふくらんだ鏡になっているこ
とに気づき，その理由を調べるため，実験Ⅲ，Ⅳを行った。

図6

カーブ
ミラー

【実験Ⅲ】　図7のように，鏡A～C，物体D，E，板を置き，F点から鏡を見たところ，
D，Eは鏡にうつらず見えなかった。ただし，F点からD，Eは直接見えないものとす
る。

【実験Ⅳ】　図7の状態から，図8のようにAとCに角度をつけてカーブミラーに見立て
た。その後，F点から鏡を見ると，D，Eは鏡にうつって見えた。

図7（真上から見た図）　　　　図8（真上から見た図）

① 図9は，図8の一部である。Eからの光が鏡で反射してF点
に届くまでの光の進む道筋を，図9にかきなさい。

② 純さんは，カーブミラーの中央部分がふくらんでいる理由を
次のようにまとめた。まとめが正しくなるように，Yに当ては
まる内容を書きなさい。

図9

　　実験Ⅲ，Ⅳから，カーブミラーの中央部分がふくらんで
いるのは，□　Y　□ためといえる。

令和2年度

理　　　科

（解　答　用　紙）

受検番号　　　　　　氏　名

合　計

1

小　計

(1)	①	
	②	記号：
		書き直し：
(2)	①	
	②	
(3)	①	
	②	吸気に比べて

2

小　計

(1)	
(2)	
(3)	
(4)	
(5)	X：　　　　　　Y：
(6)	

3

小　計

(1)	①	
	②	
	③	
	④	
(2)	①	g
	②	

4

小　計

(1)	①	
	②	cm/s
	③	→　　　　　→
(2)	①	N
	②	X：
		Y：

5

小　計

(1)	①	P：　　　　　Q：
	②	
(2)	①	gの水に　　　gの食塩をとかした。
	②	
	③	R：　　　　　S：
(3)	①	
	②	過程：
		答：　　　　　　　　%
	③	
(4)	①	図9
	②	

図9

鏡B　鏡C　物体E　F点　板

※この解答用紙は189％に拡大していただきますと，実物大になります。

＜社会＞　　時間　50分　　満点　100点

1　次の表は，わが国の産業の発達と人々の生活の変化についてまとめたものである。これと次のページの地図，年表を見て，後の(1)〜(12)の問いに答えなさい。

表

時代	産業の発達と人々の生活の変化	
原始・古代	・ⓐ稲作が伝わると，社会のしくみが変わり，小さな国々ができた。 ・渡来人は，絹織物などの新しい技術とともに，ⓑ仏教を伝えた。 ・律令制ではⓒ戸籍に登録された6歳以上の男女には口分田が与えられ，死亡した時には国に返させた。	資料1　中国の歴史書にみる倭の様子 稲をつくり，桑を植えて蚕を飼い，織物をつくっている。…国内が乱れ何年間も争いが続いたので，人々は一人の女子を王とした。名を　あ　という。 （「魏志倭人伝」から部分要約）
中世	・農村では，二毛作や牛馬を利用した農耕がみられるようになり，しだいに各地に広がった。 ・有力な農民を中心に，　い　と呼ばれる自治組織が村ごとにつくられた。 ・商業の発達とともに，ⓓ馬借などが活躍した。	資料2　大津で活動する馬借 （「石山寺縁起絵巻」模本）
近世	・ⓔ江戸幕府や諸藩などの新田開発により，農地の面積が急速に広がった。 ・林業や水産業が発達し，ⓕ鉱山での採掘や精錬の技術も発達した。 ・ⓖ19世紀には，工場を建設し，人を雇って分業で製品を作る者が現れた。	資料3　秋田藩の鉱山労働の様子 秋田藩で産出された銅の多くは，大阪で精錬されたのち，長崎に運ばれた。 （「阿仁鉱山作業絵巻」秋田県立博物館蔵）
近代	・政府は，殖産興業政策を進め，ⓗ産業の近代化を図った。 ・製糸業や紡績業では，工場労働者の大半を女性が占めていた。 ・都市の人口が増え，知識層の拡大や，大衆文化の発展がみられた。	資料4　わが国の輸出入額の推移 （「明治以降本邦主要経済統計」から作成）
現代	・技術革新が進み，経済が急速に発展する一方で，公害問題が深刻化した。 ・1973年の　う　を境に，エネルギー政策の転換がみられた。 ・グローバル化が進む中，温暖化防止に向けた取り組みなどがみられる。	資料5　わが国のエネルギー供給割合 （「数字でみる日本の100年」から作成）

地図

日本海
京都
琵琶湖
大津

● 馬借の主な拠点
＝ 馬借が通行する
　主な陸路
― 物資を輸送する
　主な航路

年表

時代	主なできごと
江戸	寛政の改革　……　Ⅰ
	天保の改革　……　Ⅱ
明治	大政奉還
	日清戦争
	日露戦争
大正	
昭和	満州事変
	ポツダム宣言受諾
	サンフランシスコ平和条約

（右側の括弧）A・B・C・D・E

(1)　下線部@に関わる資料1を読み，　あ　にあてはまる人物名を書きなさい。

(2)　下線部⑥に関わるア～ウを，年代の古い順に並べ替え，記号を書きなさい。

　ア　空海が真言宗を開いた

　イ　聖武天皇が大仏を造らせた

　ウ　平等院鳳凰堂が建てられた

(3)　下線部©の制度を何というか，書きなさい。

(4)　表の　い　にあてはまる語を書きなさい。

(5)　下線部@の拠点が大津にあった理由を，資料2と地図から読みとり，下線部@の役割と関連づけて，次の語を用いて書きなさい。〔 琵琶湖 〕

(6)　下線部@の政策について，上の年表のⅠの内容として適切なものを，一つ選んで記号を書きなさい。

　ア　凶作やききんに備え，各地に倉を設けて米を蓄えさせた。

　イ　株仲間を奨励し，特権を与えるかわりに営業税を徴収した。

　ウ　株仲間を解散させ，江戸に流入した人々を農村に帰らせた。

　エ　米価の安定に努め，有能な人材を登用し，新田の開発を進めた。

(7)　下線部⑤に関わる資料3について，銅が長崎に運ばれた目的を，関連する二つの国名を用いて書きなさい。

(8)　下線部⑨のできごとで，年表のⅡにおける外国船への対応に影響を与えたものを，一つ選んで記号を書きなさい。

　ア　南北戦争　　イ　名誉革命　　ウ　アヘン戦争　　エ　辛亥革命

(9)　下線部⑥について，次のできごとがみられた時期を，年表のA～Dから一つ選んで記号を書きなさい。

　政府は，官営の製鉄所を九州北部の八幡村に設立し，鉄鋼の生産を始めた。

⑽　資料4を見て，**X**と**Y**のそれぞれの時期における，わが国の様子を，一つずつ選んで記号を書きなさい。

　　ア　世界恐慌の影響がおよび経済が不況となった　　**イ**　特需景気により経済が好況となった
　　ウ　バブル経済の崩壊により経済が不況となった　　**エ**　大戦景気により経済が好況となった

⑾　年表の**E**の時期について記した次の文を読み，│**Z**│に入る適切な内容を書きなさい。

> わが国の経済を支配してきた│**Z**│ため，その下にあった企業は独立させられた。

⑿　表の│**う**│と，資料5の│**え**│と│**お**│にあてはまる語の正しい組み合わせを，**ア**～**エ**から一つ選んで記号を書きなさい。

　　ア　**う**　湾岸戦争　　**え**　石炭　　**お**　石油
　　イ　**う**　湾岸戦争　　**え**　石油　　**お**　石炭
　　ウ　**う**　石油危機　　**え**　石炭　　**お**　石油
　　エ　**う**　石油危機　　**え**　石油　　**お**　石炭

2　次の模式図と表，図を見て，⑴～⑷の問いに答えなさい。

表　世界に占める各州の割合

項目 州	耕地面積 (%)	森林面積 (%)	二酸化炭素 排出量 (%)
ヨーロッパ州	18.3	25.4	14.9
A	36.5	14.8	53.4
B	17.1	15.6	3.6
C	15.2	18.8	17.8
D	9.8	21.1	3.4

（「データブック オブ・ザ・ワールド 2019年版」から作成）

※ロシア連邦はヨーロッパ州に位置づけている。
※経線は90度ごとに引いている。

⑴　模式図1に示した経度0度の経線**X**の名称を書きなさい。また，**X**と同じ経度を示す経線を，模式図2の⑦～⑭から一つ選んで記号を書きなさい。

⑵　表の**A**～**D**は，それぞれ模式図1の@～@州のいずれかを表している。**A**と**D**にあてはまる州を，@～@州から一つずつ選んで記号を書きなさい。

⑶　世界の三大洋のうち，模式図2の**Y**大陸が面しているものを**すべて**書きなさい。

⑷　図1～3は，世界の国々の中から，貿易額上位の中国，アメリカ，ドイツ，日本を取り上げ，比較したものである。

　　　　（図2，図3は次のページにあります。）

① 図1から読みとれる，貿易の収支が赤字の国を，一つ選んで国名を書きなさい。

② 図2の**Z**に共通してあてはまる輸出品目を，一つ選んで記号を書きなさい。

図1　4か国の貿易額（2016年）

ア　航空機　　イ　自動車　　ウ　鉄鋼　　　エ　金属製品

③　次は，図3をもとに生徒がまとめたものである。 E に入る適切な内容を，次の語を用いて書きなさい。〔 州 〕

> 輸出相手先の中で，割合が一番高い相手先に着目すると，アメリカとドイツのどちらも， E 国々への輸出割合が高いという共通点がみられる。

図2　4か国の輸出品目の割合（2016年）

図3　アメリカとドイツの輸出相手先の割合（2016年）

（図1〜3は「世界国勢図会2018/19年版」などから作成）

3　次の会話をもとに，地図や図，表を見て，(1)〜(5)の問いに答えなさい。

会話

> 生徒A：男鹿のナマハゲなど，ⓐ8県で行われる来訪神の行事がⓑユネスコの無形文化遺産に登録されたね。
>
> 生徒B：価値が認められてうれしいね。地域のⓒ伝統文化をこれからも大事にしていきたいな。
>
> 生徒A：そうだね。豊かな自然を生かしたⓓ伝統的工芸品もあるよ。秋田県のよさを知ってもらうために，多くの人に来てもらいたいな。
>
> 生徒B：そのためには迎え入れる準備も必要だよ。ⓔ秋田県が行っていることを調べてみようよ。

地図

※　● は，来訪神の行事がユネスコの無形文化遺産に登録された8県を表す。

図1　日本の年齢別人口構成の変化

（「平成27年国勢調査」などから作成）

表　祭りを実施するための取り組み例

名称	内容
根崎神社例大祭（北海道）	参加者を公募。域外から学生4人に山車引きをお願いした。
じじぐれ祭（福井県）	県のホームページで応援隊員を募集。みこしの巡行等に参加してもらった。

（各自治体ホームページなどから作成）

図2 秋田県の外国人宿泊者数の変化

（「秋田県観光統計」などから作成）

図3 外国人への対応マニュアル（一部）

> **どちらへいらっしゃいますか？**
> Where would you like to go?
> 您要去哪里？
> 어디에 가십니까？
> 您要去哪裡？

（秋田県観光連盟資料から作成）

(1) 下線部ⓐのうち，地図のⒶ～Ⓔについて，県名と県庁所在地名が異なるものを，**すべて**選んで記号を書きなさい。

(2) 下線部ⓑは世界遺産の登録や保護にも取り組んでいる。世界遺産とその所在地の正しい組み合わせを，一つ選んで記号を書きなさい。

ア　富岡製糸場－群馬県

イ　姫路城－岡山県

ウ　石見銀山遺跡－鳥取県

エ　厳島神社－山口県

(3) 下線部ⓒが受け継がれてきた地域にみられる課題を，図1と表から読みとれることと関連づけて書きなさい。

(4) 次は，下線部ⓓが作られてきた背景を，気候の特色に着目して，生徒Aがまとめたものである。　あ　に入る適切な内容を書きなさい。

> 　秋田県を含む日本海側の地域では，　あ　ので農作業のできない期間があり，その間の副業として作られてきた。

(5) 次は，下線部ⓔについて生徒Bがまとめたものである。　い　にあてはまる語を，下のア～オから一つ選んで記号を書きなさい。また，　う　に入る適切な内容を，次の語を用いて書きなさい。〔 言語 〕

> 　図2を見ると，秋田県の外国人宿泊者数は2007年からの10年間で2倍以上に増え，　い　アジアからの宿泊者が7割以上を占めている。秋田県では，こうした状況を踏まえ，図3のように　う　という工夫をしたマニュアルを作成するなど，グローバル化に対応している。

ア　東

イ　東南

ウ　南

エ　中央

オ　西

4 次は，私たちと社会との関わりについて，これまでに学習したことをもとに，生徒がまとめた
ものの一部である。これらを見て，(1)〜(11)の問いに答えなさい。

広がる権利の保障について	
表1　年齢と権利	図1　商品を購入するまでの流れ

年齢	内容
18歳	選挙権を得る
20歳	自由にⓐ売買の契約を結ぶ
25歳	**あ** の被選挙権を得る
30歳	**い** の被選挙権を得る

図1　商品を購入するまでの流れ

ア 商品の情報について店員に尋ねた
イ 商品を買う意思を伝え店員と合意した
ウ 商品の代金を店員に支払った
エ 買った商品を店員から受け取った

◇法律や契約などのきまりによって権利が保障され，社会生活を円滑に営むことができる。
◇2022年4月の成年年齢引き下げに向けて，契約について正しく理解することが大切になる。

(1) 表1の選挙権や被選挙権などのように，人権の保障を確かなものにし，国民の意思や判断を
政治に反映させるための権利を何というか，書きなさい。

(2) 表1の **あ** と **い** にあてはまる語の正しい組み合わせを，一つ選んで記号を書きなさ
い。

　ア　**あ**　衆議院議員　　**い**　市町村長　　　　　**イ**　**あ**　参議院議員　　**い**　市町村長

　ウ　**あ**　衆議院議員　　**い**　都道府県知事　　　**エ**　**あ**　参議院議員　　**い**　都道府県知事

(3) 図1は，商品を購入するまでの流れを，ア〜エの段階で順に示したものである。下線部ⓐに
ついて，図1の場合ではどの段階から成立するか，ア〜エから一つ選んで記号を書きなさい。

国民と司法の関わりについて		
図2　人口10万人あたりの弁護士数(2006年)	図3　*法テラスの事務所設置数(2017年)	

図2　人口10万人あたりの弁護士数(2006年)
　10人以上
　5〜10人未満
　5人未満

図3　*法テラスの事務所設置数(2017年)
　5か所以上
　3〜4か所
　1〜2か所

（図2，3は「弁護士白書」などから作成）
*日本司法支援センターの通称。

◇国民の視点や感覚を裁判に反映できるようにすることを目的として，ⓑ裁判員制度が取り入れられている。

◇2006年にⓒ法テラスが設置され，法律相談や情報提供などの司法サービスを提供している。

(4) 下線部ⓑについて，裁判員が行うこととして適切なものを，二つ選んで記号を書きなさい。

　ア　取り調べを行い，被疑者を起訴する。　　　　イ　証拠を調べ，被告人や証人に質問をする。

　ウ　個人間の権利に関わる対立を解決する。　　　エ　有罪・無罪や刑について話し合う。

(5) 下線部ⓒが設置された目的を，図2と図3から読みとれることと関連づけて，解答欄にした
がって書きなさい。

市場の働きと景気対策について

図4　需要・供給と価格の関係

表2　財政政策と金融政策

	政府		日本銀行
	公共事業	税金	国債
好景気	減らす	X	
不景気	増やす		

◇ⓓ一般に，財やサービスの市場価格は，需要量と供給量の関係で決まる。ⓔ公共料金は，政府等によって管理されている。

◇物価や企業の生産，家計などは景気の変動の影響を受けるため，ⓕ政府や日本銀行がそれぞれ対策をとっている。

(6)　次は，下線部ⓓについて，図4をもとに説明したものである。　う　にあてはまる図4のAまたはBのいずれかの記号と，　え　に入る適切な内容を書きなさい。

供給量が需要量を上回っている　う　の場合，価格は次第に　え　。

(7)　下線部ⓔにあたるものを，二つ選んで記号を書きなさい。

ア　電気料金　　イ　理容料金　　ウ　郵便料金　　エ　新聞購読料金

(8)　下線部ⓕについて，表2の　X　にあてはまる内容の正しい組み合わせを，一つ選んで記号を書きなさい。

ア		イ		ウ		エ	
増やす	買う	増やす	売る	減らす	買う	減らす	売る
減らす	売る	減らす	買う	増やす	売る	増やす	買う

国際連合とこれからの社会について

資料　国連機関の活動例

　お　は，1949年から15年間，わが国に給食用の粉ミルクや薬，服の原料等を支援していた。現在も，世界中の子どもたちの命と健康を守るために活動している。

図5　国連加盟国数の推移

1945年	51
1960年	99
1978年	151
2011年	ア　イ　ウ　193

0　　50　　100　　150　　200
（国連広報センター資料から作成）

アジア州
オセアニア州

◇2015年の国連サミットでは17の「　か　な開発目標」を採択した。目標には企業に具体的な取り組みを促すものもある。

◇多くの企業は，利益の追求とともに，写真のような社会貢献活動などを通じて，企業の　き　を果たそうと努めている。

◇将来の世代と現在の世代の幸福をともに満たそうとする，　か　な社会を目指すことが大切である。

写真　企業による植林活動

(9)　資料の　お　にあてはまる機関を，一つ選んで記号を書きなさい。

ア　ILO　　イ　WTO　　ウ　IMF　　エ　UNICEF

(10)　図5のア〜ウは，ヨーロッパ州，アフリカ州，北・南アメリカ州のいずれかを示している。アフリカ州を示しているものを，ア〜ウから一つ選んで記号を書きなさい。

(11)　か　と　き　にあてはまる語を，それぞれ書きなさい。ただし，　か　には同じ語が入る。

令和2年度

社　　会
（解　答　用　紙）

受検番号		氏　名	

合　計

1

小　計	

(1)	
(2)	→　　　　　　→
(3)	
(4)	
(5)	
(6)	
(7)	
(8)	
(9)	
(10)	X　　　　　Y
(11)	
(12)	

3

小　計	

(1)		
(2)		
(3)		
(4)		
(5)	い	
	う	

4

小　計	

(1)		
(2)		
(3)		
(4)		
(5)	地域によって，	
(6)	う　　　　　え	
(7)		
(8)		
(9)		
(10)		
(11)	か	
	き	

2

小　計	

(1)	名称　　　　記号	
(2)	A	州
	D	州
(3)		
(4)	①	
	②	
	③	

※この解答用紙は175％に拡大していただきますと，実物大になります。

四

小計

1					
2					
3	(1)	a		b	
	(2)				
4	(1)				
	(2)	Ⅱ			
		Ⅲ			

裏合計

五

小計

1	①		②
2			
3	a		
	b		
4	Ⅰ		
	Ⅱ		

六

小計

5

10

20

25

10

令和二年度

国　語

（解 答 用 紙）

受検番号	氏　名	

合　計

表合計

小　計

一

「聞くこと」に関する検査

1		こと
2		こと
3		ということ
4		

小　計

二

1		
2	ベランダで	
3	話	
4		
5	(1)	a
		b
	(2)	

小　計

三

1	漢字	①		④		なる
	読み	②		③		えて
2	文節					
3						
4						

※この解答用紙は189％に拡大していただきますと、実物大になります。

と、さらに思ひよるべからず。不便、不便〔だめだ、だめだ〕といひければ、その旨を〔そういうこ

（決して考えてはいけない）
（ふびん）

と、さらに思ひよるべからず。〔決して考えてはいけない〕

存ずるところに、俊頼、のちにこのことをよみける、

とか〕と思っていたが

信濃なる木曾路の桜咲きにけり

（きそぢ）

風の祝にすき間あらすな

もっとも腹黒きことか。＊五品、後悔しけり。

（ごほん）

（「十訓抄」による）

（じっきんしょう）

【注】　＊信濃の国……今の長野県　　＊五品……資基のこと

①こめすると　　②いはひ置きて

1　平仮名で書きなさい。

いはひ置きて　を現代仮名遣いに直し、すべて

2　さらに思ひよるべからず　とあるが、何を考えてはいけないと

言っているか。　最も適切なものを、次のア～エから一つ選んで記号

を書きなさい。

ア　風の神を百日間も尊重すること

イ　言い伝えどおりに生活すること

ウ　土地の風習を和歌に詠むこと

エ　諏訪明神の社を軽んずること

3　本文中の和歌について、次のようにまとめた。［a］［b］に適す

る内容を、［a］には五字以内で、［b］には十字以内でそれぞれ書

きなさい。

木曾路に咲いた桜を詠んだ和歌である。［a］土地である信

濃の国で、人々の生活を守ってきた「風の祝」に、［b］よう

にしてほしいという作者の願いを託している。

4　次は、この文章を読んだ生徒の感想である。［Ⅰ］に当てはまる内

容を、本文中から五字で抜き書きし、［Ⅱ］に適する内容を、十五字

以内で書きなさい。

本文には「［Ⅰ］」とあるので、俊頼を批判する話だと思って

いましたが、図書室で「十訓抄」を調べたら、この話は「ひた

すら思慮深くあるべきこと」という教訓話として載っていまし

た。たしかに、資基が思慮深かったら、［Ⅱ］ことはしなかっ

たし、後悔することもなかったと思いました。

六　あなたが考える「外国人に伝えたい日本の魅力」を、伝えたいと

思う理由を交えて、次の〈条件〉にしたがって書きなさい。

〈条件〉

・題名は不要

・字数は二百字以上、二百五十字以内

幸

でも、寝ずに帰りを待っていた祖父を心配して
いたと思うよ。そう考えると、「がさがさと荒々しく新
聞を畳む」祖父の様子からは　[c]　という性格がうかが
えるね。

(1) [a] [b] に当てはまる語句として最も適切なものを、次のア
〜オからそれぞれ一つずつ選んで、記号を書きなさい。

ア 緊張　イ 興奮　ウ 愛情　エ 満足　オ 落胆

(2) [c] に適する内容を十五字以内で書きなさい。

4 国語の授業で《ワカを探しに行く前と、帰宅後で和子はどのよう
に変化したか》という課題について考えた。次は、【前回の授業】の
【本文】と【授業のまとめ】である。これを読んで、後の問いに答
えなさい。

【前回の授業】

ワカを探しに行く直前に、祖父が母と和子に
向かって話し、和子が答えた場面

【本文】

「俺ぁ、この子にいっつも言
ってんだ。馬は目ぇかけてや
らねば信用してくんねえ
と。信用してくれねえば、馬と
いざっちゅう時に人間も命預
けられん。分かってんのか、
和子」

「分かってる」
和子は蚊の鳴くような声で
答えるしかなかった。

祖父の考え

主人である人間が大切に
世話をしなければ、馬と
[I] ことはできない。

和子の反応

蚊の鳴くような声で
「分かってる」

理由　頭では分かっているつ
もりでも、行動が伴わず、
自信もなかったから。

(1) 【授業のまとめ】中の　[I]　に適する内容を八字以内で書きな

五 次の文章を読んで、1〜4の問いに答えなさい。

恐怖を乗り越え、夜の森を抜けて見つけたワカを [Ⅱ] こ
とによって、無事に連れ戻した。この体験を通して、探しに
行く直前に祖父に言われた言葉の意味を実感を伴って理解
し、[Ⅲ] ことができた。

(2) 課題について、次のようにまとめた。[Ⅱ] [Ⅲ] に適する内容
を、十五字以内でそれぞれ書きなさい。ただし、[Ⅲ] には「自覚」
という語句を用いて書きなさい。

*信濃の国は、きはめて風はやきところなり。これによりて、諏訪
明神の社に、風の祝といふものを置きて、深くこめすゑて、いはひ
置きて、百日の間、尊重することなり。しかれば、その年、風静かに
て、農業のためにめでたし。おのづからすき間もあり、日の光も見せ
つれば、風おさまらずして、悪しといふことを、能登大夫資基といふ
人聞きて、「かくのごとく承る。これを歌によまむと思ふ」と、俊頼
に語りければ、俊頼、答へていはく、「むげに俗に近し。かやうのこ

（しなの）
（すは）
（はふり）
（奥深い所に風を閉じ込めて）（神として）
（もしも）
（そうすると）
（のとのだいぶすけもと）
（藤原資基）
（源俊頼）
（としより）
（こんなふうなことを聞きました）
（まったく）

①深くこめすゑて、②いはひ
（風の祝）という神官
祭り

「いやあ、ワカ居たかい。良かった良かった。寒かったしょ。ああほら、こんなにほっぺた冷たくして。＊デンプン湯作ってあっから、温かいうちに飲みなさい」

玄関の和子に母は駆けより、頬を温かい掌で挟んでくれた。和子は上着を脱ぐと、黙って新聞に目を通している祖父に近づいた。床に正座する。そこでようやく祖父は口を開いた。目は新聞に向けられたままだ。

「どこにいた」

「隣ん家の畑だった。浜沿いの。雌の馬と一緒にいた」

祖父はちっと小さく舌打ちすると、新聞を荒い音を立てて捲る。

「明日んなったら、畑境の＊バラ線見て回らねばな。壊してたらこっそり直さねえと。隣にはワカが逃げたとか、余計なことは言うなよ」

「うん」

母からデンプン湯が入った椀を受け取ると、知らぬ間に外気で冷えた指に熱さが染みる。両手で包むようにして指を温めると、心と体がどうにも弛んだ。

「おじじ、ごめんなさい」

「反省したか」

「はい」

祖父はがさがさと荒々しく新聞を畳むと、俺ぁ寝ると呟いて立ち上がった。和子を見下ろして言い据える。

「今回のでよく分かったべ」

「うん。よく分かった」

骨身に染みて答えると、祖父は「なら、ええ」と頷いて寝床に向かった。和子は熱く喉を潤すデンプン湯を少しずつ飲み下し、母に促されて床についた。

（河﨑秋子「颶風の王」による）

【注】
＊踵を返し……体の向きを変えて
＊有刺鉄線……より合わせた針金に、短く鋭く切った針金のとげをつけたもの。境界線用等として使用される
＊デンプン湯……粉末状のデンプンを水で溶き、砂糖を加え、加熱して作ったとろみのある飲み物
＊バラ線……有刺鉄線のこと

有刺鉄線・バラ線

1 まるで知らない馬のように とあるが、和子の知るふだんのワカの様子を表現した語句を、本文中から四字で抜き書きしなさい。

2 同じ森でも今度は何も恐怖を感じなかった とあるが、このときの和子の心情について、次のようにまとめた。〔　〕に当てはまる内容を、本文中から九字で抜き書きしなさい。

ワカが一緒だという安心感に包まれるとともに、〔　〕で心がいっぱいだった。

3 次は、この文章を読んだ、守さん、正さん、幸さんの会話である。これを読んで、後の問いに答えなさい。

守　帰宅したときの、和子や家族の様子はどうかな。
正　母からデンプン湯を受け取って、和子は「心と体がどうにも弛んだ」とあるけれど、デンプン湯の熱と一緒に母の　[a]　が伝わったのかもしれないね。それまでは、新聞から目を離さない祖父のそばで、和子の　[b]　が続いていたのだろうね。

このように、他者の「心」の状態を推し量って物語をつくることは、他の動物と＊コトなる人間特有の心の働きであると言われています。

1 ①カテイ　②遭遇　③捉えて　④コトなる

　①②の読み仮名を書きなさい。

　③④を漢字に直して書きなさい。

2 人間も動物も外からの刺激を受けると とあるが、これを文節に分けると何文節になるか。解答欄にしたがって書きなさい。

3 逃げ の活用の種類を書きなさい。

4 単純 の対義語を漢字で書きなさい。

四 次の文章を読んで、1〜4の問いに答えなさい。

終戦から間もない北海道根室半島で、小学生の和子は家業の馬の飼育を手伝っている。暴風の迫ったある日、放牧中に馬のワカがいなくなったが、和子はそのまま帰宅した。その晩、このことを祖父に叱られた和子は一人で探しに出かけ、森を抜けた草地で牝馬（雌馬）と一緒にいるワカを見つけた。

「ワカ」

声に出して名を呼ぶ。ワカは近づかない。まるで知らない馬のように、風の中で立ち尽くしている。残った牝馬は和子から一歩逃げる。ワカは首を曲げてその方向を見ている。月光をわずかに反射して光る目はこれまで和子の知るワカのものではなかった。このままあの牝馬を追ってしまうのではないか。そう直感し、和子は思わず口を開いて制する。

「行くんでねえぞ。あんたは、うちの馬だ。一緒に帰るんだ」

断固とした主人の物言いに、ワカは弾かれたように首を上げ、和子に近づいてきた。鼻先を撫でてやると、ぶふうと熱い鼻息が吹きか

かった。いつもの甘ったれだ。良かった、戻ってきた。

「心配かけさせて、この、この馬鹿たれがぁ……」

身を寄せたワカの体温に安堵し力が抜けそうになるが、和子は身を奮い立たせて綱を取り出した。ワカは抵抗する気配もなく大人しく繋がれた。先ほど森で感じたような不安はかき消え、役目を果たした充足が和子の心を温かく満たしていた。

家に帰るには再びあの森を抜けなければならない。しかし、馬を引いて帰る道では、同じ森でも今度は何も恐怖を感じなかった。ワカが通ったであろう＊有刺鉄線が倒れた箇所を越え、慣れた自分の家の牧草地を抜け、いつもの道を歩んでいく。ワカは道すがら、嫌がるふうもなく実に従順だった。

遠くに家の灯が見える。ワカが戻ってからは随分気力も戻っていた和子だったが、家を前にするとやはり安堵から大きく息を吐いた。握る綱からもそれが伝わったのか、ワカの歩みがやや速くなる。一人と一頭は、もはや間違えようもない家路を辿って、ひどく懐かしい思いにかられながら帰還を果たした。

馬小屋に戻り戸を開けると、綱を引くより早くワカは自分の馬房に入って水桶に顔を突っ込んだ。勢いよく水を飲んでいる間に綱を外し、和子は戸締まりを確認して馬小屋を閉めた。

「ただいま。馬、捕まった」

家の戸を開くと、ストーブで暖められた室内の空気が和子を包む。中では細めたランプの灯の下に母と祖父がいた。弟妹はもう寝たらしい。母は和子の姿を見て慌てて立ち上がった。祖父は和子の方を見ず、黙って新聞を読んでいる。壁の時計は夜半を回っていた。和子が思っていたよりも随分時間が経っていたようだった。

ある。交渉の通訳をしていて、日本側の主張のほうが個人的には正しいと思えるのに、いつの間にか、理屈で追い込まれていく場面に出会うことがある。これは「言葉による説得」で鍛え抜かれた文化とそうでない文化の違いゆえかと思うが、このあたりは、国際的な交渉が一段と増えるなかで、日本人が補強していくべき点であろう。相手の理屈には理屈で押し返す、相手の論理の弱点を言葉で鋭く突くといった訓練が必要で、これを屁理屈には陥らずに、やんわりと鋭くやるのが、日本流ということになるのではないかと思う。

（袖川裕美『同時通訳はやめられない』による）

【注】　＊忖度……他人の気持ちを予測すること
　　　　＊難癖、あら探し……小さな欠点を見つけ出し、大げさに非難すること

1　コミュニケーション　について、次のように説明した。〔　〕に当てはまる語句を、本文中から六字で抜き書きしなさい。

　　コミュニケーションにおいて、話し方とともに聞き方も大切なのは、コミュニケーションが〔　〕だからである。

2　そういう話　とは、どのような話か。解答欄にしたがって、本文中から十八字で抜き書きしなさい。

3　屁理屈という言葉　について、次のようにまとめた。〔　〕に適する内容を十字以内で書きなさい。

　　屁理屈という言葉は、日本人が〔　〕と感じやすいことを象徴している。

4　友人に説明しようとしたことは何か。　とあるが、この体験を筆者が取り上げることで読者に伝えようとしたことは何か。最も適切なものを、次のア～エから一つ選んで記号を書きなさい。

ア　欧米圏の人に説明を理解してもらうための有効な方法
イ　欧米圏の人に説明することに成功した筆者の専門性
ウ　欧米圏の人に説明を理解してもらえたことの意外性
エ　欧米圏の人に説明するのが難しかったという現実

5　本文中における筆者の主張を次のようにまとめた。これを読んで、後の問いに答えなさい。

　　日本人は相手と〔 a 〕ことを心配するため、欧米圏の人のような立場を前面に押し出した議論を苦手としている。これは文化の違いによるものと思われるが、〔 b 〕に向け、補強が必要な点である。今後は、やんわりと鋭くやる、つまり〔 c 〕といった日本流のやり方を身に付けるべきである。

(1)　〔 a 〕〔 b 〕に当てはまる語句を、〔 a 〕には五字で、〔 b 〕には六字で、本文中からそれぞれ抜き書きしなさい。

(2)　〔 c 〕に適する内容を「言葉による説得」という語句を用いて、五十字以内で書きなさい。

三　次の文章を読んで、1～4の問いに答えなさい。

　人間も動物も外からの刺激を受けると、その情報を脳で処理し、何らかの反応や行動を起こしますが、人間の脳ではその①カテイに「心」が介在していると考えられています。

　たとえば、ネコに②遭遇したネズミが逃げていくのを人間が見たとします。面前で起きているのは、「ネズミがネコの姿を③捉えて、ネコから離れていった」というだけのことなのですが、人間はそのようには単純には考えず、「ネズミが自分より大きなネコを見て『怖い』と思ったから逃げていった」という物語にするそうです。

している。

ウ　正しい言葉遣いの例を複数あげながら、お客様への応対について伝えている。

エ　相手の気持ちに配慮しながら、発言を肯定的に受け止めて話を進めている。

（間10秒）

これで国語の「聞くこと」に関する検査を終わります。　問題用紙を開いて、次の問題に移ってください。

繰り返します。（※アからエを繰り返して読む）

二　次の文章を読んで、1〜5の問いに答えなさい。

　よく伝わるコミュニケーションとは何かと聞かれることがある。コミュニケーションは双方向のものなので、聞き方も大切であり、表情や視線、身振り手振り、声の抑揚なども、豊かなコミュニケーションの大切な要素になる。最近では「傾聴」、「聞く力」といった言葉も出てきて、聞くことの重要性が説かれている。

　こうした中で、通訳者としての経験から、日本語と英語間の能動的コミュニケーションであるスピーチを中心に、何が説得力があってよく伝わるコミュニケーションかということについて考えてみたい。一言でいうと、どちらの言語でも、明快な論理と素直な感情が融合していることがポイントだと考える。両者のバランスが重要で、どちらが欠けても、説得力のあるコミュニケーションにはならない。別の言い方をすると、そういう話は実によく指摘されるように、英語は結論を先に言って、その後に理由を説明していく。yes（イエス）かno（ノー）かを最初に示し、その後に考えを述べる。自分の立場をまず（なぜなら）などと言って理由を説明しやすい。自分の立場をまず前面に押し出して、相手に入ってこさせないスペースを自分の前に作って、主張していくようなイメージがある。途中で相手が割り込んできても、自分はまだ終わっていないと言って、相手を押し戻し、自分の場を確保しながら論を展開していく。

　日本人はこれが苦手だ。自分の立場を最初に言ってしまうと、対立軸がはっきりしすぎて後で険悪になるのではないかと恐れるのだ。そのため、日本人は、話しながら、相手が自分の言いたいことや立場を*忖度してくれないかと願っている。その気持ちが強くなると、もと日本語では文末に結論がくるにもかかわらず、さらに語尾を濁したり、声を呑んだりして、もごもごさせてしまうのである。

　また、日本人は、主義主張や意見を論理的に主張するのを、うっとうしいと感じる傾向がある。屁理屈という言葉がそれを象徴している。そのため、理屈を正しいと思っている欧米圏の人に向け、屁理屈という言葉のニュアンスを伝える英語を探すのは難しい。アメリカ人の友人に説明しようとして、「日本人は、あまりにも合理的すぎる理由づけは、"*難癖、あら探し"と言って嫌う」と言ったが、うまく伝わらなかった。「合理的な理由づけ」はあくまでも正しいものなのだ。2、3回やりとりをしてようやく、「日本人は議論のための議論を好まない。あまりにも自己主張が強いように思うから」と言ったら、理解してもらえた。

　そもそもの前提として、理屈を正しいと思っている人たちと、どこか面倒くさいことをごたごた並べていると感じる私たち日本人との間では、ギャップがある。そのためか、いわゆる欧米人と議論を続けていると、日本人は根気を失いがちだ。欧米の人たちはhave the last word（決定的な発言をする、とどめの発言をする）をもって論戦で勝ったと考えるが、日本人はそう考えない。ま、いいかとなりがちで

まゆこ　店員さんを呼んだ後は、どうしたらいいですか。

佐藤　　お客様の応対は店員に任せていいですよ。まゆこさんは、また自分の仕事を続けてください。

まゆこ　分かりました。自分の仕事に責任をもって取り組むことを心がけたいと思います。

佐藤　　自分の仕事に責任をもって取り組みたいという、まゆこさんの心がけはいいですね。期待していますよ。ところで、二人がこの店を選んでくれたのは、なぜですか。ともきさん、どうですか。

ともき　はい。昨年こちらで職場体験をした部活動の先輩から、商品を運ぶ仕事をしてお店の方に喜ばれたと聞きました。ぼくは体力に自信があり、力仕事が得意なので、こちらのお店で自分の得意なことを生かしたいと思いました。

佐藤　　頼もしいですね。でも、商品の中にはかなり重い物もありますから、あまり無理はしないでくださいね。

ともき　はい。分かりました。

佐藤　　まゆこさんがこの店を選んでくれた理由は何ですか。

まゆこ　はい。私は整理整頓が得意なので、商品を並べる仕事に生かしたいと思ったからです。買い物に来るといつでも商品がきれいに並べられているので、ぜひこちらのお店で職場体験をしたいと思いました。

佐藤　　うれしいですね。二人の活躍が楽しみになりました。では、実際に売り場に行ってみましょう。

　　　　（間2秒）

　　　　打ち合わせの様子はここまでです。

　　　　（間2秒）

　　　　それでは問題に移ります。問題は選択肢も含めてすべて放送で出題します。答えは解答用紙に記入しなさい。

　　　　（間3秒）

1　担当者の佐藤さんが、職場体験学習をする上で気を付けてほしいと言っていたことは、安全に働くことと、もう一つは何でしたか。解答欄にしたがって書きなさい。

　　　　（間30秒）

　　　　次の問題に移ります。

2　まゆこさんが、仕事をする上で心がけようとしていることは、どのようなことでしたか。解答欄にしたがって書きなさい。

　　　　（間30秒）

　　　　次の問題に移ります。

3　ともきさんとまゆこさんが、職場体験学習にこのスーパーマーケットを選んだ理由の共通点は、どのようなことでしたか。解答欄にしたがって書きなさい。

　　　　（間30秒）

　　　　次の問題に移ります。

4　佐藤さんの話し方をまとめたものとして最もふさわしいものを、次に読み上げる選択肢ア、イ、ウ、エの中から一つ選んで、解答欄に記号をカタカナで書きなさい。選択肢は二回読みます。

ア　自分の体験を紹介しながら、仕事のやりがいについて熱心に語っている。

イ　相手の反応を確かめながら、詳しい仕事の内容を繰り返し説明

〈国語〉

時間　六〇分　満点　一〇〇点

一　「聞くこと」に関する検査

[注]　（　）内は音声として入れない。

ただいまから、国語の「聞くこと」に関する検査を始めます。「聞くこと」に関する検査は、出題も含めてすべて放送で行いますので、指示があるまで問題用紙を開いてはいけません。解答用紙とメモ用紙を準備してください。

（間5秒）

メモ用紙は必要に応じて使ってください。問題は全部で四つです。

（間3秒）

ともきさんとまゆこさんが通う中学校では、毎年、職場体験学習を行っています。二人は、学校の近くのスーパーマーケットで三日間の職場体験学習をすることになりました。

これから放送する内容は、ともきさんとまゆこさんが、職場体験学習の一日目に、担当者の佐藤さんと打ち合わせをしている様子です。打ち合わせの様子と問題は、一度だけ放送します。

それでは、始めます。

（間3秒）

佐藤　おはようございます。担当の佐藤です。ともきさん、まゆこさん、今日から三日間、よろしくお願いします。

二人　はい。よろしくお願いします。

佐藤　それでは始めに、仕事の内容を説明します。主な仕事は三つです。まず、商品を売り場に運び、棚に並べることです。次に、商品が入っていた段ボールを片付けることです。そして、商品を宣伝するカードを作ることです。この店には地元で育てた新鮮な野菜を売るコーナーがあります。そこに飾る宣伝カードを作ってください。詳しいことは、この後、売り場に移動してから説明します。

ともき　質問してもいいですか。

佐藤　いいですよ。ともきさん、どうぞ。

ともき　はい。ぼくとまゆこさんは、別々に仕事をするのですか。

佐藤　今日は一人では不安でしょうから、二人で一緒に同じ仕事をしてもらいます。明日からは、別々に仕事をしてもらう予定です。

ともき　分かりました。安心しました。

佐藤　次に、気を付けてほしいことを二つ言いますね。一つ目は、安全に働くことです。周囲に気を配りながら、落ち着いて行動してください。二つ目は、笑顔を大切にすることです。お客様に気持ちよく過ごしてもらいたいですからね。ここまでの説明で、今聞いておきたいことはありますか。まゆこさんは、どうですか。

まゆこ　はい。棚に商品を並べているときに、お客様から何かたずねられたらどうしたらいいですか。

佐藤　そのときは、「確認しますので、お待ちください。」と答えて、近くにいる店員に声をかけてください。

MEMO

大切なことはメモしておこうネ！

2020年度

解 答 と 解 説

《2020年度の配点は解答用紙集に掲載してあります。》

<**数学解答**>

1 (1)　0.6　　(2)　$3\sqrt{2}$　　(3)　-9

(4)　$3a+2b\geqq20$　　(5)　$x=4$

(6)　$x=-1,\ y=1$　　(7)　$x=-3$　　(8)　72

(9)　ア　　(10)　4個　　(11)　129°　　(12)　134°

(13)　8本　　(14)　$\dfrac{4\sqrt{21}}{3}\pi\,\mathrm{cm}^3$　　(15)　5倍

2 (1)　イ，エ　　(2)　①　$b=1$(求める過程は解説参照)

②　$c=-4,\ d=0$　　(3)　右図1　　(4)　$\dfrac{2}{15}$倍

図1

3 (1)　①　ⓐ　1000　　②　右図2

(2)　①　ⓑ　(例)直線PQと直線RSの交点のx座標

②　ⓒ　$-800x+4000$　　ⓓ　$-500x+3500$

ⓔ　1　　ⓕ　40

4 (1)　ア　14.2　　イ　14.4　　ウ　Aさん

(2)　①　$\dfrac{5}{12}$　　②　$\dfrac{2}{9}$

5 Ⅰ　(1)　135°　　(2)　解説参照　　(3)　8cm²

Ⅱ　(1)　解説参照　　(2)　$6-2\sqrt{3}$ cm

(3)　6π cm²

図2

```
y(mL)
4000
3000
2000
1000
 O   1  2  3  4  5  6  7  8   x(時間)
```

<**数学解説**>

1　(数・式の計算，分母の有理化，式の値，不等式，一次方程式，連立方程式，二次方程式，定理の逆，平方根，角度，ねじれの位置，体積，体積比)

(1)　四則をふくむ式の計算の順序は，乗法・除法→加法・減法　となる。$1+(-0.2)\times2=1+(-0.4)=1-0.4=0.6$

(2)　$\dfrac{6}{\sqrt{2}}=\dfrac{6\times\sqrt{2}}{\sqrt{2}\times\sqrt{2}}=\dfrac{6\sqrt{2}}{2}=3\sqrt{2}$

(3)　分配法則を使って，$3(a-2b)=3\times a-3\times2b=3a-6b$，$5(3a-b)=5\times3a-5\times b=15a-5b$
だから，$a=\dfrac{1}{2}$，$b=3$のとき，$3(a-2b)-5(3a-b)=(3a-6b)-(15a-5b)=3a-6b-15a+5b$
$=-12a-b=-12\times\dfrac{1}{2}-3=-6-3=-9$

(4)　1個$a$kgの品物3個の重さは$a$kg×3個$=3a$kg，1個$b$kgの品物2個の重さは$b$kg×2個$=2b$kgで，合計の重さは$(3a+2b)$kg。これが20kg以上であるから，この数量の関係を不等式で表すと，$3a+2b\geqq20$

(5)　方程式$\dfrac{2x+4}{3}=4$の両辺に3をかけて$\dfrac{2x+4}{3}\times3=4\times3$より $2x+4=12$　$2x=12-4=8$　よって，$x=4$

(6) $\begin{cases} 2x-3y=-5\cdots① \\ x=-5y+4\cdots② \end{cases}$ とする。②を①に代入して，$2(-5y+4)-3y=-5$　$-10y+8-3y=$

-5　$-13y=-13$　$y=1$　これを②に代入して，$x=-5\times1+4=-1$　よって，連立方程式の解

は，$x=-1$，$y=1$

(7) xについての方程式 $x^2-2ax+3=0\cdots①$ の解の1つが-1だから，①に$x=-1$を代入して，

$(-1)^2-2a\times(-1)+3=0$　$1+2a+3=0$　よって，$a=-2$　これを①に代入して，$x^2-2\times(-2)$

$\times x+3=0$　$x^2+4x+3=0$　たして$+4$，かけて$+3$になる2つの数は，$(+1)+(+3)=+4$，$(+1)$

$\times(+3)=+3$より，$+1$と$+3$だから　$x^2+4x+3=\{x+(+1)\}\{x+(+3)\}=(x+1)(x+3)=0$

以上より，①のもう1つの解は $x=-3$

(8) （時間）＝（道のり）÷（速さ）より，行きにかかった時間は $am÷$毎分$60m=\dfrac{a}{60}$分，帰りにかか

った時間は $am÷$毎分$90m=\dfrac{a}{90}$分。（往復の平均の速さ）＝（往復の道のり）÷（往復にかかった時間）

だから，$2a÷\left(\dfrac{a}{60}+\dfrac{a}{90}\right)=2a÷\dfrac{5a}{180}=2a\times\dfrac{180}{5a}=72$より，往復の平均の速さは分速$72m$である。

(9) ある定理の仮定と結論を入れかえたものを，その定理の逆という。アの逆は「すべての内角

が等しい三角形は正三角形である。」であり，これは正しい。イの逆は「対角線がそれぞれの中

点で交わる四角形は長方形である。」であり，対角線がそれぞれの中点で交わる四角形は他に平

行四辺形やひし形，正方形があるから，これは正しくない。ウの逆は「$x>4$ならば$x≧5$である。」

であり，反例$x=4.5$があるから$(x=4.5$は$x>4$は満たすが，$x≧5$は満たさない)，これは正しくな

い。エの逆は「$x^2=1$ならば$x=1$である。」であり，反例$x=-1$があるから$(x=-1$は$x^2=1$は満た

すが，$x=1$は満たさない)，これは正しくない。

(10) $\sqrt{120+a^2}$が整数となるのは，$120+a^2$が平方数になるときだから，$120+a^2=m^2(m$は自然数$)$

とおくと，$m^2-a^2=120$　$(m+a)(m-a)=120\cdots①$　である。ここで，①が成り立つ$(m+a)$と

$(m-a)$の値の組を考える。$(m+a)+(m-a)=2m$より，$m+a$と$m-a$の和が偶数になることを

考慮すると，①が成り立つ$(m+a)$と$(m-a)$の値の組として，$(m+a,\ m-a)=(60,\ 2)$，$(30,\ 4)$，

$(20,\ 6)$，$(12,\ 10)$の4組が考えられる。$\begin{cases} m+a=60 \\ m-a=2 \end{cases}$ より，$(a,\ m)=(29,\ 31)$

$\begin{cases} m+a=30 \\ m-a=4 \end{cases}$ より，$(a,\ m)=(13,\ 17)$ $\begin{cases} m+a=20 \\ m-a=6 \end{cases}$ より，$(a,\ m)=(7,\ 13)$

$\begin{cases} m+a=12 \\ m-a=10 \end{cases}$ より，$(a,\ m)=(1,\ 11)$　以上より，$\sqrt{120+a^2}$が整数となる自然数aは全部で

1，7，13，29の4個ある。

(11) 平行線の同位角は等しいから，$\angle ADB=\angle AEC=75°$

△ABDの内角と外角の関係から，$\angle x=\angle BAD+\angle ADB=$

$54°+75°=129°$

(12) $\angle x$のとなりの外角を$\angle y$とすると，多角形の外角の和

は$360°$だから，$\angle y=360°-(55°+115°+65°+79°)=46°$

よって，$\angle x=180°-46°=134°$

(13) 空間内で，平行でなく，交わらない2つの直線はねじ

れの位置にあるという。辺ABと平行な辺は，辺DE，GH，

JKの3本　辺ABと交わる辺は，辺BC，CD，EF，FA，

AG，BHの6本　辺ABとねじれの位置にある辺は，辺CI，DJ，EK，FL，HI，IJ，KL，LGの8

本

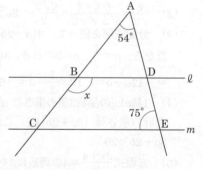

(14)　問題の円錐の母線の長さをℓcm，底面の半径を$r$cmとすると，$\ell=5$，$r=\dfrac{4}{2}=2$　円錐の高さを$h$cmとすると，三平方の定理を用いて　$h=\sqrt{\ell^2-r^2}=\sqrt{5^2-2^2}=\sqrt{21}$　よって，円錐の体積は　$\dfrac{1}{3}\times$底面積$\times h=\dfrac{1}{3}\times\pi\times2^2\times\sqrt{21}=\dfrac{4\sqrt{21}}{3}\pi$ cm^3

(15)　三角錐A－BCD，R－BCD，R－BPQの体積をそれぞれU，V，Wとする。点P，Qはそれぞれ辺BC，BDの中点であるから中点連結定理より，PQ//CD，PQ$=\dfrac{1}{2}$CD　よって，△BPQ∽△BCDであり，相似比はPQ：CD＝1：2だから，面積比は△BPQ：△BCD＝$1^2:2^2=1:4$　三角錐R－BCDとR－BPQで，底面をそれぞれ△BCDと△BPQと考えたとき，頂点Rを共有していて高さは等しいから，「高さが等しい三角錐の体積比は，底面積の比に等しい」ことより，W：V＝△BPQ：△BCD＝1：4　V＝4W…①　△DRBと△DABで，底辺をそれぞれRB，ABと考えたとき，頂点Dを共有していて高さは等しいから，「高さが等しい三角形の面積比は，底辺の長さの比に等しい」ことより，△DRB：△DAB＝RB：AB＝4：(1+4)＝4：5　三角錐A－BCDとR－BCDで，底面をそれぞれ△DABと△DRBと考えたとき，頂点Cを共有していて高さは等しいから，V：U＝△DRB：△DAB＝4：5　U$=\dfrac{5}{4}$V…②　①，②より，U$=\dfrac{5}{4}$V$=\dfrac{5}{4}\times4$W＝5W　以上より，三角錐A－BCDの体積は，三角錐R－BPQの体積の5倍である。

2 （比例関数，関数$y=ax^2$，作図，面積比）

(1)　xとyの関係が定数aを用いて$y=\dfrac{a}{x}$と表されるとき，yはxに反比例し，そのグラフは双曲線を表す。また，$a>0$のとき，xが増加するとyは減少するグラフになり，$a<0$のとき，xが増加するとyは増加するグラフになる。よって，$y=\dfrac{3}{x}$のグラフについて，イとエのことが必ずいえる。

(2)　①　（求める過程）　（例）$y=ax^2$上に点Pがあるから，$x=6$，$y=9$を代入して，$9=a\times6^2$　$a=\dfrac{1}{4}$　よって，式は，$y=\dfrac{1}{4}x^2$…①　となる。①上に点Qがあるから，$x=-2$，$y=b$を代入して，$b=\dfrac{1}{4}\times(-2)^2$　$b=1$

②　関数$y=-\dfrac{1}{2}x^2$が，$y=-8$となるxの値は，$-8=-\dfrac{1}{2}x^2$　$x^2=16$より，$x=\pm\sqrt{16}=\pm4$　よって，$c=-4$　これより，xの変域は$-4\leqq x\leqq2$でxの変域に0が含まれているから，yの最大値は0より，$d=0$

(3)　（着眼点）　点Oを通る直線ℓの垂線と，直線ℓとがつくる角の二等分線と，点Oを中心とした半径OPの円との交点がQとなる。　（作図手順）次の①～⑤の手順で作図する。　①　点Oを中心とした円を描き，直線ℓ上に交点を作る。　②　①で作ったそれぞれの交点を中心として，交わるように半径の等しい円を描き，その交点と点Oを通る直線(点Oを通る直線ℓの垂線)を引く。　③　点Oを中心とした円を描き，直線ℓと，点Oを通る直線ℓの垂線上に交点を作る。　④　③で作ったそれぞれの交点を中心とし

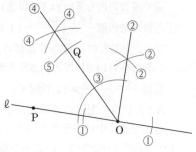

て，交わるように半径の等しい円を描き，その交点と点Oを通る直線(点Oを通る直線ℓの垂線と，直線ℓとがつくる角の二等分線)を引く。　⑤　点Oを中心として，半径OPの円を描き，④で引いた直線との交点をQとする。

(4)　平行四辺形ABCDの面積をSとすると，△ACD$=\dfrac{1}{2}$S…①　△AEDと△ACDで，高さが等しい三角形の面積比は，底辺の長さの比に等しいから，△AED：△ACD＝ED：CD＝2：(1+2)

＝2：3　△AED＝$\frac{2}{3}$△ACD…②　AB//EDで，平行線と線分の比についての定理より，AF：FE ＝AB：ED＝CD：ED＝3：2　△DFE：△AED＝FE：AE＝2：(3＋2)＝2：5　△DFE＝$\frac{2}{5}$△AED …③　①，②，③より，△DFE＝$\frac{2}{5}$△AED＝$\frac{2}{5}$×$\frac{2}{3}$△ACD＝$\frac{2}{5}$×$\frac{2}{3}$×$\frac{1}{2}$S＝$\frac{2}{15}$S　以上より， △DFEの面積は，平行四辺形ABCDの面積の$\frac{2}{15}$倍である。

3 （関数とグラフ，グラフの作成）

(1) ① 強運転では4時間でタンクの中に入れた水4000mLが空になるという「加湿器Aの性能」 から考えると，強運転では1時間あたりにタンクの水量は，4000mL÷4時間＝1000mL…ⓐ 減少する。

② それぞれの運転方法でyはxの1次関数であるとみなしたことと，使い始めてから2時間後に 弱運転に切り替えて使用したところ，使い始めてから6時間後にタンクが空になったから，続 きのグラフは点(2，2000)と点(6，0)を結ぶ線分になる。

(2) ① 直線PQ上の弱運転に切り替えたときの点の座標と，直線RS上の弱運転に切り替えたと きの点の座標は等しいから，弱運転に切り替えた点は，直線PQと直線RSの交点である。

② 2点P(0，4000)，Q(5，0)を通る直線の傾きは $\frac{0-4000}{5-0}$＝－800 だから，直線PQの式 を y＝－800x＋b とおいて，点Pの座標を代入すると 4000＝－800×0＋b　b＝4000 よ って，直線PQの式は y＝－800x＋4000…⑦ また，2点R(7，0)，S(5，1000)を通る直線の 傾きは $\frac{0-1000}{7-5}$＝－500 だから，直線RSの式を y＝－500x＋c とおいて，点Rの座標を 代入すると 0＝－500×7＋c　c＝3500 よって，直線RSの式は y＝－500x＋3500…⑦ ⑦と⑦の交点の座標は，⑦と⑦の連立方程式の解。⑦を⑦に代入して，－500x＋3500＝ －800x＋4000 これを解いて，x＝1$\frac{2}{3}$ よって，弱運転に切り替えた時間は，使い始めてか ら1$\frac{2}{3}$時間後＝1時間40分後である。

4 （資料の散らばり・代表値，確率）

(1) 度数分布表の中で度数の最も多い階級の階級値が最頻値だから，Aさんの記録の最頻値は，4 回で度数の最も多い14.1秒以上14.3秒未満の 階級の階級値$\frac{14.1+14.3}{2}$＝14.2秒（ア）。 また，Bさんの記録の最頻値は，4回で度数 の最も多い14.3秒以上14.5秒未満の階級の階 級値$\frac{14.3+14.5}{2}$＝14.4秒（イ）。したがって， Aさん（ウ）の記録の最頻値が小さいので，A さんが速く走れそうだといえる。

a＼b	1	2	3	4	5	6
1	1	2	3	④	5	6
2	2	④	6	⑧	10	⑫
3	3	6	9	⑫	15	18
4	④	⑧	⑫	⑯	⑳	㉔
5	5	10	15	⑳	25	30
6	6	⑫	18	㉔	30	㊱

(2) ① 大小2つのさいころを同時に投げた とき，全ての目の出方は 6×6＝36通り。 このうち，出る目の数の積abの値が，4の 倍数になるのは右上表の〇を付けた15通 り。よって，求める確率は $\frac{15}{36}$＝$\frac{5}{12}$

② 10a＋bの値が，素数になるのは右表の □を付けた8通り。よって，求める確率は

a＼b	1	2	3	4	5	6
1	11	12	13	14	15	16
2	21	22	23	24	25	26
3	31	32	33	34	35	36
4	41	42	43	44	45	46
5	51	52	53	54	55	56
6	61	62	63	64	65	66

$$\frac{8}{36}=\frac{2}{9}$$

5 Ⅰ （角度，図形の証明，面積）

(1) おうぎ形の弧の長さは中心角に比例するから，$\angle AOG=180°\times\frac{3}{4}=135°$

(2) （証明） （例）△FABにおいて　仮定から，$\overset{\frown}{AC}=\overset{\frown}{BE}$　等しい弧に対する円周角は等しいから，$\angle ABC=\angle BAE$　よって，$\angle ABF=\angle BAF$　したがって，2つの角が等しいから，△FABは二等辺三角形である。

(3) 前問(2)より，$\angle ABC=\angle BAE\cdots$①　弧BEに対する円周角なので，$\angle BCE=\angle BAE\cdots$②　①，②より，$\angle ABC=\angle BCE$　よって，錯角が等しいから，CE//AB　平行線と面積の関係より，△ACE＝△OCE　$\angle COE=180°\times\dfrac{\overset{\frown}{CE}}{\overset{\frown}{AB}}=180°\times\dfrac{2}{4}=90°$，OC＝OEより，△OCEは直角二等辺三角形だから，$\triangle ACE=\triangle OCE=\frac{1}{2}\times OC\times OE=\frac{1}{2}\times4\times4=8cm^2$

Ⅱ （図形の証明，線分の長さ，面積）

(1) （証明） （例）△HOBにおいて　仮定から，$\overset{\frown}{BG}=\frac{1}{6}\overset{\frown}{AB}$　おうぎ形の弧の長さは中心角に比例するから，$\angle BOG=\angle BOH=30°\cdots$①　仮定から，$\overset{\frown}{AD}=\frac{1}{3}\overset{\frown}{AB}$　おうぎ形の弧の長さは中心角に比例するから，$\angle AOD=60°$　円周角の定理から，$\angle ABD=\frac{1}{2}\angle AOD=\angle OBH=30°\cdots$②　①，②より，$\angle BOH=\angle OBH$　したがって，2つの角が等しいから，△HOBは二等辺三角形である。

(2) 直径に対する円周角は90°だから，$\angle ADB=90°$　$\angle ABD=30°$　よって，△ABDは30°，60°，90°の直角三角形で，3辺の比は$2:1:\sqrt{3}$だから，$BD=\frac{\sqrt{3}}{2}AB=\frac{\sqrt{3}}{2}\times12=6\sqrt{3}$ cm　前問(1)の結果より，△HOBは$\angle BOH=\angle OBH=30°$の二等辺三角形。また，△ODBはOB＝ODより，$\angle BDO=\angle DBO=30°$の二等辺三角形。よって，△HOB∽△ODBであり，相似な図形では，対応する線分の長さの比はすべて等しいから，HO：OD＝BO：BD　$HO=\dfrac{OD\times BO}{BD}=\dfrac{6\times6}{6\sqrt{3}}=2\sqrt{3}$ cm　$GH=OG-HO=6-2\sqrt{3}$ cm

(3) $\overset{\frown}{FG}$と線分FGによって囲まれた部分を，$\overset{\frown}{AC}$と線分ACによって囲まれた部分に移動する。また，DF//AB，AF//OGで，平行線と面積の関係より，△AFG＝△AFO＝△ADO　よって，求める面積は，おうぎ形OADの面積に等しく，$\pi\times6^2\times\dfrac{60°}{360°}=6\pi cm^2$

＜英語解答＞

1 (1) ① ウ　② イ　(2) ① イ　② ウ　③ ア　(3) ① エ　② イ　③ ア　(4) ア，エ　[答え]（例）Playing tennis makes me happy. I play tennis with my friends after school.

2 (1) ① （例）famous　② （例）decided　③ （例）example　④ （例）spring

(2) ① told　② becoming　③ brought　④ carries

(3) ① （例）(Whose)(pen)(is)this?　② （例）And I think eating breakfast (is)(as)(important)as sleeping well.　③ （例）I want(you)(to)(come)to my house.

3 (1) ① （例）He enjoys reading a book about Japan.　② （例）She practices basketball.　(2) （例）I go to a shrine with my family. We wish good luck for the year. Then, we eat special dishes called *Osechi* at home.

4 (1) B→C→A→D　(2) ① イ　② エ　(3) ① (例)excited
② (例)place

5 (1) エ　(2) ウ→エ→イ→ア　(3) 【貧しい人々】(例)グリーンウッドは木よりも安いので，それを買ってきて家を建てることができる。【農家の人々】(例)もみがらを売ることで，お金を得ることができる。　(4) ア　(5) ウ，オ　(6) ① イ　② ウ

＜英語解説＞

1 (リスニング)
放送台本の和訳は，56ページに掲載。

2 (物語文，会話文：語句補充・選択，語形変化，動名詞，受け身，現在・過去・未来と進行形，比較)

(1) (問題文訳)　アレックスはアメリカの出身です。彼は①(有名な)日本料理レストランで働いています。10年前，彼は日本を訪れて，*和食*がすばらしいことに気が付きました。それから彼は，それについてさらに学ぶことを②(決意して)，そして*和食*の料理人になりました。彼は言いました，「*和食*を通して日本のことをよく知ることは，私にとって興味深い。日本の人たちには，食べ物や食べ物を作る人たちに感謝するすばらしい言葉があります。③(たとえば)，『いただきます』は，その一つです。私は，本当に日本で働くことが好きです」彼は，次の④(春)に，彼自身の日本料理レストランを持つことになっています。

①は次の Japanese restaurant を説明する言葉が入る。選択語からは「有名な」famous が適当。②には，to が続く動詞が入ると考えられので，「決意した」が適当。decided と過去形にする。③は文の始めで for から始まることば，for example の「たとえば・例」が適当。④の文は He will であり，将来(未来)のことを言っているので，next spring として「次の春＝来春」が適当。問題文 I really like working~の working は動名詞形で「働くこと」。

(2) (問題文訳)　理子：先週，お気に入りの動物について①(話してくれた)ね。次の日曜日に，兄弟と一緒に動物愛護センターへ行くつもりなの。そこでイベントがあって。一緒に来る？／アン：はい，ありがとう。イベントで何ができるの？／理子：そこには，保護された動物たちがたくさんいる。その動物たちと遊んだり散歩したりできる。たくさんの人たちが行くと思う，このイベントは有名に②(なっている)から。／アン：そこでは，動物たちに食べ物をあげられるの？／理子：そうね，去年は食べものをあげた。訪れた人たちが，たくさんの食べ物を③(持ってきた)。動物愛護センターでは，私たちの寄付が必要なの。／アン：わかった。あなたの兄弟は，今までにそこを訪れたことはあるの？／理子：ええ，時間があるときは，時々そこへ食べものを持っていくのよ。　①　先週のことを話しているので told と過去形にする。　②　カッコの前は is なのでこれに続く become は現在進行形 becoming と考えられる。　③　be 動詞 ~ by の受け身なので，過去分詞形 brought とする。　④　「時々持ってゆく」と現在の状態を表していて，主語が He と三人称単数であることから，carries とする。

(3) ① Brown 先生：この ペンは誰のものですか？ 机の下でこれを見つけました。／Satoru：ああ，私のです。ありがとう，Brown 先生。　(解答例)(Whose)(pen)(is)this?
Satou が「私のもの」と言っていることから，「誰のペンか？」という疑問文が適当。「誰の～」という意味を表す時は whose を使う。　② Nancy：私はいつも 10 時に眠ります。十分に眠ることは大切だと思う。／Maiko：そうね。そして，朝食をとることは，よく眠ること

と 同じぐらい大切 だと思う。だから，毎朝朝食を食べるの。　（解答例）And I think eating breakfast(is)(as)(important)as sleeping well.　important のあとは as になっていることから as … as ～「～と同じくらい…」という意味の比較表現だと考えられる。

③　Minami：今度の土曜日にパーティーがあるの。 あなたに私の家へ来てほしい 。午前中の11時に来られる？／Jack：もちろん。パーティーに食べ物を何か作っていくよ。　（解答例）I want(you)(to)(come)to my house.　前後の文から，「あなたに家に来てほしい」と言っていると考えられる。want＋人＋to～で「人に～してもらいたい」。

3　(物語文：英問英答，自由・条件付き英作文，動名詞，不定詞)

(問題文訳)　こんにちは，優子。

元気ですか？　私はあなたからメールをもらって，とてもうれしかった。あなたのメールで日本についてたくさんのことを学びました。先週，学校の図書室から，日本についての本を借りました。毎日読んで楽しんでいます。そこには，日本の伝統的なイベントの写真も何枚かあります。それらは，本当に興味深い。日本の人たちにとって，元日が特別な日だと知りました。そのことについてもっと知りたい。

元日には何をしますか？

あなたの友より

サム

こんにちは，サム

私は元気です。あなたが日本に興味を持っていると知って，私はうれしい。

私の元日について教えます。

私は家族と一緒に神社へ行きます。その年の幸運を祈ります。それから，家でおせちと呼ばれる特 別な料理を食べます。

私はカナダでのあなたの生活に興味があります。学校生活をどのように楽しんでいますか？　何かスポーツをやっていますか？　私はバスケットボールチームの一員で，火曜日から金曜日の放課後，一生懸命バスケットボールを練習しています。私たちのチームは強くて，先週の試合に勝ちました。あなたの学校生活について教えてください。

あなたの友より，

優子

(1)　①　サムは毎日何を楽しんでいますか？　サムのメールには「日本についての本を借りて，毎日読んでいる」とあるので，(解答例)He enjoys reading a book about Japan.(彼は日本についての本を読んで楽しんでいる)が適当　②　普段優子は，放課後の時間をどのように使っていますか？　優子のメールには「火曜日から金曜日の放課後，バスケットボールを練習している」とあるので，(解答例)She practices basketball.(彼女はバスケットボールの練習をする)が適当。

(2)　(解答例)I go to a shrine with my family. We wish good luck for the year. Then, we eat special dishes called *Osechi* at home.(24語)(訳)私は家族と一緒に神社へ行きます。その年の幸運を祈ります。それから，家でおせちと呼ばれる特別な料理を食べます。　～ called … は「…と呼ばれる(言われる)～」。

4　(会話文：図を用いた問題，文の並べ換え，語句補充・選択，現在完了，分詞の形容詞的用法)

(問題文訳)　拓：この館内案内図を見て。この博物館では，四つの展示をやっている。最初にどこ

　　　　　へ行こうか？

ビル：恐竜の化石を見たいな。

拓　：ああ，ここを見て。今日のビデオは，午前11時20分に始まる。今は9時30分だ。最初は2階へ行かない？　昆虫の化石が見たい。

ビル：いいよ。ぼくは，植物の化石に興味がある。昆虫の展示室のあとは，植物の展示室を見るのはどう？

拓　：いいね。

ビル：この博物館で魚と貝の化石は見られるかな？　これらにも興味がある。

拓　：見られる。ぼくは，ずいぶん前にこのあたりが海だったと聞いた。だから，①[海のたくさんの化石]を特別展示で見せているのだと思う。

ビル：それは興味ある。植物の後に見ようか。

拓　：よし，そうしよう。特別展示の後に，恐竜の展示室へ行くのはどうかな？

ビル：いいね。ええと，恐竜についての本を探しに，一階の図書室へ行かない？

拓　：そうだね。展示が全部終わってから行こうか。ぼくも，恐竜についての本が読みたい。

ビル：②[ぼくはそこで何か英語の本を見つけることができるかな？]　ぼくにとって日本語を読むことは，簡単じゃない。

拓　：心配ないよ。一緒にいい本を探してあげる。

ビル：ありがとう，拓。さあ，展示を見ようか。

(1)　問題文全体から，B(昆虫の展示)→ C(植物の展示)→A(特別展示)→　D(恐竜の展示)の順番が適当。

(2)　①　ア　たくさんの英語の本(×)　イ　海のたくさんの化石(○)　ウ　今日の植物と動物(×)　エ　午前11時20分からのビデオ(×)　カッコの前では「このあたりが海だった」といって，カッコの発話で「だから，特別展示で見せている」となっているので，イが適当。

②　ア　あなたにそれを読みましょうか？(×)　イ　あなたはそれらを日本語で書きましたか？(×)　ウ　すべての展示を見ましたか？(×)　エ　私はそこで何か英語の本を見つけることができますか？(○)　カッコの前の拓の発話では「恐竜の本を読む」とあり，カッコの後のビルの発話では「日本語で読むことは簡単ではない」とあることから，カッコにはエが適当。

(3)　ビル：今日の展示はすばらしかったね。ぼくは，たくさんの恐竜の化石を見て，とても①(ワクワク)した。／拓：そう聞くとうれしいね。ぼくは，化石がとても気に入っているんだ。将来，化石についてもっと勉強しようと思う。／ビル：ぼくの地元の町にくればいいのに？　そこでもたくさんの化石が見られる。地元の町は化石の勉強をするにはよい②(場所)だと思う。／拓：それはすばらしいけれど，まず英語を一生懸命に勉強しなきゃいけないと思う。　①　カッコでは，「たくさんの恐竜の化石を見たこと」でどうなのかを言っている。be excited to ～で，「～してワクワクする」なので，空欄には(解答例)excited が適当。　②　カッコの前後では，「勉強するにはよい」と言っているので，これに続く単語は(解答例)place(場所)が適当。

5（物語文：語句補充・選択，文の並べ換え，語句の解釈，語句の問題，内容真偽，日本語で答える問題，不定詞，関係代名詞，受け身，完了形，動名詞，助動詞，接続詞）

　　ビスマン・デューは，北インドに生まれました。彼女は，子供のころ周りのことについて何でも知りたがりました。だから，いつも質問をしていました。後に，彼女が高校生だった時，彼女の地元の町のとても難しい問題にすばらしい解決策を，彼女が見つけました。

　　ビスマンの両親は農夫で，米を育てていました。ある晩，ビスマンが外を歩いていた時，大量の

煙を見ました。煙は，もみがらからでした。彼女の地元の町の多くの農夫は，米を育てていました。彼らはたいてい，収穫の後にはもみがらを燃しました。彼女は，煙は人々の健康に良くないことを知りました。それから，彼女は，町にはとてもひどい大気汚染があることを学びました。彼女はそれの止め方について知りたいと考えました。

　最初に，ビスマンは，もみがらを集めて，それについて勉強し始めました。彼女がもみがらを集めている時，彼女の町の多くの貧しい人たちを見ました。彼らは古い小さな家に住んでいて，新しい家を建てるための十分なお金がありませんでした。彼女は思いました，「その人たちに何か役に立つものができないのか？　彼らは，家を作るために安くて丈夫なものが必要です。もし，私がもみがらを（再利用する）ことができれば，その貧しい人たちを救うことができて，大気汚染を止めることができる」　それから彼女は，もみがらのさまざまな物質を評価し始めました。毎日彼女は，試作品を作るために，多くのさまざまなアイデアを試しました。

　何日もの日が過ぎ，ビスマンは最初の試作品を作りました。それはもみがらからできていました。彼女はそれをグリーンウッドと名付けました，なぜなら，それは木のように見えたからです。しかし，それはまだもろくて高価なものでした。彼女は改良をしなければなりません，そして，それを一人でやることは彼女にとってとても大変なものでした。彼女は二人の友人に仕事へ加わるように頼みました。彼女は，友人の助けを受けることがうれしかったのですが，グリーンウッドを改良するためは，まだやるべきことが多くありました。彼女は友人といっしょに毎日一生懸命仕事をしました。グリーンウッドは，よくなっていきました。

　2013年に，ビスマンと彼女の友人は，高校生のための国際コンテストに参加しました。彼女たちは，彼女たちの社会の問題に対する解決策として，グリーンウッドを見せました。彼女たちはまた，将来のプランのアイデアも示しました。多くの人々が，グリーンウッドと彼女たちのアイデアを気に入りました。コンテストには，19 カ国からたくさんの生徒がコンテストに参加していましたが，ビスマンのチームが優勝しました。

　グリーンウッドには，優れた点が三つあります。第一に，貧しい人たちが買うことができて家を建てることができます，なぜなら，木よりも安いからです。第二に，農夫がもみがらを売ることで，お金を得ることができます。第三に，グリーンウッドは，大気汚染を止めるために役に立ちそうです。

　ビスマンは，グリーンウッドを改良し続けています。彼女は，世界中の人たちのために，それをより安くよりよくしたいと考えています。彼女は言います，「よいアイデアは，新しい方法で考えることから生まれます。もし，私たちが身の回りの問題について疑問を持ち，そしてさまざまな方法で考えるのであれば，よい解決策を見つけることができます。そして，私たちは問題を<u>克服して</u>，私たちの社会を変えることができます」　またビスマンは言います，「私たちみんなは，私たちの中に大きな力を持っている，しかし，多くの人々はそれを使おうとはしない。ただ待つだけならば，力を使うチャンスは決して私たちには来ません。私たちは自分たち自身の手でチャンスを作らねばなりません」

(1)　ア　入る（×）　　イ　送る（×）　　ウ　描く（×）　　エ　再利用する（○）　　カッコの文から「もみがらをどうすると，貧しい人たちを助け，大気汚染を止めることができるのか？」と考えられるので，エが適当。

(2)　ア　ビスマンは，彼女の友人に彼女を助けるように頼んだ。　イ　ビスマンは，試作品を作り，それをグリーンウッドと名付けた。　ウ　ビスマンは，もみがらからの煙は人々の健康に悪いと知った。　エ　ビスマンは，もみがらについて勉強を始めた。本文の内容と問題文を合わせ

て考えると，ウ→エ→イ→ア が適当。

(3)　[貧しい人々]（解答例）グリーンウッドは木よりも安いので，それを買って家を建てることが
できる。第6段落第2文 First, poor people～に，貧しい人々へもたらす利点が書いてある。
[農家の人々]（解答例）もみがらを売ることで，お金を得ることができる。第6段落第3文 Second,
farmers can～に，農家の人々へもたらす利点が書いてある。

(4)　下線部では，「私たちは問題を(get over)して，私たちの社会を変えることができる」と訳
せるので，選択語ではアが適当。

(5)　ア　ビスマンは，たくさんのことを知っていて，質問がまったくない子供でした。(×)
イ　ビスマンの地元の町の多くの農夫は，米を育てることができないほど，貧しかった。(×)
ウ　グリーンウッドはもみがらでできていて，最初は高価だった。(○)　エ　ビスマンは，努
力することなくグリーンウッドを改良した(×)　オ　ビスマンのチームは，国際コンテストで
優勝した。(○)　カ　グリーンウッドは丈夫で安価なので，ビスマンはすでに改良することを
やめてしまった。(×)　第4段落第2文 It was made～と第3文 She named it～から，「グ
リーンウッドはもみがらでできている」とわかる。さらに，その後の第4文 However, it was
～には，「グリーンウッドは高価だ」とあるので，ウは正しい。また，第5段落第5文 There
are many～に，「ビスマンのチームが国際コンテストで優勝した」とあるので，オが正しい。
選択文アの who は関係代名詞で，who～がa child を説明しているので「たくさんのことを
知っていて，質問がまったくない子供」となる。選択文ウの was(be)made from は受け身
で，「～からできている」。

(6)　（問題文訳）ビスマンの物語は，私に多くを教えてくれた。私たちが身の回りの問題の解決策が
欲しいのならば，さまざまな①(考え)方を持つことは大切だ。私たちは，私たちの中に大きな力を
持っている，しかし，多くの人々はその力を使うチャンスを待っているだけだ。私は，チャンス
を②(作ること)もまた，大切だと思う。　ア　きれいにすること　イ　考えること　ウ　作るこ
と　エ　売ること　オ　教えること　①　最後の段落第4文 If we have～には，「さまざま方
法で考えることで解決策を見つけ出せる」とあることからイ(thinking) が適当。the way of
thinking で「考える方法，考え方」。　②　問題の最後の文 We must produce～では，「私
は自分たち自身の手でチャンスを作らねばならない」とあることから，ウ(making)が適当。選
択語はいずれも動詞の ing 形で動名詞の働きをして「～すること」となる。

2020年度英語　リスニングテスト

〔放送台本〕

(1)を始めます。問題は2つです。二人の会話とそれについての質問を聞いて，答えとして最も適切
な絵を，それぞれア，イ，ウ，エから1つずつ選んで記号を書きなさい。会話と質問は通して2回ずつ
言います。では始めます。

① (A女)：Hi, John. Look at this picture.
(B男)：Oh, the river is beautiful. Did you go there?
(A女)：Yes. These mountains were beautiful, too. You should go.
Question: Which picture are they looking at?

② (A男)：I finished my homework. Can I help you, Mom?

（B女）：Yes, please. I must wash dishes and clean the rooms. So, can you go shopping for me?

（A男）：Sure. I'll go soon.

Question: What is the son going to do?

〔英文の訳〕

① （A女）：こんにちは，John。この写真を見て。

（B男）：ああ，川がきれいだね。ここへ行ったの？

（A女）：ええ。山もきれい。あなたも行ったほうがいいね。

＜質問＞どの写真を彼らは見ていますか？

正解：ウ

② （A男）：宿題が終わった。お母さん，手伝おうか？

（B女）：ええ，お願い。お皿を洗って，部屋を掃除しなければならないの。だから，買い物へ行ってくれる？

（A男）：いいよ。すぐに行く。

＜質問＞男の子は何をするつもりですか？

正解：イ

〔放送台本〕

（2）に移ります。問題は3つです。二人の会話を聞いて，それぞれの会話の最後の文に対する応答として最も適切なものを，それぞれア，イ，ウから1つずつ選んで記号を書きなさい。会話は通して1回ずつ言います。では始めます。

① （A女）：May I help you?

（B男）：Yes. I like this T-shirt. How much is it?

（A女）：It's one thousand yen. It's very cheap today.

② （A男）：Are you free tomorrow? I want to play tennis with you.

（B女）：Sorry. I'll see a movie with my family.

（A男）：How about next Sunday?

③ （A女）：You look sad. What's the matter?

（B男）：I cannot find my cat at home.

（A女）：I can help you. Tell me about your cat.

〔英文の訳〕

① （A女）：お手伝いしましょうか？

（B男）：はい。このTシャツが気に入りました。いくらですか？

（A女）：それは1,000円です。今日はとても安いですよ。

選択肢：（ア）あなたといっしょに行きます。

　　　　（イ）わかりました。それをください。（○）

　　　　（ウ）私はそれを昨日洗いました。

② （A男）：明日時間ある？　一緒にテニスをやりたいんだ。

（B女）：ごめんなさい。家族で映画をみる予定なの。

（A男）：次の日曜日はどう？

選択肢：(ア)映画は面白いよ。

(イ)私は明日時間があるの。

(ウ)それはいいね。(○)

③　(A女)：悲しそうね。どうかしたの？

(B男)：家で猫が見つからないの。

(A女)：助けてあげる。どんな猫か教えて。

選択肢：(ア)小さな茶色の猫なの。(○)

(イ)猫は窓を見ている。

(ウ)猫は私の部屋にいる。

〔放送台本〕

　(3)に移ります。中学生の佳菜(Kana)と留学生のトム(Tom)が，昼休みに学校で会話をしています。会話の後で，3つの質問をします。答えとして最も適切なものを，それぞれア，イ，ウ，エから1つずつ選んで記号を書きなさい。佳菜とトムの会話と質問は通して2回言います。では始めます。

(*Kana*): Hi, Tom. I didn't see you after school yesterday. What were you doing?

(*Tom*): I was practicing the *taiko* drum with my group.

(*Kana*): Really? Do you play the *taiko* drum?

(*Tom*): Yes. I joined a *taiko* group five months ago. I practice it every Wednesday. The members are so kind. I love to play with them. Next Saturday, we'll have an event in the city hall and play the *taiko* drum there.

(*Kana*): I want to see it. When will the event start?

(*Tom*): It will start at one. Six other groups will come. They will dance or sing.

(*Kana*): What time will your group play the *taiko* drum?

(*Tom*): We will play from one ten to one thirty. Before the event, I have free time. Let's have lunch together.

(*Kana*): Good idea. I hope we will have a good time.

Question: ① When did Tom become a member of the *taiko* group?

② How long will Tom's group play the *taiko* drum at the event?

③ What will Kana and Tom do before the event?

〔英文の訳〕

　(3)佳菜：こんにちは，トム。昨日の放課後，見かけなかったね。何をしていたの？／トム：グループで太鼓の練習をしていたんだ。／佳菜：本当？　太鼓を演奏するの？／トム：そうなんだ。5ヵ月前に太鼓のグループに入った。毎週水曜日に練習している。メンバーはとても親切で。彼らと一緒に演奏することが，とても気に入っている。次の土曜日に，ぼくたちは市役所のイベントがあって，そこで太鼓を演奏することになっている。／佳菜：見たい。イベントはいつ始まるの？／トム：1時に始まる。六つの別のグループも来るんだ。彼らは，ダンスをしたり歌ったりする予定。／佳菜：あなたのグループは何時から演奏するの？／トム：ぼくたちは，1時10分から1時30分まで演奏する予定。イベントの前は，時間があるんだ。いっしょに昼ごはんを食べようよ。／佳菜：いい考えね。

楽しい時間になるといいね。

　質問①　トムはいつ，太鼓のグループのメンバーになりましたか？

　選択肢　（ア）　先月　　（イ）　先週の水曜日　　（ウ）　5日前　　（エ）　5ヵ月前（○）

　質問②　トムのグループはイベントでどれぐらいの時間太鼓を演奏しますか？

　選択肢　（ア）　10分間　　（イ）　20分間（○）　　（ウ）　30分間　　（エ）　40分間

　質問③　佳菜とトムは，イベントの前に何をしますか？

　選択肢　（ア）　昼食を食べる。（○）　　（イ）　歌を歌う。
　　　　　（ウ）　ダンスをする。　　　　　（エ）　太鼓を練習する。

〔放送台本〕

　(4)に移ります。アメリカ出身のALTのボブ(Bob)先生が，日本での生活についてスピーチをしています。スピーチを聞いて，その内容として適切なものを，ア，イ，ウ，エから2つ選んで記号を書きなさい。また，ボブ先生の最後の[問い]に対して，話題を1つ取り上げ，2つの英文であなたの[答え]を書きなさい。スピーチは2回言います。はじめに15秒間，問題に目を通しなさい。では始めます。

　　I have stayed in Japan for two years. Before I came to Japan, I stayed in China and taught English at a high school there. When I came to China and Japan, I couldn't speak the languages. But I didn't worry. I believe language is not a problem. Doing something with other people is more important. In Japan, I try volunteer work. I clean the streets on holidays and teach English to people in the town after my work. I also help people at festivals. I have many friends. They teach me a lot of new things. So, I'm happy and enjoying my life here. Now I have a question for you. What makes you happy in your life?

〔英文の訳〕

　(4)私は二年間日本に滞在しています。私は日本へ来る前には中国に滞在して，そこの高校で英語を教えていました。私が中国と日本へ来た時，私はその言葉を話すことができませんでした。しかし，心配はしませんでした。言葉は問題ではないと信じているからです。他の人たちと一緒に何かをすることは，より大切です。日本では，私はボランティア活動をやってみます。休みの日に道を掃除して，そして仕事の後に町の人々に英語を教えます。私はお祭りで人々に協力します。私には多くの友人がいます。友人たちは，多くの新しいことを私に教えてくれます。だから，私はたのしくて，そしてここでの生活を楽しんでいます。今，私はあなたに質問があります。あなたの生活で，何があなたを楽しくさせますか？

　選択肢　（ア）　ボブは中国で教師として働いていた。（○）　　（イ）　ボブは心配した，なぜなら，
　　　　　　　　彼は日本語が話せなかったから。　　（ウ）　ボブは仕事が終わったあと道路を掃除する。
　　　　　（エ）　ボブは多くの友人から新しいことを学ぶ。（○）

　[問い]　あなたの生活で，何があなたを楽しくさせますか？

　[答え]　（解答例）Playing tennis makes me happy. I play tennis with my friends after school.

　（解答例訳）　テニスをすることが，私を楽しくさせてくれます。私は放課後に友人たちといっしょにテニスをします。

＜理科解答＞

1 (1) ① イ エ 　② （記号）c 　（書き直し）運動神経 　(2) ① 関節
② W, Z 　(3) ① 血しょう 　② 吸気に比べて(例)酸素の濃度は低く，二酸化炭素
の濃度は高い

2 (1) イ 　(2) ア エ 　(3) エ 　(4) B, C, D 　(5) X (例)大きく
Y (例)大きく 　(6) ウ

3 (1) ① A, C 　② ウ 　③ ア 　④ (例)水にとけやすい性質 　(2) ① 0.72 g
② (例)密度が小さい

4 (1) ① イ 　② 120cm/s 　③ ア→ウ→イ
(2) ① 1.5 N 　② X ア 　Y (例)引く力の合力

5 (1) ① P ウ 　Q エ 　② ア 　(2) ① 38gの水
に2gの食塩をとかした。 　② 発熱反応 　③ R：ウ
S：オ 　(3) ① (例)熱をよく伝える性質
② 過程 (例)理科室内の水蒸気量は10.7g/m³であり，20℃
における飽和水蒸気量は17.3g/m³なので，湿度をxとすると，
x＝10.7÷17.3×100＝61.84… よって61.8 　答：61.8%
③ (例)飽和水蒸気量をこえる 　(4) ① 右図
② (例)鏡にうつる範囲が広くなるようにする

＜理科解説＞

1 (動物の体のつくりとはたらき：刺激と反応・骨格と筋肉のはたらき・呼吸のはたらき)

(1) ① 「スタートの合図に反応して走り出す。」のように刺激に対して意識して起こる反応は，
イ　相手が投げたボールをつかんだ，エ　名前を呼ばれたので振り向いた，である。ア　暗い場
所に行くとひとみが大きくなった，ウ　熱いものにふれて思わず手を引っこめた，は刺激に対し
て無意識に起こる反応で反射である。 　② 走り出すときの命令の信号は次のように伝わる。中
枢神経である脳からの命令の信号は，せきずいに伝わり，その後，末梢神経である運動神経を通
って，運動器官であるうでやあしなどの筋肉に伝わる。

(2) ① 骨と骨のつなぎ目で，曲がる部分を関節という。 　② うでを曲げるとき縮むのは筋肉
CでW，うでをのばすとき縮むのは筋肉DでZである。

(3) ① 体内で不要になった二酸化炭素を，肺に運ぶ役割をもつ血液の成分は，血しょうであ
る。 　② 吸気に含まれていた酸素は細胞の呼吸に使われ，二酸化炭素が放出される。よって，
呼気の酸素と二酸化炭素の濃度は，吸気に比べて酸素の濃度は低く，二酸化炭素の濃度は高い。

2 (太陽系と恒星：恒星・金星の動きと見え方，天体の動きと地球の自転・公転：星の日周運動と
年周運動)

(1) 金星は太陽のまわりを公転する惑星である。

(2) 天体の位置は，地平線からの高度と方位角で表す。

(3) 星の動きは，天球上で考えると，地球の西から東への自転により，天の北極と観測者を結ぶ
線を軸にした回転運動になる。よって，図1の西の空にある金星は，1時間後，右ななめ下の方
向に動く。

(4)　図4の地球の北極側から見て反時計回りに，地球は西から東へ自転しているので，地球が日の入り後の地点から，西の空に金星が見えるのは，金星がB，C，Dの位置にあるときである。金星がAの位置にあるときは，太陽とともに西の空に沈む。金星がEの位置にあるときは，新月のように見えない。

(5)　金星は，地球に近いほど，大きく見え，欠け方は大きくなり，太陽に照らされて反射して輝く部分が少なくなるために細長く見える。

(6)　**地球の公転による星の年周運動により，おとめ座は1か月後の同じ時刻に約30°西に移動する。**よって，8月1日から10か月後，おとめ座は約300°天球上を移動する。**地球の自転による星の日周運動により，おとめ座は1時間に約15°西に移動する。**よって，8月1日から10か月後，図2と同じ位置におとめ座が見えるのは，300°÷15°＝20であり，20時間前の午前0時である。

3　(気体の発生とその性質，身のまわりの物質とその性質：密度)

(1)　①　単体は，1種類の原子だけでできている物質であり，水素H_2，酸素O_2，である。　②　**水素は，アルミニウムはく・亜鉛・鉄などの金属にうすい塩酸を加えると発生する。**　③　石灰石にうすい塩酸を加えたとき発生する気体が二酸化炭素であることを確かめるには，集めた気体に石灰水を加えると，石灰水は白くにごる。　④　アンモニアは水に非常にとけやすいので，水上置換法では集めることができない。また，アンモニアは空気より密度が小さいので上方置換法で集める。

(2)　①　空気の密度が0.0012g/cm^3のとき，その空気600cm^3の質量$[g]＝0.0012[g/cm^3]×600$ $[cm^3]＝0.72[g]$，である。　②　密度は物質の種類によって値が決まっている。実験結果から，**水素は非常に軽く，空気や酸素，二酸化炭素と比べて密度が小さい**といえる。

4　(力のつり合いと合成・分解，力のはたらき：2力のつり合い，力と運動：等速直線運動・速さ)

(1)　①　A点から小球をはじいて，小球はB点まで速さと向きが変化せずに進んでいるので，**慣性の法則**による等速直線運動である。よって，小球の運動の向きに力がはたらかないので，小球にはたらく力は重力と垂直抗力であるから，イが正しい。　②　小球のBC間の平均の速さ$[cm/s]＝\dfrac{60[cm]}{0.5[s]}＝120[cm/s]$である。　③　小球にはたらく重力を，斜面に垂直な方向の分力と斜面に平行な方向の分力の斜面下向きの力に分解した図をかく。小球にはたらく垂直抗力は斜面に垂直な方向の分力とつり合う力なので，力の大きさは等しい。力の大きさは，重力，垂直抗力，斜面下向きの力の順である。

(2)　①　300gのおもりにはたらく重力の大きさは3Nである。糸1本あたりのおもりを引く力の大きさは半分の1.5Nである。　②　図5に作図して求める。2本の糸とおもりのフックの結び目を作用点として重力3Nと等しい大きさの力F1を作図する。次に，同じ作用点から力F1とつり合う上向きの3Nの力F2を作図する。F2は2本の糸の合力である。次にF2を対角線として，**糸aと糸fをとなりあった2辺とする平行四辺形をかくと，それぞれの辺の長さが分力の大きさである。**2本の糸のbとe，cとdの組み合わせの分力も同様に作図する。**2本の糸のどの組み合わせも合力は3Nで，等しい。2本の糸のなす角度によって，分力の大きさが変わる。**分力が大きい順は，糸aと糸fの組み合わせの場合それぞれの糸にかかる分力＞3N＞糸bと糸eの組み合わせの場合それぞれの糸にかかる分力＞糸cと糸dの組み合わせの場合それぞれの糸にかかる分力，である。1本の糸を引く力の大きさが3N以上になった瞬間に糸が切れるため，糸が切れるのはaとfの組み合わせであることがわかる。糸が切れずに，おもりが静止している2本の糸のcとd，bとeの組み合わせのときには，おもりにはたらく重力の大きさと，それぞれの糸がおもりを引く力の合力の大き

さは等しくなっている。

5 (植物の体とはたらき，植物の特徴と分類，科学技術の発展・化学変化：化学かいろ，化学変化と物質の質量，水溶液，天気の変化：空気に含まれる水蒸気の量，光と音：光の反射)

(1) ① イチョウは裸子植物であり，胚珠は子房に包まれていない。黄色く色づいた丸いものは，受精後に胚珠が種子になったものである。 ② 裸子植物に分類される植物は，マツである。

(2) 化学かいろは，鉄粉が空気中の酸素によっておだやかに酸化され，温度が上がる化学変化を活用したものである。【実験1】で，食塩水は鉄の酸化を速めるはたらきをする。活性炭は食塩水を保ち，空気中の酸素を吸着により取り入れやすくして，酸素の濃度を高めるはたらきをしている。 ① 5%食塩水を40gつくるために必要な食塩の質量[g]＝40[g]×0.05＝2[g]であり，水の質量[g]＝40[g]−2[g]＝38[g]である。 ② 鉄の酸化のように，化学変化が起こるときに温度が上がる反応を発熱反応という。 ③ 図4のグラフで，50分後から温度が変化しなくなったのは，化学変化が終わっているからであると考えられる。化学変化が終わったのは，たがいに反応する物質の質量の比は一定であるため，酸素や水と反応できる鉄がなくなったからである。

(3) ① 金属製のボウルの表面付近の空気の温度は，ボウルの中の水の温度と同じであると考えられるのは，金属に熱をよく伝える性質があるからである。 ② 20℃の理科室の1m³中に含まれる水蒸気量は，図5の金属製のボウルの表面が大気中の水蒸気の凝結により水滴ができてくもり始めた温度，すなわち露点の12℃における飽和水蒸気量である。よって，理科室の湿度[%]
＝$\frac{1m³の空気に含まれる水蒸気の質量[g/m³]}{その空気と同じ気温での飽和水蒸気量[g/m³]}×100＝\frac{10.7[g/m³]}{17.3[g/m³]}×100＝61.84…[%]$，小数第2位を四捨五入すると，理科室の湿度は61.8%である。 ③ 「カーブミラーの表面付近の空気の温度が下がり，1m³の空気に含まれる水蒸気の質量が飽和水蒸気量をこえること」が，カーブミラーがくもる条件の1つである。

(4) ① 物体E点と鏡Cに対して対称な位置にE1点をかく。E1点とF点を結ぶ直線と鏡Cの面との交点Pをもとめる。物体Eから出た光がPに入射し，反射光となってF点にいる人の目に届く。P点を通る鏡の面に垂直な垂線をかき，光の道筋を作図すると入射角と反射角は等しい。 ② 図7において，図9と同様に物体E点と鏡Cに対して対称な位置にE2点をかく。E2点とF点を結ぶ直線は鏡Cの中を通らないため，物体Eは鏡にうつらず見えなかった。図8のように鏡の向きを変えると，問①で図9に作図したように，物体Eから出た光は鏡に反射してF点にいる人の目に入り，物体Eが鏡にうつって見える。カーブミラーは，図8のように鏡の向きを少しずつかえて中央部分がふくらんだなめらかな凸面にしてあるため，鏡にうつる範囲が広くなる。

＜社会解答＞

1 (1) 卑弥呼 (2) イ→ア→ウ (3) (例)班田収授法 (4) (例)惣
(5) (例)馬借によって運ばれる物資が，琵琶湖を経由して大津に集まったから。 (6) ア
(7) (例)中国やオランダとの貿易に銅を用いるため。 (8) ウ (9) B
(10) X エ Y ア (11) (例)財閥が解体された (12) エ

2 (1) (名称) 本初子午線 (記号) ⑦ (2) A ⓓ州 D ⓑ州
(3) 太平洋，インド洋 (4) ① アメリカ ② イ ③ (例)自国と同じ州にある

3 (1) ⑦・⑦・⑦ (2) ア (3) (例)少子高齢化が進み，伝統文化を継承する人が少な

くなっていること。　(4)　(例)降雪量が多い　(5)　い　ア　う　(例)複数の言語で表す

4 (1)　参政権　(2)　ウ　(3)　イ　(4)　イ，エ　(5)　(例)地域によって，弁護士数に差があったので，どの地域でも司法サービスを受けやすくするため。　(6)　う　A　え　(例)下がる　(7)　ア，ウ　(8)　イ　(9)　エ　(10)　ウ　(11)　か　持続可能　き　(例)社会的責任

<社会解説>

1 (歴史的分野―日本史時代別―旧石器時代から弥生時代・古墳時代から平安時代・鎌倉時代から室町時代・安土桃山時代から江戸時代・明治時代から現代，―日本史テーマ別―政治史・宗教史・社会史・経済史・外交史，―世界史―政治史)

(1)　**魏志倭人伝**に登場する**邪馬台国**の女王は，**卑弥呼**である。卑弥呼は，**鬼道**(呪術)を用いて民衆を支配していたとされる。魏志倭人伝には，卑弥呼は239年に**魏**に朝貢し，**親魏倭王**の称号と金印を得たと記録されている。なお，魏志倭人伝というのは，晋の陳寿が撰した『**三国志**』のなかの『**魏志**』30巻の東夷伝にある倭人の条の通称である。

(2)　ア　**空海**が唐から帰国し，**高野山**に**金剛峯寺**を建立して**真言宗**を開いたのは，9世紀初頭である。空海は**弘法大師**と呼ばれる。　イ　**聖武天皇**が，鎮護国家の仏教思想に基づき，仏教の力で国家を守ろうと考え，都に**東大寺**を建立して**大仏**をつくり，各国に**国分寺・国分尼寺**をつくらせたのは，8世紀中期である。　ウ　平安中期には，やがて救いのない世が来るという**末法思想**が流行し，阿弥陀如来を信仰して，極楽浄土に往生しようとする，**浄土信仰**が盛んになった。その時代の代表的な建造物である**平等院鳳凰堂**は，11世紀の摂関政治の全盛期に，関白藤原頼通によって建立された。したがって，年代の古い順に並べると，**イ→ア→ウ**となる。

(3)　律令制度の下で，6歳以上の男女に**口分田**を貸し与えたのが，**班田収授法**である。良民男子2段，女子はその3分の2とされ，賤民は良民の3分の1とされていた。死後は収公された。

(4)　室町時代の農民の自治組織を**惣**という。惣では，**寄合**を開き，乙名・沙汰人などと呼ばれる代表者や**掟**を定めて，自治を行っていた。

(5)　鎌倉から室町時代に，馬を利用して物資を輸送した運送業者を，**馬借**という。日本海沿岸から馬借によって陸路を運ばれた物資が，**琵琶湖**の水上交通を経由して，大津に集まったからであることを簡潔に指摘すればよい。

(6)　イ　**田沼意次**は，特定の商人集団を**株仲間**として積極的に奨励し，一定地域の特権的な営業独占を認め，**運上金**や**冥加金**という営業税を納めさせた。　ウ　**株仲間解散令**や**人返しの法**は，いずれも**水野忠邦**による**天保の改革**の政策である。　エ　米相場の安定に努めて**米将軍**と呼ばれたのは，8代将軍徳川吉宗である。また，吉宗による**享保の改革**の中では，**足高の制**によって有能な人材を登用しようとした。イ・ウ・エとも別の時代の政治についての説明である。アが正しい。18世紀末に**老中松平定信**の行った**寛政の改革**で行われたのは，凶作やききんに備えて米を蓄えさせるという，**囲い米の制**である。寛政の改革では，その他に**棄捐令・旧里帰農令**などの政策が出された。

(7)　鎖国の時代に，**長崎**に来航し日本との貿易を行っていたのは，**中国とオランダ**である。貿易では，生糸・毛織物・絹織物・砂糖などが輸入され，日本の輸入超過となっていた。その対価として輸出されたのが，**銅**である。幕府は，輸入超過を抑えるため，中国・オランダとの貿易額を制限した。

(8) 1842年に，幕府はそれまでの**異国船打払令**にかえて，**薪水給与令**を発布し，強硬策から柔軟策へ政策を転換した。それは，清国がイギリスからのアヘンを禁輸したことを発端とする，イギリスと清との**アヘン戦争**のためである。戦争は，イギリスの勝利に終わり，1842年に**南京条約**が締結され，中国の半植民地化の起点となったことに脅威を覚え，幕府の政策転換が行われたのである。ウが正しい。ア・イ・エはどれも，幕府の異国船への対応の変化には，関係がない。

ア **南北戦争**とは，1861年から1865年に行われた，アメリカ合衆国と，その連邦組織から脱退した南部 11州が結成した南部連合との戦争である。アメリカは建国以来，奴隷制度の存在を認めてきたが，**リンカーン**が大統領に就任するに及んで，南部7州が連邦を脱退して独立し南部連合を結成した。これを認めない北部との間に南北戦争が起った。イの**名誉革命**は，1688年に，イギリス議会がジェームズ2世を追放し，オランダからウィレム3世とメアリ2世を迎えて国王としたものである。エの**辛亥革命**は，20世紀初めに，**三民主義**を唱えた**孫文**が革命を指導し，清朝を打倒するとともに，2000年来の専制政体を倒して，アジアで最初の共和国である**中華民国**を建設したものである。

(9) **日清戦争**後には，特に鉄鋼の需要が増え，軍備増強および産業資材用鉄鋼の生産増大をはかるためにつくられたのが**八幡製鉄所**である。日清戦争の**賠償金**の一部が建設費に用いられ，1901年に操業開始した。北九州の八幡に製鉄所がつくられたのは，周辺の炭鉱の石炭を利用し，また，輸入の鉄鉱石を船で運び込むのに都合がよかったためである。

(10) X 1914年に起こった**第一次世界大戦**は，日本に未曽有の好景気をもたらし，それは**大戦景気**と呼ばれた。工業が急速に発展し，輸出が輸入を上回り，貿易額が大きくなった。**成金**と呼ばれる人たちが登場したのもこの時期である。しかし，戦争終結後2年経たないうちに，**戦後恐慌**といわれる不景気が到来した。正解は，エである。 Y 1929年にアメリカを発端として起こった**世界恐慌**の影響下で，日本も恐慌に陥り，国民の生活が苦しくなったため，**労働争議**や**小作争議**が頻発した。正解は，アである。なお，イの**特需景気**とは，1950年の**朝鮮戦争**に際して起こった好景気のことを指す。また，ウの**バブル経済**は，1980年代後半から1990年代初頭の，土地や株式に対する投資が増大し，実際の価値以上に地価や株価が異常に高くなった現象のことをいう。

(11) **第二次世界大戦**まで，日本経済を動かす推進力となっていたのが，**財閥**である。特に，**三菱・三井・住友・安田**の四大財閥の力が顕著であった。財閥の力は国家権力にも及び，**軍国主義**に加担したと考えられ，終戦後日本を占領する**GHQ**によって，日本民主化政策の一環として，財閥は解体された。

(12) 1973年に，**第4次中東戦争**を機に，**石油輸出国機構（OPEC）**諸国が石油価格を大幅に引き上げたことにより，世界経済全体が大きな混乱に陥ったことを，**石油危機**という。1979年には，**第2次石油危機**があった。資料5をみると，石油の供給割合は1953年以降1973年まで増加する一方で，**石炭**の供給割合は減少する一方だった。しかし，石油危機以降は石油への依存率は若干低下した。

2 （地理的分野―世界地理―地形・人々のくらし・産業・貿易）

(1) （名称） イギリスのロンドン郊外の**グリニッジ天文台**を通る経線が，**本初子午線**である。1884年の国際協定で，この線を東経0度，西経0度とし，全世界の経度の原点とすることが決定された。 （記号） 本初子午線が通る国は，ヨーロッパ州では，イギリス・フランス・スペイン，アフリカ州では，アルジェリア・マリ・ブルキナファソ・トーゴ・ガーナであり，模式図2のウである。

(2)　A　世界各国の**二酸化炭素排出量**は，2012年のデータで比較すると，1位が中国，2位がアメリカ，3位がインド，4位がロシア，5位が日本となっており，二酸化炭素の排出量の最も多いA州が，アジア州である。アジア州の位置は，模式図1の⓪である。　D　森林の分布をみると，ヨーロッパ州が第1位，南アメリカ州が第2位，北アメリカ州が第3位である。Dは，ヨーロッパ州について，**森林面積**が第2位なので，南アメリカ州の位置は，模式図の⑥である。

(3)　**三大洋**とは，**太平洋・大西洋・インド洋**である。Y大陸は，オーストラリア大陸であり，面しているのは，太平洋とインド洋である。

(4)　①　**アメリカ合衆国**は，輸出額が約15千億ドルなのに対し，輸入額は約20千億ドルを超えており，**貿易赤字国**である。　②　世界で自動車輸出が多い国の順は，1位フランス，2位日本，3位ドイツ，4位アメリカ合衆国となっており，Zの輸出品は自動車である。　③　**NAFTAは北米貿易協定**であり，**EUはヨーロッパ連合**である。つまり，アメリカもドイツも，自国と同じ州にある国々への輸出の割合が最も高いことになる。

3　(地理的分野―日本地理―都市・人口・工業・気候・農林水産業・交通)

(1)　⑦の宮城県の**県庁所在地**は，仙台市である。④の石川県の県庁所在地は，金沢市である。④の沖縄県の県庁所在地は，那覇市である。県名と県庁所在地の異なる県は，ほかに13県ある。そのうち5県の県庁所在地は，**政令指定都市**である。

(2)　イ　**姫路城**は，兵庫県にある。　ウ　**石見銀山遺跡**は，島根県にある。　エ　**厳島神社**は，広島県にある。イ・ウ・エのどれも組み合わせに誤りがあり，アが正しい。**富岡製糸場**は，**殖産興業政策**の一環として，1872年に群馬県に建設された，日本で最初の**官営模範工場**である。フランス人技師が招かれ，全国から多くの**工女**を集めて操業を開始した。富岡製糸場は，2014年に**UNESCO**によって**世界遺産**に登録された。

(3)　図1に見られるように，**少子高齢化**が進み，また，都市へ出る若者も多く，**生産年齢人口**が少なくなり，**伝統文化**を継承する人が少なくなっていることを簡潔に指摘すればよい。

(4)　秋田県など，東北地方の日本海側では，冬に大陸にある**シベリア気団**から吹く，冷たい北西の**季節風**の影響で**降雪量**が多いため，冬に農作業ができず，その間の副業として**伝統的工芸品**が作られている。

(5)　い　**韓国・中国・台湾・香港**などの地域を**東アジア**といい，秋田県を訪れる外国人観光客の多くを占めている。　う　英語だけでなく，中国語やハングルなど複数の言語で表すことで，東アジア諸国からの観光客をもてなす工夫がされている。

4　(公民的分野―基本的人権・国の政治の仕組み・消費生活・三権分立・経済一般・財政・国際社会との関わり，地理的分野―環境問題)

(1)　国民が直接に，または間接に国政に参加する権利を**参政権**という。**選挙権・被選挙権**，公務員になる権利，公務員を罷免する権利などを指している。日本国憲法第43条では，衆議院と参議院について「両議院は，全国民を代表する選挙された議員でこれを組織する。」と規定している。

(2)　**衆議院議員**の被選挙権の年齢要件は，満25歳以上である。**参議院議員**の被選挙権の年齢要件は，満30歳以上である。**都道府県知事**の被選挙権の年齢要件も，満30歳以上である。なお，年齢は選挙当日の年齢である。また，いずれの場合も，日本国籍を持つ者という条件がある。

(3)　**民法**によれば，**売買契約は売主**と**買主**の「合意」があったときに成立するとされている。その契約後に，買主は売主に代金を支払う義務を負い，商品を受取る権利を持つ。

(4) アの取り調べを行い、**被疑者を起訴する**のは、**検察官**の役割である。ウの個人間の権利にかかわる対立を解決するのは、**民事裁判**についての説明である。ア・ウのいずれも裁判員が行うことの説明ではない。イとエが、**裁判員の行うこと**として適切である。裁判員制度は、殺人など、重大な**刑事事件の一審**の裁判に、くじで選ばれた市民の裁判員が参加する制度で、2009年5月から実施されている。

(5) 図2・図3から読みとれるように、地域によって**弁護士**数に差があったので、全国のどこにおいても、法的トラブルを解決するための情報やサービスを受けられることを目指して、2006年に**日本司法支援センター**が業務を開始した。その愛称を「**法テラス**」という。

(6) **う** 供給量が需要量を上回っているのは、Aの場合である。 **え** **市場の原理**により、**自由競争**が行われていれば、財やサービスの供給量が需要量を上回ったときには物価が下がる。

(7) **国会**や**政府**や**地方公共団体**が、その料金の決定や改定に直接関与する料金のことを**公共料金**という。主なものとして、政府が認可する電気料金・ガス料金・鉄道運賃・郵便料金・固定電話の通話料金・国内航空運賃、地方自治体が決定する公立学校授業料などがある。

(8) 政府が景気を調整するために行う政策を**財政政策**といい、好景気の時には**公共事業を減ら**し、**増税**をする。不景気の時には公共事業を増やし、**減税**をする。一方、**日本銀行は金融政策**を行い、不景気の時には、一般の銀行が持つ**国債**などを買い上げる**公開市場操作**を行い、一般の銀行が保有する資金量を増やし、**市場**に通貨が出回りやすくする。これを**買いオペレーション**という。好景気の時には、逆に銀行に国債などを売る。これは**売りオペレーション**といわれる。

(9) **ア** 1919年に設立された、雇用・労働条件の改善を目的とした国連の専門機関が、**ILO(国際労働機関)**である。 **イ** 1995年に設立された自由貿易に関連する様々な国際ルールを定めているのが、**WTO(世界貿易機関)**である。 **ウ** 1945年に設立され、通貨と為替相場、国際金融システムの安定化を目的とした国際連合の専門機関が、**IMF(国際通貨基金)**である。ア・イ・ウのどれも別の機関の説明であり、エが正しい。すべての子どもの命と権利を守るため、最も支援の届きにくい子どもたちを最優先に活動しているのが、1946年に設立された**UNICEF(国連児童基金)**である。保健・栄養・水・衛生・教育などに関する支援を行っている。

(10) 19世紀までにヨーロッパ諸国により植民地とされていたアフリカ各地で、**第二次世界大戦**後に**独立運動**が活発になり、1960年前後に一斉に独立を達成した。特に1960年は、17か国が独立をし、**アフリカの年**といわれる。これらの独立をした国が**国際連合**に加盟したために、1960年前後はアフリカの加盟数が増えている。正解は、1960年に加盟数が急増しているウである。

(11) **か** **地球環境**や**自然環境**が適切に保全され、**将来の世代**が必要とするものを損なうことなく、**現在の世代**の要求を満たす開発が行われている社会のことを、**持続可能な社会**という。

き **企業の社会的責任**とは、利益の追求だけでなく、従業員・消費者・地域社会・環境などに配慮した企業活動を行うべきとするものである。

＜国語解答＞

一 1 (例)笑顔を大切にする(こと) 2 (例)自分の仕事に責任をもって取り組む(こと)
 3 (例)自分の得意なことを生かしたい(ということ) 4 エ
二 1 双方向のもの 2 (バランスよく)明快な論理と素直な感情が融合している(話)
 3 (例)理屈をうっとうしい 4 エ 5 (1) a 険悪になる b 国際的な交渉
 (2) (例)相手の立場や気持ちを考えながら主張したり、相手の論理の弱点を突いたりし

て，言葉による説得を行う

三　1　①　過程　　②　異(なる)　　③　そうぐう　　④　とら(えて)　　2　五(文節)
　　3　下一段活用　　4　複雑

四　1　甘ったれ　　2　役目を果たした充足　　3　(1)　a　ウ　　b　ア　　(2)　(例)不器用
　　で気持ちを表に出さない　　4　(1)　(例)信頼関係を築く　　(2)　Ⅱ　(例)断固とした物
　　言いで制する　　Ⅲ　(例)馬の主人としての自覚を深める

五　1　①　こめすえて　　②　いわいおきて　　2　ウ　　3　a　(例)風が強い　　b　(例)桜
　　の花が風で散らない　　4　Ⅰ　腹黒きこと　　Ⅱ　(例)和歌の題材をうっかり話す

六　(例)　私が考える「外国人に伝えたい日本の魅力」は，日本の食事です。それも高級な懐
　　石料理などではなくて，ふだん私たちが食べているようなメニューで，比較的安い値段で
　　たくさん食べられるものがいいと思います。例えば，とんかつや牛丼はもとは西洋料理だ
　　ったものを日本風にアレンジした料理だと聞いたことがあります。また，秋田のしょっつ
　　るは東南アジアの調味料と似ているそうです。そのような料理を食べてもらえば，外国と
　　日本の共通点や相違点を感じてもらうことができるし，日本の魅力を知ってもらうことが
　　できると思うからです。

＜国語解説＞

一　(聞き取り―内容吟味)

1　佐藤さんは，「気を付けてほしいことを二つ言いますね。」と前置きしてから「一つ目は，安全
　　に働くことです。～二つ目は，笑顔を大切にすることです。」と言っている。

2　まゆこは「自分の仕事に責任をもって取り組むことを心がけたい」と言っている。

3　職場体験でその店を選んだ理由について，ともきは「ぼくは体力に自信があり，力仕事が得意
　　なので，こちらのお店で自分の得意なことを生かしたいと思いました。」と言っている。また，
　　まゆこは「私は整理整頓が得意なので，商品を並べる仕事に生かしたいと思ったからです。」と
　　言っている。二人の共通点は，自分の得意なことを生かしたいということである。

4　佐藤さんは，「期待していますよ。」「頼もしいですね。」など，相手の気持ちに配慮しながら，
　　発言を肯定的に受け止めて話を進めている。正解はエ。「自分の体験」や「やりがい」について
　　は話していないので，アは誤り。仕事の内容の説明は「繰り返し」ていないので，イはふさわし
　　くない。ウは，「正しい言葉遣いの例を複数」あげているとする点が誤りである。

二　(論説文―大意・要旨，内容吟味，文脈把握，指示語の問題)

1　傍線部の次の文に「コミュニケーションは双方向のものなので，聞き方も大切であり，～」と
　　あるので，ここから抜き書きする。

2　解答欄に「バランスよく」とあることに注目。同じ段落の少し前の部分に，「明快な論理と素
　　直な感情が融合していることがポイントだと考える。両者のバランスが重要で～」とある。

3　第五段落の初めに「また，日本人は，主義主張や意見を論理的に主張するのを，うっとうしい
　　と感じる傾向がある。」とある。「論理的な主張は嫌いだ」(10字)，「理屈は面倒くさい」(8字)な
　　ど，同じ意味の解答であれば正解とする。

4　筆者が伝えようとしたのは，「理屈を正しいと思っている欧米圏の人」に，日本人の理屈を「う
　　っとうしい」「嫌いだ」と感じる傾向を説明するのが難しかったという体験である。正解はエ。筆
　　者が伝えようとしたのは，アの「有効な方法」やイの「筆者の専門性」ではない。また，苦労の

末ようやく「理解してもらえた」のだから，ウの「意外性」は不適切である。

5　(1)　a　第四段落に「日本人は〜自分の立場を最初に言ってしまうと，対立軸がはっきりしすぎて後で険悪になるのではないかと恐れるのだ。」とある。　b　筆者は，第六段落で「国際的な交渉が一段と増えるなかで，日本人が補強していくべき点」と言っている。　(2)　「やんわりと」は日本人の交渉術，「鋭く」は欧米人の交渉術である。日本人は，お互いに相手の立場や気持ちを考えて話すが，それだけでは「理屈を正しいと思っている人たち」と交渉して自分の主張を通すことはできない。国際的な場で相手と対等に交渉するためには，「相手の理屈には理屈で押し返す，相手の論理の弱点を突く」などの訓練をして，「言葉による説得」を行うための方法を身に付けなければならないのである。

三　(知識—漢字の読み書き，語句の意味，文と文節，品詞・用法)

1　①　「過程」を同音異義語の「仮定」「課程」などと混同しない。　②　「異なる」は，ちがうという意味。　③　「遭遇」は，思いがけなく出会うという意味である。　④　「捉」(とら・える)を形が似ている「促」(うなが・す)と混同しないように注意する。

2　波線部を文節に分けると「人間も／動物も／外からの／刺激を／受けると」となる。

3　「逃げ」は下一段活用動詞「逃げる」の連用形である。

4　「単純」は物事が入り組んでいないこと。対義語は，いろいろなことがからみあってややこしいという意味の「複雑」である。

四　(小説—情景・心情，内容吟味，文脈把握)

1　和子がワカに声をかけた後の部分に「鼻先を撫でてやると，ぷふうと熱い鼻息が吹きかかった。いつもの甘ったれだ。」とある。

2　傍線部の前の部分に「先ほど森で感じたような不安はかき消え，役目を果たした充足が和子の心を温かく満たしていた。」とある。

3　(1)　a「頬を温かい掌で挟んでくれた」という動作からも，母のウ「愛情」を読み取ることができる。　b　「それまでは」という言葉から，点線部の「弛んだ」と反対の意味の言葉が入ることが推測できる。心や体がかたく引きしまるという意味のア「緊張」が入る。　(2)　デンプン湯を作ったり，優しい言葉をかけたりする母と異なり，祖父は「黙って新聞に目を通して」いた。和子が出かけてからは長い時間が経過しており，新聞はとっくに読み終わっていたはずなのに，心配していたとは言わないし，ねぎらいの言葉もかけない。このことから，祖父は，不器用で気持ちを表に出さない性格であることが読み取れる。

4　(1)　本文の「信用」という言葉に注目する。馬が人間を信用し，人間も馬を信用する関係を作るという内容を8字以内で書く。　(2)　Ⅱ　本文の初めの部分の「和子は思わず口を開いて制する。〜断固とした主人の物言いに，ワカは弾かれたように首を上げ，和子に近づいてきた。」をもとに書く。　Ⅲ　祖父が和子に伝えたかったのは，馬の主人としての心構えである。和子は，馬を連れ戻すという体験を通して，馬の主人としての自覚を深めることができたのである。

五　(古文—内容吟味，文脈把握，仮名遣い)

〈口語訳〉　信濃の国は，非常に風が強いところである。このため，諏訪明神の社に，「風の祝」という神官を置いて，奥深い所に風を閉じ込めて神として祭り，百日の間，尊重するのである。そうすると，その年は風が静かで，農業のために喜ばしい。もしもすき間があり，(閉じ込めた風に)日の光を見せてしまうと，風はおさまらなくて不都合だということを，藤原資基という人が聞いて，

「このようなことを聞きました。これを歌に詠もうと思います」と，源俊頼に語ったところ，俊頼が答えて言うことには，「まったく低俗である。このようなことを，決して考えてはいけない。だめだ，だめだ」と言ったので，（資基は）「そういうことか」と思っていたが，俊頼が後にこのことを詠んだ(歌)，

　　信濃にある木曽路の桜が咲いたなあ
　　風の祝に(花を散らす強い風を閉じ込めて)すき間がないようにさせよ

(俊頼のたくらみは)本当に意地が悪いことだなあ。資基は後悔した。

1　①　ワ行の「ゑ」を「え」に直して「こめすえて」とする。　②　語頭にないハ行の「は」「ひ」を「わ」「い」に直し，「置」を平仮名にして「いわいおきて」とする。

2　資基の「これを歌によまむと思ふ」に対して俊頼が言った言葉である。「これ」は「風の祝」の風習を指し，資基は土地の風習を歌に詠もうとしていることを俊頼に語ったのであるが，俊頼に強く否定されたのである。

3　a　「風はやき」の意味を書く。「風が激しい」などでも正解。　b　「風の祝」は，強い風を閉じ込める神官である。ここでは，せっかく咲いた桜の花が風で散らないように，風を閉じ込める社にすき間がないようにしてほしいと言っている。

4　Ⅰ　本文の最後に「もつとも腹黒きことか」という筆者の感想が書かれている。　Ⅱ　資基が俊頼に対して「かくのごとく承る。これを歌によまむと思ふ」と言ったことを指す。資基が思慮深かったら，和歌の題材をうっかり他人に話すようなことはしないで，自分で歌に詠んだはずだということである。

六　(作文)

　与えられた条件を満たして書くこと。自分が考える「外国人に伝えたい日本の魅力」を，伝えたいと思う理由を交えて200〜250字で書く。解答例は伝えたいものとして日本の身近な食事を挙げ，その理由を説明している。

　書き終わったら必ず読み返して，誤字・脱字や表現の不自然なところは書き改める。

大切なことはメモしておこうネ！

解答用紙集

○月×日△曜日　天気(合格日和)

◆ご利用のみなさまへ

＊解答用紙の公表を行っていない学校につきましては、弊社の責任に
　おいて、解答用紙を制作いたしました。

＊編集上の理由により一部縮小掲載した解答用紙がございます。

＊編集上の理由により一部実物と異なる形式の解答用紙がございます。

人間の最も偉大な力とは、その一番の弱点を克服したところから
生まれてくるものである。──カール・ヒルティ──

東京学参株式会社

※175%に拡大していただくと，解答欄は実物大になります。

令和6年度

数　　学

(解　答　用　紙)

受検番号		氏　名	

表 合 計

合　　計

1

小　計

(1)	
(2)	
(3)	
(4)	
(5)	
(6)	$x =$
(7)	$x =$　　　　，$y =$
(8)	$x =$
(9)	$a =$　　　　，$b =$
(10)	$n =$
(11)	°
(12)	°
(13)	cm
(14)	cm³
(15)	cm³

2

小　計

(1)	ア	
	イ	
(2)	①	$a =$　　　　，$b =$
	②	cm²
(3)	①	
	②	

(4)

A　　　　　　　D

B　　　　　　　C

3

裏 合 計

小 計

(1)
①
②

(2)
ⓐ
ⓑ
ⓒ
ⓓ

(3)

守さんの考え方　　香さんの考え方

(過程)

（　　）車のほうが（　　）L多い

4

小 計

(1)
①
②

(2)
①
②

5－Ⅰ

小 計

[証明]
△FBCと△FDEにおいて

(1)

△FBC∽△FDE

(2)
①　　　　　　　　　　　cm
②　　　　　　　　　　　cm²

5－Ⅱ

小 計

[証明]
△FBCと△FDEにおいて

(1)

△FBC∽△FDE

(2)
①　　　　　　　　　　　°
②　　　　　　　　　　　倍

秋田県公立高校　2024年度

※172％に拡大していただくと，解答欄は実物大になります。

令和6年度

英　語
（解　答　用　紙）

受検番号		氏　名		

表 合 計

合　　計

リスニングテスト

小 計	**1**		
	(1)	①	
		②	
	(2)	①	
		②	
		③	
	(3)	質問	
		①	
		②	
	(4)	①	
		②	
		③	

小 計	**2**		
	(1)	①	
		②	
		③	
	(2)	①	OK, but I don't know （　　　　　　）（　　　　　　）（　　　　　） it.
		②	If （　　　　）（　　　　　　）（　　　　　　　）, I would go to the nurse's office.
		③	Have （　　　　）（　　　　　）（　　　　） there?

小 計	**3**		
	(1)	①	
		②	
		③	
		④	
	(2)		?

4

小 計			
	(1)	①	
		②	
		③	
		④	

(2)

		5 語
		10 語
		15 語
		20 語
		25 語
		30 語
		35 語
		40 語
		45 語

5

小 計			
	(1)	①	
		②	
		③	
		④	
	(2)	①	
		②	
		③	
		④	
		⑤	

※ 185％に拡大していただくと，解答欄は実物大になります。

令和6年度

理　科

（解 答 用 紙）

受検番号		氏 名	

合　計

1

小　計				
	(1)			
	(2)	P：　　　　Q：		
		R：　　　　S：		
	(3)			
	(4)			
	(5)	①		
		②		

2

小　計		
	(1)	
	(2)	
	(3)	図1 ろ紙が重なっていないところ　ろ過する液　ろ紙が重なっているところ　ろうと
	(4)	X：　　　　Y：
	(5)	
	(6)	％

3

小　計			
	(1)	①	
		②	S：
			T：
		③	天気：
			風向：
			風力：
		④	X：　　　Y：
	(2)	名称：	
		理由：	

4

小　計			
	(1)	①	N
		②	図4 作用点
		③	
	(2)		g
	(3)	X：	
		Y：	
		Z：	

5

小　計			
	(1)	①	
		②	
	(2)	①	記号：
			動き：
		②	
		③	X：　　　Y：

6

小　計			
	(1)	①	
		②	g/cm³
	(2)	①	
		②	倍
		③	

秋田県公立高校　　2024年度

※182％に拡大していただくと，解答欄は実物大になります。

令和6年度

社　　会
（解　答　用　紙）

受検番号		氏　名	

合　計

1

小　計

(1)	大陸
(2)	
(3)	
(4)	
(5)	お
	か

3

小　計

(7)	
(8)	
(9)	
(10)	
(11)	
(12)	
(13)	ア→　　　　→　　　　→

2

小　計

(1)	市
(2)	
(3)	発電
(4)	①
	②
(5)	イ　　　　県
	エ　　　　県

4

小　計

(1)	
(2)	
(3)	
(4)	
(5)	①
	②
(6)	
(7)	
(8)	
(9)	
(10)	①
	②

3

小　計

(1)	
(2)	
(3)	
(4)	
(5)	
(6)	

秋田県公立高校　２０２４年度

令和六年度

国語

（解答用紙）

受検番号		氏名	

一　「聞くこと」に関する検査

小計	1	ポスターを見た人に	こと
	2		
	3		こと
	4		

合計	

表合計	

二

小計	1	漢字	①		やす	③
		読み	②		め	④
	2		
	3		
	4		

三

小計	1	a	
		b	
	2	無人島で暮らす家族の状況と同様に	世界
	3	(1)	
		(2)	
	4		
	5	(1)	
		(2)	他の生物とは異なり、人間は	
			という特徴

2024年度入試配点表(秋田県)

数学	1	2	3	4	5	計
	各4点×8 ※(1)~(15)から 8問選択((7)~(10) 各完答)	(1) 各2点×2 (3)②,(4) 各5点×2 他 各3点×3 ((2)①,(3)①各完答)	(2)ⓐ 3点 (3) 5点 他 各2点×5	各3点×4	各5点×3 ※ⅠとⅡから1問選択	100点

英語	1	2	3	4	5	計
	他 各2点×10 ((3)①・②完答)	(1) 各2点×3 (2) 各3点×3	各3点×5	(1) 各3点×4 (2) 8点 (内容4点,表現4点)	各3点×10	100点

理科	1	2	3	4	5	6	計
	各3点×6 ((2)完答)	(1) 2点(完答) (6) 4点 他 各3点×4 ((2),(4)各完答)	(1)①・③ 各3点 ×2((1)③完答) 他 各4点×3 ((1)②・④,(2)完答)	(1)① 2点 (2) 4点 他 各3点×4 ((3)XY完答)	(1)① 2点 他 各3点×4 ((2)①・③各完答)	(1)① 2点 他 各3点×4	100点

社会	1	2	3	4	計
	(2)~(4) 各3点×3 他 各2点×3	(2),(4)① 各3点×2 他 各2点×5	(2),(10) 各4点×2 (1),(5),(11),(13) 各3点×4 他 各2点×7	(8) 4点 (6),(9) 各2点×2 他 各3点×9	100点

国語	一	二	三	四	五	六	計
	1,3 各3点×2 他 各2点×2	各2点×7	2,4 各3点×2 3(2) 4点 5(2) 5点 他 各2点×4	1 2点 3 4点 4(2)d 5点 他 各3点×4	3(2)・(3) 各3点×2 他 各2点×6	内容・構成 5点 表現・叙述 4点 表記等 3点	100点

※179％に拡大していただくと，解答欄は実物大になります。

令和5年度

数　　学
（解　答　用　紙）

受検番号		氏　名	

表　合　計

合　　計

1

小　計

(1)	
(2)	
(3)	
(4)	
(5)	
(6)	$x =$
(7)	$x = \qquad , \quad y =$
(8)	$x =$
(9)	cm
(10)	
(11)	°
(12)	°
(13)	cm
(14)	cm
(15)	cm²

2

小　計

(1)

①

② 午前10時　　　　　　　分

(2)

①

② 　　　　　　　　枚

(3)

裏 合 計

3

小 計

(1)

(2) （範囲）　　　　　　　　　　分

　　 （第1四分位数）　　　　　　分

(3) ①
　　 （記号）
　　 ----------------------------
　 ② （理由）

4

小 計

(1) ［証明］
　　 △ACEと△BCFにおいて

　　 △ACE≡△BCF

(2) ア

　　 イ

(3) 　　　　　　　　　　　　　　cm

5－Ⅰ

小 計

(1) （過程）

　　　　　　答

(2) 　　　　　　　　　　　　cm

(3) $a =$

5－Ⅱ

小 計

(1) （過程）

　　　　　　答

(2) ① $t =$
　　 ----------------------------
　　 ② $t =$

※ 200％に拡大していただくと，解答欄は実物大になります。

令和5年度
英　語
（解　答　用　紙）

| 受検番号 | | 氏 名 | | |

表 合 計

合　　計

リスニングテスト

小 計

1

(1)	①	
	②	
(2)	①	
	②	
	③	
(3)	①	
	②	
	③	
(4)		
[質問]		?

小 計

2

(1)	①	
	②	
	③	
	④	
(2)	①	
	②	
	③	
	④	
(3)	①	(　　　　　)(　　　　　)(　　　　　) he?
	②	Could (　　　　　)(　　　　　)(　　　　　) a menu?
	③	How (　　　　　)(　　　　　)(　　　　　) been skiing?

小 計

3

(1)	①	.
	②	.

(2)

（記入例）　I'm　　sorry　,　but　　I'm　　very　　busy　.

The person I respect is (　　　　　　　　　　　　　　　　　).

5語
10語
15語
20語
25語

裏 合 計

小 計　　4

(1)		
(2)	①	
	②	
(3)		
(4)		

小 計　　5

(1)		
(2)		
(3)		
(4)	a	
	b	
(5)	⋯⋯⋯⋯⋯⋯⋯⋯⋯	
(6)	①	
	②	

※ 189%に拡大していただくと，解答欄は実物大になります。

令和5年度

理　　科

（解　答　用　紙）

受検番号		氏　名	

合　計

1

小　計

(1)	①	
	②	ヒトの
	③	
	④	
(2)	①	記号：
		名称：
	②	

2

小　計

(1)	①		
	②		
	③	化学式：	
		体積：	cm³
(2)	①		
	②		
(3)		図4　水素原子：●　酸素原子：○　水素 ＋ 酸素 → 水	

3

小　計

(1)	①		
	②	記号：	書き直し：
(2)	①	km/秒	
	②	（グラフ：初期微動継続時間［秒］ 対 震源からの距離［km］）	
	③	X：	
		Y：	

4

小　計

(1)			
(2)	①		
	②	過程：	
			W
	③		g
	④	X：	
		Y：	

5

小　計

(1)	①	
	②	
(2)	①	
	②	
(3)	X：	
	Y：	

6

小　計

(1)	①		
	②		
(2)	①	北：	
		方向：	
	②		
	③		

令和5年度

社　　　会
（解　答　用　紙）

※ 179％に拡大していただくと，解答欄は実物大になります。

受検番号		氏　名	

合　計

1

小　計			
	(1)		
	(2)		
	(3)	記号	
		語	
	(4)	①	
		②	
		③	

2

小　計			
	(1)		市
	(2)	①	P　　　Q
		②	県
	(3)	記号	工業地帯名　　　工業地帯
	(4)	①	約　　　倍
		②	X
			Y

3

小　計			
	(1)	①	
		②	
		③	
	(2)	①	
		②	
		③	

3

小　計			
	(3)	①	
		②	
		③	
	(4)	①	
		②	
		③	都市部　　　農村部
		④	い
			う

4

小　計			
	(1)	①	
		②	
	(2)	①	
		②	う　　　え
		③	
	(3)		
	(4)	Q	
		R	
		S	
	(5)		
	(6)		
	(7)		
	(8)		
	(9)	①	
		②	

秋田県公立高校　２０２３年度

令和五年度

国　語

（解答用紙）

受検番号		氏　名	

一　「聞くこと」に関する検査

小　計

1	小学生が水たまりをよけようとして	こと
2		こと
3		という視点
4		

合　計

表合計

二

小　計

1	世代	
2	物事は	という見方
3		
4		
5	(1) a	
	b	
	(2)	

三

小　計

1	読み	①		③	なう
	漢字	②		④	き
2					
3					
4					

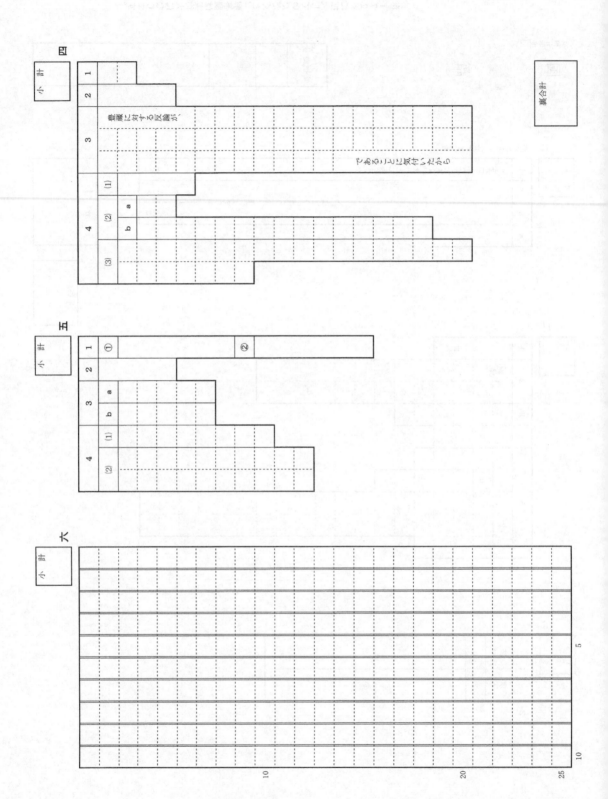

2023年度入試配点表 (秋田県)

数学	1	2	3	4	5	計
	各4点×8 ※(1)~(15)から 8問選択((10)完答)	(1)②,(3) 各5点×2 他 各4点×3	各4点×4 ((2),(3)①各完答)	各5点×3 ((2)完答)	各5点×3 ※ⅠとⅡから1問選択	100点

英語	1	2	3	4	5	計
	(4)[質問] 5点 他 各2点×10	各2点×11	(2) 5点 他 各3点×2	各3点×5	各3点×9	100点

理科	1	2	3	4	5	6	計
	(1)① 2点 (2)① 4点(完答) 他 各3点×4	(1)① 2点(完答) (1)③ 4点(完答) 他 各3点×4 ((2)②完答)	各3点×6 ((1)②完答)	(2)① 2点 (2)② 4点(完答) 他 各3点×4	(1)① 2点 他 各3点×4 ((3)完答)	(1)② 2点 他 各3点×4 ((2)①完答)	100点

社会	1	2	3	4	計
	(3),(4)① 各3点×2 ((3)完答) (4)③ 4点 他 各2点×3	(3),(4)②Y 各3点×2 他 各2点×5 ((2)①,(3)各完答)	(1)①・③,(3)①,(4)③ 各3点×4((1)①,(4)③各 完答) (2)② 4点 他 各2点×9	(2)①,(4)S,(5),(7) 各3点×4((1)完答) (4)① 4点 他 各2点×9 ((2)②,(4)QR,(7)各完答)	100点

国語	一	二	三	四	五	六	計
	1,4 各2点×2 他 各3点×2	1 2点 2 4点 5(2) 5点 他 各3点×4	各2点×7	1 2点 3 5点 4(3) 4点 他 各3点×4	2,4(1) 各3点×2 4(2) 4点 他 各2点×4	内容・構成 5点 表現・叙述 4点 表記等 3点	100点

秋田県公立高校　　2022年度

※ 179％に拡大していただくと，解答欄は実物大になります。

令和4年度

数　学
（解　答　用　紙）

受検番号	氏　名

表 合 計

合　　計

1

小 計

(1)	
(2)	
(3)	
(4)	
(5)	$x =$　　　　　　，$y =$
(6)	$x =$
(7)	
(8)	およそ　　　　　　　　個
(9)	
(10)	個
(11)	$x =$
(12)	。
(13)	図2　　D　　A　E
(14)	cm³
(15)	cm³

2

小 計

(1)	①
	②
(2)	① 　　　　　cm
	②
(3)	A　　　　　D　B　E　C
(4)	

- 2022〜1 -

裏 合 計

3

小 計

(1) ① ア
イ
② $m =$
③ ウ
エ

(2) 個

5 - I

小 計

[証明]
△ABCと△ACDにおいて

(1)

△ABC∽△ACD

(2) ①
② 倍

4

小 計

(1) ①
(記号)
(理由)
②

(2)

5 - II

小 計

[証明]
△ABCと△ADBにおいて

(1)

△ABC∽△ADB

(2) ①
② 倍

※ 200％に拡大していただくと，解答欄は実物大になります。

令和４年度
英　語
（解　答　用　紙）

受検番号　　　　　氏　名

表 合 計

合　計

1　リスニングテスト

小　計

(1)	①	
	②	
(2)	①	
	②	
	③	
(3)	①	
	②	
	③	
(4)		
	[答え]	.
		.

2

小　計

(1)	①	
	②	
	③	
	④	
(2)	①	
	②	
	③	
	④	
(3)	①	(　　　　　) (　　　　　　　) (　　　　　　　) go there?
	②	I think skiing is the (　　　　　) (　　　　　　) (　　　　　　) all winter sports.
	③	He told (　　　　　) (　　　　　) (　　　　　) to the science room after lunch.

3

小　計

| (1) | ① | . |
| | ② | . |

| (2) | (記入例) | I'm | sorry | , but | I'm | very | busy | . |

My best memory was (　　　　　　　　　　　　　　　　　　).

		5語
		10語
		15語
		20語
		25語

裏 合 計

小 計	**4**		
	(1)	①	
		②	
	(2)		
	(3)		
	(4)	幸	
		ベッキー	
		理由	

小 計	**5**		
	(1)		
	(2)		
	(3)		
	(4)		
	(5)		
	(6)	①	
		②	

※189%に拡大していただくと，解答欄は実物大になります。

令和4年度

理　　科
（解 答 用 紙）

受検番号		氏　名	

合　計

1

小　計

(1)	①	
	②	
	③	
(2)	①	
	②	
	③	

2

小　計

(1)	名称：	
	記号：	
(2)		g
(3)		
(4)	①	W：　　　X：
		Y：
	②	

3

小　計

(1)	①	
	②	
(2)	①	
	②	
	③	過程： g
	④	X： Y：

4

小　計

(1)	図4　　⑦　　底面
(2)	
(3)	N
(4)	
(5)	
(6)	記号：　　　距離：　　　cm

5

小　計

(1)	①	
	②	
	③	
(2)	①	
	②	X：　　　Y：

6

小　計

(1)	①	
	②	P： Q：
(2)	①	
	②	g
	③	X： Y：

※ 179％に拡大していただくと，解答欄は実物大になります。

令和4年度
社　　会
（解 答 用 紙）

受検番号		氏 名	

合　計

1

小　計			
	(1)	海洋名	記号
	(2)		州
	(3)		
	(4)		
	(5)		
	(6)		

3

小　計			
		①	
		②	
	(3)	③	
		④	
		⑤	
		⑥	

2

小　計			
	(1)		
	(2)	①	
		②	Y
			Z
	(3)		
	(4)	①	
		②	自動車は,

3

小　計			
	(1)	①	あ　　　い
		②	→　　　→
		③	名称
			資格　一定額以上の
	(2)	①	
		②	

4

小　計			
	(1)	①	
		②	
		③	
	(2)	①	
		②	
		③	
		④	
		⑤	
	(3)	①	
		②	
		③	
		④	
		⑤	採択された　　採択されなかった
			理由

※１７２％に拡大していただくと、解答欄は実物大になります。

令和四年度

国語

（解答用紙）

受検番号		氏名	

一

「聞くこと」に関する検査

1		こと
2	品物の安さより	というこ とを伝えた方が よい
3		情報を伝えること
4		

小計

二

1	環境に適応して生息し	ということ
2		
3	(1) a	
	b	
	(2)	
	(3)	
4	混乱が起こる環境では	ことができるから

小計

三

1	読み	①	か ③
	漢字	②	④ み
2			
3		活用	
4			

小計

合計

表合計

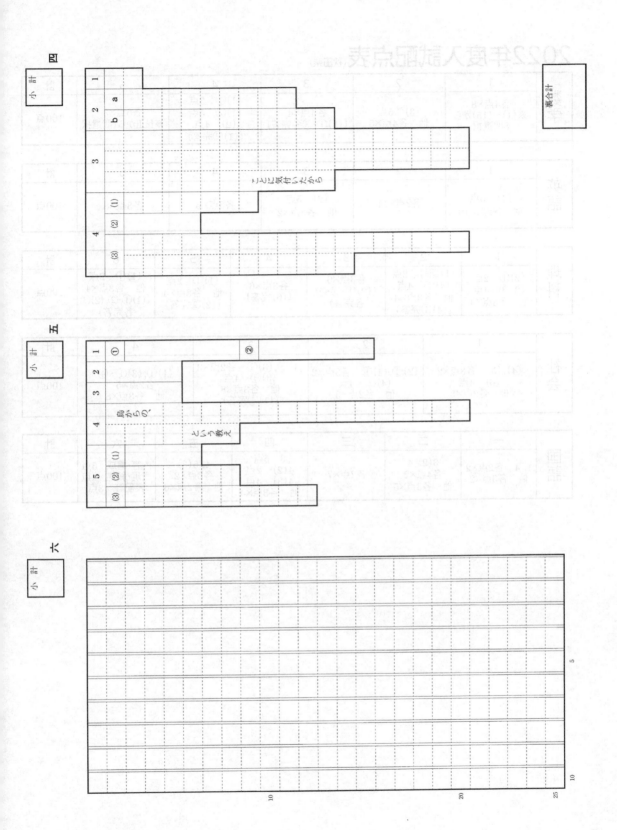

から言えること

（1）

（2）

（3）

小計

①

②

鳥から、

という教え

（1）

（2）

（3）

小計

小計

2022年度入試配点表（秋田県）

数学	1	2	3	4	5	計
	各4点×8 ※(1)～(15)から 8問選択	(3) 5点 他 各4点×5	各4点×4 ((1)①・③各完答)	(1)① 3点 (1)② 5点 (2) 4点 ((1)②完答)	各5点×3 ※ⅠとⅡから1問選択	100点

英語	1	2	3	4	5	計
	(4) 5点 他 各2点×10	各2点×11	(2) 5点 他 各3点×2	各3点×6	各3点×8	100点

理科	1	2	3	4	5	6	計
	(2)① 2点 (2)③ 4点 他 各3点×4	(1)記号 2点 (4)① 4点 他 各3点×4 ((4)①完答)	各3点×6 ((2)①・③・④ 各完答)	各3点×6 ((6)完答)	(1)① 2点 他 各3点×4 ((2)②完答)	(1)① 2点 他 各3点×4 ((1)①・②,(2)③ 各完答)	100点

社会	1	2	3	4	計
	(4),(5) 各3点×2 (6) 4点 他 各2点×3	(2)①,(4)① 各3点×2 (4)② 4点 他 各2点×3	(1)③,(3)② 各2点×3 (3)③ 4点 他 各3点×8 ((1)①完答)	(1)①,(3)①～④ 各2点×5 他 各3点×8	100点

国語	一	二	三	四	五	六	計
	1,4 各2点×2 他 各3点×2	3(2),4 各4点×2 他 各3点×5	各2点×7	3 5点 4(2) 2点 4(3) 4点 他 各3点×4	4,5(3) 各3点×2 他 各2点×6	内容・構成 5点 表現・叙述 4点 表記等 3点	100点

秋田県公立高校　　2021年度

※ 179％に拡大していただくと，解答欄は実物大になります。

令和3年度

数　　　学

（解　答　用　紙）

受検番号		氏 名	

表 合 計

合　　計

1

小　計		
	(1)	
	(2)	
	(3)	
	(4)	
	(5)	$x=$
	(6)	mL
	(7)	$x=$　　　　　, $y=$
	(8)	$x=$
	(9)	
	(10)	$n=$
	(11)	°
	(12)	cm²
	(13)	°
	(14)	倍
	(15)	cm

2

小　計		（過程）
(1)	①	
		答
	②	
(2)	①	
	②	
(3)		
(4)	ア	
	イ	
	ウ	
	エ	

裏 合 計

3

小 計

[証明]

(1)

(2) ① ⓐ

② ⓑ

(3) cm²

4

小 計

(1) ①
②

(2) ア

5 − Ⅰ

小 計

(1) cm

(過程)

(2)

答

(3)

5 − Ⅱ

小 計

(過程)

(1)

答

(2) ①
②

※ 192％に拡大していただくと，解答欄は実物大になります。

令和3年度
英　語
（解　答　用　紙）

受検番号		氏　名	

表　合　計

合　計

1　リスニングテスト

小　計

(1)	①	
	②	
(2)	①	
	②	
	③	
(3)	①	
	②	
	③	
(4)		
	[答え]	

2

小　計

(1)	①	
	②	
	③	
	④	
(2)	①	
	②	
	③	
	④	
(3)	①	(　　　　　　)(　　　　　　)(　　　　　　) can you speak ?
	②	It (　　　　　)(　　　　　)(　　　　　) tomorrow morning.
	③	He is a science teacher (　　　　)(　　　　)(　　　　) Komachi Town.

3

小　計

(1)	①	
	②	

(記入例)	I'm	sorry	,	but	I'm	very	busy	.

(2)	I think a (　furoshiki　／　DVD　) is better. I have a different reason.

5語
10語
15語
20語
25語

裏 合 計

4

小　計

(1)	①	
	②	
(2)		
(3)	a	
	b	

5

小　計

(1)	第 ② 段落	
	第 ④ 段落	
(2)		
(3)		
(4)	国連世界食糧計画が	こと
(5)		
(6)	①	
	②	

※189％に拡大していただくと，解答欄は実物大になります。

令和3年度
理　科
（解　答　用　紙）

受検番号		氏　名	

合　計

1

小　計

(1)	①	→　　　→　　　→	
	②	類	
	③	P：　　　Q：　　　R：	
(2)	①		
	②		
	③	Y：	
		Z：	

4

小　計

(1)	
(2)	
(3)	
(4)	①
	② 　　　と　　　と
(5)	J

2

小　計

(1)	
(2)	陽極：
	赤色のリトマス紙：
(3)	
(4)	
(5)	X：
	Y：
	Z：

5

小　計

(1)	①
	② 　神経
	③ 　秒
(2)	①
	② X：
	Y：

3

小　計

(1)	①
	②
	③
(2)	①
	②
	③

6

小　計

(1)	①	
	②	過程：
		g
(2)	光の速さは	
(3)	①	図3　：　図4　＝　　：
	②	X：
		Y：

※179％に拡大していただくと，解答欄は実物大になります。

令和3年度

社　　会
（解　答　用　紙）

受検番号		氏　名	

合　計

1

小　計

(1)		
(2)		
(3)		大陸
(4)	①	
	②	
	③	

2

小　計

(1)		
(2)		
(3)		県
(4)	い	
	う	
(5)		

3

小　計

(1)		
(2)		
(3)	あ	
	い	
(4)		
(5)	氏	氏
	W	
(6)	①	
	②	

3

小　計

(7)		
(8)		権
(9)		
(10)		
(11)	え	
	お	

4

小　計

(1)		
(2)		
(3)	①	
	②	
(4)		
(5)		
(6)		
(7)	え	
	お	
(8)		
(9)	①	
	②	
	風力などの	
	③	

※179％に拡大していただくと、解答欄は実物大になります。

令和三年度

国語

（解答用紙）

受検番号		氏名	

一

小計

「聞くこと」に関する検査

1			こと
2	方言を活用することば、		ということ
3			ということ
4			

合計

表合計

二

小計

1					すること
2					という手続き
3					
4	(1)	a			
		b			
	(2)				
	(3)				

三

小計

1	読み	①		③	しい
	漢字	②		④	わず
2					
3					
4					

四

小計

1	(1)	
	(2)	
2	屛縄を指差すんで	
		という気持ちを伝えたかったと捉えている
3		
4	(1)	
	(2)	
	(3)	宮中立花会に出で

裏合計

五

小計

1	①	②
2		
3	献ケ 諸ョ 子シ 罕ニ	
4	(1)	
	(2)	b
		c
	(3)	

六

小計

2021年度入試配点表 (秋田県)

数学	1	2	3	4	5	計
	各4点×8 ※(1)〜(15)から 8問選択	(2)① 2点 (3) 5点 (4) 3点×2 (ア・イ,ウ・エ各完答) 他 各4点×3	各4点×4	各4点×3	各5点×3 ※ⅠとⅡから1問選択	100点

英語	1	2	3	4	5	計
	(4)[答え] 5点 他 各2点×10	各2点×11	(2) 5点 他 各3点×2	各3点×5	各3点×9	100点

理科	1	2	3	4	5	6	計
	各3点×6	(5) 各2点×3 他 各3点×4	各3点×6	各3点×6	(1)① 2点 他 各3点×4	(3)① 2点 他 各3点×4	100点

社会	1	2	3	4	計
	(4)② 3点 (4)③ 4点 他 各2点×4	(2),(3) 各3点×2 (5) 4点 他 各2点×3	(4),(7) 各4点×2 (6)②,(9) 各3点×2 他 各2点×10	(3),(7),(9)② 各2点×5 (9)③ 4点 他 各3点×7	100点

国語	一	二	三	四	五	六	計
	1,4 各2点×2 他 各3点×2	1 2点 2 4点 4(3) 5点 他 各3点×4	各2点×7	2 4点 4(1) 2点 4(3) 5点 他 各3点×4	4(2) 各3点×2 他 各2点×6	内容・構成 5点 表現・叙述 4点 表記等 3点	100点

令和2年度

数 学
（解 答 用 紙）

受検番号　　　　氏 名

表 合 計

合 計

1

小 計

(1)		
(2)		
(3)		
(4)		
(5)	$x =$	
(6)	$x =$	, $y =$
(7)	$x =$	
(8)		
(9)		
(10)		個
(11)		°
(12)		°
(13)		本
(14)		cm³
(15)		倍

2

小 計

(1)	
(2) ①	（過程） 答　$b =$
(2) ②	$c =$ 　　　$d =$
(3)	ℓ P　　O
(4)	倍

※この解答用紙は182％に拡大していただきますと，実物大になります。

3

(1)
① ⓐ

②

(2)
① ⓑ

② ⓒ
ⓓ
ⓔ
ⓕ

4

(1)
ア
イ
ウ

(2)
①
②

5 - I

(1) °

(2)
[証明]
△FABにおいて

△FABは二等辺三角形である。

(3) cm²

5 - II

(1)
[証明]
△HOBにおいて

△HOBは二等辺三角形である。

(2) cm

(3) cm²

令和2年度

英　語
（解　答　用　紙）

受検番号		氏　名	

表合計	

合　計	

1　リスニングテスト

小　計			
	(1)	①	
		②	
	(2)	①	
		②	
		③	
	(3)	①	
		②	
		③	
	(4)		
		[答え]	

2

小　計			
	(1)	①	
		②	
		③	
		④	
	(2)	①	
		②	
		③	
		④	
	(3)	①	(　　　　　　) (　　　　　　　　) (　　　　　　　　　) this?
		②	And I think eating breakfast (　　　　　) (　　　　　) (　　　　　) as sleeping well.
		③	I want (　　　　　) (　　　　　) (　　　　　) to my house.

3

小　計			
	(1)	①	
		②	
	(2)	（記入例）	I'm　　　sorry　,　but　　　I'm　　　very　　　busy .
			5語
			10語
			15語
			20語
			25語

※この解答用紙は189％に拡大していただきますと，実物大になります。

裏合計

4

小　計

(1)		→ → →
(2)	①	
	②	
(3)	①	
	②	

5

小　計

(1)		
(2)		→ → →
(3)	【貧しい人々】	
	【農家の人々】	
(4)		
(5)		
(6)	①	
	②	

令和2年度

理　科
（解　答　用　紙）

受検番号		氏　名		

合　計

1

小　計

(1)	①	
	②	記号： 書き直し：
(2)	①	
	②	
(3)	①	
	②	吸気に比べて

2

小　計

(1)	
(2)	
(3)	
(4)	
(5)	X：　　　　　　Y：
(6)	

3

小　計

(1)	①	
	②	
	③	
	④	
(2)	①	g
	②	

4

小　計

(1)	①	
	②	cm/s
	③	→　　　　　→
(2)	①	N
	②	X：
		Y：

5

小　計

(1)	①	P：　　　　　Q：
	②	
(2)	①	g の水に　　　g の食塩をとかした。
	②	
	③	R：　　　　　S：
(3)	①	
	②	過程： 答：　　　　　　　　　%
	③	
(4)	①	図9 鏡B　鏡C 物体E F点　板
	②	

※この解答用紙は189％に拡大していただきますと，実物大になります。

令和2年度

社　　会
（解　答　用　紙）

受検番号		氏　名	

合　計

1

小　計	

(1)	
(2)	→　　　　　　→
(3)	
(4)	
(5)	
(6)	
(7)	
(8)	
(9)	
(10)	X　　　　　　　Y
(11)	
(12)	

2

小　計	

(1)	名称　　　　　　記号	
(2)	A　　　　　　　　　州	
	D　　　　　　　　　州	
(3)		
(4)	①	
	②	
	③	

3

小　計	

(1)	
(2)	
(3)	
(4)	
(5)	い
	う

4

小　計	

(1)	
(2)	
(3)	
(4)	
(5)	地域によって,
(6)	う　　　　　え
(7)	
(8)	
(9)	
(10)	
(11)	か
	き

※この解答用紙は175％に拡大していただきますと，実物大になります。

令和二年度

国 語
（解 答 用 紙）

受検番号　氏名

一

「聞くこと」に関する検査

小計

1	こと
2	こと
3	ということ
4	

合計

総合計

二

小計

1		
2	ペ ラ ン ス よ く / 話	
3		
4		
5	(1) a / b	
	(2)	

三

小計

	漢字	①		④	なる
1	読み	②		③	えて
2	文節				
3					
4					

※この解答用紙は189％に拡大していただきますと、実物大になります。

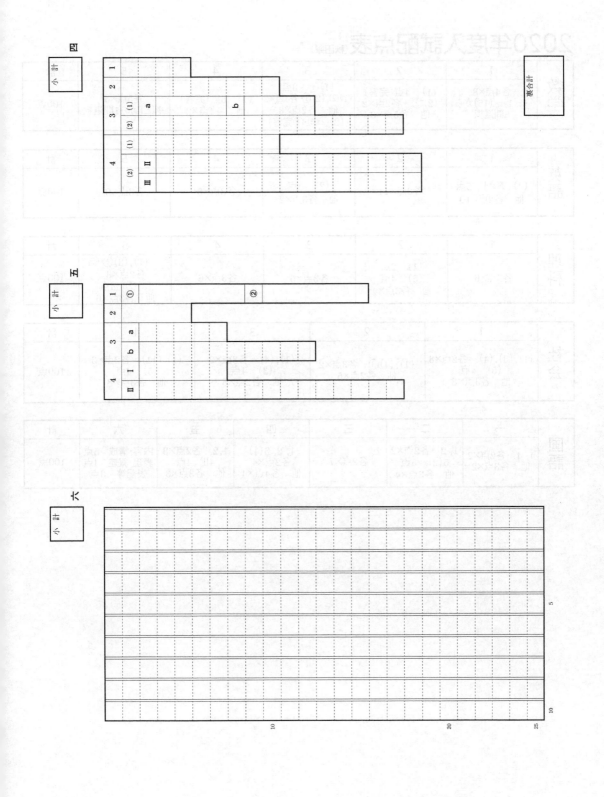

2020年度入試配点表（秋田県）

数学	1	2	3	4	5	計
	各4点×8 ※(1)～(15)から 8問選択	(1) 4点(完答) (2)② 各2点×2 他 各5点×3	(1)① 3点 (1)②,(2)① 各4点×2 他 各2点×3 ((2)②ⓔ・ⓕ完答)	(1) 5点(完答) 他 各4点×2	各5点×3 ※ⅠとⅡから1問選択	100点

英語	1	2	3	4	5	計
	(4)[答え] 5点 他 各2点×10	各2点×11	(2) 5点 他 各3点×2	各3点×5	各3点×9	100点

理科	1	2	3	4	5	計
	各3点×6	(1) 2点 (5) 4点 他 各3点×4	各3点×6	各3点×6	(1),(3)① 各2点×3 (3)② 4点 他 各3点×6	100点

社会	1	2	3	4	計
	(1),(3),(4) 各2点×3 (5) 4点 他 各3点×8	(1),(4)③ 各3点×2 他 各2点×5	(1),(4) 各3点×2 (3) 4点 他 各2点×3	(1),(11) 各2点×3 (5) 4点 他 各3点×8	100点

国語	一	二	三	四	五	六	計
	1,4 各2点×2 他 各3点×2	1,2 各2点×2 5(2) 5点 他 各3点×4	各2点×7	1,2,3(1) 各2点×4 他 各4点×4	1,2 各2点×3 4Ⅱ 4点 他 各3点×3	内容・構成 5点 表現・叙述 4点 表記等 3点	100点

東京学参の
中学校別入試過去問題シリーズ

*出版校は一部変更することがあります。一覧にない学校はお問い合わせください。

東京ラインナップ

あ 青山学院中等部(L04)
麻布中学(K01)
桜蔭中学(K02)
お茶の水女子大附属中学(K07)

か 海城中学(K09)
開成中学(M01)
学習院中等科(M03)
慶應義塾中等部(K04)
啓明学園中学(N29)
晃華学園中学(N13)
攻玉社中学(L11)
国学院大久我山中学
（一般・CC）(N22)
（ST）(N23)
駒場東邦中学(L01)

さ 芝中学(K16)
芝浦工業大附属中学(M06)
城北中学(M05)
女子学院中学(K03)
巣鴨中学(M02)
成蹊中学(N06)
成城中学(K28)
成城学園中学(L05)
青稜中学(K23)
創価中学(N14)★

た 玉川学園中学部(N17)
中央大附属中学(N08)
筑波大附属中学(K06)
筑波大附属駒場中学(L02)
帝京中学(N16)
東海大菅生高中等部(N27)
東京学芸大附属竹早中学(K08)
東京都市大付属中学(L13)
桐朋中学(N03)
東洋英和女学院中学部(K15)
豊島岡女子学園中学(M12)

な 日本大第一中学(M14)

日本大第三中学(N19)
日本大第二中学(N10)

は 雙葉中学(K05)
法政大学中学(N11)
本郷中学(M08)

ま 武蔵中学(N01)
明治大付属中野中学(N05)
明治大付属八王子中学(N07)
明治大付属明治中学(K13)

ら 立教池袋中学(M04)

わ 和光中学(N21)
早稲田中学(K10)
早稲田実業学校中等部(K11)
早稲田大高等学院中学部(N12)

神奈川ラインナップ

あ 浅野中学(O04)
栄光学園中学(O06)

か 神奈川大附属中学(O08)
鎌倉女学院中学(O27)
関東学院六浦中学(O31)
慶應義塾湘南藤沢中等部(O07)
慶應義塾普通部(O01)

さ 相模女子大中学部(O32)
サレジオ学院中学(O17)
逗子開成中学(O22)
聖光学院中学(O11)
清泉女学院中学(O20)
洗足学園中学(O18)
捜真女学校中学部(O29)

た 桐蔭学園中等教育学校(O02)
東海大付属相模高中等部(O24)
桐光学園中学(O16)

な 日本大中学(O09)

は フェリス女学院中学(O03)
法政大第二中学(O19)

や 山手学院中学(O15)
横浜隼人中学(O26)

千・埼・茨・他ラインナップ

あ 市川中学(P01)
浦和明の星女子中学(Q06)

か 海陽中等教育学校
（入試Ⅰ・Ⅱ）(T01)
（特別給費生選抜）(T02)
久留米大附設中学(Y04)

さ 栄東中学(東大・難関大)(Q09)
栄東中学(東大特待)(Q10)
狭山ヶ丘高校付属中学(Q01)
芝浦工業大柏中学(P14)
渋谷教育学園幕張中学(P09)
城北埼玉中学(Q07)
昭和学院秀英中学(P05)
清真学園中学(S01)
西南学院中学(Y02)
西武学園文理中学(Q03)
西武台新座中学(Q02)

た 専修大松戸中学(P13)
筑紫女学園中学(Y03)
千葉日本大第一中学(P07)
千葉明徳中学(P12)
東海大付属浦安高中等部(P06)
東邦大付属東邦中学(P08)
東洋大附属牛久中学(S02)
獨協埼玉中学(Q08)

な 長崎日本大中学(Y01)
成田高校付属中学(P15)

は 函館ラ・サール中学(X01)
日出学園中学(P03)
福岡大附属大濠中学(Y05)
北嶺中学(X03)
細田学園中学(Q04)

や 八千代松陰中学(P10)

ら ラ・サール中学(Y07)
立命館慶祥中学(X02)
立教新座中学(Q05)

わ 早稲田佐賀中学(Y06)

公立中高一貫校ラインナップ

北海道 市立札幌開成中等教育学校(J22)

宮城 宮城県仙台二華・古川黎明中学校(J17)
市立仙台青陵中等教育学校(J33)

山形 県立東桜学館・致道館中学校(J27)

茨城 茨城県立中学・中等教育学校(J09)

栃木 県立宇都宮東・佐野・矢板東高校附属中学校(J11)

群馬 県立中央・市立四ツ葉学園中等教育学校・市立太田中学校(J10)

埼玉 市立浦和中学校(J06)
県立伊奈学園中学校(J31)
さいたま市立大宮国際中等教育学校(J32)
川口市立高等学校附属中学校(J35)

千葉 県立千葉・東葛飾中学校(J07)
市立稲毛国際中等教育学校(J25)

東京 区立九段中等教育学校(J21)
都立大泉高等学校附属中学校(J28)
都立両国高等学校附属中学校(J01)
都立白鷗高等学校附属中学校(J02)
都立富士高等学校附属中学校(J03)

都立三鷹中等教育学校(J29)
都立南多摩中等教育学校(J30)
都立武蔵高等学校附属中学校(J04)
都立立川国際中等教育学校(J05)
都立小石川中等教育学校(J23)
都立桜修館中等教育学校(J24)

神奈川 川崎市立川崎高等学校附属中学校(J26)
県立平塚・相模原中等教育学校(J08)
横浜市立南高等学校附属中学校(J20)
横浜サイエンスフロンティア高校附属中学校(J34)

広島 県立広島中学校(J16)
県立三次中学校(J37)

徳島 県立城ノ内中等教育学校・富岡東・川島中学校(J18)

愛媛 県立今治東・松山西中等教育学校(J19)

福岡 福岡県立中学校・中等教育学校(J12)

佐賀 県立香楠・致遠館・唐津東・武雄青陵中学校(J13)

宮崎 県立五ヶ瀬中等教育学校・宮崎西・都城泉ヶ丘高校附属中学校(J15)

長崎 県立長崎東・佐世保北・諫早高校附属中学校(J14)

公立中高一貫校
「適性検査対策」
問題集シリーズ

総合編　作文問題編　資料問題編　数と図形編　生活と科学編　実力確認テスト編

私立中・高スクールガイド

ザ
THE 私立

私立中学＆高校の学校生活がわかる！

東京学参の
高校別入試過去問題シリーズ

*出版校は一部変更することがあります。一覧にない学校はお問い合わせください。

公立高校入試対策
問題集シリーズ

●目標得点別・公立入試の数学(基礎編)
●実戦問題演習・公立入試の数学(実力錬成編)
●実戦問題演習・公立入試の英語(基礎編・実力錬成編)
●形式別演習・公立入試の国語
●実戦問題演習・公立入試の理科
●実戦問題演習・公立入試の社会

都道府県別
公立高校入試過去問
シリーズ

●全国47都道府県別に出版
●最近数年間の検査問題収録
●リスニングテスト音声対応

高校入試特訓問題集
シリーズ

●英語長文難関攻略33選(改訂版)
●英語長文テーマ別難関攻略30選
●英文法難関攻略20選
●英語難関徹底攻略33選
●古文完全攻略63選(改訂版)
●国語融合問題完全攻略30選
●国語長文難関徹底攻略30選
●国語知識問題完全攻略13選
●数学の図形と関数・グラフの融合問題完全攻略272選
●数学難関徹底攻略700選
●数学の難問80選
●数学 思考力―規則性とデータの分析と活用―

2404A

秋田県公立高校　2025年度

ISBN978-4-8141-3255-3

[発行所] 東京学参株式会社

〒153-0043　東京都目黒区東山2-6-4

書籍の内容についてのお問い合わせは右のQRコードから　⇒

※書籍の内容についてのお電話でのお問い合わせ、本書の内容を超えたご質問には対応
　できませんのでご了承ください。

2024年6月17日　初版